智能网联和新能源汽车新兴领域
"十四五"高等教育教材

新能源汽车导论

主　编　欧阳明高

副主编　胡尊严

参　编　冯旭宁　徐梁飞　韩雪冰

李亚伦　郝　旭　李树浩

Introduction
to New Energy
Vehicles

中国教育出版传媒集团
高等教育出版社·北京

内容简介

　　本书是智能网联与新能源汽车新兴领域"十四五"高等教育教材。本书系统介绍了新能源汽车的发展背景、基本原理和关键技术，可作为车辆工程、能源动力及相关专业的教材和参考书。本书内容分为四大部分，第一部分紧密结合中国新能源汽车的发展历程、产业现状与技术趋势，系统介绍了中国新能源汽车的发展战略和研发历程；第二部分分章介绍了新能源汽车的动力系统，包含电驱动系统、动力电池系统、燃料电池系统与插电式混合动力系统；第三部分分章介绍了整车热管理、电动底盘、整车控制等新能源汽车共性平台系统；第四部分分章介绍了新能源汽车能源系统，解释了新能源汽车的补能系统以及将电动汽车作为储能系统的车网互动 V2G 技术。本书为新形态教材，扫码即可阅读拓展内容。

　　本书内容涵盖了新能源汽车的主要研究领域，知识跨度大且具有一定前沿性，旨在帮助读者对新能源汽车的技术体系建立基本认知，为后续深入研究各领域奠定基础。

图书在版编目（CIP）数据

新能源汽车导论 / 欧阳明高主编 ；胡尊严副主编.
北京 ： 高等教育出版社，2025. 8. -- ISBN 978-7-04
-064220-9
　　Ⅰ. U469.7
中国国家版本馆CIP数据核字第20253G04R6号

Xinnengyuan Qiche Daolun

策划编辑	杨　晨	责任编辑	杨　晨	封面设计	李树龙	版式设计	杜微言
责任绘图	黄云燕	责任校对	高　歌	责任印制	刁　毅		

出版发行	高等教育出版社	网　　址	http://www.hep.edu.cn
社　　址	北京市西城区德外大街 4 号		http://www.hep.com.cn
邮政编码	100120	网上订购	http://www.hepmall.com.cn
印　　刷	涿州市京南印刷厂		http://www.hepmall.com
开　　本	787 mm×1092 mm　1/16		http://www.hepmall.cn
印　　张	18.5		
字　　数	390 千字	版　　次	2025 年 8 月第 1 版
购书热线	010-58581118	印　　次	2025 年 8 月第 1 次印刷
咨询电话	400-810-0598	定　　价	59.00 元

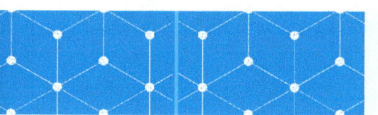

新形态教材网使用说明

新能源汽车导论

主　编　欧阳明高
副主编　胡尊严

1 计算机访问https://abooks.hep.com.cn/64220或手机微信扫描下方二维码进入新形态教材网。

2 注册并登录后，计算机端进入"个人中心"，点击"绑定防伪码"，输入图书封底防伪码（20位密码，刮开涂层可见），完成课程绑定；或手机端点击"扫码"按钮，使用"扫码绑图书"功能，完成课程绑定。

3 在"个人中心"→"我的学习"或"我的图书"中选择本书，开始学习。

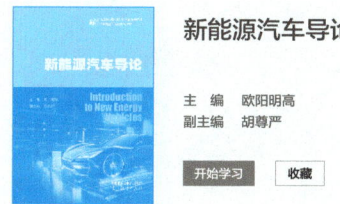

　　受硬件限制，部分内容可能无法在手机端显示，请按照提示通过计算机访问学习。

　　如有使用问题，请直接在页面点击答疑图标进行咨询。

https://abooks.hep.com.cn/64220

丛 书 序

全球汽车产业正快速进入以电动化、智能化为主的转型升级阶段,汽车产业生态和竞争格局正加剧重构,中国汽车强国之路面临着前所未有的机遇与挑战。智能网联新能源汽车产业的快速变革,推动汽车产业对人才能力需求的根本性改变。作为人才培养过程中的基础性核心要素,专业教材建设工作应为高质量人才培养体系提供坚实支撑,为人才培养提供知识载体,促使学生在知识学习中通过实践获得智慧,进而实现人才驱动产业高质量发展的倍增效应。

为全面贯彻党的二十大精神,深入贯彻落实习近平总书记关于教育的重要论述,深化新工科建设,加强高等学校战略性新兴领域卓越工程师培养,在教育部高等教育司和中国汽车工程学会的指导下,我们联合车辆工程相关专业的二十余所院校、十余家汽车及科技公司,共同开展了智能网联和新能源汽车战略性新兴领域"十四五"高等教育教材的建设工作。

本系列教材内容贯穿智能网联新能源汽车的全产业链,紧紧围绕立德树人的根本任务,用心打造培根铸魂、启智增慧的精品教材。同时结合信息时代、数字时代的学习特点,在教材建设过程中积极推进数字化转型,以更丰富的教材形态和内容供给助推育人方式变革。本系列教材建设旨在充分发挥教材作为人才培养关键要素的重要作用,着力破解战略性新兴领域高等教育教材整体规划性不强、部分内容陈旧、更新迭代速度慢等问题,加快建设体现时代精神、融汇产学共识、凸显数字赋能、具有战略性新兴领域特色的高等教育专业教材体系,牵引带动相关领域核心课程、重点实践项目、高水平教学团队建设,着力提升人才自主培养质量。特别值得指出的是,在本系列教材建设过程中,智能网联新能源汽车头部企业以极大的热情积极投入教材建设工作中,以丰富的工程实践反哺人才培养,高校和企业优势互补、加强协同,共同大力推进新时代、新形势下的汽车人才培养工作。

在智能网联新能源汽车高速发展的阶段,技术积累、梳理、传播和创新非常重要。本系列教材不仅可以为高等院校、汽车研究机构和企业工程技术人才培养提供非常有价值的内容,而且可以直接服务于电动汽车产业的自主创新,对深入推进供给侧结构性改革、提高我国电动汽车产业自主研发创新能力、提升自主品牌零部件和整车企业的竞争力、培育智能网联新能源汽车行业新动能,都具有非常重要的价值。

丛书总主编、中国工程院院士

孙逢春

2024 年 6 月

前　言

本书是智能网联与新能源汽车新兴领域"十四五"高等教育教材,本教材编写团队已入选教育部"战略新兴领域'十四五'高等教育教材体系建设团队"。本书主要作为车辆工程、能源动力、机械工程相关的本科课程教材,也可作为新能源汽车领域的从业者与技术人员的参考用书。

发展新能源汽车是我国从汽车大国迈向汽车强国的必由之路。2001 年,中国启动了电动汽车重大科技专项,新能源汽车产业在国家战略的持续引领下得到快速发展;2015 年,中国新能源汽车的产销量成为全球第一,这是中国首次在全球率先成功大规模引导推广高科技民用大宗消费品;2024 年 7 月,中国新能源乘用车的国内月售销量首次超过传统燃油车,标志着新能源车正式成为市场主流。伴随着新能源汽车产业的快速发展,加快新能源汽车领域的人才培养变得越来越重要。

典型的新能源汽车包含纯电动汽车、插电式混合动力汽车、燃料电池汽车 3 种类型,涉及电驱、电池、电控等关键技术,学科交叉程度高,知识体系庞大,初学者往往难以形成全面系统的认识。为了帮助初学者更好地建立对新能源汽车的系统认识,本书在兼顾通识与专业、现状与前瞻的基础上,按照以下思路进行组织:

① 第 1 章系统性地从历史、战略、技术介绍了中国新能源汽车的发展历程,旨在帮读者建立对新能源汽车的总体印象。

② 第 2~5 章对新能源汽车的动力系统进行了介绍,包含电机、电池、燃料电池与插电式混合动力技术,这些内容将帮助读者区分各类新能源汽车的异同。

③ 第 6~8 章对新能源汽车的共性平台技术进行了介绍,包括整车热管理、电动底盘系统、整车控制系统。为了区别于传统燃油车平台技术,这部分内容着重强调了基于新能源汽车的技术创新与进步。

④ 最后两章讨论了新能源汽车的能源系统,第 9 章介绍了新能源汽车的补能系统,第 10 章则概要地介绍了新能源汽车在车网互动方面的巨大潜力,帮助读者了解新能源汽车与智慧能源系统的前沿技术趋势。

本书由清华大学新能源动力系统团队编著,欧阳明高院士负责全书架构设计和内容把关,胡尊严负责组织编写。其中郝旭主要参与了第 1 章编写,胡尊严主要参与了第 2、5、7 章编写,冯旭宁主要参与了第 3 章编写,徐梁飞主要参与了第 4、8 章编写,李树浩主要参与了第 6 章编写,韩雪冰主要参与了第 9 章编写,李亚伦主要参与了第 10 章编写。此外,还有清华大学王子丁、邵扬斌、于世航、沈浩锐、陈乐、严可汗、李航、许洲诚、高郝明,上海理工大学沈凯等共同参与了教材的编写。本书在出版之际,也得到了许多行业专家与企业的帮助,在此对杨世春(北京航空航天大学)、殷翔(西安交通大学)、李雪(一汽)、王丽芳(中科院电工所)、高大威(清华大学)、田光宇(清华大学)、王贺武(清华大学)、张明轩(经纬恒润)、曹东璞(清华大学)、何承坤(清华大学)、江坤(清华大学)、潘凤文(国家燃料电池技术创新中心)、陈凤祥(同济大学)、刘然(北京亿华通科技股份有限公司)、邹慧明(中科院理化技术研究所)等专家的指导与建议表示感谢。

由于新能源汽车行业的知识体系庞大,技术迭代速度快,书中难免存在一些不足之处,欢迎广大读者批评指正,也希望大家对本书的后续提升与修改提出宝贵意见。Email: huzunyan@tsinghua.edu.cn。

2024 年 10 月

目　　录

第1章 新能源汽车发展历程

1.1 新能源汽车发展背景

新能源汽车是指采用新型动力系统,完全或者主要依靠新型能源驱动的汽车,包括插电式混合动力(含增程式)汽车、纯电动汽车和燃料电池汽车等(《新能源汽车生产企业及产品准入管理规定》)。与国际上包括混合动力汽车在内的电动汽车的定义相比,我国新能源汽车的范畴具有上述的特指性。新能源汽车技术的核心基础源自21世纪初新一代锂离子电池和氢燃料电池技术突破。作为汽车领域的技术革命,其完整内涵包括上、中、下3场技术变革:动力电动化、整车智能化和能源低碳化。动力电动化产生了各种新型电动汽车;整车智能化催生了自动驾驶的电动汽车;能源低碳化(绿色化)诞生了新能源智能化电动汽车。

1.1.1 全球背景

工业革命后,二氧化碳排放量不断增加导致的全球极端气候现象频繁出现,严重影响人民群众的生活与财产安全。减少温室气体排放成为国际社会的共同目标。交通行业是长期保持全球碳排放较高的重点行业,基于世界资源研究所(WRI)统计,2020年电力、交通相关部门分别贡献全球43%和23%的碳排放。国际公认,普及新能源汽车是减少交通领域碳排放的有效途径之一。

新能源汽车也能够有效减少污染物排放。传统燃油车排放的尾气中含有一氧化碳、氮氧化物和颗粒物等有害污染物,以我国为例,移动源污染已成为我国大中城市空气污染的重要来源,2021年全国汽车 CO、HC、NO_x、PM 这 4 项污染物排放总量约 1 450 万吨。电动汽车在使用阶段几乎不产生尾气排放,可以显著减少城市中的氮氧化物(NO_x)和颗粒物(PM2.5)污染。

1.1.2 中国背景

除新能源汽车节能降碳、减少污染的作用外,石油安全、产业升级也是中国新能源汽车发展的内在驱动力。

石油安全方面,发展新能源汽车是改变交通领域对石油强依赖的重要措施,对包括我国在内的很多国家保障能源安全意义重大。据国家统计局数据,我国原油对外依存度长期高达70%以上,2022年我国交通领域汽柴油消费量约3.6亿吨,占石油消费总量的50%以上。新能源汽车的各种技术路线对于降低石油消耗都具有重要意义。纯电动汽车与燃料电池汽车不再依赖汽柴油驱动,插电式混合动力汽车既可以用电也可以用油,基于实际使用数据,我国插电式混合动力汽车普遍节油 50% 以上。因此,发展新能源汽车是改变交通领域对石油强依赖的重要措施,对保障能源安全意义重大。

从产业角度看,汽车产业涉及面广、产业链长、市场规模大,是我国的支柱性产业之一,在促进经济发展、增加就业、拉动内需等方面发挥着重要的作用。我国汽车工业在新中国成立之后逐步建立,经过几代人的艰苦奋斗,中国已经成为名副其实的汽车大国。我国 2023 年汽车产销量超过 3 000 万辆,产销量连续 15 年稳居全球第一。伴随汽车行业的电动化与智能化革命,全球汽车产业正经历着百年未有之大变局,我们也面临着百年一遇的"换道赛车"的历史机遇。

新能源汽车发展具有全方位带动作用。新能源汽车融合先进材料应用与高精尖零部件制造,同时也是新一代信息技术、人工智能、物联网等的重要应用场景之一。新能源汽车推动新能源革命,可以推动电池储能、绿色氢能和智慧能源等新能源产业的全面发展。

1.1.3　市场需求

近年来,新能源汽车凭借其产品技术优势吸引了越来越多的消费者。

新能源汽车的动力性能特性受到消费者的喜爱:从车辆动力性与操控性角度,电动汽车电驱动系统能够实现更加卓越的加速性能和更加快速的制动响应;电驱动系统具有毫秒级响应速度,加速性能大大优于燃油汽车;同时,电驱动系统紧急制动时响应迅速,制动安全性能更好。

新能源汽车能够基本满足消费者的产品需求:续驶能力是消费者最关注的指标,目前,电动汽车驶航里程在不断提升,并通过电池包热管理、完善充电基础设施等措施不断改善冬季里程缩水问题,单纯的里程焦虑问题得到突破,电动汽车已可以基本满足我国消费者的出行需求。

新能源汽车能够满足消费者产品的个性化需求:电动汽车底盘平台模块化将为车身轻量化与汽车个性化带来更多可能,电驱动系统体积不断减小,由此汽车外形设计将发生巨大变化;电动汽车的智能化功能也得到了消费者的青睐。新能源汽车的全生命周期拥有成本(综合考虑车辆购置成本与使用成本)与传统内燃机汽车相比越来越具有竞争力。

我国新能源汽车产品不仅受到了国内消费者的喜爱,也具备全球竞争力:近年来中国新能源汽车大批量出口,2023 年新能源汽车出口超过 120 万辆。整车出口平均价格不断上升,单车价格从 2018 年的 0.2 万美元提升到 2023 年的约 3 万美元,6 年间提升了 14 倍。

1.2　全球新能源汽车发展历史

1.2.1　纯电动汽车发展历史

早期的探索:1828 年,匈牙利人安约斯·杰德里克(Anyos Jedlik)造出了世界第一台直流电机,并将其安装在木板上来驱动车子,这是第一台原理性的电动车。1837年,英国人罗伯特·安德森(Robert Anderson)制造了一台模型电力机车,这是第一台真正意义上的电动汽车,但使用的电源是一次性的干电池。1859年,法国人加斯顿·普兰特(Gaston Plante)发明了铅酸蓄电池,这是人类历史上第一种可充电电池,目前大多数车辆的辅助低压电源就是采用的铅酸蓄电池。1881年,法国人卡米勒·福尔(Camille Faure)改进了铅酸蓄电池,提高了其充电容量,使其具备在电动车上使用的可行性。同年,法国人古斯塔夫·特鲁夫(Gustave Trouve)就利用全新的铅酸蓄电池制造了三轮电动汽车,速度可以达到14.5 km/h。

电动车的第一个黄金时代:到了19世纪末,电动车开始小规模生产。1890年,全世界的4 200辆汽车中,38%为电动车,40%为蒸汽车,22%为燃油车。1897年,纽约电车公司(Electric Carriage and Wagon Company)开始运营全电动出租车服务。在这一时期,电动车因为其安静和易于操作的特点,在城市中受到欢迎。在技术和基础设施方面,尽管电动车在技术上逐步改进,如采用了更有效的电池系统,但续驶里程和充电速度仍然是限制因素。同时,城市中开始出现了一些早期的充电站。

电动汽车的停滞期:20世纪30年代之后,伴随全球范围石油的大规模开采和内燃机技术的发展,燃油车逐渐占据了市场优势地位,且起动电机的应用很好地解决了内燃机的起动问题。电动汽车受限于续驶里程和充电速度,逐渐退居到城市有轨电车领域。电动车和相关的电驱动技术、电池技术基本都处于停滞状态。

电动汽车的复苏潮:20世纪中叶,美国出现光化学烟雾污染事件,70年代,世界爆发石油危机。出于保护环境和节约使用化石能源的考量,政府和消费者不得不重新评估电动车的使用价值。但是,由于电池技术一直没有重大突破,续驶里程和充电时间仍是限制电动车发展的巨大阻碍。20世纪后期,锂离子电池技术得到突破。相比于铅酸电池、镍氢电池,锂离子电池充放电性能好、能量密度高、有更长的电池循环寿命。进入21世纪,高能量密度的锂离子电池实现了大规模产业化,给纯电动汽车带来了新机遇,全球开始了新一轮电动汽车研发和产业化竞争浪潮。

1.2.2 可外接充电的混合动力汽车发展历史

混合动力汽车是指能够至少从下述两类车载储存的能量中获得动力的汽车:可消耗的燃料、可再充电能/能量存储装置。插电式混合动力汽车指具有可外接充电功能,并且有一定的纯电动续驶里程的混合动力汽车。

混合动力汽车的历史可以追溯到1899年,费迪南德·保罗开发了最早的混合动力车,名为Lohner-Porsche,该车结合了电动机和汽油发动机,其中电动机用于提供主要动力。但由于技术复杂和成本高昂,混合动力技术在20世纪初并未广泛应用。直到70年代石油危机爆发,混合动力汽车才和纯电动车一起受到人们的关注。

1997年,丰田推出了普锐斯,这是世界上第一个量产的现代混合动力汽车。该车采用行星齿轮系作为动力耦合装置,搭载了直列四缸汽油机和一台永磁交流电机,采用镍氢电池作为电源。随后,更多汽车制造商如本田、福特和尼桑也推出了自己的混合动力车型。混合动力技术逐渐从使用传统的镍氢电池过渡到更高效的锂离子电池,提升了能量密度和性能。

2008年,比亚迪发布了全球第一款量产的插电混合动力车型——F3DM,这款车标志着插电式混合动力技术在汽车领域的商业化应用,并为后来的技术发展奠定了基础。2010年,雪佛兰沃蓝达(Volt)进入美国市场,这是第一款商业上可用的插电式混合动力车。由于混合动力的环保特性和经济性,插电式混合动力汽车在全球范围内获得了广泛的市场认可,成为以我国为典型代表的许多国家和地区减少汽车排放、实现绿色出行的重要车型之一。

1.2.3　燃料电池汽车发展历史

世界上第一个燃料电池演示装置由威廉·葛洛夫(William Grove)在1839年发明,该装置由氢气和氧气反应产生电能,被称为"气体伏打电池"。虽然燃料电池的科学基础得到了探索,但是由于缺乏合适的材料和技术,其实际应用受到了限制。20世纪40年代,英国人弗朗西斯·T.培根(Francis T. Bacon)采用液体氢氧化钾作为燃料电池的电解液,本来计划将其应用在英国海军的潜水艇中,但直到"二战"结束也没有实现。1959年,培根制造了第一个功率5 kW的实用燃料电池系统,但价格还较为昂贵。

燃料电池发展的真正推动来自20世纪60年代的太空竞赛,彼时的蓄电池能量密度和太阳能电池的效率都还较低,因此NASA采用燃料电池技术为双子星和阿波罗任务提供电力和水。燃料电池在太空任务中的可靠性和效率突显了其在其他应用中的潜力。20世纪80年代后,燃料电池作为一种环保交通的解决方案,开始对公交车进行测试。1986年,美国的雷斯瑞克(Raistrick)研发了第一辆磷酸燃料电池公共汽车。1994年,戴姆勒集团旗下的梅赛德斯-奔驰推出了名为NECAR 1(New Electric Car)的试验车,该车使用燃料电池作为能量来源,标志着燃料电池正式进入汽车领域。2000年,福特汽车公司与巴拉德动力系统公司(Ballard Power Systems)合作开发了Focus FCV,这是福特的一款燃料电池概念车。该车在多个地区进行了测试,评估了燃料电池在实际驾驶条件下的表现。2008年,清华大学和同济大学分别牵头研制的燃料电池客车和轿车在北京奥运会示范运行。2013年,现代汽车推出了ix35燃料电池车,这是世界上首款量产的氢燃料电池SUV。该车的推出标志着氢能技术在全球汽车市场的逐步普及。2016年,本田推出了全新的燃料电池汽车Clarity,该车在美国和日本市场上市,展示了本田在燃料电池技术方面的最新进展。近年来,中国的燃料电池汽车技术和市场经历了显著发展。

1.3　中国新能源汽车发展战略

1.3.1　第一阶段:节能与新能源汽车双重发展

21世纪初,中国汽车产业合资盛行;同时,城市公交车冒黑烟,农村进城的农用车被称为"乌贼鱼",城市污染成为公众最为关注的环境问题。2003年"非典"疫情促使一些城市居民的出行方式开始从乘坐公共交通工具转为驾驶私家车,轿车开始大规模进入家庭,当年销量超过400万台。同年爆发伊拉克战争,使得大家更加重视石油安全,并将其作为国家重大安全问题。在此背景下,中国汽车自主创新发展思路呈现百家争鸣的局面:汽车行业主张发展电子控制和混合动力的燃油汽车、关注能源安全的主张基于煤基燃料的甲醇内燃机汽车、主张弯道超车的希望发展纯电动和燃料电池汽车。

针对争论与分歧,经过国家中长期科技规划能源领域和交通领域专家组以及行业专家的反复论证之后,我国正式提出了节能与新能源汽车发展战略,如图1-1所示。该战略思路的具体建议被纳入2006年发布的《国家中长期科学和技术发展规划纲要(2006—2020年)》的优先主题——低能耗与新能源汽车和前沿技术——氢能与燃料电池。中国新能源汽车首次进入国家战略层面,并开启了其高速发展阶段的帷幕。

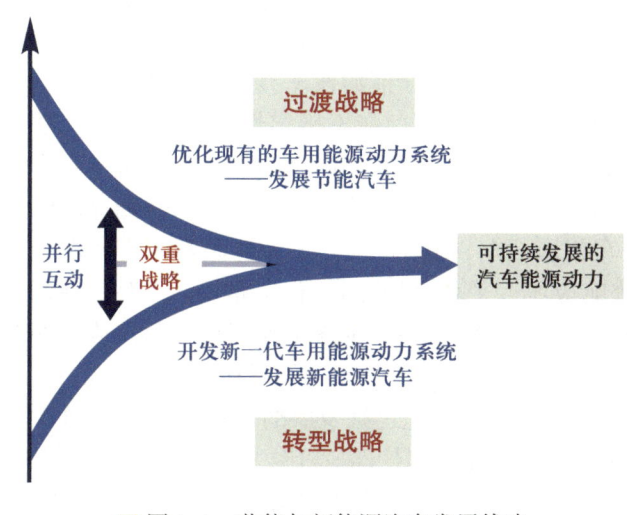

过渡战略

优化现有的车用能源动力系统
——发展节能汽车

并行
互动　双重
战略　　　可持续发展的
汽车能源动力

开发新一代车用能源动力系统
——发展新能源汽车

转型战略

■ 图1-1　节能与新能源汽车发展战略

1.3.2　第二阶段:"纯电驱动"成为产业化突破口

2008年,我国成功开展北京奥运"新能源汽车科技示范工程",对各种类型的新能源汽车技术进行了示范,纯电动汽车表现突出。但是,当时国际上的大型车企采用了"燃油车-混合动力汽车-燃料电池汽车"的发展思路,2008年美国提出,到2015年发展100万辆可充电式混合动力汽车,美国三大汽车公司也未将纯电动汽车作为首要研发路线。是否将纯电动汽车作为我国新能源汽车的优先发展方向在国内存在分歧与争论。

在这一关键节点,我国依靠已有的产业基础与市场优势,确立了中国汽车自主创新的发展道路。从产业的角度来看,21世纪初,我国已经具备了发展新能源汽车的研究与产业的条件与优势。我国汽车产业雄厚,资源丰富,是世界最大的电动自行车生产国和消费国,稀土资源储量位居世界第一,同时是锂资源储量较为丰富的国家之一;从经济性的角度来看,当时我国锂离子动力电池价格为3~5元/(W·h),低于欧美日等国家,稀土永磁电机的价格约为当时国际价格的60%,具有成本优势;同时,将电能作为我国汽车能源的主体替代方案,长期来看,可适应我国能源体系中可再生能源的发展规划,未来可与智能电网相结合;此外,我国城市化建设发展迅速,基础设施改造相对更加方便,可采用的商业模式更加新颖灵活。新能源汽车为中国汽车自主道路的跨越式创新提供了重要机遇。

因此,我国逐步形成了"纯电驱动"技术转型战略。"纯电驱动"汽车包括:纯电动汽车、插电式混合动力汽车以及电–电混合燃料电池电动汽车。2009 年 9 月新能源汽车被国务院确立为战略性新兴产业之一,并启动了"十城千辆"新能源汽车示范推广工程。2012 年 6 月国务院发布《节能与新能源汽车产业发展规划(2012—2020年)》,推行"纯电驱动"技术转型战略。我国的"纯电驱动"战略就是以锂离子动力电池和纯电动汽车为龙头,带动插电式混合动力汽车和氢燃料电池汽车全面发展。

1.3.3　第三阶段:确立为汽车强国战略

在中国新能源汽车产业化初期,由于我国新能源汽车产业化路径与国际同期产业政策存在差异,国内始终存在分歧与争论,这给刚刚开启产业化的新能源汽车行业带来了发展压力。各方对于新能源汽车技术路线选择、政策补贴方案与力度、国际合作及基础设施建设等方面存在不确定性和不同立场。2014 年 5 月习近平总书记视察上汽集团并做出指示:"发展新能源汽车是我国从汽车大国迈向汽车强国的必由之路。"这不仅正式确立了发展新能源汽车的国家战略,而且把发展新能源汽车上升为汽车强国战略,扫除了国内对新能源汽车产业发展的疑虑。在此基础上,中央各部委响应习近平总书记的号召,发布了一系列针对新能源汽车的鼓励政策,开启了新能源汽车的强国战略、推进了新能源汽车产业化的新阶段。

在国家战略支持下,中国新能源汽车的发展在市场层面与技术层面都走在了世界前列。在中国新能源汽车市场化迅猛发展的带动下,全球汽车动力电气化技术转型逐步成为主流趋势。由统计数据可以看出,从 2016 年开始,奔驰、宝马等国际汽车巨头大幅度转型新能源汽车。国内新兴造车企业、信息行业和能源行业等也加入新能源汽车产业竞争的大潮中。2018 年以来,我国新能源汽车产业已跻身世界前列。

1.3.4　第四阶段:碳中和战略引领发展新阶段

随着中国新能源汽车产业化进入规模化阶段,"双碳"目标为新能源汽车产业的进一步发展指明了方向。在这一阶段,新能源汽车与新能源革命将相互促进,协调发展。"双碳"目标意味着对交通、电力等各行业制定了更加严格的碳排放标准,为了实现"双碳"目标,新能源汽车需要绿电(风能、光伏等可再生能源发电)与绿氢(可再生能源电解水制得的氢气)才能实现最大程度的碳减排。同时,新能源汽车还可以通过车网互动技术、参与构建智慧能源系统等,解决发电波动问题,辅助能源行业实现"双碳"目标(参见本书第 10 章)。因此,"双碳"目标为我国新能源汽车的发展带来了新的思路,新能源汽车的发展不仅是实现碳中和的重要手段,也将成为中国经济和科技发展的重要驱动力。

1.4　中国新能源汽车技术突破

1.4.1　国家科技专项与技术突破

面向我国新能源汽车国家战略的不同阶段,核心技术是产业进步的硬支撑,我国通过"十五"电动汽车重大科技专项至"十三五"国家重点研发计划"新能源汽车"重点专项的多个项目持续支持新能源汽车技术创新,在此基于时间顺序概述我国新能源汽车技术突破的主要历程。

"十五"是我国新能源汽车打基础的阶段。围绕节能与新能源汽车发展战略,"十五"期间,在国家科教领导小组的领导下,在相关部门、地方政府的支持配合下,启动了电动汽车重大科技专项,并确立了"三纵三横"(燃料电池汽车、混合动力汽车、纯电动汽车三种整车技术为"三纵",多能源动力总成控制系统、电机驱动系统和控制单元、动力电池和电池组管理系统三种关键技术为"三横")的研发布局,如图1-2所示。 截至课题验收,在整车技术开发方面,我国研发了燃料电池、混合动力、纯电动的轿车与客车样车。在关键零部件研发方面,大功率镍氢、锂离子动力电池、车用驱动电机产品的多项性能指标已接近国际先进水平。与此同时,在北京、武汉、天津、威海、株洲、杭州、深圳等城市开展了商业化示范运营,积累了丰富的实际运行数据和经验。

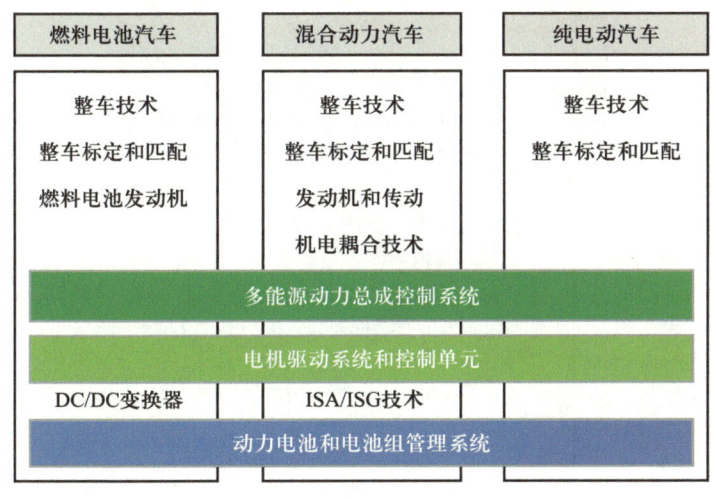

■ 图1-2 "十五"国家"电动汽车"重大科技专项研发布局

"十一五"是我国新能源汽车从打基础到示范考核的阶段,开展了863计划"节能与新能源汽车"重大项目。在2008年北京奥运会期间,我国成功进行了北京奥运新能源汽车科技示范工程,共有500辆各类电动汽车(纯电动、混合动力、燃料电池)投入示范运行。在此基础上,于2009年正式启动了"十城千辆"示范推广工程,即在10个试点城市推广1 000辆新能源汽车,包括纯电动汽车、插电式混合动力汽车等,通过实际应用,验证新能源汽车技术的性能、可靠性和经济性。

"十二五"是新能源汽车从示范考核进入产业化的关键阶段。为落实"纯电驱动"技术转型战略的具体思路和实施方案,"十二五""电动汽车"重大专项中,在研发布局上,以"三纵三横"为基础,进一步强化纯电驱动技术转型。"三纵"指纯电驱动汽车(纯电动汽车、插电式混合动力汽车)、燃料电池汽车、混合动力汽车,"三横"指电池、电机、电控技术。同时,为了适应从科技研发向产业化转型的需求,增加了标准检测、能源供给、集成示范等三大支撑平台的开发,从而形成了以"三横三纵三大平台"为战略重点的研发布局,如图1-3所示。在组织实施上,根据"三纵"技术发展的不同阶段,分别以"产业链""价值链""技术链"为纽带,建立"三纵三链"技术创新联盟开展研发活动。经过"十二五"期间大力推进,中国新能源汽车在电池、电机、电子控制和系统集成等关键技术方面取得重大进步。主要整车企业通过合作研发或自主开发的方式,已经基本掌握了关键技术,开发出了多个新能源整车产品平台;整车产品技术水平不断升级,续驶里程、最高车速等性能持续提升,整车可靠性、安全性也不断提高。动力电池技术水平显著提升,到"十二五"末期,动力电池单体能量密度达到180 W·h/kg,成本下降至1.5 元/(W·h);但在动力电池一致性等方面与国际先进水平还存在一定差距。驱动电机基础技术达到国际水平,产品性能与国际水平差距进一步缩小,技术水平基本相当;但中国电力电子集成控制器水平与国际先进电驱动系统技术水平仍存在较大差距。

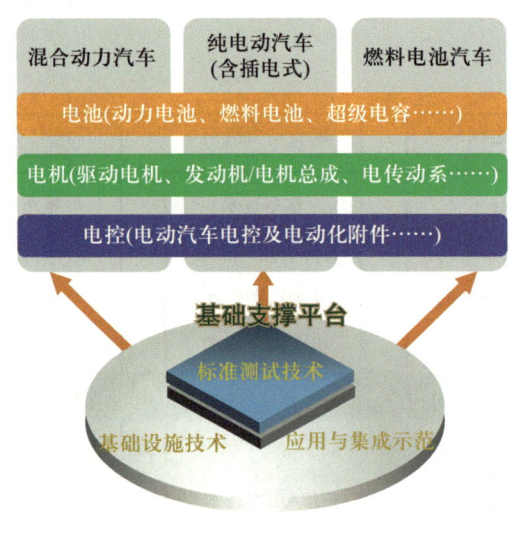

■ 图1-3 "十二五"863"电动汽车"
重大专项研发布局

"十三五"国家重点研发计划"新能源汽车"重点专项是在新能源汽车进入产业化后,实施新能源汽车技术升级战略的重大科技行动计划。面对全球汽车智能化的新趋势,"十三五"国家重点研发计划"新能源汽车"重点专项进一步将攻关目标升级为建立新能源智能化电动汽车技术平台。技术上强调动力深度电气化、车身底盘轻量化、整车智能网联化。其中,三电核心技术的内涵进一步丰富,"电池"更加强调电池系统,"电机"更加强调电力电子,"电控"则更新为电动汽车智能化技术。同时,按照全创新链设计原则将新能源汽车重点专项的总体布局划分为基础科学问题、动力系统技术、共性核心技术、集成开发与示范4个层次,如图1-4所示。在"十三五"期间,我国新能源汽车企业在电池、电机、电控等核心技术创新方面取得了可喜成果。动力电池技术水平处于全球领先行列,单体能量密度达270 W·h/kg、价格下降至1.0 元/(W·h)。新能源汽车产品供给质量持续提升,量产车型续驶里程达到500 km 以上。

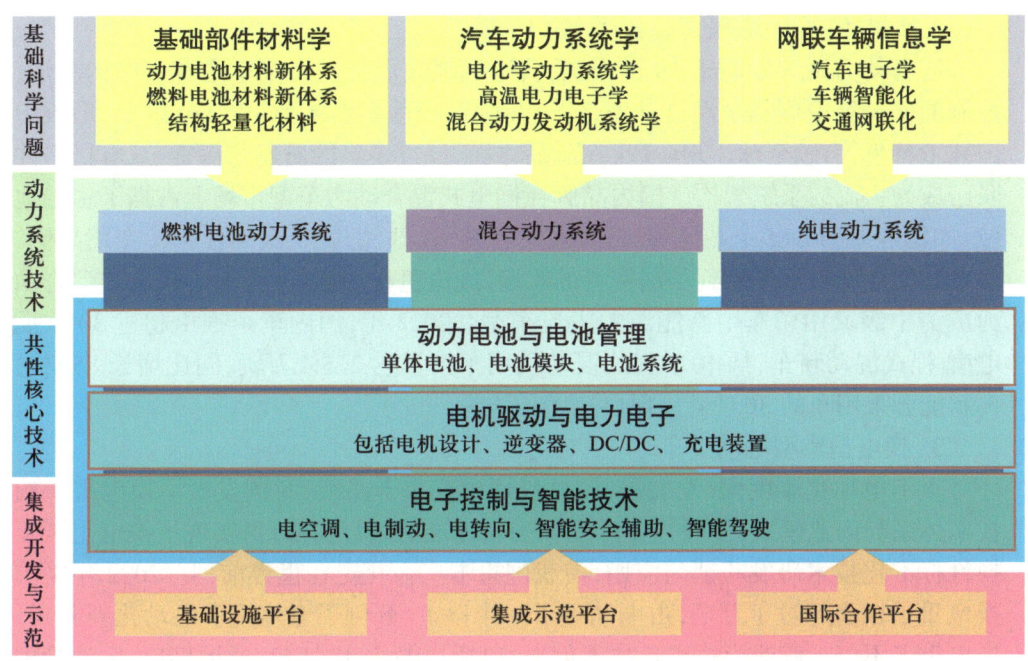

图 1-4 "十三五"国家重点研发计划"新能源汽车"重点专项总体布局

1.4.2　代表性创新技术案例

1. 动力电池技术创新与安全技术体系

为满足电动车续驶里程的需求与产业发展需求,我国动力电池技术创新成果丰硕,电池产业领跑全球。技术创新方面,电池系统结构创新推行单体电池-电池系统两级结构,颠覆传统上单体电池-电池模组-电池系统三级结构,追求电池系统空间利用最大化,提高能量密度,解决里程焦虑难题。我国比亚迪公司研发的刀片电池技术创新引领了全球磷酸铁锂电池在乘用车领域的应用潮流,集成刀片电池、基于碳化硅电力电子芯片的高压三合一总成、三合一电机驱动、多合一控制总成等建立的电动平台通用性强,被丰田等国际大公司采用;宁德时代的麒麟电池的技术创新也代表了三元电池系统的发展趋势,2022 年在全球率先推出让电动汽车续驶里程达到 1 000 km 的动力电池系统技术。2022 年我国电池产业产值突破 1.2万亿,继续位列全球第一电池制造大国,占据全球 70% 市场份额。目前,动力电池正在朝低碳化、高端化和智能化方向发展。

世界各国在电动汽车的竞相示范推广过程中,均出现了频繁发生的电池安全事故问题,甚至造成人员伤亡。中国发展新能源汽车战略超前,产业化领先,遇到电池安全问题无国际先例可循,只有依靠自主探索前沿科学问题,才能实现创新技术突破。动力及储能电池安全的核心问题之一是"热"科学问题,即电池热安全问题。造成"冒烟、起火、爆炸"等危害的源头,是电池的"热失控"(thermal runaway)问题。我国根据电池热失控的"诱因、发生、发展"三个阶段的特点,相应提出了主动安全、本征安全、被动安全三类防控技术方案,保障电池安全使用。

2. 纯电型插电/增程式混合动力乘用车

混合动力系统发明于 19 世纪末,我国插电式混合动力汽车主要为结构简洁、控制简便的纯电型插电混合动力,纯电续驶里程逐步发展到 100 km 以上,形成中国技术特色,引领全球。现阶段,在产品方面,经过多年的研发与探索,双电机串并联已成为主流的系统架构。国内品牌在插电式混合动力车型市场上占据了主导地位:如比亚迪的 DM-i 系统等,可实现平台统一、部件共享、成本优化。在用户侧,插电式混合动力汽车受到了消费者的欢迎,纯电里程 100 km 以上的插电式混合动力成为中级家用轿车中新能源的主流车型。2023 年,国内车企推出超过 30 款插电/增程式混动新车,插电/增程式混动乘用车销量达 275.4 万辆,同比增长 85.5%,占新能源乘用车的 30.6%,呈现快速增长势头。

3. 换电型重型电动卡车

重卡电动化难度大、发展慢,国外采用超充重卡路线、我国发展了换电重卡的技术体系与商业模式,开展行业标准和国家标准的制订与修订,实现了换电重卡互换性标准化技术研发验证与应用,使我国重卡产业化走在世界前列。2022 年中国换电重卡销售超过 1 万辆,占电动重卡一半以上,开创了全球重卡电动化新路径。换电重卡不仅是商业模式更是技术创新,包括换电站、电池包、通用接口、电池管理技术等,依托换电重卡发展出来的光—储—充—换一体化互补型智慧能源系统,更是电动汽车时代的新型"加油站"。

4. 能量混合型燃料电池商用车

基于纯电动和插电式混合动力轿车已经在我国大规模推广的市场现状,我国选择商用车为重点作为燃料电池汽车发展技术路线。采用"剥洋葱"的方式,攻克了氢燃料电池动力系统–燃料电池发动机–燃料电池电堆–燃料电池膜电极全技术链成套核心技术,建立了商用车氢能燃料电池系统产业技术体系。为提升燃料电池耐久性,提出了燃料电池准稳态运行的燃料电池/动力电池能量混合型动力系统架构。目前,我国商用车燃料电池制备和集成技术研发与产业化水平居于国际前列。2022 年,在冬奥会期间,中国成功开展全球最大规模 1 200 台氢能汽车商业示范,这一举措推动了中国燃料电池商用车在全球的领先地位。

1.4.3　示范应用与产业腾飞

1. 产品导入期

2009—2014 年是我国新能源汽车产业化初期,也即产品导入阶段,其性能还不能完全满足市场要求,直接进入私家车领域困难很大。针对早期应用推广挑战,中国启动科技成果产业化"财政—科技联动"新机制,用财政资金补贴公共车辆,政府成为新能源汽车的第一个用户。2008 年新能源汽车总体专家组提出"十城千辆"示范设想。通过财政补贴,重点在城市公共车辆领域推广新能源汽车,拉动动力电池产业的技术验证与迭代,大幅提升了磷酸铁锂电池的技术性能。2014 年,中国新能源客车产业化水平跃居全球第一。乘用车方面,2010 年新能源汽车被列为中国七大战略性新兴产业之一,并在同年 7 月确定在上海等 5 个城市启动私人购买新能源汽车补贴试点工作(《关于开展私人购买新能源汽车补贴试点的通知》)。

2. 市场培育期

2014—2018 年是中国新能源汽车市场的培育期,财政补贴推动电动汽车市场快速发展,电池能量密度提升带动乘用车续驶里程提高。这一时期新能源乘用车数量迅速增加,电池技术路线从磷酸铁锂转向三元电池,为新能源从客车向乘用车的发展创造了条件。2015 年中国新能源汽车市场占有率突破 1%,销售量居全球第一,从此连续数年领跑全球。2016 年是全球"纯电驱动"技术转型的标志性年份,国际汽车企业加快纯电驱动战略转型,也加速在中国市场布局。

2018—2020 年是中国新能源汽车的发展的过渡期,原定的补贴将于 2020 年结束,导致电动汽车市场出现调整,年销量出现波动和徘徊;但技术进步没有停滞,中国动力电池系统结构创新不断取得新成果。例如 2020 年推出的磷酸铁锂刀片电池,为电动乘用车提供了兼顾高安全、低成本和长续航的动力电池新方案,改变了电动轿车动力电池市场格局。插电式混合动力系统不断改进完善,混合动力系统构型技术、专用发动机技术和能量优化管理技术取得新突破,插电式混合动力轿车性能大幅提高。

3. 产业腾飞期

2021 年开始进入新能源汽车的高速发展期。从市场角度来看,纯电动和插电/增程式电动"双轮驱动"新能源汽车产业快速发展,插电式混合动力汽车异军突起,大举进入家用主流性价比车型市场。新能源汽车年产量相继跨越 300 万、600 万、900 万大关。从技术角度,新能源汽车技术创新活跃,续驶里程持续提升,整车产品百花齐放,竞争力大幅提高;中国燃料电池汽车技术取得了巨大进步,燃料电池发动机产业链基本建立,系统集成能力大幅增强;从产业发展角度,新能源汽车可持续发展政策纷纷出台,《新能源汽车产业发展规划(2021—2035 年)》发布、燃料电池汽车示范应用启动、碳达峰、碳中和目标提出等,新能源汽车产业的现实表现和未来发展趋势超出预期。

2023 年至今,我国进入新能源汽车产业的腾飞阶段。"纯电驱动"技术转型战略取得重大突破,"两头挤"市场推进战略取得决定性胜利,不仅完成了从城市大型车辆和微型车到轿车的两头挤,而且还实现了从高端豪华电动轿车和小型电动轿车到中级主流轿车的两头挤,实现车型全覆盖、全畅销。比亚迪全部转型纯电动和插电式超级混动,2023 年销量达到 300 万辆,名列全球新能源汽车第一名,也名列中国所有乘用车品牌第一名,这也是汽车行业几十年来的第一次。我国新能源汽车的年销量从 2011 年的不足 5 千辆发展到 2023 年的 950 万辆,如图 1-5 所示,市场渗透率首次超过 30%,2024 年 7 月新能源乘用车销量首次历史性超过燃油车。这是中国首次在全球率先成功大规模导入高科技民用大宗消费品。同时,中国新能源汽车大批量出口发达国家市场,2023 年新能源汽车出口超过 120 万辆,已成为我国外贸"新三样"之一。

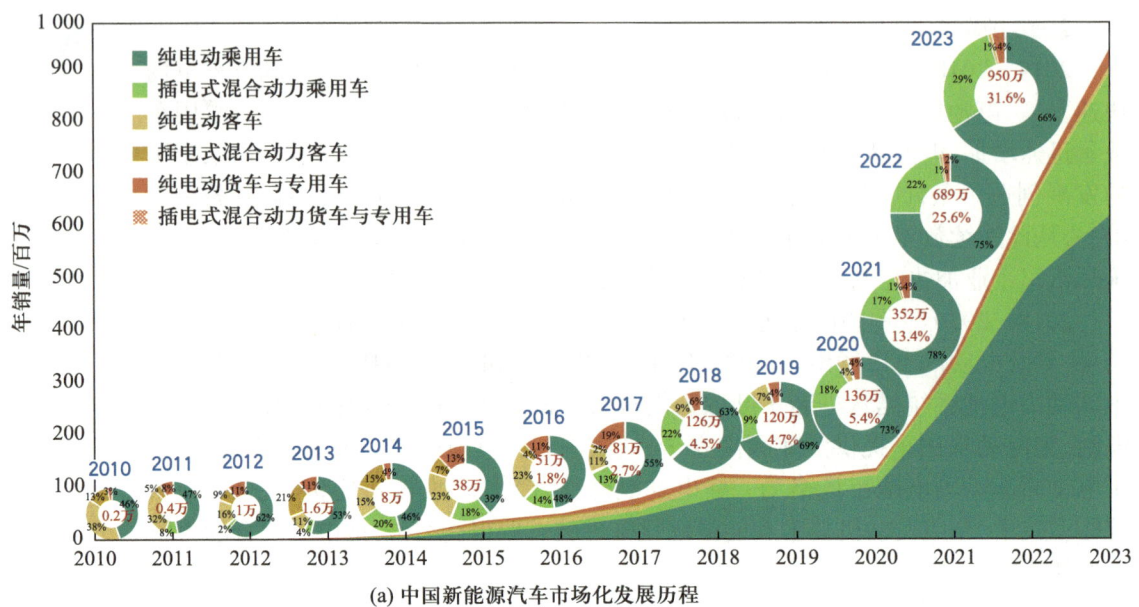

(a) 中国新能源汽车市场化发展历程

中国新能源汽车的三场技术变革
1. 动力电动化：新能源汽车1.0——电动汽车时代　**电动化爆发、智能化培育、低碳化起步**
2010年：确立"纯电驱动"战略，私人购买新能源汽车补贴试点展开，市场化启动，2018年销量超过100万辆；
2021年电动化爆发：乘用车磷酸铁锂电池系统突破，纯电动和插电混动厚积薄发，年销量达到352万辆；
2025年之后：预计超过1500万辆，随后将进入稳定增长期，年增长率下降但保有量大幅提升，2030年预计1~1.6亿辆；
2. 整车智能化：新能源汽车2.0——智能化电动汽车时代　**智能化爆发、电动化优化、低碳化加速**
2015年：特斯拉推出了半自动驾驶系统Autopilot，Autopilot是第一个投入商用的自动驾驶技术；
2025年智能化爆发：DeepSeek引爆政府和民间大模型热潮，L2级智能辅助驾驶技术厚积薄发，开启智驾普及时代；
2030年：预计基于先进的端到端大模型的L4级别自动驾驶乘用车在中高级乘用车规模商业化；
3. 能源低碳化：新能源汽车3.0——新能源智能化电动汽车时代　**低碳化爆发、智能化优化、电动化深化**
2020年：提出"双碳战略"，新能源汽车能源载体开始以绿电、绿氢为发展目标；
2025年：电力全面市场化开始，风电、光伏自发自用开始成为主要场景，全国车网互动城市级示范开始实施；
2030年低碳化爆发：预计非化石能源发电量超过50%，全车身钙钛矿薄膜和全固态动力电池规模量产，车网互动开始普及；
2035年：预计绿电成为充电主体电源，短时储能领域车网互动储能超过固定式电池储能，电动汽车保有量2~3亿辆。

(b) 中国新能源汽车技术变革过程

■ 图1-5　中国新能源汽车发展历程与展望

1.5　新能源汽车构成与原理概述

1.5.1　纯电动汽车构成与原理

纯电动汽车是由电动机驱动的汽车，电动机的驱动电能来源于车载可充电蓄电池或其他能量存储装置。图1-6是一个典型纯电动汽车的结构图，市面上常说的三电技术，指的是电机、电机控制器和电池，共同构成了新能源汽车的动力系统，也是电动车区别于燃油车的重要部件。

■ 图1-6 比亚迪"海豚"纯电动汽车

1. 电驱动系统

电驱动系统主要由电机控制器、电机和传动系统组成。电机控制器的功能是根据驾驶员意图,调整电池的电流和电压并输出至电机,对电机的转速和转矩进行精确控制。驱动电机通过电磁感应原理,将电能转化为机械能输出,驱动汽车的车轮,其运行状态(如转速和转矩)可以根据驾驶员意图进行实时调整。在车辆制动时,驱动电机作为发电机,可以将部分动能转化为电能,提升整车的能效。传动系统将电机输出的动力传递到车轮。它的设计和性能直接影响车辆的动力输出、效率和驾驶体验。纯电动汽车的传动系统通常比传统内燃机汽车的传动系统更为简单,但仍包含若干关键部分,如减速器、差速器和驱动轴。电驱动系统将在本书的第2章中进行详细介绍。

电动汽车的驱动电机依靠磁场相互作用或磁路磁阻变化,既可以将电能转化为机械能驱动车辆,也可以进行制动能量的回收。一般用于汽车的驱动电机有直流电机、无刷直流电机、永磁同步电机、交流感应电机和开关磁阻电机,其中永磁同步电机和交流感应电机是目前主流的车用驱动电机。

一般情况下,电池输出的电流无法直接供给电机使用,电机控制器就是将电池(或其他电源,如燃料电池、超级电容等)的电能转换为驱动电机所需电能的装置。电机控制器内部主要包括主电路和控制电路两部分,前者负责电能的转换,如不同电压的直流电变换、直流电和交流电的变换等;后者与整车保持通信,控制主电路的运行情况。由于不同类型电机的具体工作原理有差异,因此相应的电机控制器的具体结构也有所不同。

2. 电源系统

电源系统由蓄电池、电池管理系统和充电器等组成。蓄电池是纯电动车的能量存储单元,通常由多个单体电池组成,这些电池单体通过串联与并联提供整车需要的电压和容量。综合考虑能量密度、寿命与成本等因素,锂离子电池是目前纯电动车辆最常见的电池类型。电池管理系统负责监控和管理电源系统各个电池的状态,包括电池的电压、电流和温度等,以确保电池安全、高效地工作,避免出现电池过充、过放和热失控等异常情况。充电器负责将外部电源的电能传输到电池组中,电动车的充电可以分为交流慢充和直流快充两种,前者采用的是车载充电器和交流电源,后者需要外部安置的快充桩。

动力电池是纯电动车的能量来源,其通过电化学反应来储存和释放电能。常见的动力电池有铅酸电池、镍镉电池、镍氢电池、锂离子电池等。随着电动汽车的发展,锂离子电池由于高能量密度、长循环寿命等优异性能,成为绝大部分新能源车的电源,动力电池将在第 3 章中展开介绍。

3. 电动底盘

电动汽车的底盘是整车的关键载体,需要承担车身、电池、电机、各种控制器和其他辅助设备。电动汽车底盘接收动力装置的能量,使车辆运动,并确保汽车根据驾驶员的指令正常行驶。在纯电动车中,电池会占据较大的空间和重量,考虑到车辆整体的重心分配和电池的安全防护,乘用车一般会将电池布置在底盘,商用车既可以将电池布置在底盘,也可以布置在驾驶舱后方或车顶。由于驱动部件的布置更加灵活,目前纯电动车的动力系统主要分为集中式驱动和分布式驱动两类主要构型。集中式驱动[图 1-7(a)]与传统燃油车的驱动构型类似,用电机取代内燃机作为动力源,保留减速器、差速器、传动轴等传动装置。集中式驱动系统与传统汽车的驱动系统较为相似,因此具有相对成熟、安全可靠的优点。分布式驱动系统构型[图 1-7(b)~(d)]采用多个驱动电机,最具代表性的是轮边电机驱动和轮毂电机驱动,前者将电机布置在每个驱动轮附近,后者将电机直接安装在驱动轮内,为车辆动力学控制提供了更高质量的执行机构和输出反馈,使得先进的控制理论和控制方法能够在车辆动力学控制中加以应用,从而实现对车辆运动的精确控制。分布式驱动方案理论上可以取消差速器等传动部件,使传动链进一步简化,传动效率更高,使得整车的底盘布置大幅简化,传统布置发动机的前舱腾出了大量空间,衍生出了前备箱这一极具特色的结构。总结来看,电驱动技术简化了汽车动力驱动与传动系统,优化了汽车底盘布置,对汽车设计、制造以及使用体验提升都带来了诸多好处。

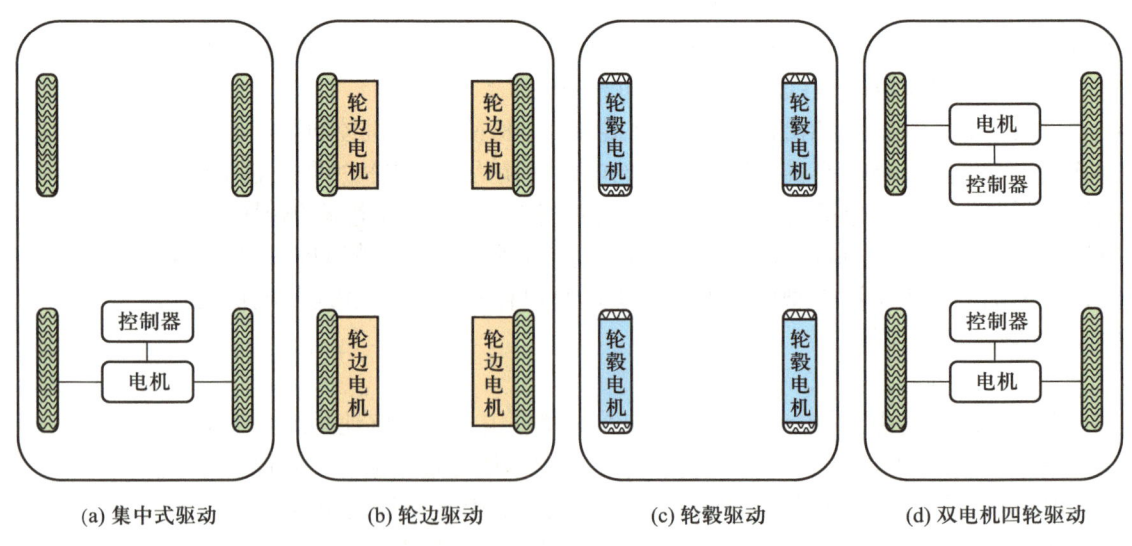

(a) 集中式驱动　　(b) 轮边驱动　　(c) 轮毂驱动　　(d) 双电机四轮驱动

图 1-7　纯电动车驱动构型

1.5.2　可外接充电的混合动力汽车构成与原理

有别于常规混合动力汽车单一的能量来源,插电式混合动力汽车(plug-in

hybrid electric vehicle, PHEV)的能量来源包括了燃油与电网电力。插电式混合动力汽车外接充电后优先使用电能(称为电量下降阶段),当电池电量低于设定值后则进入常规混合动力模式(称为电量维持阶段)。根据内燃机在电量下降阶段的工作方式的不同(取决于电池的容量和功率)分为混合型和纯电型两种。如果在电量下降阶段,由于电池功率不足,内燃机随时启动工作,直接输出驱动转矩或者带动发电机给驱动电机供电,称为"混合型"插电式混合动力(blend PHEV);如果在电量下降阶段内燃机不启动,车辆为纯电动,则称为"纯电型"插电式混合动力(all electric range, AER PHEV)。

按内部结构划分,有并联、串联和混联三大类(以及它们的细分类型):①并联是指电机和发动机并行给车辆提供驱动转矩。②串联系统与并联系统相对,它通过一条串联的机械路径(即电机-变速器-车轮)来为车辆提供驱动力。在电气方面,发电机组和电池组实际上是并联的,共同为电机供电。内燃发电机组的工作模式一般有两种:发电直驱模式,或称为负载跟随模式;另一种是根据预设的电池电量值自动启动或停止的模式。内燃发电机组发电直接供应给电动机的发电直驱模式早在半个世纪前就已经广泛应用于铁路电力传动内燃机车,以形成良好的牵引特性。在汽车混合动力中,发电直驱模式可以提高效率但环保性会变差。③混联是串联+并联,可以是同时的串并联,如功率分流(典型的如丰田普锐斯的混合动力系统),也可以是分时的串并联,即以动力性、经济性和环保性综合最优为目标,根据运行工况确定什么时候串联,什么时候并联。

外在功能和内在结构两方面结合起来,有很多种组合,如图1-8所示。例如,纯电型插电式混合动力可以采用串联、并联或者混联结构。其中,采用串联构型的

结构	常规混合动力 HEV	插电式混合动力 Plug-in HEV	
		混合型 Blend PHEV	纯电型 AER PHEV
串联	 日产 Note e-Power	 传祺 GA5 PHEV	 理想 增程电动车
并联	 本田 Civic Hybrid	 宝马 i8 PHEV	 比亚迪 秦 PHEV
混联	 丰田 Prius HV	 丰田 Prius PHEV	 比亚迪 超级混动 PHEV

图1-8 混合动力汽车构型

15

在我国称为增程式电动汽车（根据国标 GB/T 19596—2017 定义）。不同构型插电式混合动力汽车的工作模式与能量管理介绍请见第 5 章。

1.5.3　燃料电池汽车构成与原理

燃料电池汽车是以燃料电池系统作为单一动力源或者是以燃料电池系统与动力电池等储能装置组成的混合动力作为动力源的汽车，如图 1-9 所示。其动力系统主要由燃料电池系统、车载储氢系统、车载蓄电系统、电驱动系统组成。

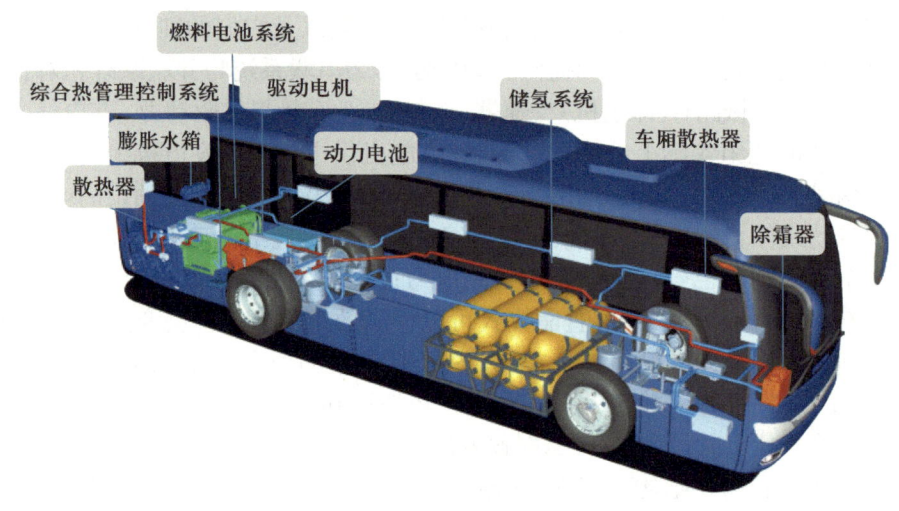

■ 图 1-9　燃料电池汽车组成结构

燃料电池系统是燃料电池汽车的发电模块，为电动汽车运行提供持续电能，主要包括燃料电池堆、空气系统、氢气进气系统、热管理系统和电控系统 5 个部分。燃料电池堆是燃料电池系统的核心组件，由多个单体燃料电池串联组成，在每个单体燃料电池中，氢气在阳极分解成质子和电子，质子通过质子交换膜到达阴极，电子通过外部电路流动产生电流，最终在阴极与质子、氧气结合生成水。由于反应过程涉及进气、排水、控温等操作，因此燃料电池堆需要配合一系列附件系统才能正常运作。空气系统负责对外界空气进行过滤、加压、降温和增湿，并引入燃料电池堆的阴极侧，为电化学反应提供氧气。氢气进气系统负责将储氢系统中的氢气引入燃料电池电堆的阳极。热管理系统的作用是带走电堆运行时产生的热量，使电堆工作在合适的温度，同时也负责在低温时，将电堆加热至启动所需的温度。电控系统的作用是进行状态信息观测、附件控制和输出功率控制。燃料电池系统将在本书第 4 章进行介绍。

车载储氢系统负责储存和供应氢气给燃料电池堆。当前最常见的储氢技术是高压储氢，它将氢气压缩到 35 MPa 或 70 MPa 并储存进高压储氢瓶。高压储氢瓶通常由碳纤维、玻璃纤维或其他复合材料制成，以确保能够承受高压并提供足够的安全性和耐用性，该技术已经在商业化应用中得到了广泛认可和使用。

燃料电池车的车载蓄电系统主要是蓄电池，用于存储燃料电池堆产生的多余电能以及回收制动能量，也可以在车辆起步和加速时可以提供额外的电能支持。

由于燃料电池只是产生电能的装置,并不能直接驱动车辆,因此也需要一套与纯电动车一样的电驱动系统,包括电机控制器、驱动电机和传动装置等。

在燃料电池整车动力系统中,如果只采用燃料电池作为电能来源,一方面燃料电池无法吸收电机回馈制动产生的电能;另一方面燃料电池无法像蓄电池一样承受较为剧烈的功率变载,因此燃料电池车辆往往搭载燃料电池和蓄电池两个能量源。燃料电池动力系统与前文所述的串联式混合动力系统有一些相似之处,首先,二者的车轮动力来源都只有电机;其次,由发动机和发电机组成的动力单元,和燃料电池系统的功能一致,都是将车载燃料的化学能最终转化为电能输出。氢燃料电池混合动力系统根据其设计和应用的不同,可以分为功率型燃料电池系统和能量型燃料电池系统。

上述纯电动汽车、插电式混合动力汽车、燃料电池汽车三种新能源汽车,除了动力系统上的差异,更有共性的技术平台,本书将在后续的9章中分别进行介绍:第2章电驱动系统与第3章电池技术是新能源汽车动力系统的共性技术,第4章、第5章分别聚焦燃料电池技术和插电式混合动力技术两种代表性动力技术。

第6章至第8章集中讨论新能源汽车的基础平台技术,这些技术广泛涵盖不同动力类型的新能源汽车。第6章详述新能源汽车的热管理系统,第7章重点讲解电动底盘设计与集成技术,第8章介绍新能源汽车控制系统。

第9章介绍新能源汽车的补能系统,电动汽车可调控的充放电过程使其具有了储能属性,因此在第10章进一步介绍新能源汽车在车网互动的前沿创新,展望新能源汽车与智慧能源系统的发展趋势。

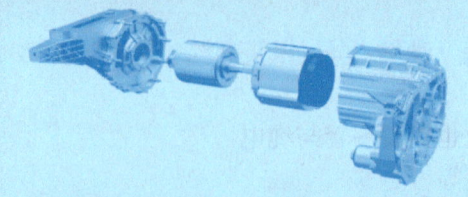

第2章 新能源汽车电驱动系统

2.1 车用电驱动系统功能与结构

2.1.1 车用电驱动系统需求

车用电机替代传统内燃机输出动力,实现汽车的驱动制动功能,是新能源汽车的核心部件。针对汽车的应用场景,车用电机具备尺寸小、重量轻、可靠性强、效率高、成本低、调速范围宽等特点,为了满足新能源汽车的性能需求,电驱动系统发展呈现以下特征。

① 提高电驱动效率,降低驱动能耗。受限于动力电池能量密度约束,提高驱动系统效率是提升新能源汽车续驶里程的重要措施。为了满足整车长续航发展需求,新能源汽车行业仍在不断提升电动汽车驱动系统的循环工况效率。

② 电驱动系统轻量化、高紧凑设计。传统工业电机体积大、功率密度低,对于空间布置优化与整车减重都十分不利,提升电驱动系统的功率密度可以支撑整车成本与整车总布置的综合优化,是国内外主流汽车企业的重要竞争方向。

车用电驱动系统在汽车底盘上的典型布置方式如图 2-1 所示。在电气上,车用电机与车用电机控制器相连接,通过电机控制器实现指定的转矩与转速输出;在机械上,车用电机转矩输出轴经过减速器等转动装置后与车轮相连,带动车轮旋转,驱动车辆前进、后退。需要注意的是,电机作为一种通用执行器,在新能源汽车

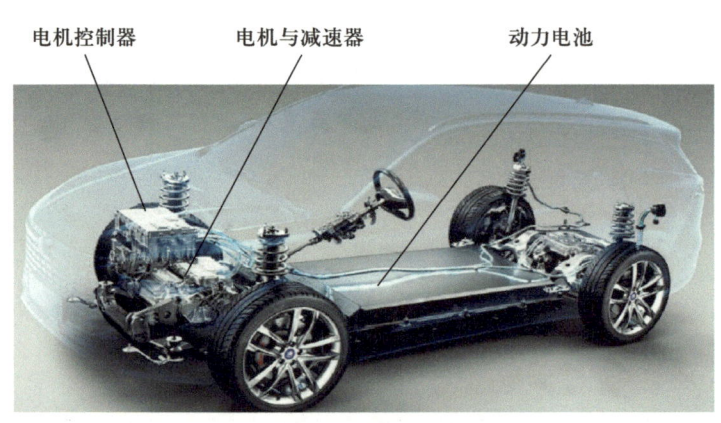

电机控制器　　　电机与减速器　　　动力电池

■ 图 2-1 车用电驱动系统布置方式

中还广泛应用于转向、制动、座舱等场景,本章节主要关注作为动力装置的车用驱动电机,简称车用电机。

按照电机转矩转速关系可以将车用电机工作区域分为恒转矩区与恒功率区两部分,两个区域之间的转速边界即为电机的基速,通常也是电机设计时选取的额定转速。基速以下为恒转矩区,电机输出恒定转矩;超过基速为恒功率区,电机输出恒定功率,通常电机在这一部分工作时需要进行弱磁控制。虽然车用电机工作原理与常见工业电机类似,但是汽车对车用电机的性能需求与工业电机存在显著差异,具体见表 2-1。

表 2-1 车用电机与工业电机性能需求对比

名称	车用电机	工业电机
功率密度	高功率密度,要求紧凑设计以减轻整车重量	通常不要求极高的功率密度,更加注重稳定性和耐用性
效率	高效率,特别是在低负载和不同速度下,提升车辆续驶里程	整体效率要求高,尤其是在额定负载下,但对不同负载和速度的效率要求较宽松
瞬时过载能力	需要较强的瞬时过载能力,以支持车辆的加速和制动	一般要求较低的瞬时过载能力,更强调持续负载能力
控制响应	高动态响应需求,以应对复杂的驾驶工况,如加速和制动	对动态响应的需求相对较低,重点是稳定和精确的控制
工作环境	需适应各种恶劣环境,如高温、低温、潮湿和振动等	环境条件通常较为稳定,但在某些特定工业场景下(如高温、腐蚀性环境)也有特殊要求
噪声和振动	低噪声和低振动要求,以提升驾乘舒适性	对噪声和振动的要求相对宽松,主要关注机械稳定性
成本控制	强调性价比,需在性能和成本之间找到平衡	更注重长寿命和低维护成本,但对初始成本的控制不如车用电机严格
寿命与可靠性	高可靠性要求,需保证长期无故障运行	强调长期运行的可靠性,通常设计寿命较长,要求低故障率
冷却系统	需要高效的冷却系统,可能包括液冷或油冷,因为高功率密度产生的热量较多	通常采用风冷或简单的液冷系统,但对于大功率电机可能需要更复杂的冷却系统

车用电机需要适应汽车复杂的运行使用工况。图 2-2 是车用电驱动系统的工况点分布图,由于车辆爬坡、加速等使用需求,电机的工作点广泛分布于低速高转矩区至高速低转矩区,这要求车用电机兼顾高转矩密度与宽运行范围,同时也要求车用电机具有良好的过载能力与响应特性。伴随使用工况变化,车用电机的工作点分布也存在较大差异。以城市工况与高速工况为例,城市工况下车辆需要频繁启停,并且需要较大的加速度以应对交通状况,因此车用电机的工况点多集中在低转速高转矩区域。而在高速工况下车辆在高速公路上需要长时间保持高速巡航,则电机的工况点则多集中在高转速低转矩区域。

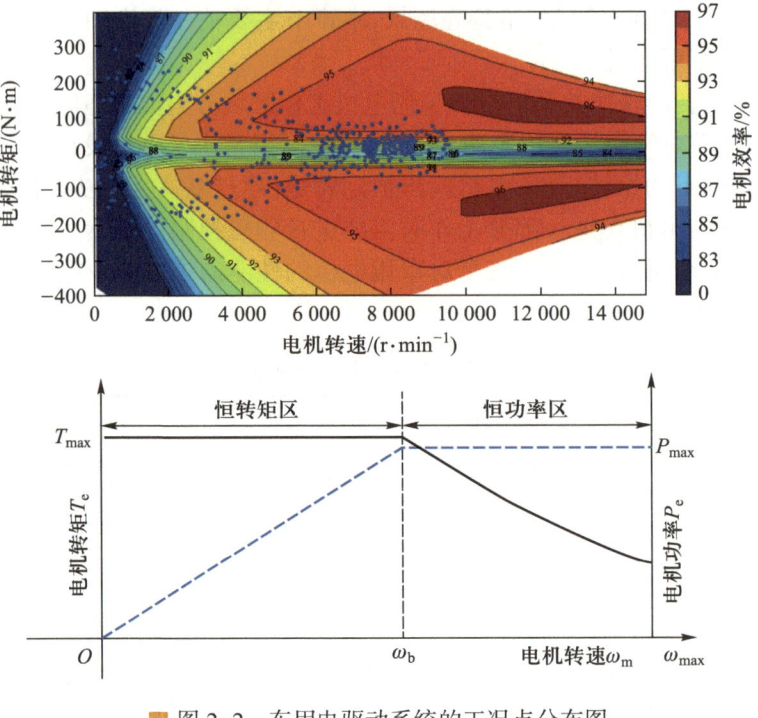

图 2-2　车用电驱动系统的工况点分布图

2.1.2　车用电驱动系统构型

1. 车用集中电驱动系统

车用集中电驱动系统的基本组成如图 2-3 所示。电驱动系统通过 CAN 总线与整车控制器、电池管理系统、变速箱控制器等进行信息交互。动力蓄电池通过直流母线与车用电机控制器连接,车用电机控制器接收整车控制器需求,将直流电转换为交流电输入车用电机,控制车用电机的转矩与转速,输出动力通过变速/减速机构实现转矩放大和速度调节,最终传递到车轮上,使得整个系统可以根据驾驶员的意图驱动车辆运行。

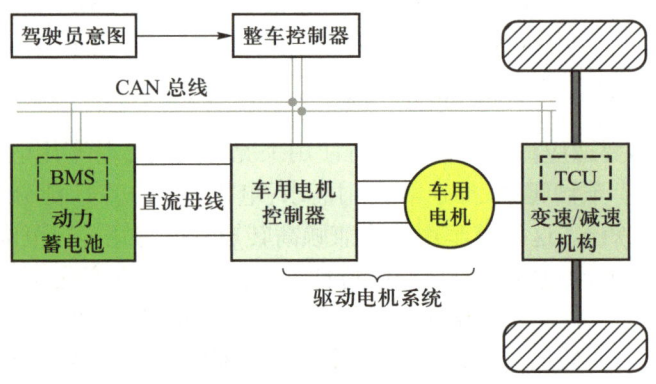

图 2-3　车用集中电驱动系统

单电机集中驱动是集中式车用电驱动系统的典型代表,该方案包括一个车用电机及其控制器。单电机集中驱动在构型上与传统内燃机汽车的方案类似,但使用电机取代了内燃机。单电机集中驱动通过传动系统输出动力带动车轮运动,具有结构简单,控制准确,安全可靠等特点,容易进行维护。由于车用工况复杂,单一电机难以保证车用电驱动系统在全工况下具有良好的效率特性,往往需要引入变速系统,使得系统传动效率下降并且变得较为复杂。此外,单电机集中驱动方式难以精准地控制每一个轮胎输出的转矩,并且轮边转矩响应时间受限于变速/减速机构的迟滞特性。

2. 分布式电驱动系统

分布式驱动构型包含多个驱动电机,可以提升汽车的动力性、经济性与操控性。根据车用电机布置方式的不同,分布式驱动可以分为轮边电驱动系统与轮毂电驱动系统。轮边电驱动系统通常将轮边电机与固定速比减速器一起安装在车架上,减速器的输出轴通过短半轴与车轮相连,从而驱动车轮。轮边电机构型的主要优势在于它舍弃了集中驱动传动系统中的差速器,从而简化了机械传动结构;轮毂电驱动系统将电机直接集成在车轮上进行驱动,简化传动系统,提高了传动效率。图 2-4 是车用轮毂电机分布式驱动系统的示意图,分布式电驱动系统不再需要差速器,车辆设计更加自由,同时也便于降低车辆的质心。此外,由于分布式电驱动系统可以实现每个车轮转矩的精确控制,它也支持更精准的车辆状态观测和动力学控制。

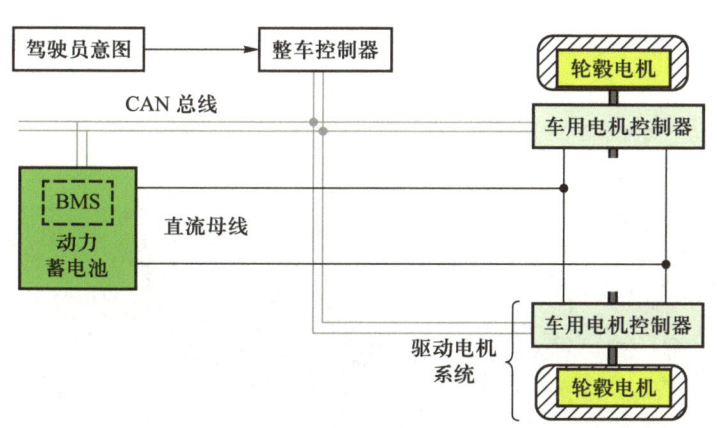

■ 图 2-4 车用轮毂电机分布式电驱动系统

分布式驱动应用优势主要体现在布置、控制、效率三个方面。在布置方面,分布式驱动方式模块化发展潜力高,对于多轴车,改变车辆轴数、轴距、上装等都变得更加容易,可以缩短设计周期;在控制方面,分布式驱动车辆有利于整车动力学控制能力提升。一方面,轮边/轮毂电机为车辆状态评估提供了更多的传感器与观测维度。另一方面,分布式驱动使得车轮的转矩可以独立、精准、快速地控制,车辆可以实现更高水平的主动安全防护。此外,由于驱动自由度增多,车辆成为过驱动系统,既可以利用各轮协调、互为备份应对执行器失效的场景,又可以通过左右差矩为整车提供附加横摆力矩,实现更复杂的运动控制;在效率方面,分布式驱动车辆传动链更短,相比集中驱动系统可以省去主减速器、差速器和传动轴等,具有潜在的传动效率优势。

2.1.3　车用电驱动系统组成

1. 车用电机

车用电机及其控制器是车用电驱动系统最重要的组成部分,车用电机是实现电能与机械能相互转化的主体部件,由定子与转子两大核心部件,以及电机壳体、轴承、油封、绝缘材料、冷却管道、旋转变压器、电刷和换向器等辅助部件组成,如图 2-5 所示。车用电机定子由开槽的硅钢叠片铁心组成,铁心上缠绕铜线绕组,电流经过电机控制器输入电机定子产生磁场,通过定子与转子间的电磁力推动转子旋转,驱动车辆行驶。

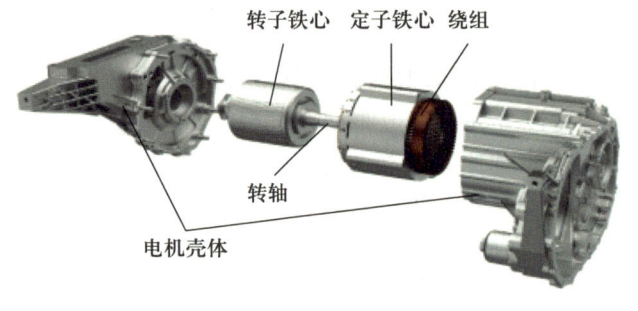

图 2-5　典型车用电机构造

交流感应电机与永磁同步电机是目前最常见的两类车用电机。交流感应电机成本较低、过载能力强,永磁同步电机功率密度高、效率高,两种电机既可以独立作为驱动电机使用,也可以同时应用于一辆车。图 2-6 是底盘系统同时采用交流感应电机与永磁同步电机的配置方案,其中永磁同步电机是常规工况下的主驱电机,交流感应电机常作为大功率下的辅助电机,使整车兼顾强动力与高效率的特点。

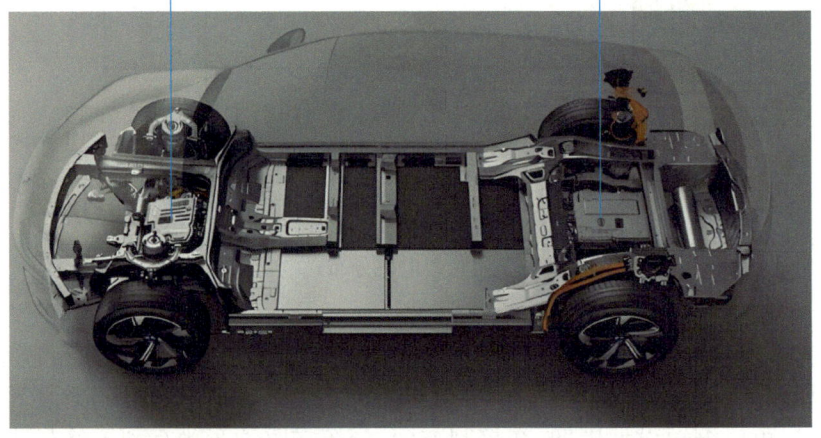

图 2-6　底盘系统同时采用交流感应电机与永磁同步电机的配置方案

交流感应电机除了在双电机集中驱动方案中作为辅助电机外,其作为主驱电机在通用汽车 EV-1、特斯拉 Roadster、Model S、Model X 以及蔚来 ES8 等车型上也均有使用,典型车用交流感应电机如图 2-7 所示。交流感应电机的转子由转子铁心与笼型绕组组成。笼型绕组由多根导条和两个环形的端环组成,是一种自短路绕组,外形似鼠笼。在定子三相绕组产生的旋转磁场作用下,笼型绕组切割定子磁场产生的感应电动势和电流,并带动转子旋转。由于转子的旋转速度总是滞后于定子电流产生的旋转磁场,因此被称为"异步电机"。当电机负载增加时,定子磁场与转子磁场之间转速差的比率会增加,在一定范围内转子绕组感应电流与电机输出转矩也增加。电机转速由安装在电机端部的旋转变压器进行测量。旋转变压器转子与电机转子同步转动,与静止的旋变定子配合完成车用电机转速测量。

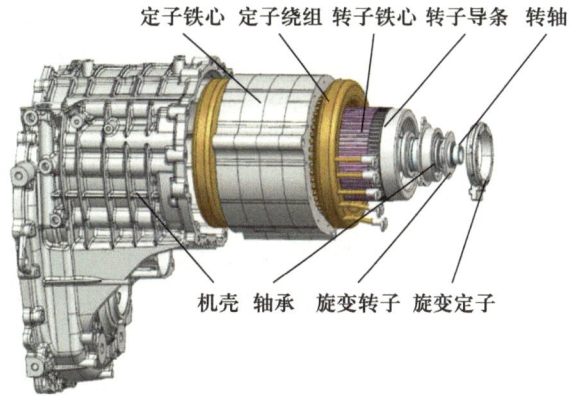

定子铁心 定子绕组 转子铁心 转子导条 转轴

机壳 轴承 旋变转子 旋变定子

■ 图 2-7 典型车用交流感应电机

车用永磁同步电机通常指内置式永磁同步电机,永磁同步电机利用永磁体提供所需磁场,避免使用励磁电流,具有较高的功率密度和效率,其典型结构如图2-8所示。永磁同步电机与交流感应电机结构上的差别主要体现在转子中布置有永磁体,产生有恒定的旋转磁场。永磁体在转子铁心中可一般采用过盈配合的方式进行压装至转子铁心内部。当电机转速高时为了防止转子在离心力作用下破碎,转子外表面也需进行碳纤维包覆等处理。

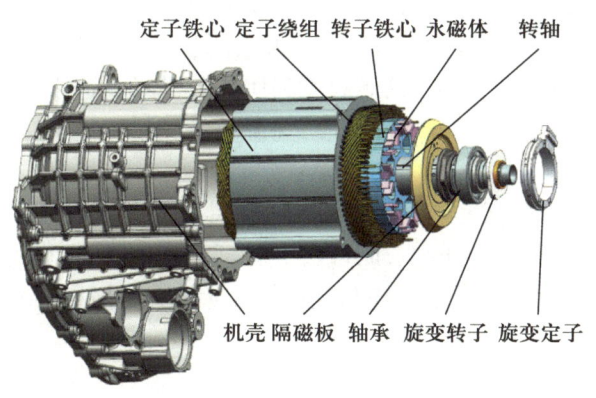

定子铁心 定子绕组 转子铁心 永磁体 转轴

机壳 隔磁板 轴承 旋变转子 旋变定子

■ 图 2-8 车用永磁同步电机

除了上述两类电机,少量车型也选用了开关磁阻电机作为车用电机,如图2-9所示。开关磁阻电机利用磁路中磁阻的变化产生磁阻转矩,结构上简单,具有起动转矩大、调速范围广的特点,在早期越野车型上有一定的应用。然而,它存在严重的转矩波动和噪声问题,难以在高端车型上推广应用。开关磁阻电机的定子与交流感应电机、永磁同步电机的定子差别不大,均可由分布式绕组或集中绕组产生旋转磁场。而开关磁阻电机转子叠片进行了特殊的开槽设计,形成了叠片材料与空气相间隔的结构。由于叠片材料如硅钢的导磁能力强,空气的导磁能力弱,各个方向上磁阻不一致,磁通经过转子时会发生扭曲,从而产生磁阻转矩。

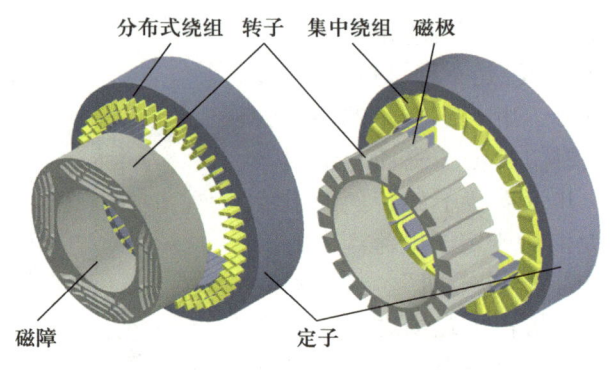

分布式绕组　转子　集中绕组　磁极

磁障　　　　　　　　　　定子

■ 图2-9　车用开关磁阻电机

　　需要注意的是,为了提升电机性能,大部分车用永磁同步电机的转子与开关磁阻电机类似,也进行了特殊的开槽设计。这使得车用永磁同步电机的输出转矩会同时包括励磁转矩与磁阻转矩,因此大部分车用永磁同步电机也可被称为永磁磁阻电机。

　　车用电机的选取需要与车用工况的需求相结合。图2-10对比了交流感应电机与永磁同步电机的高效区。永磁同步电机的转子产热较少,更易于冷却,通常具有更高的峰值效率,高转矩区效率优势明显。并且,永磁同步电机还能在高功率因数下运行,而交流感应电机的最佳功率因数大约为85%。这意味着永磁同步电机的峰值效率通常比交流感应电机高出几个百分点。但是,永磁体的存在在一定程度上增加了永磁同步电机弱磁控制难度,设计时往往依据电机的峰值转矩来确定磁场强度。这导致在空载或轻载工况下,永磁同步电机的铁损稍高。由于永磁同步电机无法主动调节转子磁场,只能通过利用部分定子电流来进行弱磁扩速,而这部分电流并不产生转矩。在可靠性方面,高温与电磁场可能引起永磁体退磁,这也对转子设计提出了更高的要求。

　　交流感应电机具有成本与可靠性优势,并具有高速区高效率特点。不使用价格昂贵的永磁体不但降低了成本,而且由于磁场的可调性,配套的逆变器的额定值和成本也较低。区别于永磁同步电机,交流感应电机的损耗随着电机尺寸增大不

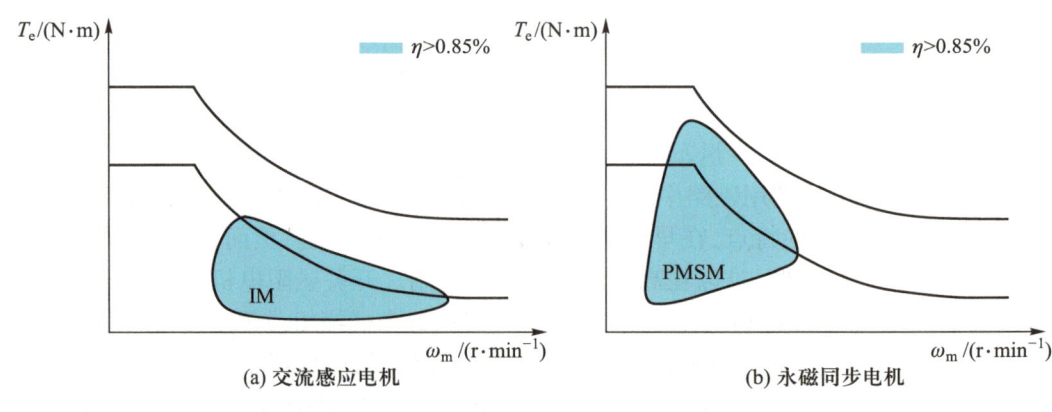

(a) 交流感应电机　　　　　　　　　　(b) 永磁同步电机

■ 图2-10　两类典型车用电机高效区范围对比

一定会显著增加。考虑其高速区高效率特点,虽然交流感应电机的峰值效率较低,但循环工况下的平均效率在某些特定工况下反而会比永磁同步电机更高。然而,交流感应电机实现高精度速度控制比较困难。

　　总体来说,交流感应电机、开关磁阻电机和永磁同步电机由于具有不同的特性适用于不同的应用场景,其性能对比见表 2-2。从当前发展趋势来看,永磁同步电机短期仍会是新能源汽车的主流产品路线,而交流感应电机在高性能新能源汽车市场中的应用将逐步增加,开关磁阻电机将更多应用在对振动噪声要求不高的特殊场景。考虑三类电机目前都还在继续发展,未来也会根据车型应用需求来权衡采用哪种电机技术。

表 2-2　交流感应电机、开关磁阻电机与永磁同步电机性能对比

名称	交流感应电机	开关磁阻电机	永磁同步电机
功率密度	0	+	++
材料成本	+	++	−
综合效率	0	++	+
失效安全	+	+	0
耐久可靠	+	++	0
技术成熟度	++	+	+
结构紧凑	0		+
结构适应性	−	−	++
振动噪声	++		+

2. 车用电机控制器

　　车用电机控制器是电驱动系统的另一个核心组件,它与车用电机紧密协作,共同实现汽车的高性能驱动。车用电机控制器的主要功能是接收整车控制器指令,将动力电池输出的直流电转换成车用电机定子绕组产生旋转磁场所需的三相交流电,从而使得车用电机根据驾驶员意图输出特定的转矩。

　　伴随车用电驱动系统技术发展,车用电机控制器与车用电机的集成度不断提升。如图 2-11 所示,车用电机控制器大致经历了分立式、集成式、一体式三种集成方式。分立式构型下,车用电机控制器与车用电机之间的主要连接仅用于三相交流电的传输。采用集成式结构时,电机控制器直接安装在电机外壳上,同时由很短的铜排直连。驱动电机的输出轴端与减速器的输入轴端通常通过花键连接传递扭矩,各自由壳体端面上的轴承支撑。根据集成度的不同,二者的端面可合二为一,更有甚者是车用电机和减速器共用外壳体。一体式结构集成度更高,将三者的壳体完全共用或者深度集成,仅存在接合面,没有间隔空隙。

　　分立式电驱动系统的零部件各自独立,关联故障少、可维修性好。但是,由于分离式系统各部件外壳形状各异,相互之间需要大量的线束、电缆连接,导致成本

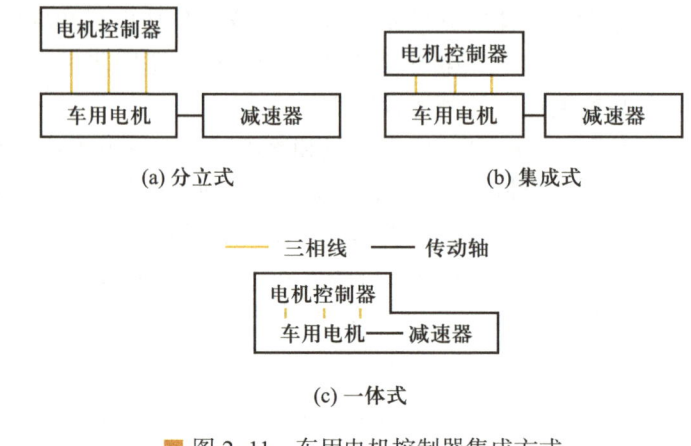

(a) 分立式　　　　　　　(b) 集成式

── 三相线　── 传动轴

(c) 一体式

■ 图 2-11　车用电机控制器集成方式

高、空间浪费、安装布置困难,同时因线束电缆交错、连接点多导致高压电与低压信号相互干扰、连接的可靠度受到很大影响。

集成式电驱动系统有效解决了分立式系统连接复杂问题,不仅节省了线缆等物料成本,更重要的是因为连接插件减少、有效提升了系统可靠性;另外,系统的紧凑性也大幅度提升、体积和重量都显著降低,不仅相对同功率的内燃机系统降低了约 2/3 的重量,而且相对于分立式结构可降低约 1/3 的重量。正是由于电驱动系统的体积重量显著低于内燃机系统,使得新能源汽车在后桥位置布置独立的驱动系统成为可能,四驱车不再需要传动轴将前驱动力传递到后桥,而是直接布置两套独立的电驱动系统。考虑到车用电机控制器、车用电机、减速器在前后桥的复用等因素,三合一电驱动系统已成为趋势,这也是当前新能源汽车电驱动系统的主流集成方法。

典型集成式电驱动系统的电气与机械接口如图 2-12 所示。为了减少电驱动系统整体的布置空间,车用电机控制器与车用电机的壳体往往制作成特定的形状,并设置有机械与电气接口。一体式电驱动系统的紧凑性更好、功率密度更高,整体刚度、NVH 性能也更好,进一步还可以集成与副车架悬置连接的悬置支架。然而,一体式电驱动系统需要特别注意由部件的高度集成所造成的散热问题与面对极端工况或长期疲劳负载时系统的结构强度问题。

控制器壳体　　　　　控制信号接口
冷却接口　　　　　　直流母线接口
电机壳体　　　　　　减速器壳体

■ 图 2-12　典型集成式电驱动系统的电气与机械接口

车用电机控制器的内部结构如图 2-13 所示,包括功率模块、控制和驱动电路、母线电容、低压连接器屏蔽罩、三相铜排及支架等关键零件。功率模块是电机控制器中的核心组件,主要负责电能的转换和分配。它由多个功率半导体器件组成,如绝缘栅双极晶体管(IGBT),这些可控开关器件在控制和驱动电路作用下可以控制电流和电压的方向,形成三相交流电以驱动电机。车用电机的功率模块具有若干特性,如高热导率、高电压和电流承受能力以及快速开关能力。这些特性使得功率模块能够在严苛的汽车环境下稳定工作。此外,车用电机控制器内含有故障诊断电路,当电机出现异常故障时,会通过通信系统发送至整车控制器,同时存储该故障码和相关数据。车用电机控制器依靠电流传感器、电压传感器和温度传感器监测电机的运行状态,并根据这些参数调整电压和电流,完成其他控制功能。鉴于电驱动系统中存在多种能量转换过程和随之而来的能量损失,车用电机控制器还需要根据温度传感器的反馈和整车热管理系统的工作状态,控制水泵、换热器和风扇的工作。选择合理的循环水路,调节驱动电机系统的工作温度。

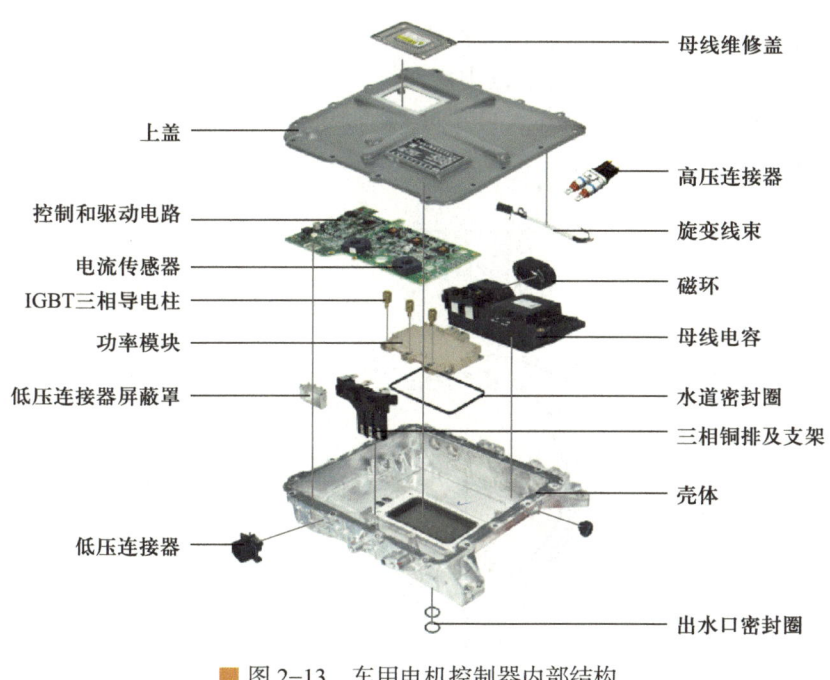

图 2-13 车用电机控制器内部结构

2.2 车用电驱动系统工作原理

2.2.1 机电能量转换基础

1. 电磁转矩产生原理

为了兼顾知识的通识与深度,本书将从直流电机入手,对电机转矩的产生原理进行介绍,并拓展到典型电机的应用场景。但受限于篇幅与定位,本书对于较为复杂的原理部分进行了简略处理,如果想深入了解电机的工作原理,可以拓展学习电机学相关知识。

　　磁场相互作用是电磁转矩产生的主要原理。图 2-14 是典型的两极直流电机,该电机主要由定子励磁绕组、转子电枢绕组、电刷和换向器组成。当定子励磁电流 i_f 为直流时,并且假设其在气隙中产生的径向励磁磁场为正弦分布,就形成了主磁极 N 极和 S 极。依靠电刷和换向器的作用,使运动于 N 极下的各线圈边的电流方向始终向外,而运动于 S 极下的各线圈边的电流方向始终向内。这样,处于 N 极和 S 极下两个支路中的电流是直流。将主磁极基波磁场轴线定义为直轴(d 轴),将直轴逆时针旋转 90° 定义为交轴(q 轴)。电枢绕组产生的基波磁场轴线与交轴一致。电枢绕组旋转,但在电刷和换向器作用下,电枢绕组产生的基波磁场轴线在空间固定不动,即在空间产生的磁场却静止不动。当励磁电流 i_f 为恒定直流时,电枢绕组在磁极产生的磁场中受到安培力作用而旋转,电磁转矩大小仅与转子电流 i_a 成正比

$$T_e = \psi_f i_a \tag{2-1}$$

其中,ψ_f 为定子励磁绕组通入电流后产生的磁链。磁链的大小由绕组匝数与穿过线圈的磁通的乘积决定。直流电机中定、转子磁场轴线相对静止产生恒定的电磁转矩,利用电刷和换向器改变电流的方向,确保线圈能持续旋转。但是电刷和换向器之间可能出现接触不良,以及在极限位置时力矩消失导致的动力中断。

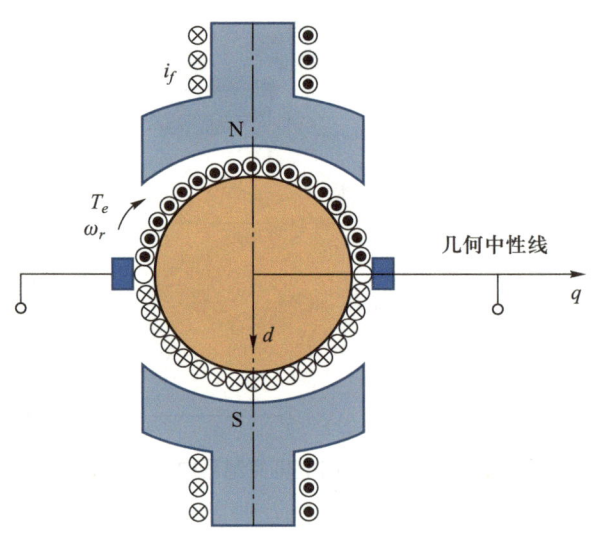

■ 图 2-14　两极直流电机物理模型

　　三相电机很好地解决了两级直流电机的机械换向问题。如图 2-15 所示,三相电机通过电机控制器直接向空间对称分布的三相绕组中通入三相对称交流电,产生的旋转磁场不再需要换向器改变磁场方向。定、转子两个磁场轴线间的角度为 β,它的大小取决于定子旋转磁场速度 ω_s 和转子速度 ω_r。若 $\omega_s = \omega_r$,则 β 为常值,两个旋转磁场的相对位置不变,就会产生恒定的电磁转矩,这种结构的电机称为隐极三相同步电机。将转子励磁磁场轴线定义为直轴,交轴超前直轴 90°,交直轴坐

标轴与转子一起旋转。

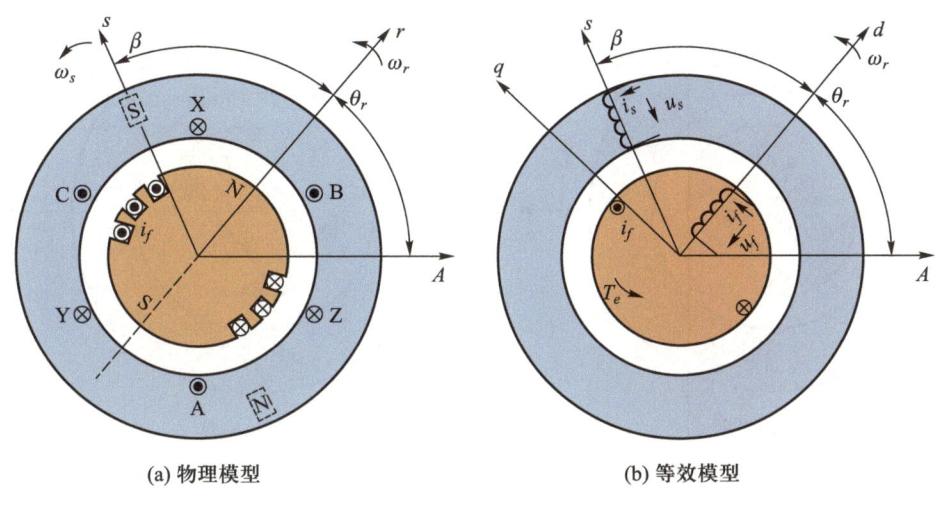

(a) 物理模型　　　　　　　　　　(b) 等效模型

■ 图2-15　隐极三相同步电机

假设某一时刻一组定子绕组通电,则可以确定定子磁通方向 s。同时可以将定子绕组电流 i_f 与转子绕组电流 i_s 分别等效至 s 轴与直轴上。这里的 s 轴与静止坐标系相绑定,直轴与随转子旋转的旋转坐标系相绑定。由于受到定、转子磁场相对位置 β 的影响电磁转矩表达式为

$$T_e = \psi_f i_s \sin \beta \tag{2-2}$$

2. 励磁转矩与磁阻转矩

为了提升车用电机性能,车用电机通过电机定转子结构设计,利用磁路中磁阻的变化产生额外的磁阻转矩。对于典型车用电机,若保持定子结构与隐极同步电机完全相同,仅改变三相同步电机的转子结构为凸极式结构,则可以形成图2-16所示的凸极三相同步电机。由于转子为凸极结构,气隙不均匀,凸极三相同步电机会产生磁阻转矩。此时,电机的电磁转矩由励磁转矩与磁阻转矩共同组成

$$T_e = \psi_f i_s \sin \beta + \frac{1}{2}(L_d - L_q) i_s^2 \sin 2\beta \tag{2-3}$$

其中,第一项 $\psi_f i_s \sin \beta$ 是由于转子励磁产生的励磁转矩,与隐极同步电机的转矩表达式类似。第二项 $\frac{1}{2}(L_d - L_q) i_s^2 \sin 2\beta$ 是因转子凸极效应引起的磁阻转矩。在凸极转子中,若转子不处于磁阻最小位置,电机转子也在定子磁场作用下运动。这个转矩称为磁阻转矩,其大小与转子的位置有关。该转矩与励磁转矩不同之处在于,磁阻转矩不是由两个磁场的相互作用产生的,而是由磁阻的变化所引起的。在图2-15 中,由于隐极三相同步电机在各个位置上磁阻都相等,所以该电机几乎没有磁阻转矩。而对于凸极转子来说,在不同位置处,其内部磁通路径是不同的。当电机转子不处于磁阻最小位置时,空间中的磁通分布会发生扭曲,从而改变定子绕组电感变化会产生磁力,形成磁阻转矩。

凸极电机不同,转子位置的磁感线分布如图2-17所示。当 $\theta_r = 0°$ 时,转子凸

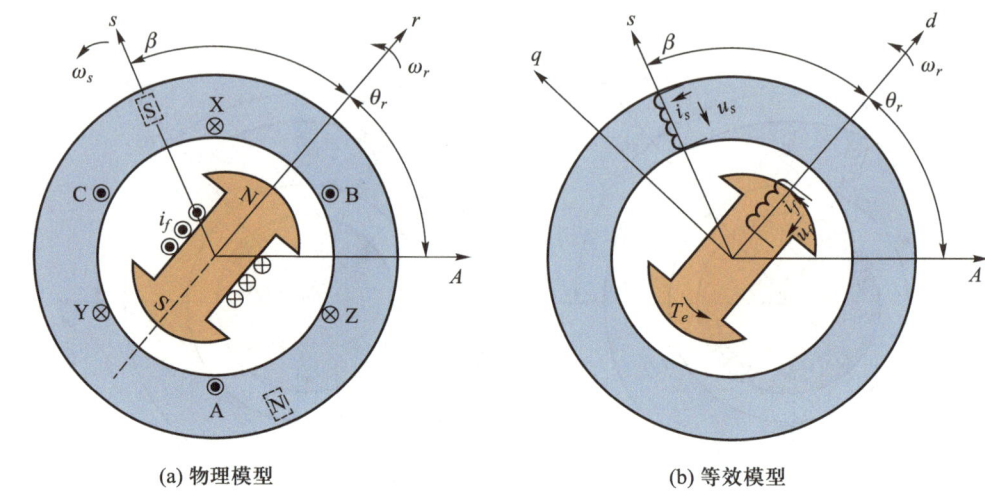

（a）物理模型　　　　　　　　　　（b）等效模型

■ 图 2-16　凸极三相同步电机

极轴线直轴与定子绕组轴线 s 重合，此时气隙磁导最大，将转子在此位置时的定子绕组的自感定义为直轴电感 L_d。随着转子逆时针方向旋转，气隙逐步变大，当 $\theta_r = 90°$ 时，转子交轴与定子绕组轴线重合，此时气隙磁导最小，将转子在此位置时定子绕组的自感定义为交轴电感 L_q。直轴电感与交轴电感的差值决定了电机磁阻转矩大小的上限。

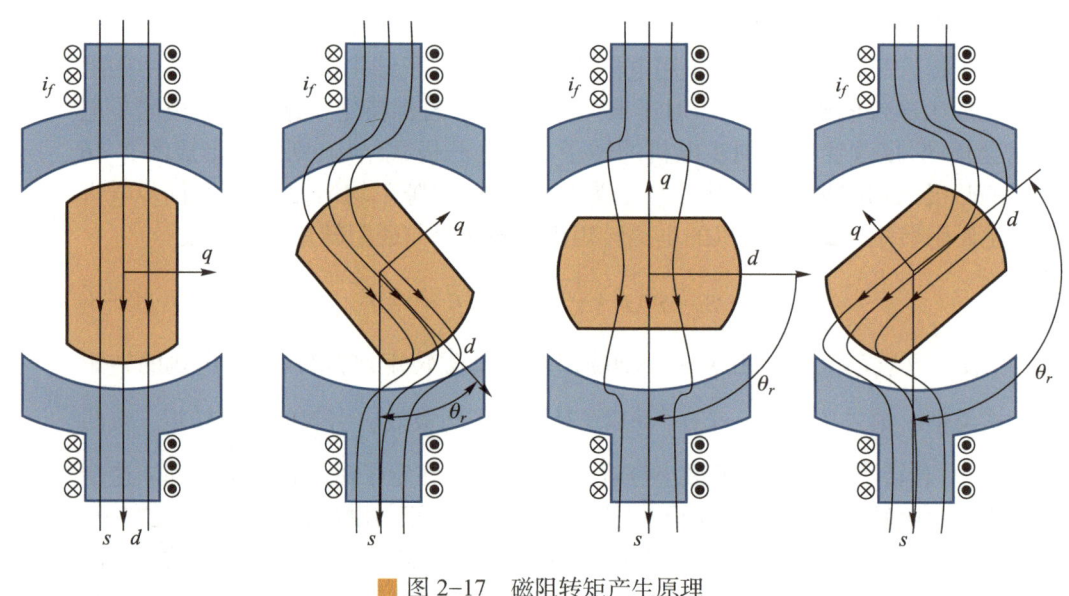

■ 图 2-17　磁阻转矩产生原理

凸极同步电机同时利用磁阻转矩与电磁转矩，电机输出转矩波形如图 2-18 绿线所示，是红蓝两线之和。由于磁阻转矩仅与转子位置有关，因此有时还会对电磁转矩造成一定的削弱和波动。当 β 角小于 $\pi/2$ 时，磁阻转矩为负值，具有制动性质；

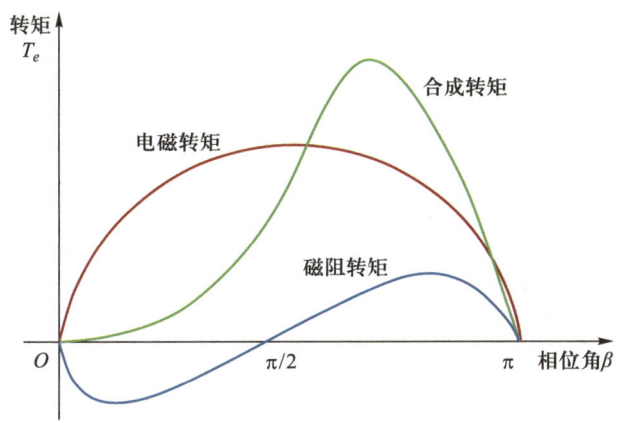

■ 图 2-18　磁阻转矩与电磁转矩合成

当 β 角大于 π/2 时,磁阻转矩为正值,具有驱动性质。然而,在电机高速运行时,更高的直轴电感与交轴电感之差意味着定子绕组电流可以产生更多的转矩,这也是凸极同步电机比隐极永磁同步电机应用场景更多的原因之一。

综上所述,三相同步电机转矩通式可以表示为

$$T_e = p\left[\psi_f i_s \sin\beta + \frac{1}{2}(L_d - L_q)i_s^2 \sin 2\beta\right] \tag{2-4}$$

其中,p 表示电机极数,电机电磁转矩由电枢和永磁体励磁磁场相互作用产生的励磁转矩与因直轴磁阻和交轴磁阻不同所引起的磁阻转矩两部分组成。

2.2.2　典型车用电机基本原理

1. 笼型交流感应电机

交流感应电机的工作是基于定子产生的旋转磁场和转子内的感应电流之间的相互作用而工作,由于工作时电机的定子与转子转速不一致,又叫作三相异步电机。

图 2-19 是典型的两极三相笼型交感应电机。该电机定子上每相绕组只有一个匝线圈,分别嵌放在定子内圆周的 6 个凹槽之中。三相绕组的末端 X、Y、Z 通过星点连接,首端 A、B、C 接车用电机控制器三相交流电输出端口,构成 A、B、C 三相绕组。该电机转子绕组为笼型自短路绕组,由 6 个导条与两侧的端环连接而成。假定定子绕组中,电流的正方向规定为从各自绕组的首端流向末端,且将 A 相绕组的电流作为参考正弦量,则三相绕组 A、B、C 的电流瞬时值为

$$\begin{cases} i_A = I_m \sin(2\pi f_e t) \\ i_B = I_m \sin\left(2\pi f_e t - \dfrac{2\pi}{3}\right) \\ i_C = I_m \sin\left(2\pi f_e t - \dfrac{4\pi}{3}\right) \end{cases} \tag{2-5}$$

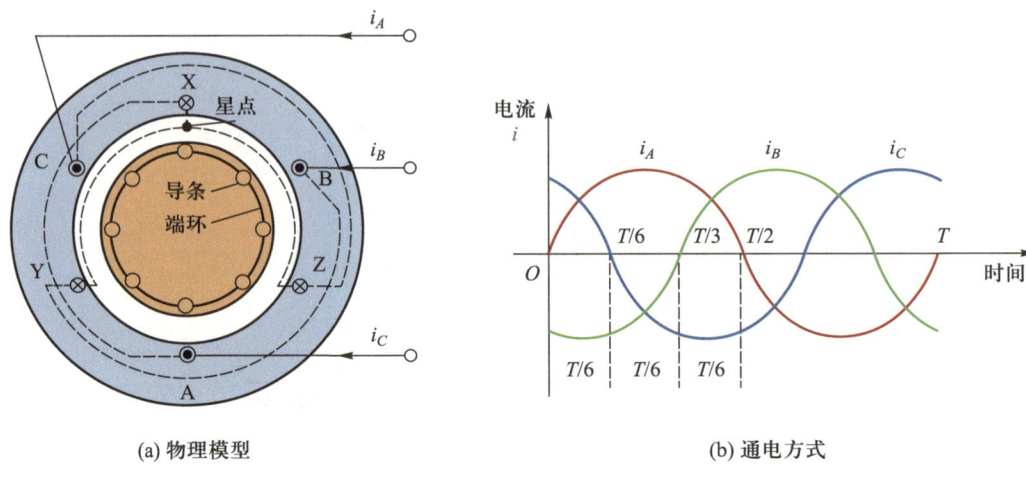

(a) 物理模型　　　　　　　　　　　(b) 通电方式

■ 图 2-19　笼型交流感应电机

下面分析这些电流在不同时间产生的合成磁场。当 $t=0$ 时，$i_A=0$，i_B 为负，电流实际方向与正方向相反，即电流从 Y 端流到 B 端；i_C 为正，电流实际方向与正方向一致，即电流从 C 端流到 Z 端。按右手螺旋定则确定三相电流产生的合成磁场，如图 2-20(a) 箭头所示。当 $t=T/6$ 时，i_A 为正，电流实际方向与正方向一致，即电流从 A 端流到 X 端；i_B 为负，电流实际方向与正方向相反，即电流从 Y 端流到 B 端；$i_C=0$。此时的合成磁场如图 2-20(b) 所示，合成磁场已从 $t=0$ 瞬间所在位置逆时针方向旋转了 $\pi/3$。当 $t=T/3$ 时，i_A 为正，电流实际方向与正方向一致，即电流从 A 端流到 X 端；$i_B=0$；i_C 为负，电流实际方向与正方向相反，即电流从 Z 端流到 C 端。此时的合成磁场如图 2-20(c) 所示，合成磁场已从 $t=0$ 瞬间所在位置逆时针方向旋转了 $2\pi/3$。由此可以发现当定子上的对称三相绕组接到三相电源上时，三相对称绕组通过三相对称电流产生旋转磁场。若三相定子绕组电流的频率为 f_e，电机的极对数为 P，则定子绕组产生的旋转磁场的转速 n_s 可以表示为

$$n_s = \frac{60 f_e}{P} \tag{2-6}$$

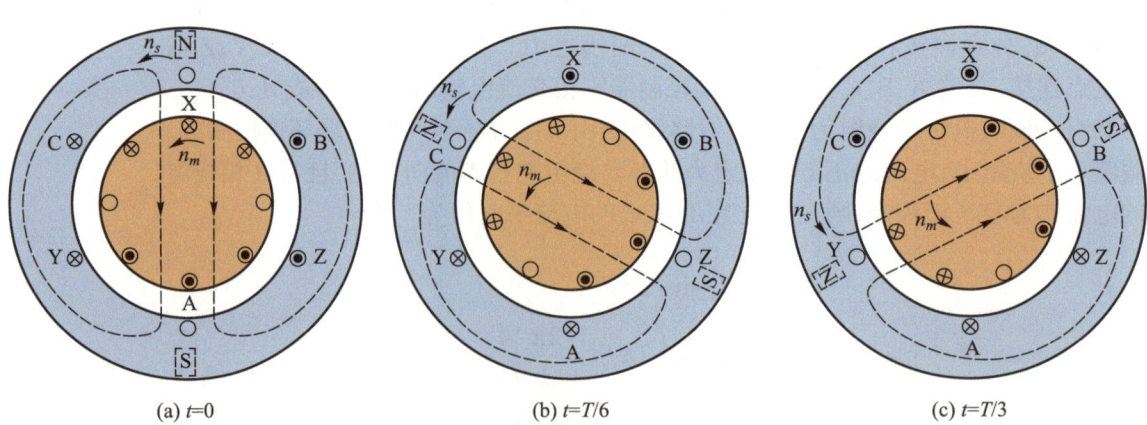

(a) $t=0$　　　　　　　　　　(b) $t=T/6$　　　　　　　　　　(c) $t=T/3$

■ 图 2-20　笼型交流感应电机工作原理

根据法拉第电磁感应定律，旋转磁场切割转子导体会产生感应电动势和感应电流。当转子导体有电流通过后，导体在磁场作用下受安培力作用，形成电磁转矩驱动电动机旋转。因此，转子转速 n_m 不能与旋转磁场转速 n_s（同步转速）保持一致。事实上，驱动状态下转子转速 n_m 总小于旋转磁场转速 n_s，所以转子与旋转磁场才会发生切割磁感线的相对运动，从而产生感应电动势和感应电流，才产生驱动转子的电磁转矩。我们把转速差 $(n_s - n_m)$ 与同步转速 n_s 的比值称为异步电动机的转差率，用 s 表示，即

$$s = \frac{n_s - n_m}{n_s} \times 100\% \tag{2-7}$$

转差率 s 是分析异步电动机运行特性的主要参数，对电机与电磁转矩有着重要影响。

$$T_e = K \frac{sR_2U^2}{R_2^2 + (sX_{20})^2} \tag{2-8}$$

其中，K 为与电机结构、电源频率有关的常数，R_2 为转子每相绕组的电阻，U 为电源电压，X_{20} 为电机不动时转子每相绕组的感抗。

2. 表贴式永磁同步电机

与交流感应电机不同，永磁同步电机转子转速与定子旋转磁场的转速相同。根据转子上永磁体的安装方式不同，分为表贴式永磁同步电机与内置式永磁同步电机，如图 2-21 所示。表贴式电机结构较为简单，常用于小功率电机与分布式驱动系统电机。

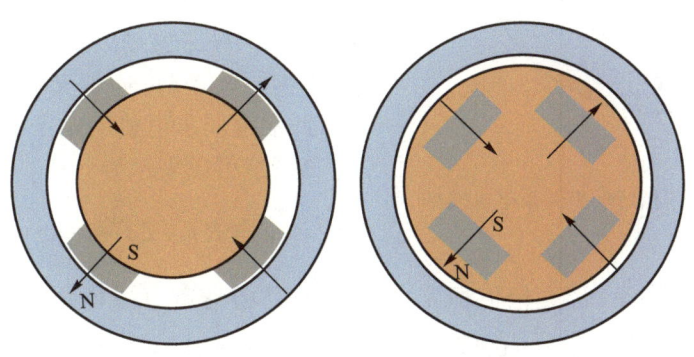

■ 图 2-21　表贴式永磁同步电机与内置式永磁同步电机

通常将定子电流矢量产生的漏磁场和电枢反应磁场之和称为电枢磁场，将转子励磁磁场称为转子磁场，又称为主磁极磁场。在电枢磁场和永磁体主磁极磁场的作用下，永磁同步电机的定子磁链主要由定子电流产生的漏磁链矢量 $L_{s\sigma}i_s$、励磁磁链矢量 $L_m i_s$ 与转子永磁体 ψ_f 产生的磁链组成。定子磁链矢量方程为

$$\psi_s = L_{s\sigma}i_s + L_m i_s + \psi_f = L_s i_s + \psi_f \tag{2-9}$$

其中，$L_{s\sigma}$ 为漏电感，L_m 为主电感，ψ_f 为永磁体磁链，$L_s i_s$ 为电枢磁链矢量，与电枢磁场相对应。永磁同步电机在三相自然坐标系中的物理模型如图 2-22 所示，定子电压可以表达如下

$$u_A = R_s i_A + \frac{\mathrm{d}}{\mathrm{d}t}\psi_A$$

$$u_B = R_s i_B + \frac{\mathrm{d}}{\mathrm{d}t}\psi_B \qquad (2\text{-}10)$$

$$u_C = R_s i_C + \frac{\mathrm{d}}{\mathrm{d}t}\psi_C$$

其中，u_A、u_B、u_C 是相电压，i_A、i_B、i_C 是相电流，R_s 是每相绕组的电阻，ψ_A、ψ_B、ψ_C 是每相绕组的磁链。可以表示为

$$u_s = R_s i_s + \frac{\mathrm{d}\psi_s}{\mathrm{d}t} \qquad (2\text{-}11)$$

将式（2-9）代入式（2-11）可得

$$u_s = R_s i_s + L_s \frac{\mathrm{d}i_s}{\mathrm{d}t} + \frac{\mathrm{d}\psi_f}{\mathrm{d}t} \qquad (2\text{-}12)$$

其中，$\psi_f = \psi_f \mathrm{e}^{\mathrm{j}\theta_r}$，$\theta_r$ 为 ψ_f 在三相自然坐标系中的空间相位如图 2-22 所示。图中永磁体以蓝灰色区域表示，箭头方式指向 N 极表示永磁体的极性与充磁方向。另有

$$\frac{\mathrm{d}}{\mathrm{d}t}(\psi_f \mathrm{e}^{\mathrm{j}\theta_r}) = \frac{\mathrm{d}\psi_f}{\mathrm{d}t}\mathrm{e}^{\mathrm{j}\theta_r} + \mathrm{j}\omega_r\psi_f \qquad (2\text{-}13)$$

其中，等式右端第 1 项为变压器电动势项，因 ψ_f 为恒值，故为零；第 2 项为运动电动势项，是因转子磁场以 ω_r 的角速度旋转产生的感应电动势，通常又称为反电动势。最后，永磁同步电机的定子电压矢量方程式（2-12）可以表示为

$$u_s = R_s i_s + L_s \frac{\mathrm{d}i_s}{\mathrm{d}t} + \mathrm{j}\omega_r\psi_f \qquad (2\text{-}14)$$

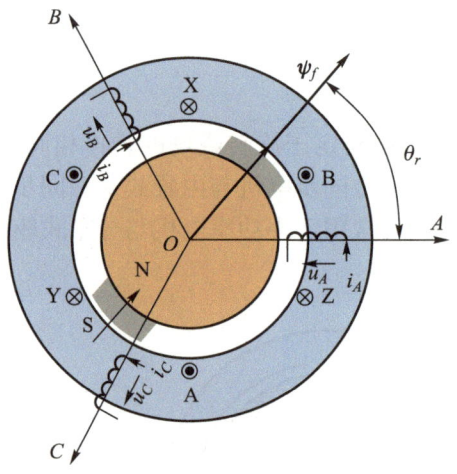

■ 图 2-22　三相自然坐标系电机模型

在正弦稳态下，因 i_s 幅值恒定并且转子磁场与定子磁场角速度相同，则有 $L_s \frac{\mathrm{d}i_s}{\mathrm{d}t} = \mathrm{j}\omega_s L_s i_s = \mathrm{j}\omega_r L_s i_s$，于是式（2-14）可以进一步表示为

$$u_s = R_s i_s + \mathrm{j}\omega_r L_s i_s + \mathrm{j}\omega_r\psi_f \qquad (2\text{-}15)$$

从而可以将三相自然坐标系中永磁同步电机的定子电压表示为等效电路的形式，如图 2-23 所示。图中 $e_0 = \omega_r\psi_f$，为感应电动势。

根据永磁体安装与充磁方向可以定义永磁同步电机中的直轴（d 轴）与交轴（q 轴）。电机 d 轴与永磁体的磁极方向一致，电机 q 轴垂直并且超前（逆时针旋转）d 轴 $90°$ 电角度。由式（2-9）和式（2-15）可得到图 2-24 所示的表贴式永磁同步电机的电压矢量图。

由于永磁体磁导率与空气相近，表贴式永磁体电机的 d 轴和 q 轴磁路基本对称，是典型的隐极转子。根据隐极三相同步电机的电磁转矩公式（2-2），表贴式永

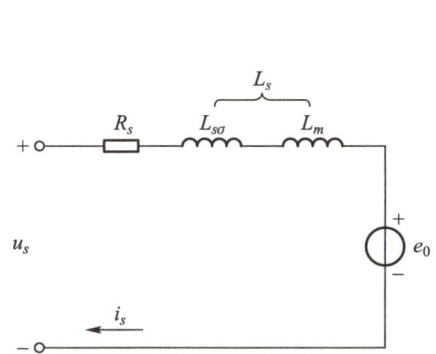

■ 图 2-23　表贴式永磁同步电机等效电路　　■ 图 2-24　表贴式永磁同步电机电压矢量图

磁同步电机转矩为

$$T_e = p\psi_f i_s \sin\beta = p\psi_f i_s \qquad (2-16)$$

其中，p 表示电机极数。此时转子磁场不是由转子励磁绕组产生的，而是由永磁体提供的。其中，当 ψ_f 和 i_s 幅值恒定时电磁转矩就仅和 β 角有关。进一步将式(2-16)表示为

$$T_e = p\frac{1}{L_m}\psi_f L_m i_s \qquad (2-17)$$

上式表明，电磁转矩可看成是由电枢反应磁场与永磁励磁磁场相互作用的结果，且取决于两个磁场的幅值和相对位置，由于 ψ_f 幅值恒定，因此将取决于电枢反应磁场 $L_m i_s$ 的幅值和相对 ψ_f 的相位 β。在电动机学中，将 $f_s(i_s)$ 对主极磁场的影响和作用称为电枢反应，正是由于电枢反应使气隙磁场发生畸变，促使了机电能量转换，才产生了电磁转矩。

3. 内置式永磁同步电机

内置式永磁同步电机综合性能好，是车用电机中最为常用的电机类型。表贴式永磁同步电机模型的建立主要利用了 A、B、C 三相自然坐标系，但是对于内置式永磁同步电机而言，还需要在 $d-q$ 同步坐标系中分析磁阻转矩的影响。为了推导同步坐标系中内置式永磁同步电机模型，首先需要将永磁同步电机在三相自然坐标系的电压表达式(2-15)进行降维处理，得到三相永磁同步电机静止坐标系下的方程。这一过程称为 Clarke 变换，如图 2-25 所示，假设静止坐标系中的 α 轴与自然坐标系中的 A 轴重合，以电流变换为例：假设静止坐标系中的 α 轴与自然坐标系中的 A 轴重合，以电流变换为例

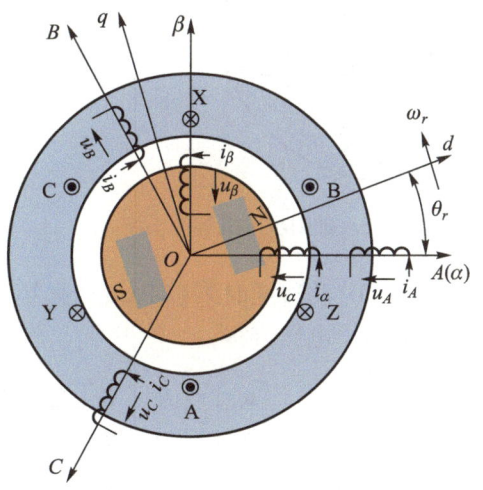

■ 图 2-25　自然坐标系与静止坐标系

$$i_\alpha = i_A - i_B \cos 60° - i_C \cos 60° = i_A - \frac{1}{2}i_B - \frac{1}{2}i_C$$

$$\tag{2-18}$$

$$i_\beta = i_B \sin 60° - i_C \sin 60° = \frac{\sqrt{3}}{2}(i_B - i_C)$$

采取等幅值方式,可以得到 Clarke 变换矩阵如下

$$\boldsymbol{C}_{3s/2s} = \frac{2}{3}\begin{bmatrix} 1 & -\dfrac{1}{2} & -\dfrac{1}{2} \\[2mm] 0 & \dfrac{\sqrt{3}}{2} & -\dfrac{\sqrt{3}}{2} \\[2mm] \dfrac{\sqrt{2}}{2} & \dfrac{\sqrt{2}}{2} & \dfrac{\sqrt{2}}{2} \end{bmatrix} \tag{2-19}$$

将式(2-15)两边同时乘以 Clarke 变换矩阵,记变化后的定子电压矢量为 $[\,u_\alpha\quad u_\beta\quad u_0\,]'$,忽略 u_0 的影响,可以得到内置式永磁同步电机在静止坐标系下的电压方程

$$\begin{bmatrix} u_\alpha \\ u_\beta \end{bmatrix} = \begin{bmatrix} R_s & 0 \\ 0 & R_s \end{bmatrix}\begin{bmatrix} i_\alpha \\ i_\beta \end{bmatrix} + \mathrm{d}\left(\begin{bmatrix} L_\alpha & L_{\alpha\beta} \\ L_{\beta\alpha} & L_\beta \end{bmatrix}\begin{bmatrix} i_\alpha \\ i_\beta \end{bmatrix}\right)\Big/\mathrm{d}t + \frac{\sqrt{3}}{2}\omega_r\psi_f\begin{bmatrix} -\sin\theta_r \\ \cos\theta_r \end{bmatrix} \tag{2-20}$$

其中,R_s 是每相绕组的电阻,L_α 和 L_β 分别为 α 轴和 β 轴绕组的自感,$L_{\alpha\beta}$ 和 $L_{\beta\alpha}$ 分别为 α 轴和 β 轴绕组间的互感,ω_r 为转子旋转的角速度,ψ_f 为永磁体产生的磁链,θ_r 为 d 轴在三相自然坐标系中的空间相位。

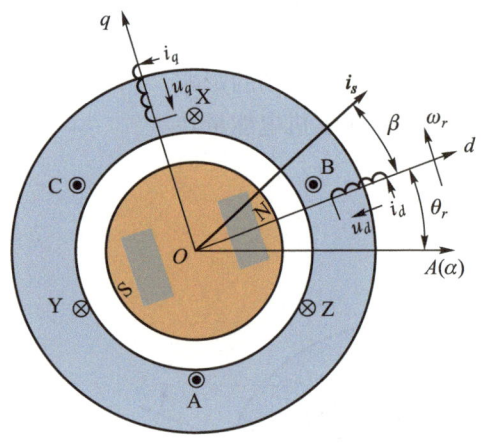

图 2-26　内置式永磁同步电机等效模型

两相静止坐标系简化了电机模型的维度,但是与电机转子位置与控制方式结合不紧密,同步坐标系的提出较好地解决了电机模型与可控变量的关联性问题。从静止坐标系到同步坐标系的变换称作 Park 变换,如图 2-26 所示,$\alpha-\beta$ 为静止坐标系,$d-q$ 为同步坐标系,以电流变换为例

$$i_d = i_\alpha \cos\theta_r + i_\beta \sin\theta_r$$
$$i_q = -i_\alpha \sin\theta_r + i_\beta \cos\theta_r \tag{2-21}$$

采取等幅值关系,得到 Park 变换矩阵如下

$$\boldsymbol{P}_{2s/2r} = \begin{bmatrix} \cos\theta_r & \sin\theta_r \\ -\sin\theta_r & \cos\theta_r \end{bmatrix} \tag{2-22}$$

为了简化三相坐标系电机数学模型方程,将式(2-20)两边同时乘以 Park 变换矩阵,最终得到同步坐标系中内置式永磁同步电机的定子电压方程

$$\begin{bmatrix} u_d \\ u_q \end{bmatrix} = \begin{bmatrix} R_s & 0 \\ 0 & R_s \end{bmatrix}\begin{bmatrix} i_d \\ i_q \end{bmatrix} + \mathrm{d}\left(\begin{bmatrix} L_d & 0 \\ 0 & L_q \end{bmatrix}\begin{bmatrix} i_d \\ i_q \end{bmatrix}\right)\Big/\mathrm{d}t + \omega_r\begin{bmatrix} -L_q i_q \\ L_d i_d + \psi_f \end{bmatrix} \tag{2-23}$$

其中,L_d 和 L_q 分别为 d 轴和 q 轴绕组的自感。可以发现式(2-23)不包含绕组间的互感,因此两次坐标变换实现了 d 轴和 q 轴的解耦,可以绘制成如图 2-27 所示

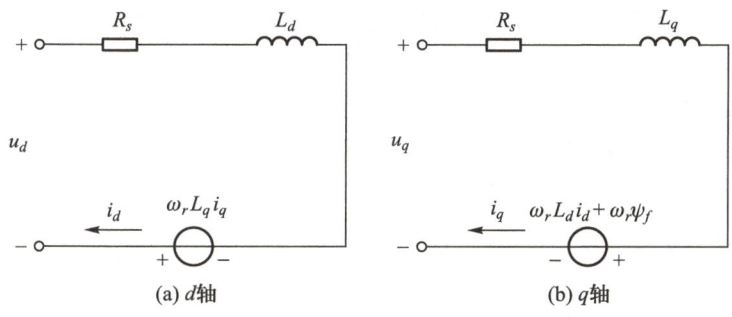

■ 图 2-27　永磁同步电机等效电路模型

的两个独立的等效电路。内置式永磁电机的永磁体布置方式使得 d 轴和 q 轴的磁阻不同,是典型的凸极转子。根据凸极三相同步电机的电磁转矩公式(2-4),$i_q=i_s\sin\beta$ 与 $i_d=\cos\beta$ 内置式永磁同步电机在同步坐标系下转矩表达式为

$$T_e=\frac{2}{3}p\left[\psi_f i_q+(L_d-L_q)i_d i_q\right] \tag{2-24}$$

　　与式(2-4)不同的是,内置式永磁同步电机转子磁场不是由转子励磁线圈产生的,而是由永磁体提供的。在对车用电机进行控制的过程中,控制的是定子电流矢量 i_s 的幅值和相对于永磁体磁链矢量 ψ_f 的空间相位角,即控制 i_q 交轴电流与 i_d 直轴电流。

2.2.3　车用电机控制器基本原理

　　1. 电压空间矢量

　　电机控制器的核心功能是将总线上的直流电转化为三相交流电,内部结构主要分为控制模块、功率模块、驱动控制模块和传感器 4 个部分。

　　车用电机控制器的工作原理如图 2-28 所示。控制模块主要由微控制器及其最小系统组成,负责与整车控制器、电池管理系统等外部控制单元进行数据交互,并生成驱动控制模块所需的脉宽调制信号。驱动控制模块接收来自微控制器的指

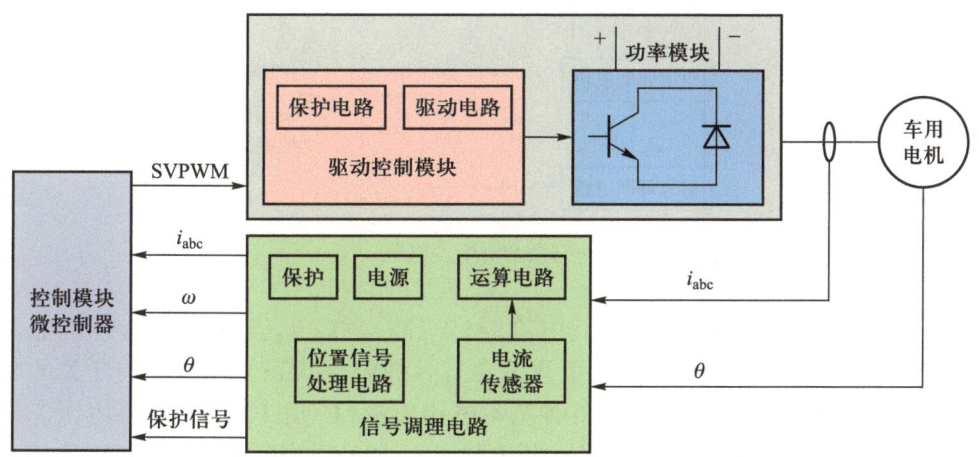

■ 图 2-28　车用电机控制器工作原理

令,转换成对逆变器中功率模块的控制指令,并具监测保护功能。功率模块可以被视为电机控制器的执行器,由可控开关功率器件构成,形成逆变器电路,实现弱电控制强电,对输入到电机的电流和电压进行控制。包括金属氧化物半导体场效应晶体管(MOSFET)和绝缘栅双极晶体管(IGBT)是两种常用的功率器件,IGBT 在车用控制器中应用的更为广泛。

车用电机控制器的核心任务是控制功率模块将车用动力电池产生的直流电转换成控制电机运行的三相交流电,使电机定子绕组产生旋转磁场。车用电机控制器内部的三相全桥逆变电路,如图 2-29 所示,由 6 个功率开关器件构成。T_1 至 T_6 是桥式电路的 3 个臂,通过改变这些开关的闭合状态,可以改变负载的电压和电流方向。通过调控开关通断的周期与频率,即空间矢量脉冲宽度调制(SVPWM)技术,来控制开关频率,根据伏秒平衡原理调整输出三相交流电的电压。通过调整逆变器输出的三相交流电的电压和频率,逆变电路可以控制电机的转速和转矩,从而调节汽车速度。通过改变逆变器中的 IGBT 导通顺序,可以改变输出的三相交流电相序,实现电机的反转,从而改变汽车的运行方向。在制动控制模式下,驱动电机作为发电机运行,将动能转化为电能产生三相交流电,通过逆变器转变为直流电反馈回动力电池,实现再生制动。

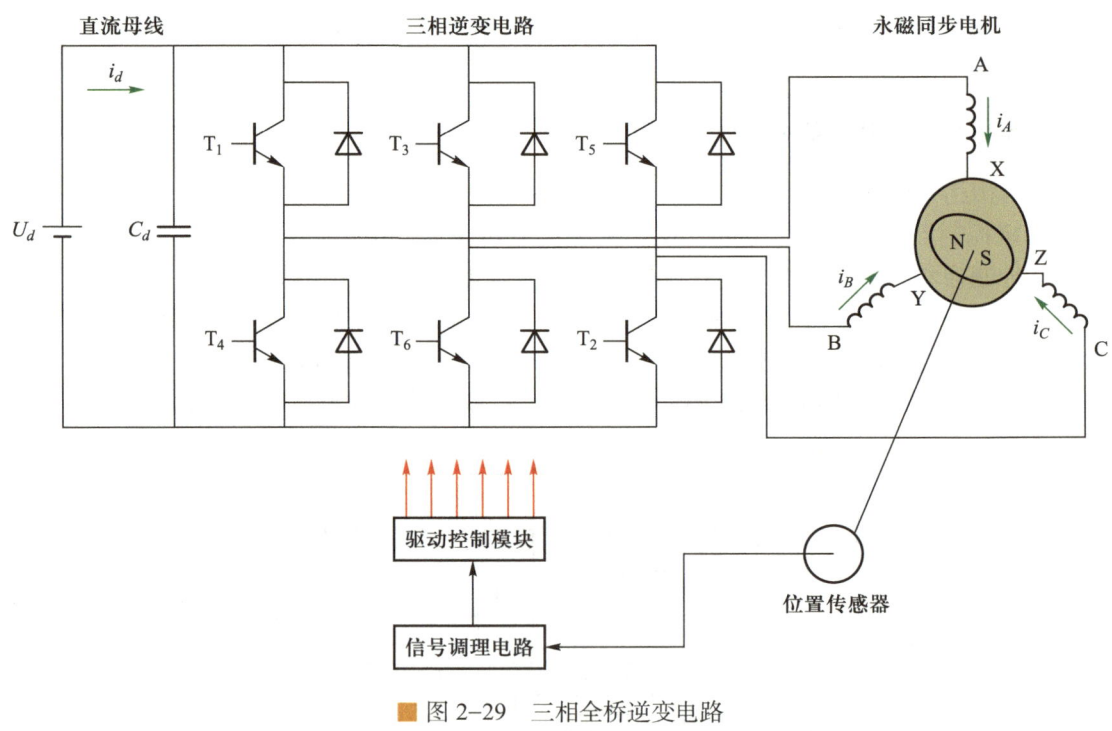

■ 图 2-29　三相全桥逆变电路

三相逆变器拥有 6 个开关,其中,T_1 与 T_4、T_3 与 T_6、T_5 与 T_2 具有互斥的通断特性,一个闭合,另一个断开,三组开关会有 8 种闭合状态。根据这些开关的闭合状态,逆变器可以向外界产生 6 种基本电压矢量(V_1 至 V_6)和一种零电压矢量(V_7、V_8),如图 2-30 和表 2-3 所示。开关状态为 **100** 时,闭合的开关为 T_1、T_6、T_2,电机定子 A 相绕组正向连接,B、C 相绕组反向连接,此时合成的电压空间矢量为

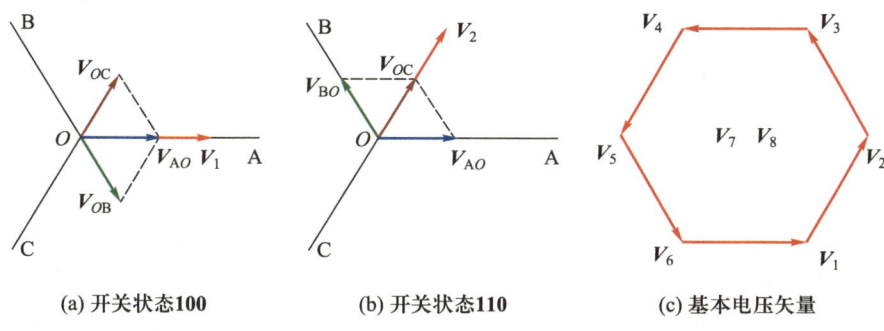

(a) 开关状态100　　　　　(b) 开关状态110　　　　　(c) 基本电压矢量

■ 图2-30　基本电压空间矢量与电压六边形

V_1，方向与A相绕组轴线方向一致。同理，开关状态为110时，电机定子A、B相绕组正向连接，C相绕组反向连接，合成的电压空间矢量为V_2，方向与C相绕组轴线方向相反，幅值与V_1相同。以此类推，可得到V_1、V_2、V_3、V_4、V_5、V_6 6个互相间隔60°幅值相同的基本电压空间矢量，其余两种状态111与000为零电压矢量。假设每组开关隔180°换向一次，逆变器每隔60°切换一次状态，随着逆变器工作状态的切换，电压空间矢量的幅值不变，而相位每次逆时针旋转60°，直到一个周期结束。这样，在一个周期中6个电压空间矢量共旋转360°，形成一个封闭的正六边形。

表2-3　开关组合与电压关系

序号	开关状态	开关代码	输出电压
1	$T_1 T_6 T_2$	**100**	V_1
2	$T_1 T_3 T_2$	**110**	V_2
3	$T_4 T_3 T_2$	**010**	V_3
4	$T_4 T_3 T_5$	**011**	V_4
5	$T_4 T_6 T_5$	**001**	V_5
6	$T_1 T_6 T_5$	**101**	V_6
7	$T_1 T_3 T_5$	**111**	V_7
8	$T_2 T_4 T_6$	**000**	V_8

2. 圆形旋转磁场

尽管三相逆变电路可以产生旋转电压矢量，但是旋转电压矢量并不能直接改变磁场。研究圆形旋转磁场产生原理还需要理解电压空间矢量与磁链矢量的关系。设逆变器工作开始时定子磁链空间矢量为ψ_1，在逆变器为第一个状态期间，车用电机控制输出的基本电压空间矢量为图2-30中的V_1，将其画在图2-31中。考虑短暂的时间间隔可以近似地认为

$$u_s = R_s i_s + \frac{\mathrm{d}\psi_s}{\mathrm{d}t} \approx \frac{\mathrm{d}\psi_s}{\mathrm{d}t} \tag{2-25}$$

39

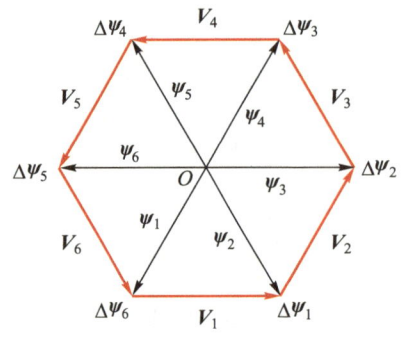

■ 图 2-31　基本电压矢量与磁链矢量的关系

可以得到

$$\Delta\boldsymbol{\psi}_1 = V_1\Delta t \qquad (2\text{-}26)$$

上式表明逆变器为第一个状态期间对应的时间 Δt 内，V_1 使定子磁链产生 $\Delta\boldsymbol{\psi}_1$，幅值与 $|V_1|$ 成正比，方向与 V_1 一致。最后可以得到新的磁链

$$\boldsymbol{\psi}_2 = \boldsymbol{\psi}_1 + \Delta\boldsymbol{\psi}_1 \qquad (2\text{-}27)$$

依旧假设每组开关隔 180° 换向一次，逆变器每隔 60° 切换一次状态，随着逆变器工作状态的切换，磁链矢量的变化关系为

$$\boldsymbol{\psi}_{i+1} = \boldsymbol{\psi}_i + \Delta\boldsymbol{\psi}_i, \quad i = 1,2,3,4,5 \qquad (2\text{-}28)$$

一个周期内如果车用电机仅输出基本电压矢量，6 个磁链空间矢量呈放射状，矢量的尾部都在 O 点，其顶端运动轨迹是 6 个电压空间矢量围成的正六边。这种驱动方式并不能使车用电机匀速运行，理想状态下的磁链矢量应形成圆形旋转磁场。

增加逆变器开关切换的次数，使用多种基本电压矢量线性组合成指定的电压空间矢量是形成圆形磁场的主要方法。设想磁链增量由图 2-32 中的 $\Delta\boldsymbol{\psi}_{11}$、$\Delta\boldsymbol{\psi}_{12}$、$\Delta\boldsymbol{\psi}_{13}$、$\Delta\boldsymbol{\psi}_{14}$ 这 4 段组成。每段施加的电压空间矢量的相位都不一样，可用基本电压矢量的线性组合的方法获得。图 2-32 也展示了基本电压矢量 V_1 和 V_2 的线性组合来构成新的电压矢量 V_s 的过程。设在一段换相周期时间 Δt 中，一部分时间 t_1 处于工作状态 V_1，另一部分时间 t_2 处于工作状态 V_2。由于 t_1 和 t_2 都比较短，所产生的磁链变化也较小，分别用电压矢量 V_1 和 V_2 表示。这两个矢量和 V_s 表示由两个矢量线性组合后的电压矢量，V_s 和 V_1 的夹角 θ 就是这个新矢量的相位。若 Δt 与 $t_1 + t_2$ 不相等，其间隙时间可用零矢量 V_7 或 V_8 填补。类似地，$\Delta\boldsymbol{\psi}_{14}$ 是基本电压矢量 V_1 和 V_2 在另一组作用时间下的线性组合，$\Delta\boldsymbol{\psi}_{11}$、$\Delta\boldsymbol{\psi}_{12}$ 可由基本电压矢量 V_1 和 V_5 组合获取。

通过快速切换逆变器的开关状态，可以得到任意方向的电压空间矢量。通过输出指定的空间电压矢量可以使电机定子绕组产生如图 2-33 所示近似圆形

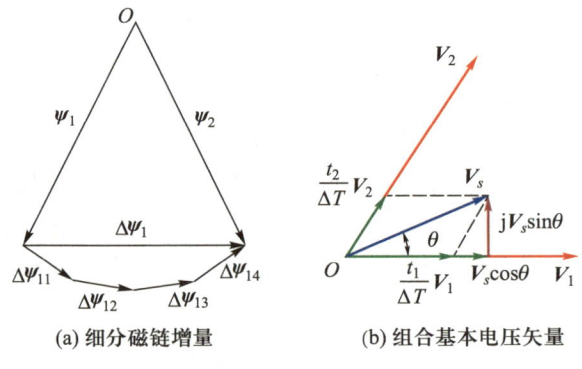

(a) 细分磁链增量　　(b) 组合基本电压矢量

■ 图 2-32　逼近圆形旋转磁场方法

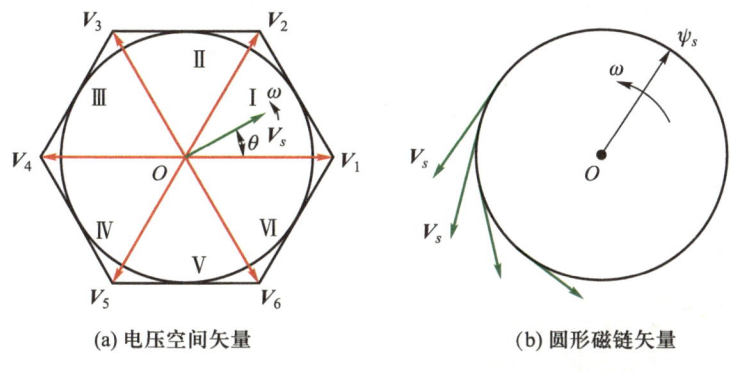

(a) 电压空间矢量　　　　　　　(b) 圆形磁链矢量

■ 图 2-33　圆形旋转磁场产生原理

的旋转磁场。为了使电动机旋转磁场逼近圆形,细分的磁链增量越多,旋转磁场越接近圆形。但是细分的磁链数量受到功率开关器件允许开关频率与损耗的制约。

虽然不同类型的车用电机工作原理具有一定差异,但是车用电机控制器控制电机的运行方式是一致的,即控制功率开关器件的通断输出指定的电压空间矢量形成圆形磁链矢量——定子旋转磁场,驱动电机转子旋转。不同控制方式的区别主要体现在功率开关器件损耗与电压空间矢量的合成算法上。

2.3　车用电驱动系统设计、制造与控制

2.3.1　车用电驱动系统设计

车用电驱动系统设计理念主要围绕三个关键目标:增强汽车的动力性能、提升驱动系统的经济性以及提高驱动系统的可靠性。

① 汽车动力性:汽车动力性包括爬坡性能与加速性能,以及最高车速。当电机输出转矩经过减速器再输出至车轮时,由于减速器具有增加转矩的作用,此时电驱动系统更关注电机的功率密度与最高转速。对于部分分布式驱动系统,由于采用直接驱动或者低速比减速器,此时更强调转矩密度与控制精度。

② 驱动经济性:提升驱动经济性是提高车辆续驶里程的有效措施之一。车辆驱动系统的效率一般由机械传动效率、车用电机效率与车用电机控制器效率三部分的乘积决定。车用电驱动系统的综合效率提升需要结合使用工况对每一个子系统进行灵活的设计匹配。

③ 系统可靠性:车用电驱动系统工作环境恶劣,且工况由车辆自身的质量、滚阻系数、风阻系数等因素决定,这要求车用电驱动系统过载能力强、可靠性高,且具有一定的功能安全能力。在某些车辆行驶工况下(如连续爬坡、连续下坡、频繁启动),要求车用电机与车用电机控制器具备良好的过载能力,在高温、极限电磁负载作用下仍能可靠运行。另外车用电驱动系统需要在恶劣环境中长时间连续工作,易受到冲击振动、水雾盐雾腐蚀,对机械结构强度、减震性能、密封性能要求严格。

为了满足多种车型、多工况对车用电驱动系统的性能需求,车用电驱动系统设计首先需要明确车辆行驶场景,选择合适的车用电驱动系统构型,确定车用电机与车用电机控制器性能需求,分别对车用电机与车用电机控制器进行设计。

车用电机设计依赖于电磁、散热、机械多物理场耦合分析与优化,主要流程如

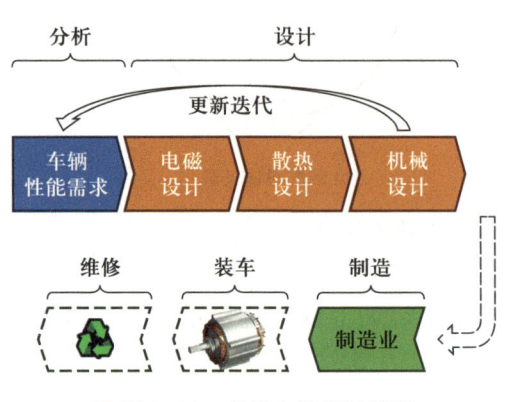

图 2-34　车用电机设计流程

图 2-34 所示。电磁仿真主要通过有限元方法求解不同时刻下电机内部的磁通密度分布,从而数值求解电机的定子电压、电磁转矩、转矩波动与损耗。在确定多个点的转矩和效率后,电磁仿真可以得到电机的效率 MAP 图。电机散热设计主要是保证电机在输出峰值转矩时内部不会出现过高的温度,以免电机烧毁与退磁。同时也需要验证电机在持续运行的过程中定子绕组与永磁体处于设计的工作温度。机械方面主要需要防止电机转子在离心力作用下发生破碎,永磁体脱出与电机在不同工况下出现振动噪声问题。现在的车用电机的专用仿真设计软件已经成为车用电驱动系统设计和优化的重要工具。这些仿真工具能够集成多物理场模拟,使得设计人员能够在早期设计阶段即进行全面的性能评估。软件工具如 ANSYS Maxwell、JMAG 和 Motor-CAD 等,提供了用户友好的界面和强大的解析能力,使得电机设计更加精确和高效。通过这些工具,设计人员不仅能模拟静态和动态的电磁场,还能模拟电机的热特性和机械强度,确保设计满足安全和性能要求。

车用电机控制器设计主要以硬件选型与软件开发为特色,主要流程如图 2-35 所示。在整车层面,首先需要理清电机控制器的性能需求,这包括对输出功率、效率、响应速度、控制精度及故障诊断等方面的需求分析。随后,根据这些性能需求,进一步确定车用电机控制器各个模块的功能,这些模块包括控制模块、功率模块、

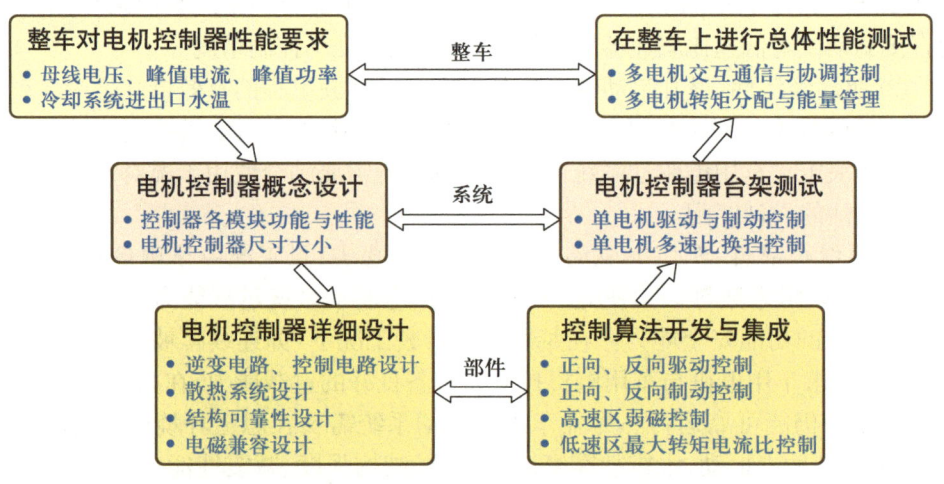

图 2-35　车用电机控制器设计流程

42

驱动控制模块等。在硬件设计阶段，设计人员需要选择适合的功率开关器件组成逆变电路，这一选择将直接影响到控制器的效率和可靠性。散热设计也是电机控制器硬件设计中不可或缺的一部分，通常将电机、控制器同时设计进入整车热管理系统实现电机控制器主动散热，确保控制器在高负载下的稳定运行。软件开发阶段，需要编写并优化控制算法，这些算法包括基本的电机驱动控制、制动控制、弱磁控制和故障管理以及高级功能（如振动噪声抑制与能量管理）。软件开发不仅需要确保算法的正确性和效率，还需要进行严格的模拟和实车测试，以验证控制器软件的性能和可靠性。最后，完成车用电机控制器硬件的开发和软件编程后，还需要进行电机控制器的软硬件集成。这一过程中，需要确保硬件和软件的兼容性，使它们能够协同工作，通过实车测试标定控制器，最终实现车用电机控制器的装车使用。

2.3.2　车用电驱动系统制造

车用电驱动系统制造包括车用电机控制器制造与车用电机制造。车用电机控制主要涉及功率模块选型与驱动控制电路设计并不涉及复杂的机械制造过程。而车用电机由铁心、绕组与永磁体组成，结构设计多样，涉及多种加工制造工艺。因此，本小节主要介绍车用电机关键零件的制造工艺。

1. 铁心

铁心是车用电机质量最大的零件，一台车用电机通常同时包括定子铁心与转子铁心，定转子铁心与气隙构成了电机的完整磁路。为了降低铁心损耗，车用电机铁心通常由多片 0.2 mm 至 0.5 mm 厚，且相互绝缘的硅钢片叠压而成，这种硅钢片通常经冲制而成，所以称为冲片。冲片经过叠压后再进行焊接、铆接或粘接等方法进行紧固，保证铁心整体具有良好的强度与刚度。典型的车用电机定、转子铁心分别如图 2-36 所示。定子冲片内侧开槽以便绕组安装，外侧的工艺槽主要是为了叠压与紧固。转子铁心内侧与电机轴的键槽配合带动其旋转，同时为了降低转子转

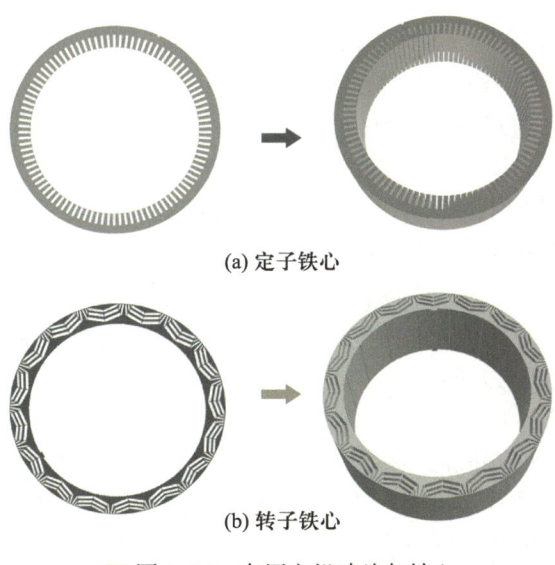

(a) 定子铁心

(b) 转子铁心

图 2-36　车用电机冲片与铁心

动惯量,转子内侧通常还需布置减重孔。若使用永磁体同步电机方案,转子冲片上还需再另外布置永磁体安装槽。此外,转子冲片外侧还会进行一些单独的开槽处理来形成磁障,达到提升磁阻转矩,降低电机的振动噪声的目的。

2. 绕组

绕组的类型主要包括圆线绕组和扁线绕组两种基本形式,如图2-37所示,这两种绕组的选择对车用电机性能有着显著影响。圆形的导线截面有助于简化线圈的制造过程,同时也方便在电机的槽内安装。相比之下,扁线绕组使用的是扁平或矩形形状的导线,这种结构能够更有效地填充电机槽内的空间,从而提高槽满率。槽满率的提高可以增强电机的电磁效率,因为这样可以在相同体积的槽内放入更多的铜线,从而产生更强的磁场。因此,扁线绕组在现阶段车用电机中应用广泛。

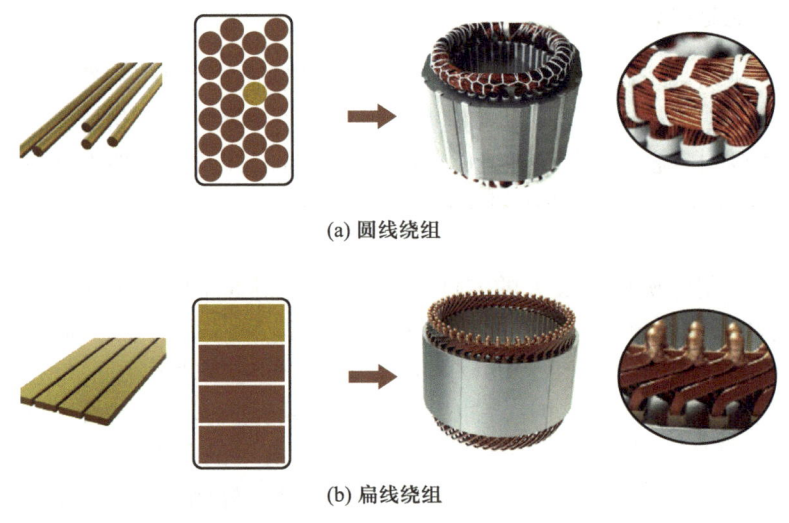

(a) 圆线绕组

(b) 扁线绕组

■ 图2-37 车用电机绕组绕制端面与截面

扁线绕组的主要安装工序如图2-38所示,包括:插线、修整、扭头、焊接、滴漆、测试等。在安装扁线绕组前先要在定子铁心槽中插入绝缘纸,再将每根扁线端部去漆皮并裁剪成型,通过劈拉、冲压或者折弯的方式先成型为U形。接着,将U形扁线预插到仿形工装内并插入到铁心中,压入到相应的设计尺寸。在完成扁线的插入后,需要对每根绕组进行修整,保证每根导线间距适当。然后,将U形绕组一端需要焊接的2根线扭至齐平,完成焊接使得U形绕组首尾相连,按照指定规律均匀地布置在槽中。最后,再对扁线绕组易发生绝缘失效的区域进行滴漆等绝缘处理。扁线绕组的合格率是车用电机生产过程中的关键,其性能测试包括电性能测试与机械性能测试两方面。

3. 永磁体

永磁体是指一种被外加磁场磁化后能保持强磁性的材料。由于不需要额外的能量来提供磁动力,永磁体作为电磁场的理想励磁源被广泛应用于车用电机。永磁体主要通过烧结和黏结两种方法制造。烧结永磁体的制造涉及将磁性材料粉末在高温下进行压制成型并烧结,这一过程产生的永磁体具有较高的磁能积和良

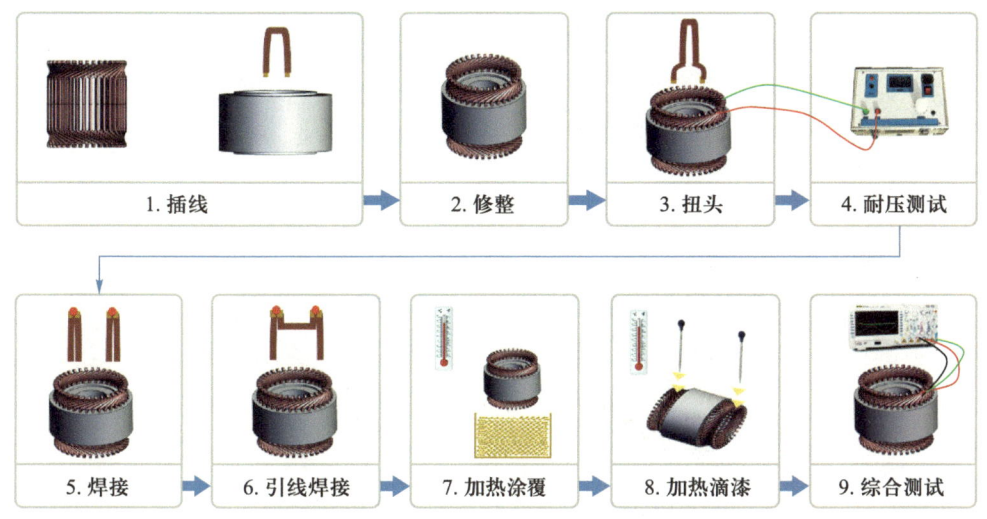

| 1. 插线 | 2. 修整 | 3. 扭头 | 4. 耐压测试 |

| 5. 焊接 | 6. 引线焊接 | 7. 加热涂覆 | 8. 加热滴漆 | 9. 综合测试 |

■ 图 2-38　扁线绕组主要安装工序

好的热稳定性,适合用于车用电机的应用场景。黏结永磁体通过将磁性粉末与黏合剂混合后在模具中成型,制造过程更为简便且成本低廉,允许生产复杂形状的磁体,但其磁性能通常低于烧结永磁体。永磁体的材料主要包括铁氧体永磁体、稀土钴磁性材料或钕铁硼磁性材料等,不同材料的磁能积与耐热性能也不同。车用电机应用场景要求永磁体具有高剩余磁感应强度、高矫顽力、高最大磁能积与高的工作温度。永磁体安装位置和结构对车用电机的性能影响显著。按照永磁体安装方式的不同,可以分为表贴式和内置式两类,如图 2-39 所示。表贴式永磁体依靠在转子铁心表面涂敷胶水实现永磁体的安装,而内置式永磁体依靠永磁体压装进入转子铁心中的装配应力实现永磁体的固定。

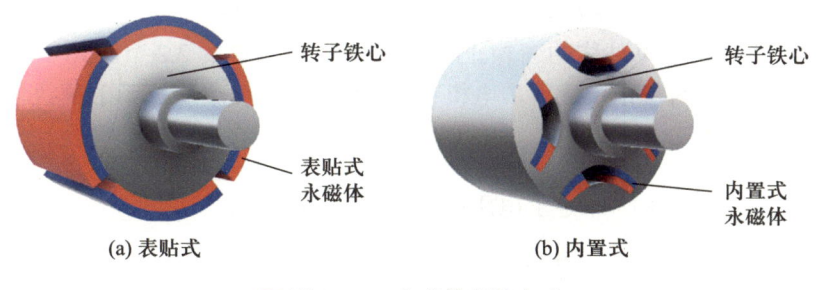

转子铁心

表贴式
永磁体

转子铁心

内置式
永磁体

(a) 表贴式　　　　　　　　　　(b) 内置式

■ 图 2-39　永磁体安装方式

当前内置式永磁同步电机应用广泛,常见内置式永磁体安装结构如图 2-40 所示,这些布置方式对电机的性能有直接影响。例如,V 形结构通过其对称的布置优化了磁场的均匀性,有助于减少转矩波动并提高运行平稳性;U＋1 形结构利用一个额外的磁体增强了磁场的集中效应,适用于转矩需求较高的应用;双 V 形结构则通过两个 V 形的布置进一步优化了磁场分布,增强了电机的动力输出;V＋1 形结构结合了 V 形的均匀性与单磁体的集中效应,旨在平衡转矩输出与磁场稳定性。在设计这些结构时,需要特别注意磁桥和磁障的配置,以避免漏磁和确保磁性材料

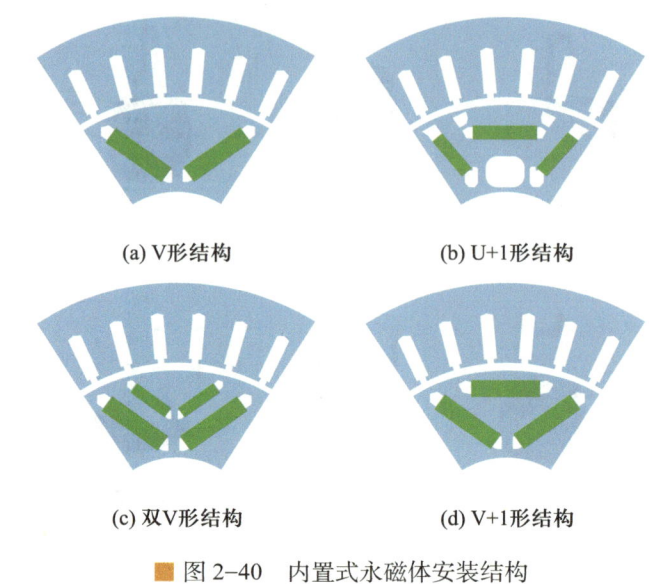

(a) V形结构　　　　　　　　(b) U+1形结构

(c) 双V形结构　　　　　　　　(d) V+1形结构

■ 图 2-40　内置式永磁体安装结构

的有效利用,这对于电机的总体性能和效率至关重要。

2.3.3　车用电驱动系统控制

1. 磁场定向驱动控制

车用电机与电机控制器的设计方案与制造工艺决定了车用电驱动系统性能上限,而车用电驱动系统的转矩输出精度与响应速度在很大程度上由车用电驱动系统控制算法决定。

典型车用三相永磁同步电机是一个强耦合、复杂的非线性系统,通常使用磁场定性控制的方式进行控制。为了能够更好地表达其磁场定向驱动控制方法,本节对三相永磁同步电机进行如下假设:忽略电机铁心的饱和与电机中的涡流和磁滞损耗,电机中的电流为对称的三相正弦波电流。基于本章 2.2 节车用电驱动系统工作原理,可以得到三相永磁同步电机在 A、B、C 三相静止坐标系下的数学模型表达如下。

$$定子电压:\ u_s = R_s i_s + \frac{\mathrm{d}\psi_s}{\mathrm{d}t}$$
$$定子磁链:\ \psi_s = L_s i_s + \psi_f \mathrm{e}^{j\theta_r} \qquad (2\text{-}29)$$
$$电磁转矩:\ T_e = p\psi_s \times i_s$$

由于三相静止坐标系不便于控制分析,通常将 A、B、C 三相静止坐标系下的电机转矩控制问题转化为 $d-q$ 同步旋转坐标系下直轴和交轴电流控制问题,这种方法就是电机的矢量控制。坐标变换的依据是在任何参考坐标系下的电机物理量(如电流、电压、磁链等)等效的空间矢量保持不变。此外,控制过程中需要直轴始终与转子永磁体产生的磁链 ψ_f 保持一致,因此又被称为磁场定向控制。磁场定向控制是车用电机的主流控制方式。图 2-41 展示了磁场定向控制的基本过程,简要说明如下:

46

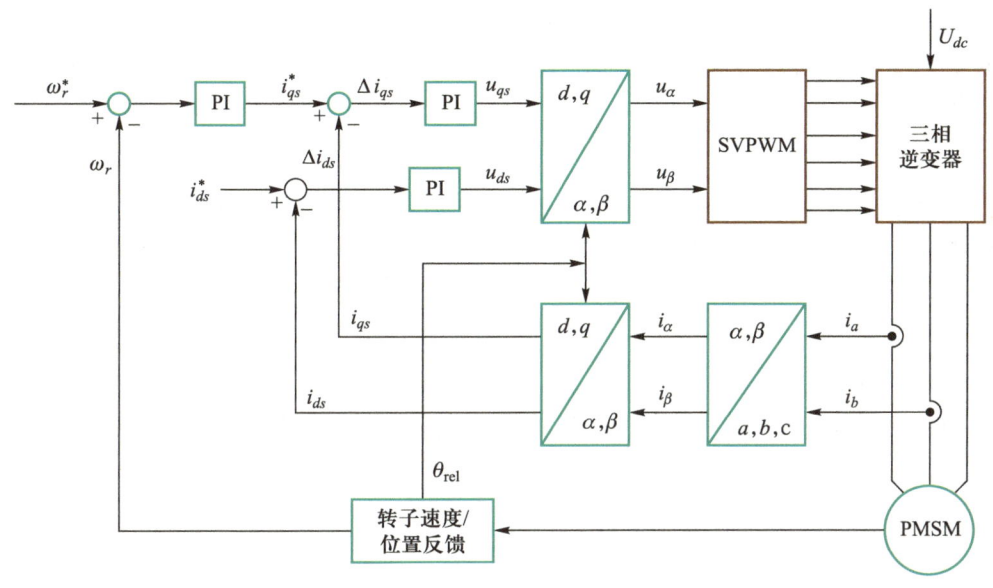

■ 图 2-41 磁场定向控制策略

① 首先将电流读取模块测量的相电流 i_A、i_B 和 i_C，经过 Clarke 变换将其从三相静止坐标系变换到两相静止坐标系 i_α 和 i_β；

② i_α 和 i_β 与转子角位置 θ_{rel} 相结合，经过 Park 变换从两相静止坐标系变换到两相旋转坐标系 i_d 和 i_q；

③ 转子速度/位置反馈模块将测量的转子角速度 ω_r 和参考转速 ω_r^* 做比较，并通过 PI 调节器产生交轴参考电流 i_{qs}^*；

④ 交、直轴参考电流 i_{qs}^*、i_{ds}^* 与实际反馈的交直轴电流 i_{ds} 和 i_{qs} 进行比较，取直轴参考电流 i_{ds}^* 为 0。再经过 PI 调节器，转化为电压 u_{ds} 和 u_{qs}；

⑤ 电压 u_{ds} 和 u_{qs} 与检测到的转子角位置 θ_{rel} 相结合进行反 Park 变换，变换为两相静止坐标 u_α 和 u_β；

⑥ 电压信号 u_α 和 u_β 经过 SVPWM 模块调制为三相全桥电路开关信号，从而控制三相逆变器的连通与断开。

使用 Clarke 变化与 Park 变化后，三相永磁同步电机在 $d-q$ 同步旋转坐标系中的数学模型可以表达如下

$$定子电压：\begin{cases} u_d = R_s i_d + \dfrac{\mathrm{d}\psi_d}{\mathrm{d}t} - \omega_r \psi_q \\ u_q = R_s i_q + \dfrac{\mathrm{d}\psi_q}{\mathrm{d}t} + \omega_r \psi_d \end{cases}$$

$$定子磁链：\begin{cases} \psi_d = L_d i_d + \psi_f \\ \psi_q = L_q i_q \end{cases} \tag{2-30}$$

$$电磁转矩：T_e = \frac{2}{3} p [\psi_f i_q + (L_d - L_q) i_d i_q]$$

磁场定向控制将三相静止坐标系中复杂的控制方程转化成两相旋转坐标系中简明的控制方程，建立了控制变量与电机性能的直接联系。磁场定向控制具体包

括恒转矩区域的最大转矩电流比控制与恒功率区的弱磁控制。电机工作的边界同时受电流与电压限制。在电流限制方面，定子电流不大于最大额定电流值，即需要满足

$$i_d^2 + i_q^2 = i_s^2 \leq I_{smax}^2 \tag{2-31}$$

式中，I_{smax}^2 为驱动电机系统最大额定电流值，通常由电机控制器中电力电子器件所能承受的电流应力以及电机定子绕组的通流能力决定。

在电压方面，受电机控制器直流侧电压（通常为车载动力蓄电池端电压）限制，需要满足

$$u_d^2 + u_q^2 = u_s^2 \leq U_{smax}^2 \tag{2-32}$$

式中，U_{smax}^2 为最大允许运行电压，通常由电机控制器直流侧电压 U_{dc} 决定。U_{smax} 与 U_{dc} 的关系为

$$U_{smax} = \frac{U_{dc}}{\sqrt{3}} \tag{2-33}$$

若忽略定子电阻的影响，根据式（2-20）可以得到永磁同步电机的稳态电压方程为

$$\begin{aligned} u_d &= -L_q i_q \omega_r \\ u_q &= L_d i_d \omega_r + \omega_r \psi_f \end{aligned} \tag{2-34}$$

代入式（2-29）可得

$$(L_q i_q)^2 + (L_d i_d + \psi_f)^2 = \left(\frac{U_{smax}}{\omega_r}\right)^2 \tag{2-35}$$

如图 2-42 所示，在 $i_d - i_q$ 平面上，式（2-28）表示一个圆，称为电流限制圆，式（2-32）表示一个椭圆，称为电压限制椭圆。电压限制椭圆与电机转速 ω_r（电角速度）密切相关，电压限制椭圆的面积随着 ω_r 的增大而减小。在 $i_d - i_q$ 平面上的任一个点对应一组 (i_d, i_q)，体现了电机的工作状态，这个点称为电机的工作点，显然电机的工作点不能超出电流限制圆和电压限制椭圆。

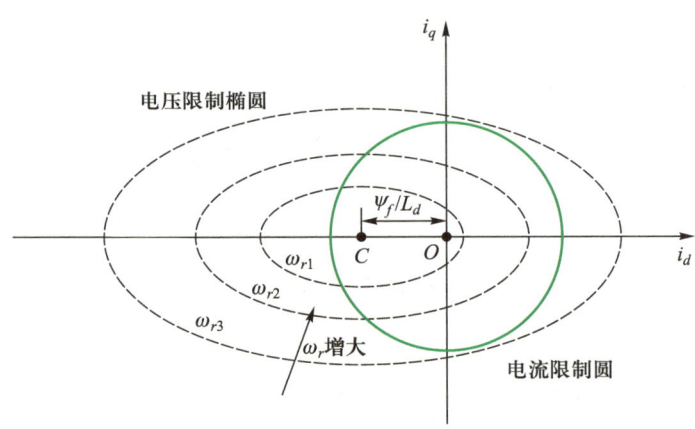

图 2-42　永磁同步电机的电流限制圆和电压限制椭圆

恒转矩区域的最大转矩电流比控制旨在最大化每安培电流所产生的转矩。这一策略基于的原理是通过调整直轴电流 i_d 和交轴电流 i_q 的比例，来优化电机的内部磁场，从而实现最高的转矩输出效率。对于表贴式永磁同步电机最大转矩电流比控制，即 $i_d = 0$，这种控制下定子电流中只有交轴分量，且定子磁动势空间矢量与永磁体磁场空间矢量正交，电机的输出转矩与定子电流成正比。其性能类似直流电机，控制系统简单，转矩性能好。

随着电机转速 ω_r 的增大，电压限制椭圆持续向中心 C 点收缩，定子电流矢量 i_s 会在 $d-q$ 平面的第二、三象限越来越靠近 d 轴。即对于同样幅值的 i_s，随着 ω_r 的增大，i_d 的数值越来越大，对 d 轴方向转子永磁体产生的磁场 ψ_f 去磁作用越来越强，才能保证电机的工作点 (i_d, i_q) 同时满足电流限制和电压限制，从而使电机正常安全地运行，如图 2-43 所示。这种通过调节 i_d，使 d 轴方向磁场减弱的现象，称为弱磁。对于内置式永磁同步电机，由于它工作在 $i_d - i_q$ 平面的第二、三象限，电机常工作在"弱磁"状态。只是在电机转速高于基速 ω_b 时，"弱磁"的特征呈现得更为明显。

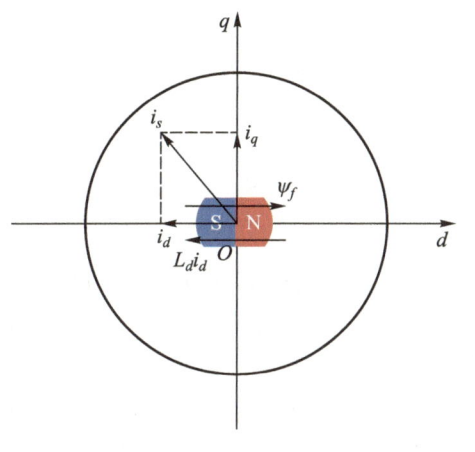

■ 图 2-43 d 轴电流补偿弱磁控制策略

2. 车用电机制动控制

车用电机具有电制动能力，车用电机的制动能量回收功能是新能源汽车节能降耗的重要技术。研究表明，在市区工况下有三分之一到二分之一的总能量是在制动过程中消耗的。再生制动系统使新能源汽车在制动过程中能够回收大量的能量，是新能源汽车相比燃油车的重要优势，也是提高续驶里程的有效方法。本节以表贴式永磁同步电机为研究对象，基于其同步坐标系下数学模型推导其功率表达式，与能耗制动和再生制动模式临界的 q 轴电流和再生制动最大能量回收对应的 q 轴电流。

在磁场定向控制算法中，定子相电流经过测量后转化为相应的向量。然后这个电流向量又转化到随转子旋转的旋转坐标系中。在这个坐标系下，电流的直轴（d 轴）分量 i_d 可以用于控制转子磁链，电流的交轴（q 轴）分量 i_q 可以用于控制电机的电磁转矩。对于表贴式永磁同步电机，最大转矩电流比控制时需要保证 d 轴电流 $i_d = 0$。基于磁场定向控制算法的驱动控制，可以根据转矩需求控制 i_q 与定子绕组反电动势相量同方向来实现，如图 2-44（a）所示。基于磁场定向控制算法的电制动控制，可以根据转矩需求控制 i_q 与 E 反方向来实现。电制动有两种模式：再生制动和能耗制动。对于一个给定的电机转速，如果反电动势可以产生足够的制动电流，那么表贴式永磁同步电机就工作在再生制动模式，如图 2-44（b）所示。否则，表贴式永磁同步电机就工作在能耗制动模式，如图 2-44（c）。

为了简化分析，暂时不考虑铁损，控制 d 轴电流等于零。稳态时，输入功率和电磁功率就可以表示为

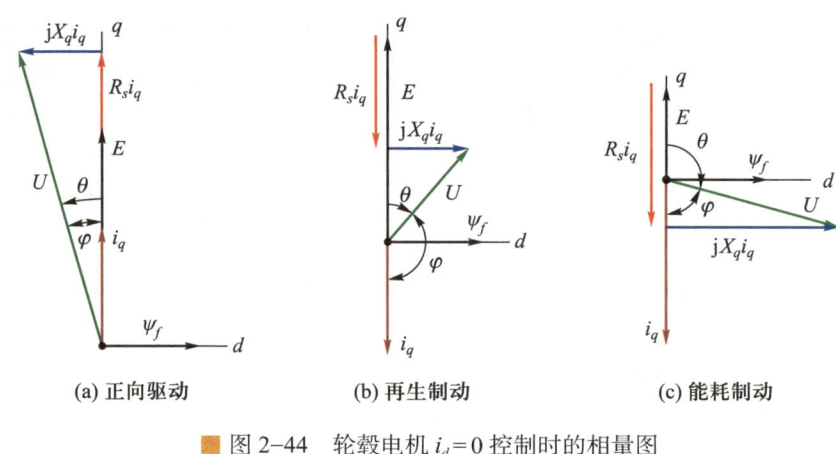

(a) 正向驱动　　　(b) 再生制动　　　(c) 能耗制动

■ 图 2-44　轮毂电机 $i_d=0$ 控制时的相量图

$$P_{in} = (\omega\psi_f + R_s i_q)i_q$$
$$P_e = \omega\psi_f i_q \tag{2-36}$$

上式中，P_{in} 是电机状态的输入功率，再生制动时实际上是电机输出功率也即发电功率，此功率部分消耗在定子线圈上，故小于电磁功率。但线圈电流过大时，其消耗功率会大于电磁功率，电机变成消耗功率，由电池提供部分能量，变成能耗制动。设定制动时电磁功率 P_e 对应的电磁转矩为负，即电机产生制动阻力矩。根据表贴式永磁电机转矩公式 (2-13)，且 $i_d=0$，在一个给定的电机转速下，制动时电磁功率正比于 q 轴电流，而输入功率是 q 轴电流的二次函数，制动时电磁功率和输入功率分别与 i_q 的关系如图 2-45 所示。如果 $-\omega\psi_f/R_s < i_q < 0$，那么输入功率是负值，电机回收能量给电池充电。当 $i_q = -\omega\psi_f/(2R_s)$ 时，输入功率达到负的最大值 P_{brkmax}。当 $i_q = -\omega\psi_f/R_s$ 时，输入功率为 0，制动过程所有动能都转化为电机定子线圈的发热，工作在再生制动状态的 q 轴电流达到最大值。当 $i_q < -\omega\psi_f/R_s$ 时，输入功率为正值，电机将电池电能和动能转化为定子线圈热能，进入能耗制动状态。

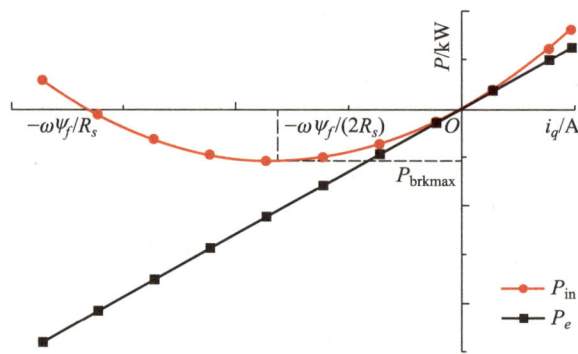

■ 图 2-45　某一转速下电机输入功率和电磁功率与 i_q 关系

根据式 (2-35)，可分别得到电机在不同转速下对应再生制动最大能量回收的 q 轴电流、能耗制动和再生制动临界处的 q 轴电流，如图 2-46 所示。同时考虑到电机制动时受电机定子绕组电流和逆变器容量制约，存在最大电磁转矩和最大电磁功率限制，对于表贴式永磁同步电机，当 $i_d=0$ 时，i_q 限制。

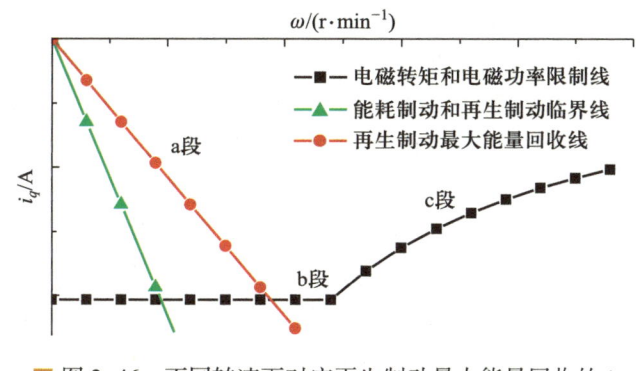

■ 图 2-46　不同转速下对应再生制动最大能量回收的 i_q

因此,忽略铁损,单从电机角度考虑,产生瞬时最优的再生制动转矩的 q 轴电流 $i_{q,\mathrm{opt}}$ 分为低速再生制动最大能量回收下 i_q(a 段)、中速最大电磁转矩下 i_q(b 段)和高速最大电磁功率下 i_q(c 段)三段,如下式

$$
\begin{cases}
i_{q,\mathrm{opt}} = -\dfrac{\omega\psi_f}{2R_s}, & 0 \leqslant \omega < \dfrac{2T_{e\max}R_s}{P\psi_f^2} \\[3mm]
i_{q,\mathrm{opt}} = -\dfrac{T_{e\max}}{P\psi_f}, & \dfrac{2T_{e\max}R_s}{P\psi_f^2} \leqslant \omega < \dfrac{PP_{e\max}}{T_{e\max}} \\[3mm]
i_{q,\mathrm{opt}} = -\dfrac{P_{e\max}}{\omega\psi_f}, & \omega > \dfrac{PP_{e\max}}{T_{e\max}}
\end{cases}
\tag{2-37}
$$

式(2-37)中: $T_{e\max}$ 是最大电磁转矩, $P_{e\max}$ 是最大电磁功率。

根据表贴式永磁同步电机转矩公式(2-16),与 $i_{q,\mathrm{opt}}$ 相对应的瞬时最优的再生制动转矩表示为

$$
T_{e,\mathrm{opt}} = P\psi_f i_{q,\mathrm{opt}}
\tag{2-38}
$$

虽然车用电机瞬时最优的再生制动转矩可以进行解析推导,但是当前车用电机制动控制算法仍有待进一步研究。车用电机制动控制算法的应用难点在于在保证可靠制动与驾驶员习惯的基础上,合理分配电机制动与机械制动的制动力矩,提高车用电机在制动过程中回收的能量。

2.4　车用电驱动系统发展展望

2.4.1　技术现状

不同车型对电驱动系统性能与成本的需求差异巨大,使得车用电驱动系统技术路线繁多。综合各方面优势,集中式三合一电驱动系统目前仍是市场主流产品,分布式驱动在高端车型与商用车等车型上得到了发展。围绕具体车型,A 级及以下乘用车受限于底盘空间与制造成本,主要采用了单电机集中驱动方案;B 级与 C级乘用车对汽车的动力性、经济性要求高,双电机或者三电机集中驱动方案在这类车型中逐步得到了应用。

具体到车用电机技术,提高电机转速是当前的重要趋势,高性能的扁线绕组永磁同步电机也得到了迅速普及。目前,大部分车用高转速电机转速区间集中在18 000~22 000 r/min,功率集中在 200~300 kW。由于扁线绕组电机具有更高的功率密度、更强的散热能力和更小的振动噪声表现等优点,目前行业内扁线电机搭载率已超过圆线电机。由于我国稀土资源丰富,国内车用电机设计制造企业在永磁同步电机应用方面积累了大量经验,国内车用永磁同步电机的应用也更为广泛。在电机技术快速迭代的背景下,传统机壳水冷已逐渐难以满足需求,油冷以及复合冷却等提升散热效率的技术占比快速提升。在车用电机控制器方面,硅基控制器仍是主流产品,但碳化硅控制器渗透率持续增加。但是由于碳化硅功率开关器件成本较高,碳化硅控制器主要面向高端市场,中低端市场仍依赖硅基控制器,两种材料的器件可能会长期并存。

2.4.2　发展趋势

我国的《节能与新能源汽车技术路线图 2.0》规划以纯电驱动系统、商用车动力电驱动系统、轮毂/轮边电机为重点,以基础核心零部件国产化为支撑,提升我国电驱动总成集成度与性能水平。预计 2035 年,我国新能源汽车电驱动系统产品的乘用车电机功率密度将达到 7.0 kW/kg,电机控制器功率密度达到 70 kW/L;商用车电机控制器功率密度将达到 60 kW/L;轮毂电机峰值转矩密度达到 30 N·m/kg。总的来说,新能源汽车电驱动系统的发展目标包括:高性能、高效率、高可靠性、高品质、低成本。电机控制器将向高电压、高安全、高效率和高电磁兼容性方向发展。更高效的碳化硅半导体技术有助于提升控制器的功率密度和效率,减少能耗和散热问题。先进控制方法如模型预测控制和人工智能技术的应用,将使电机控制更加精确,响应速度更快,同时提高驱动系统的适应性和安全性。车用电机将继续追求高转矩、高转速和高效率,同时降低噪声振动,提高驾乘体验。通过基础材料的升级,如采用高性能永磁材料,以及电机优化设计能力和关键部件工艺能力的提升,进一步提高电机的性能和寿命。

电驱动系统与整车融合升级将推动新一轮技术进步,关键技术包括如图 2-47所示的集成化、强化散热、800 V 电压平台、分布式驱动控制和电机拓扑创新 5 个方面。集成化涵盖三合一系统的持续优化以及多合一系统、双电机系统等更多元化的构型设计,将提高系统的整合度,并通过电力电子功能的深度集成更好地满足整车的具体需求。散热功率强的冷却系统可以更有效地管理在高负载时产生的热量,确保设备在最佳温度下运行,延长寿命并提升性能与可靠性。800 V 电压平台将增加电驱动系统的功率密度,提升能源利用效率和减少能量损耗。分布式驱动控制实现电机间的完全机械解耦,缩短了传动路径,使得控制响应更快,同时支持标准化的底盘平台与电驱动系统的深度融合,为多样化的车型开发提供了可能。电机拓扑创新可以探索新的车用电机结构,利用磁场耦合效应提升转矩,展现出巨大的性能潜力。

充配电三合一　　　　　　总成三合一　　　　　八合一电动总成

集成化

耐高压SiC模块

800 V电压平台

水道布置　　　　　　喷油冷却

强化散热

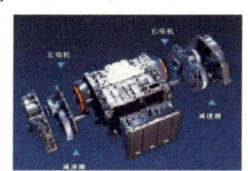

轮边驱动系统

分布式驱动控制

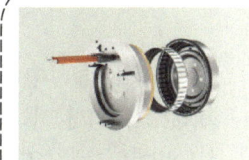

径向双转子电机

电机拓扑创新

■ 图 2-47　电驱动系统发展趋势

第3章　新能源汽车动力电池系统

车用动力电池决定了新能源汽车的续驶里程,占据 20%~50% 的车辆成本,在新能源汽车技术中占据举足轻重的地位。本章重点介绍车用动力电池的原理与结构,也包含动力电池的设计、制造、管理、成本与回收以及动力电池发展状况与技术趋势,帮助读者了解动力电池生产和使用的一般要求和特点。

3.1　动力电池基本原理及性能要求

3.1.1　车用动力电池基本要求

动力电池是一种专门用于驱动电动车、船、飞行器等移动设备的可充电电池,其与仅用于启动的蓄电池具有本质的区别。作为一种能够满足动力实时输出需求的能量储存与转换装置,动力电池主要依托电化学反应来运作,且其电化学反应的效率较高。具体来说,在放电时,它能将内部蕴含的化学能高效地转换为电能,为外部设备提供持续稳定的动力支持;而在充电时,则能够将外部的电能再次转化为化学能,妥善地储存在电池内部。这一能量转换的过程依赖精细的电化学反应机制,涉及自发的氧化还原反应以及电子的可逆得失。仅有锂离子为电荷载体的少量电池种类才能满足车用动力的要求。

为满足车用动力输出的需求,对动力电池基本要求如下。

① 卓越的能量密度:动力电池需展现出高水平的体积能量密度(以 W·h/L 衡量)与质量能量密度(以 W·h/kg 衡量),旨在有限的空间与重量限制下,为车辆提供更长的续驶里程。

② 适度的功率密度:为了应对车辆上坡、超车及制动能量回收等场景下的即时与短暂的高功率需求,动力电池需具备恰当的功率密度(以 W/L 或 W/kg 衡量),确保动力输出的灵活性与响应性。

③ 长久的使用寿命:电池应保证长达 8 至 10 年的使用寿命,有效降低新能源汽车用户的维护成本与更换频率。

④ 高效的快速充电能力:支持快速充电技术,以缩短充电时间,满足用户日常快速补能的需求。

⑤ 顶尖的安全性能:动力电池必须具备极高的安全标准,严防过热、短路等安全隐患,确保驾乘人员的绝对安全。

⑥ 广泛的温度适应性:电池需能在严寒至酷热等多种气候条件下保持稳定运

行,确保车辆在全球各地、四季变换中均能无忧行驶。

⑦ 绿色环保特性:动力电池的生产与使用过程中应秉持环保理念,减少对环境的影响,实现无公害的绿色循环。

此外,车用锂离子电池根据设计目标与应用场景的不同,主要分为三大类:能量型电池、功率型电池以及兼具两者优势的能量功率兼顾型电池,如图 3-1 所示。每类电池均需要针对特定需求进行设计。

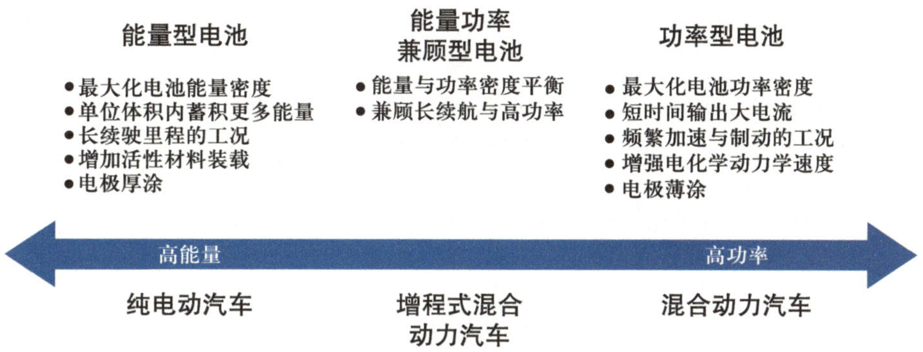

能量型电池
- 最大化电池能量密度
- 单位体积内蓄积更多能量
- 长续驶里程的工况
- 增加活性材料装载
- 电极厚涂

能量功率兼顾型电池
- 能量与功率密度平衡
- 兼顾长续航与高功率

功率型电池
- 最大化电池功率密度
- 短时间输出大电流
- 频繁加速与制动的工况
- 增强电化学动力学速度
- 电极薄涂

高能量 ←———————————→ 高功率

纯电动汽车　　增程式混合动力汽车　　混合动力汽车

■ 图 3-1　不同类型锂离子动力电池比较

① 能量型电池:其设计核心理念在于极致提升电池的能量密度,确保在单位重量或体积内蓄积尽可能多的能量。这类电池往往是长续航运行电动车辆,如纯新能源汽车(electric vehicle,简称 EV)的理想选择。它们凭借高能量密度,为车辆带来更为持久的续驶里程。然而,能量型电池的功率密度相对较低,意味着其在短时间内输出高功率的能力略显不足。

② 功率型电池:功率型电池专注于最大化电池的功率密度,旨在短时间内输出大电流。这类电池特别适用于需要迅速加速或频繁制动的车辆,如混合动力汽车(hybrid electric vehicle,简称 HEV)及部分电动工具。功率型电池以其卓越的功率密度,能够在瞬间释放大量电流,完美适配快速加速及高功率需求的应用场景。但相对而言,其能量密度较低,储存的总能量有所下降。

③ 能量功率兼顾型电池:能量功率型电池力求在能量密度与功率密度之间达到平衡。这类电池广泛应用于那些既需要较长续航,又追求良好加速性能的车辆。例如,某些高性能电动车或多功能混合动力车辆。它们既能确保合理的续驶里程,又能满足一定的加速需求。

多种电池材料体系曾被考虑用于车用动力驱动,例如,铅酸电池、镍镉电池、镍氢电池、锂离子电池等。锂离子动力电池具有高能量密度、高功率密度、低自放电率、长寿命、记忆效应小、环境友好等多项优点,全面地满足了新能源汽车的动力输出需求,在动力电池领域得到了广泛的应用。截至 2023 年,车用动力电池销量中,锂离子电池占比超过了 99%。表 3-1 对比了不同种类电池的性能参数,可以看到,铅酸电池、镍镉电池、镍氢电池、锂离子电池等在动力输出性能方面存在各种不足,仅在场馆车辆、观光车辆等领域得到应用。因此,本章将重点介绍锂离子电池的工作原理,仅在此列举铅酸电池、镍镉电池、镍氢电池、锂离子电池的性能参数。

表 3-1　不同种类动力电池的性能参数

序号	参数名称	电池种类				车用动力电池需求
		铅酸电池	镍镉电池	镍氢电池	锂离子电池	
1	电池电压	2.0 V	1.3 V	1.2 V	3.7 V	100 节串联大于 300 V
2	能量密度	30~40 W·h/kg 60~100 W·h/L	40~80 W·h/kg 80~220 W·h/L	60~120 W·h/kg 100~300 W·h/L	100~360 W·h/kg 200~700 W·h/L	对应 600 km 续航 >180 W·h/kg >360 W·h/L
3	放电功率	100~300 W/kg 120~400 W/L	330~460 W/kg 200~1 250 W/L	150~1 000 W/kg 200~1 500 W/L	1 000~4 000 W/kg 2 000~10 000 W/L	>600 W/L
4	使用寿命	300~2 000 次	300~1 500 次	1 000~2 500 次	1 000~10 000 次	质保 10 年 60 万 km >3 000 次
5	充电倍率	0.5 C	< 1/3 C	1 C	>5 C	>3 C
6	安全性	过充产氢可能爆炸	电池热失控	电池热失控氢燃烧	电池热失控电解液可燃	不起火不爆炸
7	工作温度	-25~60 ℃	-40~70 ℃	-30~70 ℃	-40~80 ℃	-40~70 ℃
8	环保性	铅有毒硫酸腐蚀	镉有毒	重金属	相对环保	绿色无污染

3.1.2　动力电池基本原理

电池 4 个基本组成要素是:反应、电极、回路、隔离。"反应"指电池能够自发进行的氧化还原反应;"电极"指氧化还原反应需在正极和负极两个电极上发生;"回路"指电池正负极之间需要具有电解质以形成闭合回路;"隔离"指电池正负极之间需要具有隔离膜以保证持续放电。

从"反应"角度来说,锂离子电池在充电和放电过程中,正极和负极发生的氧化还原反应如式(3-1)~式(3-3)所示。以三元锂电池为例,M 为 Ni、Co、Mn,反应从左往右为放电,从右往左为充电。

总反应

$$\text{Li}_{1-x}\text{MO}_2 + \text{Li}_x\text{C}_6 \rightleftharpoons \text{LiMO}_2 + \text{C}_6 \quad (x<1) \tag{3-1}$$

正极

$$\text{Li}_{1-x}\text{MO}_2 + x\text{Li}^+ + x\text{e}^- \rightleftharpoons \text{LiMO}_2 \tag{3-2}$$

负极

$$\text{Li}_x\text{C}_6 - x\text{Li}^+ - x\text{e}^- \rightleftharpoons \text{C}_6 \tag{3-3}$$

图 3-2 展示了在式(3-1)~式(3-3)作用下,锂离子电池的具体工作原理。可以看到,其内部能量转换与储存主要依赖于锂离子在正极和负极之间的嵌入和脱

嵌过程。充电过程中,锂离子从正极材料中脱嵌出来,脱嵌的锂离子通过电解质输运而迁移到负极,在负极表面得到电子后,嵌入负极材料(如石墨中,形成 $Li-C_6$ 化合物)。放电过程中,嵌入负极的锂离子脱嵌出来,脱嵌的锂离子通过电解质输运而迁移到正极,在正极界面得电子后,嵌入正极材料中。因锂离子在电池充放电过程中来回摇摆,锂离子电池也被称为"摇椅电池"。锂离子摇摆迁移以及嵌入脱出过程是高度可逆的电化学过程,因此锂离子的化学能与电能的转化效率非常高,能达到 95% 以上,是一种十分理想的二次电池。

从"电极"角度来说,锂离子电池常以正极材料进行命名。目前,新能源汽车中商用化最多的锂离子电池主要为磷酸铁锂电池(磷酸铁锂作为正极)和三元锂电池(镍钴锰酸锂为正极材料),其中三元锂电池根据镍钴锰的比例又分为 NCM111(镍、钴、锰各占比 33%),NCM622(镍 60%、钴 20%、锰 20%),NCM811(镍 80%、钴 10%、锰 10%)等。

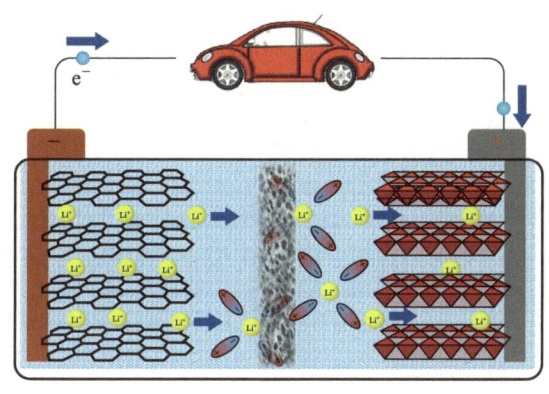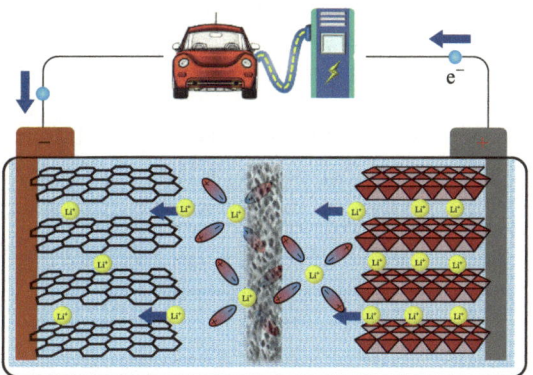

(a) 放电过程　　　　　(b) 充电过程

图 3-2　锂离子电池工作原理示意图

放电过程

充电过程

从"回路"角度来说,电池需要通过集流体连接外部极耳,从而将内部的电能通过电子的形式输送出来,而在锂离子电池内部,则需要有电解液来运载在正负极之间迁移的锂离子。外部的电子和内部的锂离子移动过程中形成了电池的回路。

为保证外部电子通路的形成,需要以"隔离"的方式在电池正负极之间构筑绝缘屏障,即需要在电池正负极之间采用隔膜。隔膜能够分隔正负极,允许离子通过,而阻止电子通过。

3.1.3　动力电池基本性能

动力电池是用于新能源汽车和其他电驱动装备的电池,主要负责储存电能并按驱动要求输出动力。其基本性能主要包括动力性、耐久性和安全性。

1. 动力性

动力电池的动力性主要指电池在提供电动交通工具或其他需要高功率输出设备时的性能。这些性能决定了设备在加速、爬坡、高速行驶、续驶里程和充电等情况下的表现。动力性的关键指标包括能量存储和功率输出。

（1）能量存储特性

电池的能量存储特性主要指电池内部可以存储的能量，直接决定了新能源汽车的纯电续驶里程。能量 E 是功率 P 对时间 t 的积分，而功率 P 是电压 U 和电流 I 的乘积。电流 I 的时间积分是电池的容量 Q，单位是 $A \cdot s$ 或 $A \cdot h$。如式（3-4）所示，以 $\bar{U}$ 表示电池的平均电压，则电池的能量特性 E 一方面取决于电池的电压特性 U，另一方面也与电池的容量特性 Q 相关。

$$E = \int P \cdot dt = \int U \cdot I \cdot dt = \bar{U} \cdot \int I \cdot dt = \bar{U} \cdot Q \tag{3-4}$$

① 电池的容量特性 Q：电池内部存储的电量是有限的，在放电过程中，随着电池内部存储的电量持续减少，电池的电压也会逐渐降低，直至电池的截止电压，无法继续放电。容量 Q 是电池性能中最重要的指标之一，代表了电池内部可以存储的电荷数量。通常采用充放电的方法测试实际电池的容量，即在标准环境条件下，采用标准的恒流、恒压充电方法将电池充电至特定的充电截止电压与截止电流，并认为此时电池为满电，此时电池荷电状态（state of charge, SOC）为 1；再采用标准的恒流放电方法将电池放电至放电截止电压，此时电池 SOC 为 0；循环若干次，取几次放电电量平均值为其容量。此时获得了电池的标称容量 Q_{norm}。在不考虑并联电池加大容量的情况下，车用动力电池单体的标称容量通常在 $100 \sim 200\ A \cdot h$ 之间。一个典型的电池容量测试曲线如图 3-3 所示。其中，电池充入的电量会略多于电池放出的电量，通常采用库仑效率 ζ 描述电池放电容量和充电容量的比值。一般来讲，锂离子动力电池的 ζ 较高，接近于 1，且随 SOC 变化较小，说明锂离子电池的可逆性好，工作效率高。

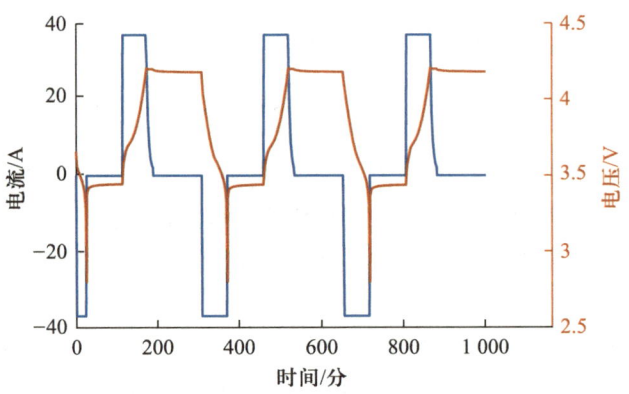

■ 图 3-3　电池容量测试过程中的电压特性

对于一个给定的电化学氧化还原反应

$$\alpha A + \beta B \longrightarrow \gamma C + \delta D \tag{3-5}$$

其所组成电池的理论比容量 Q_0（单位为 $A \cdot h/g$）是

$$Q_0 = zF/3.6 \cdot \sum M \tag{3-6}$$

其中，z 为反应的得失电子数，$F = 96\ 485\ C/mol$ 为法拉第常数，$\sum M$ 为反应物 A、B，或产物 C、D 的摩尔质量之和，单位为 g/mol。

举例来说：钴酸锂 $LiCoO_2$，摩尔质量为 $98\ g/mol$，假定其电极反应的得失电

子数为 $z=1$，电极反应式为 $CoO_2+Li^++e^-=LiCoO_2$，即 $LiCoO_2$ 电极材料的理论比容量为 $1 \times 96\,485 \div 3.6 \div 98\ \text{mA·h/g} = 273\ \text{mA·h/g}$。石墨材料 C_6，摩尔质量为 $72\ \text{g/mol}$，假定其电极反应的得失电子数为 $z=1$，电极反应式为 $Li_xC_6-Li^+-e^-=C_6$，即 C_6 电极材料的理论比容量为 $1 \times 96\,485 \div 3.6 \div 72\ \text{mA·h/g} = 372\ \text{mA·h/g}$。由 $LiCoO_2$ 作为正极，由 C_6 作为负极的电池，理论比容量为 $1 \times 96\,485 \div 3.6 \div (72+98)\ \text{mA·h/g} = 158\ \text{mA·h/g}$。由于 Ni、Co、Mn 的相对原子质量比较接近，$158\ \text{mA·h/g}$ 也是三元锂电池的理论比容量。类似地，对 $LiFePO_4$（摩尔质量取 $158\ \text{g/mol}$）电极材料，其电极材料的理论比容量为 $170\ \text{mA·h/g}$，而与 C_6 组成电池的比容量约为 $117\ \text{mA·h/g}$。

实际情况下，由于得失电子数 z 很难到 1，同时，电池内部还存在非储能材料（如集流体、电解液、隔膜等），电池的实际比容量一般是理论比容量的 $30\% \sim 50\%$。

② 电池的电压特性 U：新能源汽车整车要求电池系统提供驱动车辆的能量，新能源汽车的电池总容量一般在 $20 \sim 100\ \text{kW·h}$，纯新能源汽车的电池系统总能量一般高于混合动力汽车的电池系统总能量。如图 3-4 所示，为获得电池的能量特性，需要基于电池容量测试中的恒流充放电曲线进行积分，得到一定条件下电池从空电到满电或从满电到空电的累计充放电能量，此即为电池的可用充电能量与放电能量，如式（3-7）所示。

$$E = \int P \cdot \mathrm{d}t = \int U \cdot I \cdot \mathrm{d}t \tag{3-7}$$

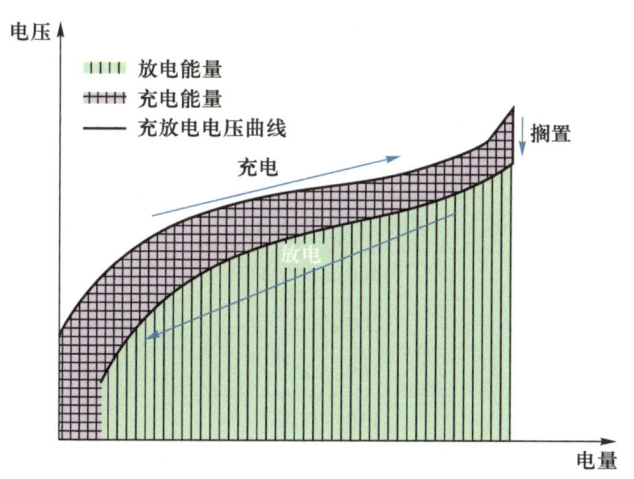

■ 图 3-4 电池充放电过程中的能量特性示意图

由于电池存在内阻 R，导致电池充电电压高于放电电压，如式（3-8）所示。

$$U = U_{OCV} \pm I \cdot R \,(+\text{表示充电，} - \text{表示放电}) \tag{3-8}$$

式（3-8）中，U_{OCV} 表示电池的开路电压（open circuit voltage，OCV），是电池在无电流通过的条件下的搁置状态电压。电池开路电压 OCV 与电池的荷电状态 SOC 有关，一般地，SOC 越高 OCV 也越高，但 OCV 与 SOC 之间不是线性关系，不同电池的 OCV-SOC 关系一般不相同。图 3-5 给出了典型的三元锂电池［图 3-5（a）］和磷酸铁锂动力电池［图 3-5（b）］的 OCV-SOC 关系。

根据式（3-8），电池的充电能量一般大于放电能量，这方面的差异代表了充放电过程中的能量损失，好的动力电池应具有较小的充放电能量损失。显然地，该差

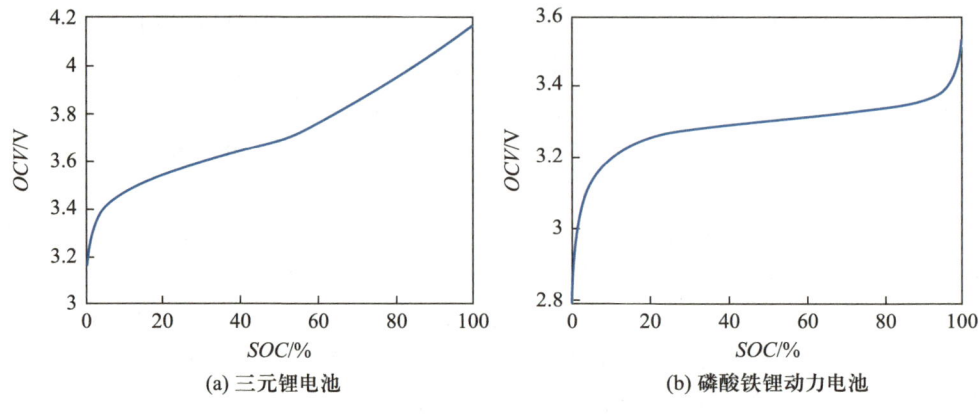

图 3-5　常见动力电池的 OCV-SOC 曲线

异值随着充放电电流 I 的加大而增大;内阻 R 的大小也影响该差异值,内阻越大该差异值越高。内阻 R 是由于电池极化(极化是指有电流通过的条件下,电池电压偏离平衡电压的现象)造成的,锂离子电池的极化主要有欧姆极化、电化学极化和浓差极化三类。

能量密度可以分为质量能量密度和体积能量密度,指在单位质量或单位体积的电池能够存储的能量,单位为 W·h/kg 和 W·h/L。质量能量密度高的电池可以减轻车辆的总重量,有助于降低能耗,提高加速性能和操控性。体积能量密度高的电池可以在有限的空间内存储更多的能量,对于提高车辆续驶里程至关重要。表 3-2 列举了常见锂离子电池体系的能量密度。

表 3-2　常见锂离子电池体系的质量能量密度和体积能量密度

正|负极	体积能量密度 W·h/L	质量能量密度 W·h/kg
$LiCoO_2$|C_6	300~600	150~250
$LiMn_2O_4$|C_6	200~300	100~150
$LiNi_xMn_yCo_zO_2$|C_6	300~600	150~300
$LiFePO_4$|C_6	150~400	80~200
$LiMn_2O_4$|$Li_4Ti_5O_{12}$	100~200	50~100

锂离子电池的体积能量密度 e_V 可以用式(3-9)来计算

$$e_V = \frac{E}{V} \tag{3-9}$$

其中,E 为电池存储的能量,V 为电池的体积。常见的体积能量密度单位是 W·h/L。假设车辆的设计续驶里程为 600 km,车辆的百公里电耗为 15×10^{-2} kW·h·km^{-1},则车辆需要装载 90 kW·h 的动力电池。一般地,可假设轿车底盘安装电池的空间为 250 L,则电池的体积能量密度需要高于 360 W·h/L。

锂离子电池的质量能量密度 e_m 可以用式(3-10)来计算。

$$e_m = \frac{E}{m} \tag{3-10}$$

其中,m 为电池的质量。由于电池的质量能量密度等于质量 m 除以体积 V,因此体积能量密度和质量能量密度可以相互换算

$$e_m = \frac{1}{\rho}e_V \approx \frac{1}{2}e_V \tag{3-11}$$

式(3-11)中,ρ 为电池的密度。由于锂离子电池的密度约为 2 000 kg/m^3,因此,锂离子电池的体积能量密度(单位为 W·h/L)在数值上大约是质量能量密度(单位为 W·h/kg)的 2 倍。

质量能量密度还可以通过式(3-12)来估算

$$e_m = \frac{E}{m} = U \cdot \frac{It}{m} = U \cdot \frac{Q}{m} = U \cdot \frac{NzFe^-}{NM} = U \cdot Fe^- \frac{z}{M} \tag{3-12}$$

式(3-12)中,F 为法拉第常数,e^- 为元电荷,N 为总物质的量。因此,电池的质量能量密度 e_M 主要取决于电池电压 U 和荷质比 z/M。式(3-12)表明,材料电势和荷质比在根本上决定了电池的比能量,Li 元素做负极时具有很低的电势(标准还原电势 -3.0 V),以及固相物质最低的荷质比($1:7$),因此在高比能动力电池领域具有先天的优势。

式(3-12)中,电池电压 U 和比容量 Q/m 乘积等于电池的质量能量密度 e_m,图 3-6 统计了动力电池常见的正负极材料的电势和比容量。电池的电势等于电池正负极电势的差值,因此石墨作为负极具有较大的优势。钛酸锂(LTO,$\text{Li}_4\text{Ti}_5\text{O}_{12}$)作为负极电势太高,Si 作为负极则因为循环膨胀收缩量较大,难以形成稳定的固体电解质界面(solid electrolyte interface,SEI)膜而仍未实用化。LFP(LiFePO_4)和 NCM($\text{LiNi}_x\text{Mn}_y\text{Co}_z\text{O}_2$)两种正极材料具有较好的循环稳定性,因此是动力电池的主流正极。

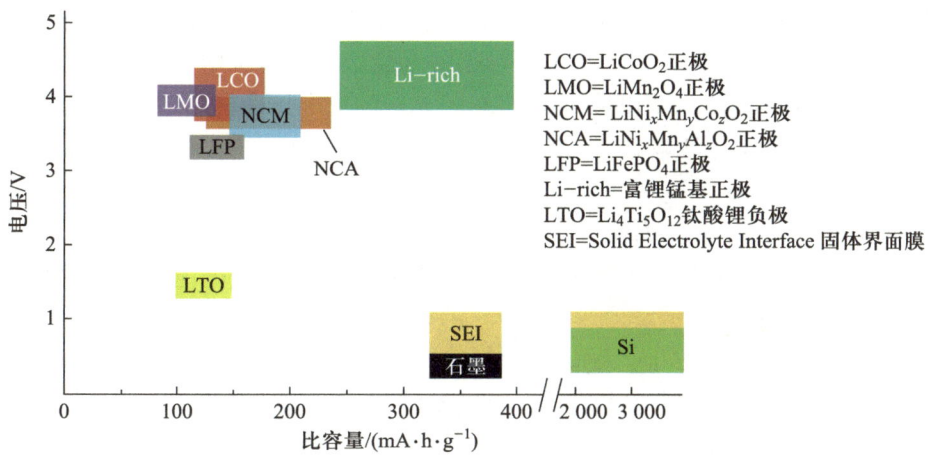

LCO=LiCoO_2正极
LMO=LiMn_2O_4正极
NCM=$\text{LiNi}_x\text{Mn}_y\text{Co}_z\text{O}_2$正极
NCA=$\text{LiNi}_x\text{Mn}_y\text{Al}_z\text{O}_2$正极
LFP=LiFePO_4正极
Li-rich=富锂锰基正极
LTO=$\text{Li}_4\text{Ti}_5\text{O}_{12}$钛酸锂负极
SEI=Solid Electrolyte Interface 固体界面膜

■ 图 3-6　不同材料的电池电势 U 与比容量 Q/m

动力电池的能量密度还可以基于式(3-5)进行进一步计算,先根据式(3-13)计算电池的吉布斯自由能

$$\Delta_r G^\ominus = \gamma \Delta_r G_C^\ominus + \delta \Delta_r G_D^\ominus - \alpha \Delta_r G_A^\ominus - \beta \Delta_r G_B^\ominus \tag{3-13}$$

即电池的理论比能量为

$$e_M = \frac{\left|\Delta_r G^{\Theta}\right|}{\Sigma M} = \frac{zFU}{3.6 \cdot \Sigma M} \tag{3-14}$$

对于式(3-1)所代表的电化学反应,其对应的电势 U 约为 3.7 V,总原子质量约为 170 g/mol,假设电荷转移数 $z=1$,则其比能量 e_M 为 $1 \times 96\ 485 \times 3.7 \div 170 \div 3.6$ W·h/kg = 583 W·h/kg。实际 NCM 三元正极锂电池的质量能量密度为 180~300 W·h/kg,其与理论数值的主要差异有两点,其一电荷转移数 z 一般小于 1;其二电池当中除了正负极之外,还有电解液、隔膜、集流体等非储能的部件需要作为分母。一般地,与比容量的计算方式类似,电池的实际比能量一般是理论比能量的 30%~50%。

(2) 功率输出特性

功率特性是指电池在单位时间内提供或吸收能量的能力,通常以功率来衡量,单位是瓦特(W),主要衡量指标包括充/放电倍率以及充放电功率。

① 放电倍率:在描述锂离子电池在特定时间内可以安全放电的速率,通常以电池标称容量值的倍数来表示,以便对比不同容量的电池的充放电情况。倍率的单位为 C。若电池在 x 小时内从满电状态被放至空电状态,那么其放电倍率则为 $1/x$ C。例如,一个容量为 10 A·h 的电池以 1 C 的倍率放电时,需要 1 小时完全放空电,电流为 10 A;如果以 0.5 C 的倍率放电,则对应需要 2 个小时完全放空电,电流为 5 A;以 3 C 的倍率放电,则对应的放电电流为 30 A。

② 充电倍率:充电倍率类似于放电倍率的定义,若电池在 x 小时内从空电状态被充电至满电状态,那么其充电倍率则为 $1/x$ C。充电倍率越大,对应的充电时间越短。对于新能源汽车来说,快充能力尤为重要,消费者通常期待充电和加油一样快,或至少能够花费较少的时间;减少充电等待时间也可以有效缓解使用者的里程焦虑。电池充电倍率也不能无限增大,过大的充电功率会导致电极材料结构损坏、温升过高等问题,影响电池寿命并带来安全隐患。一般家用充电桩的慢充的充电倍率在 0.08 C 左右,专用的新能源汽车超充桩的充电倍率能达到 2~4 C。

③ 放电功率:电池输出的放电功率即等于电池电压乘以输出的电流,如式 (3-15) 所示

$$P_{放电} = U \cdot I = (U_{OCV} - I \cdot R_{放电}) I \tag{3-15}$$

当电池电压 U 降低至电池的最低电压阈值 $U_{\min}$ 时,对应电池的最大放电功率 $P_{放电,\max}$,如式 (3-16) 所示。

$$P_{放电,\max} = U_{\min} \cdot I_{放电,\max} = (U_{OCV} - I_{放电,\max} \cdot R_{放电}) \cdot I_{放电,\max} \tag{3-16}$$

电池的放电内阻 ($R_{放电}$) 在不同 SOC、不同温度下均不相同(图 3-7),因此,电池的最大放电功率也随 SOC 和温度的变化而变化。温度越低,内阻越高,可用功率越小;SOC 越低,代表电池内部存储的电量越少,其内阻增加,最大放电功率也会减小;电池在高 SOC 区间,其内阻增加,也影响电池的最大放电功率。此外,随着电池老化,电池的内阻也会增加,因此其最大放电功率也会随之减小。

④ 充电功率:类似地,电池的充电如式 (3-17) 所示。

$$P_{充电} = U \cdot I = (U_{OCV} + I \cdot R_{充电}) I \tag{3-17}$$

当电池电压 U 升高至电池的最高电压阈值 $U_{\max}$ 时,对应电池的最大充电功率

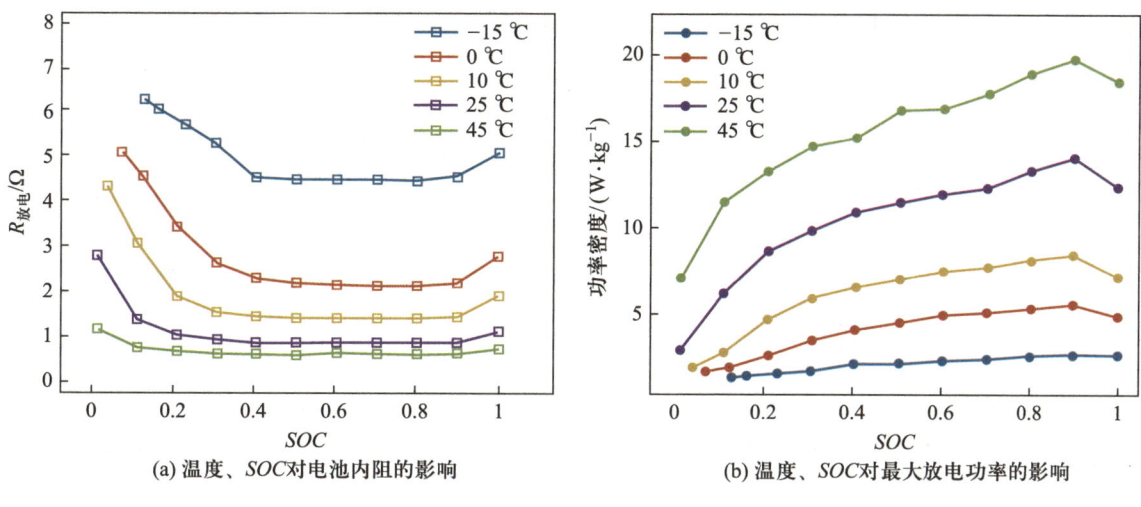

(a) 温度、SOC对电池内阻的影响　　　　(b) 温度、SOC对最大放电功率的影响

图 3-7　SOC、温度对电池放电内阻以及最大放电功率的影响

$P_{充电,max}$，如式（3-18）所示。

$$P_{充电,max} = U_{max} \cdot I_{充电,max} = (U_{OCV} - I_{充电,max} \cdot R_{充电}) \cdot I_{充电,max} \qquad (3-18)$$

2. 耐久性

耐久性是指电池在长时间使用过程中保持其性能的能力。耐久性通常与电池的寿命、可靠性和稳定性相关，是评估电池质量的重要指标。电池寿命包括日历寿命（calendar life）和循环寿命（cycle life）。日历寿命是指从生产之日起至电池寿命结束的时间，以年为计量单位。这一阶段包括货架储存、老化、高低温、循环、工况模拟等不同环节。循环寿命是指在一定的充放电系统下，电池容量衰减到规定值之前，电池所能承受的充放电循环次数。需要注意的是，电池的容量在使用或不用时都会发生衰减。

针对不同的应用场景，动力电池分为能量型动力电池和功率型动力电池。相应地，电池寿命终结的标志也分为能量型寿命和功率型寿命。能量型寿命指电池的容量衰减量达到初始容量的 20%（剩余容量为初始容量的 80%）；功率型寿命指最大功率减少到初始最大功率的 50%（阻抗增加 100%）。电池的老化过程可以通过电池的容量和内阻的变化来表征。一般地，能量型电池性能衰减用容量的衰减来表征，功率型电池性能衰减用内阻的变化来表征。

电池在整个使用过程中的性能变化主要分为三个阶段。如图 3-8 所示，Ⅰ阶段为初始衰减阶段，此时 SEI 膜增厚较快，电池容量快速降低；Ⅱ阶段为稳定循环阶段，此时 SEI 膜稳定增厚，内阻平稳增加；Ⅲ为寿命末期的损坏阶段（跳水阶段），

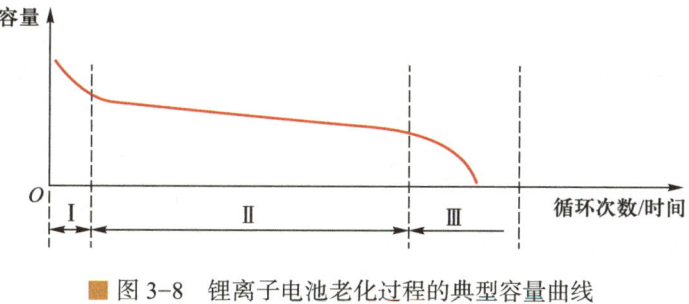

图 3-8　锂离子电池老化过程的典型容量曲线

此阶段可能对应电极结构损坏、SEI 膜破坏、电解液缺失等严重问题,容量快速衰减、内阻加速增大。

根据电池的耐久性,汽车厂商在向消费者销售车辆时,对车辆动力电池部件做出质量保证。车辆质保是针对车辆各个零部件在质保期内确认为非人为损坏而是品质问题时的免费更换或修理。根据能量型电池和功率型电池,其质保标准也有所区别。新能源汽车典型的质保要求为 8 年 60 万千米,按照每天对电池充放电一次来计算,要求动力电池的循环次数不低于 3 000 次。实际对动力电池的循环寿命要求在 1 000~6 000 次不等。

3. 安全性

动力电池的安全性对于新能源汽车的普及至关重要,它直接影响到车辆的可靠性和用户的生命财产安全。消费者对新能源汽车的信任也依赖于动力电池的安全表现,频繁的电池起火或爆炸事件会严重削弱消费者对新能源汽车的信心,影响市场推广。如图 3-9 所示,动力电池事故中,包含热诱因、热失效和热蔓延三个主要的失效过程,需要对各个失效过程进行逐级防控,以满足车辆的使用要求。

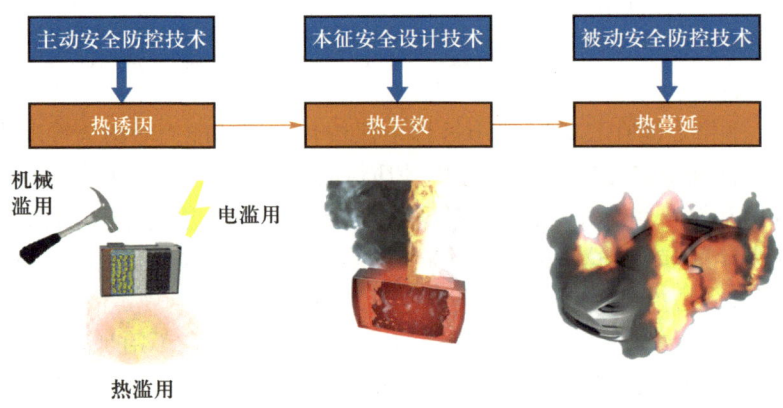

■ 图 3-9 动力电池事故的主要失效过程及防控方案

热诱因主要分为机械滥用、电滥用和热滥用。机械滥用主要有针刺和挤压两种形式,由于异物破坏电池结构,导致电池隔膜崩溃,从而引发内短路。内短路产生的热量最终引发电池热失控。电滥用主要为过充电和过放电,过充电导致负极表面出现锂沉积,正极金属元素开始溶解并向负极迁移,电解液不断氧化,最终导致电池起火。过放电将导致负极铜集流体的溶解,铜离子在正极沉积,累积穿透隔膜后引发电池内短路。热滥用是电池使用过程中温度异常升高导致的,超出电池的正常工作温度范围后,电池正负极、电解液都会发生副反应,导致电池失效。

如图 3-10 所示,电池的热失效分为内部和外部两条失效路径。热失效过程中,电池内部发生剧烈的氧化还原反应,氧化还原反应剧烈发生时称为"电池热失控"。电池热失控产生大量的气体,喷出电池外部,形成喷射射流。电池外部的喷射物,在满足着火三要素条件时,会发生燃烧和爆炸。电池热失控是由热滥用导致的,其反应热决定了电池失效时的最高温度,是正负极间化学能释放的结果。电池燃烧的可燃物来源于电池内部热失控反应产生的物质,电池喷射物接触到空气中的氧气,在温度达到燃点时发生燃烧。值得一提的是,电池热失控时的最高温度如

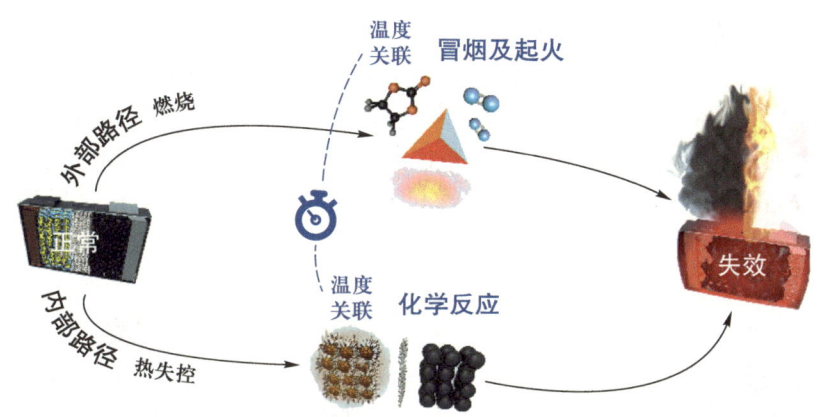

■ 图 3-10　电池热失效时,内部热失控、外部燃烧的两条失效路径

超过了喷射物的燃点,就会直接发生自燃现象,而不需要外部火源点火。

　　热蔓延,指电池单体热失控后释放的热量向周围传播,将加热周围电池并可能造成周围电池的热失控,也称为失控在电池组内的"蔓延"。由于电池失效总是有一定概率的,在失效概率意义下,随着新能源汽车的推广和电池数量的增加,发生失效是必然事件。在这种概率意义下的"必然"事件中,需要进行"失效 – 安全"设计,有效地抑制电池的热蔓延速度,为乘员逃生赢得时间。我国的动力电池国家标准已经要求,在电池系统发生强制失效时,系统不起火、不爆炸。

　　为了达成新能源汽车不伤人、不起火的目标,一般可以沿着电池热诱因、热失效、热蔓延的失效过程来开展动力电池系统的安全设计。具体分为主动安全、本征安全和被动安全三个主要的安全防控与设计技术。主动安全防控技术是指通过基于滥用模式,进行主动安全预警与失效过程控制,其核心是以内短路识别为核心的电池热失控预警;本征安全设计技术主要是基于电池的热失控化学反应时序,进行反应调控,降低电池热失控的最高温度,减少喷射物的可燃性;被动安全防控技术主要是通过建立电池系统热蔓延模型,基于模型进行热流调控设计,并协同电池热管理系统的散热和隔热来进行安全防护。

3.2　动力电池系统结构

3.2.1　动力电池单体结构

　　锂离子电池根据其外形结构,主要分为圆柱电池、方壳电池和软包电池三种类型。三种不同结构类型的电池都有其对应的设计和应用场景。特斯拉的 Model 3、Model Y 等部分车型采用圆柱电池;当前,大多数新能源汽车,如比亚迪汉、小鹏 X9、小米 SU7 等车型,都在采用方壳电池;奥迪 e-tron、奔驰 EQC 等车型则采用软包电池。三者在新能源汽车中的装机量比例约为 1∶8∶1。

　　1. 圆柱电池

　　圆柱电池的型号通常由五位数字表示,前两位数字表示以 mm 为单位的圆柱体直径,后三位数字表示以 0.1 mm 为单位的圆柱体高度,如 18650 型号电池为直径为 18 mm，高为 65 mm 的圆柱电池。

　　圆柱电池的结构如图 3-11 所示，包括顶部结构、安全结构、外壳、卷芯和底座。

　　圆柱电池顶部结构由正极帽、顶盖和绝缘垫片组成，正极帽为圆柱电池的正极端，通常由镍或不锈钢制成，带有连接正极的端子；顶盖为电池提供物理保护；绝缘垫片将电池正极与壳体隔开。电池底座由负极端子和密封环组成，通常由铜或不锈钢制成；密封环用于密封电池底部，防止电解液泄漏。

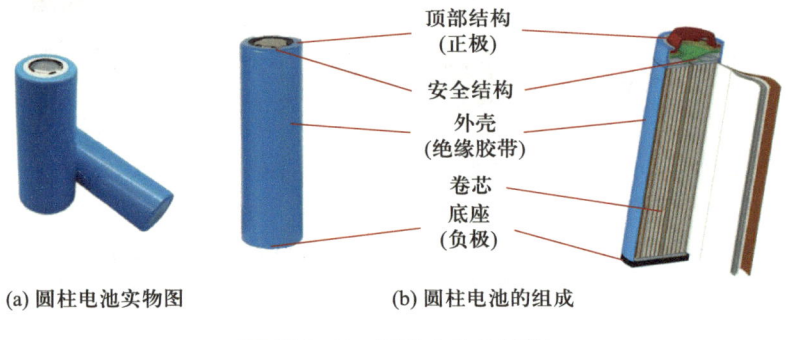

(a) 圆柱电池实物图　　　　　(b) 圆柱电池的组成

■ 图 3-11　圆柱电池的结构

　　如图 3-12 所示，圆柱电池的卷芯是由正极、负极和隔膜通过卷绕工艺紧密卷合而成的结构。正极材料涂覆在铝箔集流体上，负极材料涂覆在铜箔上，隔膜位于正负极之间，防止正负极短路。整个卷芯被电解液浸润以提供离子传导路径，这种结构使得圆柱电池能够在紧凑的空间内实现高能量密度和高效的电化学反应。

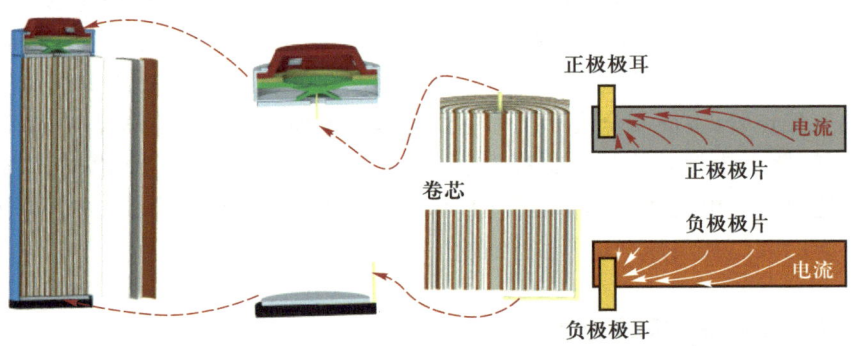

■ 图 3-12　圆柱电池卷芯多层结构以及极耳位置

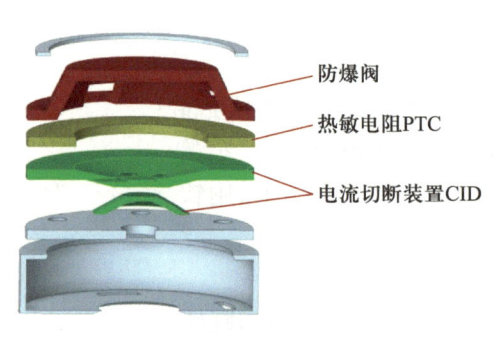

■ 图 3-13　圆柱电池的安全结构

　　圆柱电池的外壳一般由钢或铝制成，提供机械强度和耐压性，防止电池在使用过程中膨胀或破裂。同时外壳表面通常有一层防腐蚀涂层，保护电池免受外界环境的影响。

　　如图 3-13 所示，圆柱电池的安全结构主要由防爆阀、热敏电阻（positive temperature coefficient，PTC）、电流切断装置（current interrupt device，CID）组成，防爆阀在电池内部压力过高时会自动打开，释放气体，防止电池爆炸；热敏电阻可以在温度升高时增加电阻,限制电流流通,防止电池过热。电流切断装置会在电池内部压力过高时切断电流,从而防止过热、爆炸等危险情况的发生。

如图 3-14 所示,电流切断装置 CID 的工作机制主要基于电池内部压力的变化,在正常工作条件下,电池内部的压力保持在安全范围内,电流切断装置的金属膜片保持完好,电流可以正常通过电池的正极端子;如果电池发生异常情况(例如过充电、短路或过热),内部压力会升高。当压力达到某个临界值时,一旦压力超过安全阈值,电流切断装置的金属膜片会受到压力作用开始变形,导致顶盖与内部电路断开。内置弹簧会推动顶盖远离内部电路,从而切断电流,防止电池继续工作导致进一步升温或爆炸。

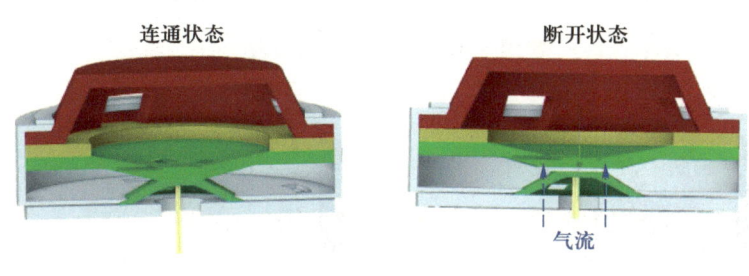

图 3-14 电流切断装置的工作原理

圆柱电池具有许多优点,如外壳耐压性能高,使用过程中不会出现膨胀现象;圆柱体的比表面积大,散热效果更佳;其型号是标准化的,使得其生产自动化水平高,生产效率高,产品的一致性容易控制。但由于单个圆柱电池的容量比较小,想要在新能源汽车上应用往往需要很多电池。电池成组后的系统复杂度增加,系统集成的成本居高不下。为此,不少厂家针对圆柱电池都进行了大容量圆柱单体的升级,从 18560 到 21700,再到 46800,圆柱电池单体的体积在不断变大。而特斯拉在中国销售的新能源汽车,则采用更容易成组,且单体电池容量可以很方便做大的方壳电池。

2. 方壳电池

与圆柱电池相比,方壳电池的可集成性更强,可以根据具体需求进行定制化设计,尺寸多样。因此无论在制造工艺还是应用标准方面,方壳电池都不像圆柱电池那样有明确的标准划分。新能源车企可以根据车型需求定制方壳电池的尺寸,而不受圆柱电池标准的限制。方壳电池在新能源汽车中广泛应用,被认为是最适合新能源汽车的动力电池设计形式。

如图 3-15 所示,方壳电池通常由端盖、壳体和卷芯组成。

方壳电池的端盖由正负极极柱、安全阀、密封垫圈、绝缘垫片、抗过充装置(overcharge safety device,OSD)等构成。安全阀在电池内部产生气体时,按照设定的压力开启,防止电池内部压力过高导致爆炸。绝缘垫片用于隔绝电池正负极与电池壳体,防止高压串联后发生漏电。如图 3-16 所示,抗过充装置与圆柱电池的电流切断装置类似,过充时电池内部产生的压力使得抗过充装置工作,触发负极和电池壳体间的短路,从而切断电池的充电电流回路。可见端盖不仅起到封闭和保护电池内部的作用,还承担了泄压、切断电流等多种功能。

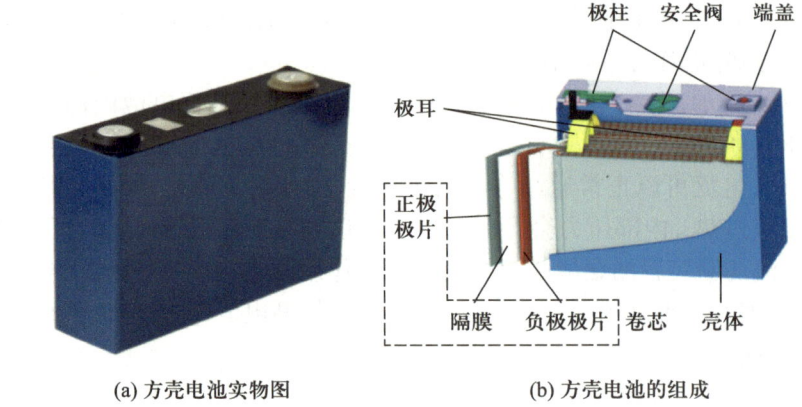

(a) 方壳电池实物图　　　　　　(b) 方壳电池的组成

■ 图 3-15　方壳电池的结构

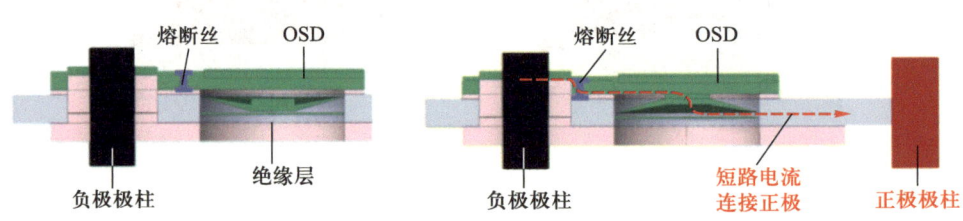

■ 图 3-16　方壳电池端盖上抗过充装置的工作原理

方壳电池的壳体由铝合金、不锈钢或复合材料制成,具有轻量化、高强度的特点,具备良好的散热和密封性。方壳电池的卷芯由正极、负极和隔膜构成,并浸润有电解液。其制造工艺有叠片式和卷绕式两种,将在 3.3.2 小节进行介绍。

刀片电池是一种异化的方壳电池设计形式,其结构如图 3-17 所示,最早由比亚迪公司推出。它的命名源于其独特的形状和结构,其设计相比于常规的方壳电池更薄、更长,类似于"刀片"。与传统的圆柱电池和方壳电池相比,刀片电池在设计上有许多显著的优势,其设计为薄片状,能够以平板状排列,这种结构可以更好地利用电池组内部的空间,提高能量密度。更长、更薄的设计有助于更快地散热,适用于高负载场景。刀片电池具有更高的安全性,可以通过针刺等严苛的安全测试,不会起火或爆炸。

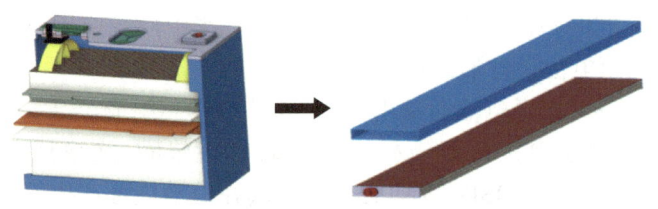

■ 图 3-17　方壳电池的异化形式——刀片电池

3. 软包电池

与方壳电池相比,软包电池的主要区别是采用铝塑膜作为电池正负极芯材的外包装,如图 3-18 所示。软包电池的结构设计独特且灵活,与传统的圆柱电池和

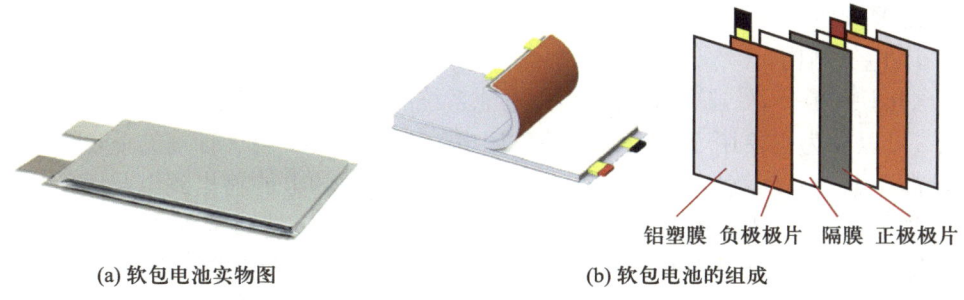

(a) 软包电池实物图　　　　　　　　　(b) 软包电池的组成

铝塑膜　负极极片　隔膜　正极极片

■ 图 3-18　软包电池的结构

方壳电池相比,软包电池具有更轻的重量和更高的能量密度。在动力电池成组过程中,软包电池结构强度不足,需要补充结构件,加大了成组难度和成本,因此,软包电池在新能源汽车领域的市场份额相比方壳电池低很多。但是,由于软包电池封装容易,在动力电池研究和开发过程中,应用非常广泛。

相较于方壳电池的壳体,铝塑膜质量更轻,体积更小。铝塑膜由多层材料复合而成,各层材料之间用黏合剂黏合,外层通常由尼龙(PA)制成,提供良好的机械强度和耐磨性,保护电池免受外部物理损伤;铝塑膜的中间层是铝箔,具有高阻隔性能,可以防止水分和氧气进入电池内部,同时防止电解液泄漏。同时铝箔还提供了一定的机械强度和防护作用;内层通常由聚丙烯(PP)制成,直接接触电解液,具有良好的耐化学腐蚀性和热封性能,确保电池的密封性。聚丙烯在 164~170℃ 会熔化,并具有黏性,可以通过热封技术实现高度可靠的密封,这使得软包电池的封装变得十分灵活。

3.2.2　动力电池系统结构

动力电池系统是面向新能源汽车整车电驱动要求而设计的多节电池集成的系统,其以动力电池单体形成高压电气系统为核心设计目标,保障电池使用过程中的稳定性和安全性。动力电池系统的结构主要分为电气结构、机械结构和热管理结构,如图 3-19 所示。这些结构的集成关键在于梳理机、电、热等关键参数之间的相互关系,通过系统化的分析和设计,确保动力电池系统能够满足新能源汽车整车的

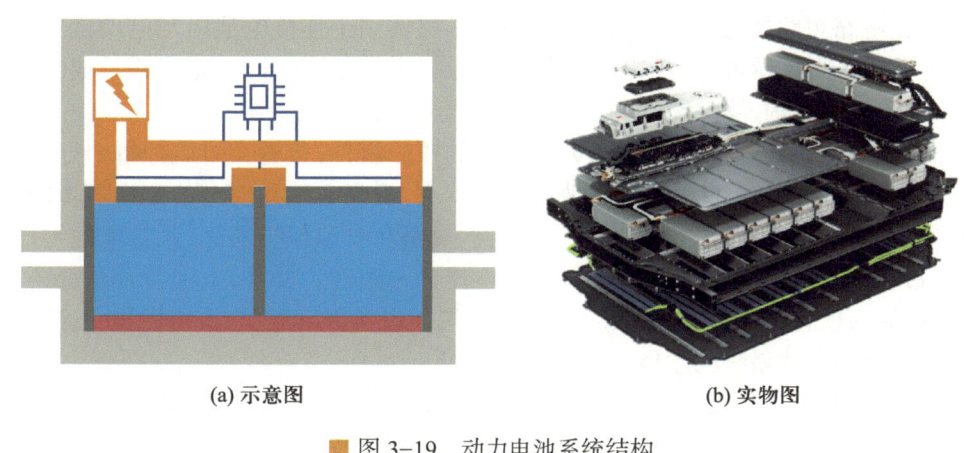

(a) 示意图　　　　　　　　　　　　　(b) 实物图

■ 图 3-19　动力电池系统结构

设计需求。

1. 电气结构

如图 3-20 所示，新能源汽车动力电池系统的电气结构按照电压和功率输出的要求，可以分为主要用于动力输出的高压电气系统和主要用于管理的低压电气系统。高压电气系统就像整车的"大动脉"，将动力电池的电能输出到电驱动的重要部件当中，维持车辆的电驱动功率要求。低压电气系统是电池系统的"神经网络"与"大脑"，实时传输各类检测信号和控制信息，对电池的状态进行管理，保证使用的安全性与可靠性。高压电气结构主要包括电池单体、电连接片和高压电器盒，低压电气系统主要包括电池管理系统（battery management system，BMS）和采样线路。

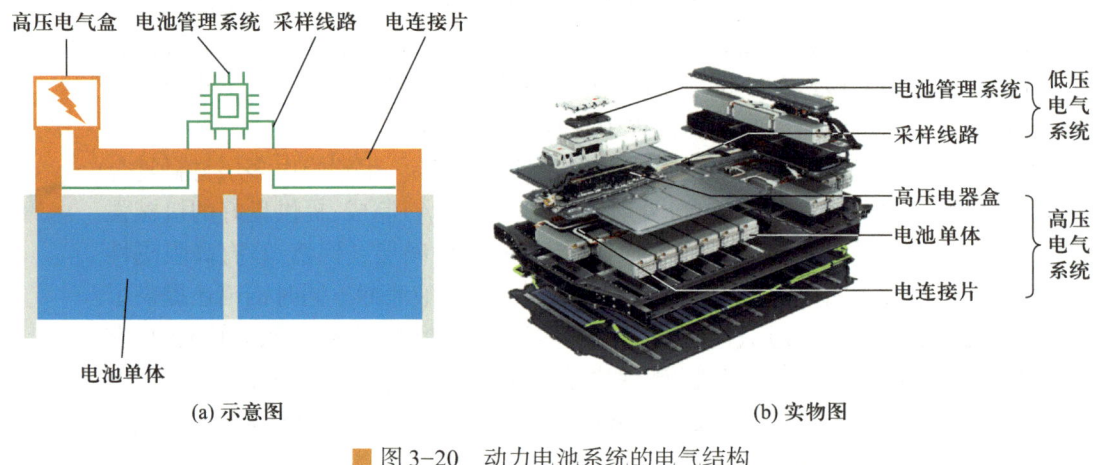

图 3-20　动力电池系统的电气结构

电连接片（也称为汇流排或母线）用于连接电芯之间、模块之间以及电池组与外部设备之间的电流传输路径，通常采用铜或铝作为材料。电连接片需要具有良好的导电性能以确保电能的高效传输，也需要具有足够的机械强度和散热性能，以防止在振动或冲击下出现断裂以及过热现象。

高压电器盒（也称高压配电盒或高压接线盒）是电池系统的高压电路管理中心，负责高压电路的连接和保护，由高压继电器、熔断丝、高压连接器组成。高压继电器用于控制电池组的通断电，确保在需要时切断高压电源；熔断丝提供过电流保护，防止电路短路或过载时损坏设备；高压连接器用于连接电池组与电动机、逆变器、充电器等高压设备。高压电器盒要求具有高可靠性和安全性，通常设计成防水、防尘和抗振动结构，确保在各种工况下的安全运行。

电池管理系统是新能源汽车电池系统的核心组件，负责实时监控每个电芯的电压、温度和电流，精准地估计电池的工作状态，确保电池在安全的工作环境内运行。电池管理系统提供过充、过放、过电流、短路和过温保护功能，延长电池寿命，并通过主动或被动均衡技术保持各电芯电压的一致性。此外，电池管理系统还与整车控制系统（vehicle control unit，VCU）和其他设备进行通信，支持数据交换和远程监控，保障电池系统的整体安全和高效运行。

采样线路用于连接各电芯和电池管理系统，以便电池管理系统实时获取电芯的电压、温度和其他关键参数。其设计需要满足高精度、抗干扰、高可靠性等要求。

其布线方式通常采用扁平电缆或柔性印刷电路,通过连接器或焊接方式与单体和电池管理系统相连。

新能源汽车电池系统的电气安全至关重要,主要通过以下措施实现:①高压电危害防护,包括使用高压继电器和保险丝来控制和保护高压电路;②电气间隙和爬电距离的设计,确保各电气元件间足够的绝缘距离,防止电弧和短路;③绝缘材料和绝缘监测装置,确保整个系统的电气绝缘性和完整性;④密封设计和防护措施,确保电池系统在恶劣环境下防水、防尘,避免泡水和湿气导致的电气故障和安全隐患。

2. 机械结构

如图 3-21 所示,动力电池系统的机械结构由上盖、箱体、底板组成,通过三者的协同工作,使动力电池单体及模组能够在复杂的行驶环境中保持结构的完整性和功能的可靠性。

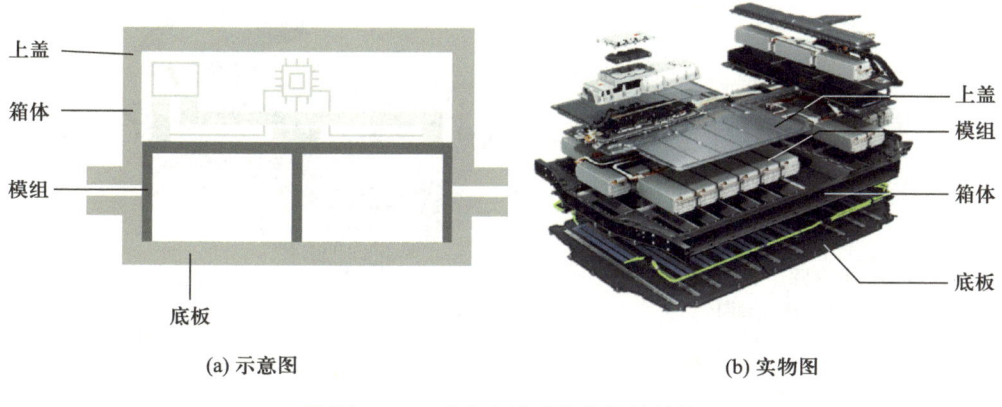

(a) 示意图　　　　　　　　　　(b) 实物图

■ 图 3-21　动力电池系统的机械结构

上盖通常采用高强度铝合金、不锈钢或复合材料制成,为电池组提供防护,避免外部物理冲击。上盖配合密封条和密封胶能有效防止灰尘和湿气进入电池内部。部分上盖设计有散热孔或压力释放阀,以保证电池在高温或过充状态下的热管理和压力平衡,需要具有良好的耐腐蚀性和机械强度。

箱体一般由高强度钢材或铝合金制成,为整个电池系统提供结构支撑,确保各电池模块在内部稳定且牢固地固定,与上盖一样,箱体也能够提供物理保护,防止在碰撞和冲击中受损。同时,在箱体设计中常集成散热通道或冷却系统,帮助电池模块散热,维持工作温度,且其内部隔板和绝缘材料用于电气隔离,防止电池模块之间发生短路。

底板通常使用高强度、耐冲击的材料制成,如铝合金、不锈钢或复合材料,具备良好的刚性和强度。底板为电池系统提供基础支撑,与车体结构紧密连接,确保电池在车辆行驶中的稳定性。在设计时需要考虑碰撞吸能结构,能够在发生底部撞击时吸收和分散冲击能量,保护电池组免受直接损伤。部分底板设计有散热片或散热通道,帮助电池组底部散热。

新能源汽车电池系统的机械安全设计需要考虑多个方面:①防碰撞结构和吸能结构通过使用专门设计的吸能材料和结构,在发生碰撞时吸收冲击能量,保护电池免受损坏;②力传导结构通过优化电池组和车体的连接方式,将外部冲击力合理分散和传导,避免集中应力导致的结构破坏;③抗振动结构则通过加固支架、使用减震材料和优化安装方式,确保电池在各种行驶工况下保持稳定,减少振动和冲击对电池性能和寿命的影响。

3. 热管理结构

动力电池系统的热管理结构包括测量、监控以及控温结构。测量和监控结构通过传感器实时监测电池的温度,并判断电池需要散热还是加热。控温结构则通过高温冷却系统在电池过热时有效散热,以及通过低温加热系统在低温环境下预热电池,保持电池在最佳温度范围内运行。热管理系统的各个结构共同作用,确保电池系统的使用安全、性能和寿命。本小节主要介绍液冷板和加热片两种常见的结构,如图 3-22 所示。

液冷板　加热片
(a) 示意图

加热片

液冷板

(b) 实物图

图 3-22　动力电池系统热管理结构

动力电池热管理系统通常有风冷和液冷两种形式。电池在高速放电和大功率充电条件下产生的热量最多,最需要进行散热。在当前新能源汽车的高功率充放电场景下,动力电池热管理系统通常采用液冷系统。液冷系统最常见的元件是液冷板。为提高散热效率,液冷板通常采用高导热材料,如铝合金或铜,在高负载或高温环境下通过液冷板内部的冷却液流道循环散热,高效地带走电池工作过程中产生的热量。维持电池在安全的温度范围内工作,防止过热。液冷板可以设置在电池系统的底部、上部,也可以采用液冷管路形式,设置在电池单体中间。

加热片内置有电加热元件,如 PTC 电加热器等。加热片通过电流加热迅速提升电池温度,使得电池在低温下能够快速达到最佳工作温度。均匀合理的加热设计结构,配合加热装置的开启控制功能,可以有效防止低温导致的电池性能下降和寿命缩短,确保电池系统在寒冷条件下的安全和高效运行。

动力电池系统的热管理系统对安全运行至关重要,其主要功用为温度控制和失效防护。温度控制包括主动冷却功能,如设置液冷系统、风冷系统;也包括被动冷却功能,如设置散热片、导热材料等,以防止动力电池过热或过冷导致性能下降或寿命缩短。失效防护则包括热失控监测、热隔离设计和防火材料的使用,以防止电池单体发生热失控时,快速蔓延到整个电池系统。并通过主动热隔离方式和早期预警联动,将潜在事故风险降到最低,保障乘员的生命财产安全。

3.3 动力电池设计、制造与管理

3.3.1 动力电池设计

1. 设计理念

动力电池的设计理念主要包括三个核心目标:实现更长的续驶里程、更快的充电速度以及更低的成本。为了达成这些目标,需要全面融合材料科学、机械设计、制造工艺以及系统集成的尖端技术。

追求更长的续驶里程,关键在于提升电池的能量密度。当前,动力电池领域正不断探索和创新,致力于开发新型材料和技术。例如,高镍三元材料(NCM/NCA)已经得到量产应用,但其在能量密度提升的同时,也面临着热稳定性和循环寿命的严峻挑战。为此,科研人员正致力于优化电极的微观结构和电解液配方,旨在减少副反应,提高材料的利用率。此外,高能电池使用的硅基负极材料因其极高的理论比容量而成为研究热点,纳米化和复合材料的应用,有助于硅基负极克服体积膨胀的问题,推动其在实际应用中的进展。同时,固态电池技术的快速发展,通过采用固态电解质替代传统的液态电解液,不仅提升了能量密度,还增强了电池的安全性。

为了加快动力电池的充电速度,可以从材料、电解液以及系统管理等多个层面入手。高电导率的电解液能够显著降低内阻,加速离子迁移,从而缩短充电时间。在石墨材料表面进行高离子导率材料的包覆,有助于提升电池的充电速度。同时,先进的热管理系统采用高效导热材料和智能温控技术,能够迅速散热,确保电池在快速充电过程产生热量的及时散逸,避免安全问题。此外,快速充电技术还需要精准控制充电电流和电压,避免负极锂离子嵌入不及时导致的析锂现象。

降低动力电池的成本有助于推动新能源汽车更广泛的普及。首要之务是削减材料成本,可以通过积极探索并采用高效且经济的替代材料,以减轻对钴等稀缺贵金属的依赖程度。同时,借助化学工艺的持续优化与创新,提升材料的合成效率与利用率,从而实现原材料成本的显著降低。其次,在制造工艺层面,应致力于生产流程的精细化,广泛引入智能化生产线,提升生产效率,削减人工费用与能源消耗成本。此外,规模效应亦是不容忽视的成本降低因素,随着市场需求的持续扩大,大规模生产不仅能有效分摊固定成本,还能通过原材料的批量采购与生产标准的统一,进一步压低单位成本。最后,应大力发展电池回收与再利用技术,实现材料的循环使用,动力电池回收再利用不仅有助于环境保护,更能节约宝贵的资源,从而在整体上降低新能源汽车的动力电池成本。

2. 设计方法

如图 3-23 所示,电池设计方法经历了从实验试错到智能化全自动的逐步演进,每一阶段都反映了技术的进步和研发效率的提升。第一代技术依赖于传统的实验试错方法,通过不断地实验和调整来改进电池性能。第二代技术引入了正向设计和仿真驱动,通过计算机模拟优化设计方案,显著提高了研发效率和精度。第三代技术则通过人工智能和自动化技术,实现了电池设计的高度智能化和自动化,

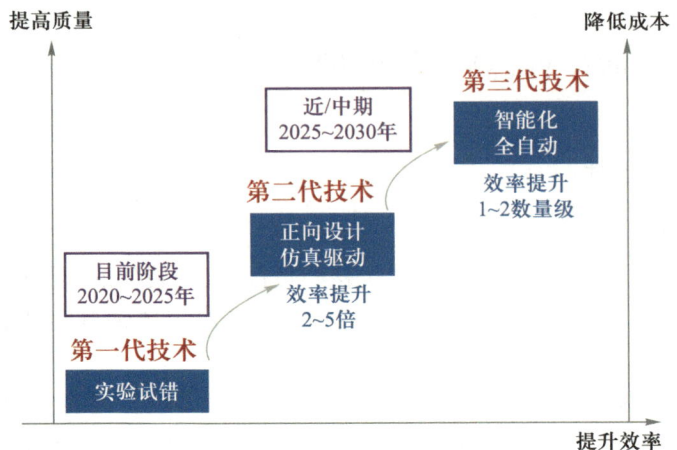

■ 图 3-23　电池设计方法发展情况

进一步提升了设计效率,降低了研发成本。以下是这三个阶段的详细介绍。

（1）第一代技术:实验试错

在电池设计的第一代技术阶段,主要依赖实验试错的方法。实验试错方法需要大量的时间和资源进行实验,对研究人员的经验和直觉依赖性较大,同时改进速度相对缓慢,难以快速响应市场需求的变化。尽管这种方法可以发现有效的改进途径,但其效率较低且成本较高。

（2）第二代技术:正向设计仿真驱动

第二代电池设计技术引入了正向设计和仿真驱动的理念,通过计算机仿真和模拟技术来进行电池设计。这一阶段的核心在于利用计算机模拟对电池的性能进行预测和优化,从而减少实验的次数和成本。仿真驱动设计可以在虚拟环境中快速测试和优化不同的设计方案,显著提升了设计效率（效率提升 2~5 倍）。这种方法不仅提高了设计的精度和可靠性,还加速了新材料和新技术的研发进程,有助于更快地推出性能更优、成本更低的电池产品。

（3）第三代技术:智能化全自动

第三代技术阶段,电池设计将进入智能化和全自动化的新时代。借助人工智能和机器学习技术,电池设计过程将实现高度自动化,进一步提升效率（效率提升 1~2 个数量级）。智能化设计系统可以通过分析大量的实验数据和仿真结果,自主发现优化策略和设计方案。这种全自动化的设计方法不仅大幅缩短了研发周期,还能显著降低了研发成本。同时,智能化设计能够更快地适应市场变化和技术进步,实现电池质量和性能的持续提升。

3. 设计参数

电池设计参数直接影响电池的性能、寿命和安全性,具有重要的意义。如图 3-24 所示,在不同尺度下,可以将电池设计参数分为材料、电极、电池设计和系统设计 4 个层面。

（1）材料层面

首要任务在于平衡电池的容量与使用寿命,需设计出匹配度高的正负极材料组合。当前,高导电性的 $LiPF_6$ 作为电解液溶盐占据市场的主导地位,然而其不稳

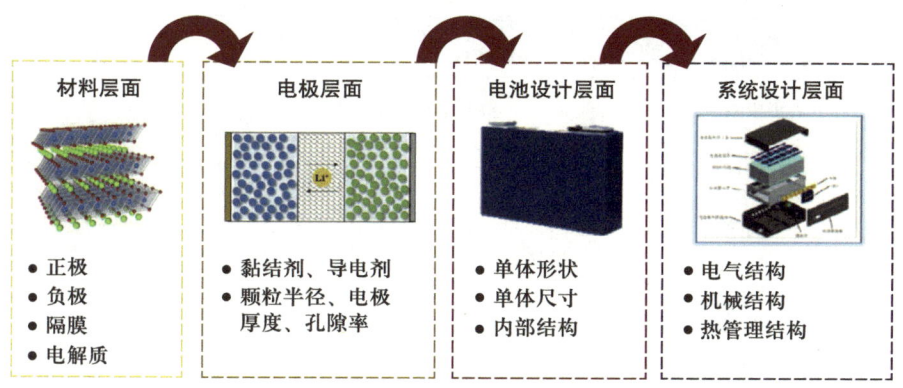

■ 图3-24 不同层面下动力电池的设计参数

定性及与水反应产生的有害物质成为亟待解决的问题。因此,研发更为适宜的锂盐显得尤为迫切。同时,鉴于溶剂种类繁多且各具特性,通常采用混合使用的方式来达到最佳效果。此外,隔膜的选择亦将对电池的性能产生重要的影响,需予以充分考虑。

(2)电极层面

涵盖电池正负极活性物质的比例调配、电极颗粒尺寸的精细控制、孔隙率的优化设置,以及极片厚度的合理设计等一系列关键参数的优化。在此过程中,纽曼(Newman)的伪二维(P2D)模型常被用作仿真工具,以辅助优化不同电极参数下的电池性能。

(3)电池设计层面

涉及电池内部结构、形状及尺寸的精心设计,这些设计需充分考虑生产设备、流程开发、行业标准、电池系统整体设计,以及车辆实际需求等多重因素的制约。通过巧妙的电池设计,可实现电流分布更加均匀、温升的有效降低以及温度不一致性的最小化,从而显著提升电池的使用寿命。

(4)系统设计层面

主要面向机械、电气及热管理等具体设计需求开展,旨在确保每块动力电池均能在适宜的温度和电压范围内稳定工作。包括电池的串并联配置、加载压力的合理设定等关键环节,同时还需充分预见电池老化过程中由于产气导致厚度增加对电池系统性能的影响,以确保系统的长期稳定运行。

3.3.2 动力电池制造

动力电池的制造过程从整体来看,包含三大类工艺,如图3-25所示,包括前段工艺(极片制造)、中段工艺(电芯组装)、后段工艺(电池成品)等步骤,涉及复杂的化学反应和高精度的生产技术,以确保动力电池的高能量密度、安全性和长寿命。

1. 前段工艺

前段工艺主要是进行极片的制造,具体可分为匀浆、涂布干燥、辊压、模切/分切等环节。

(1)匀浆

将活性材料(如锂离子电池中的正极材料或负极材料)、导电剂、黏结剂和共溶

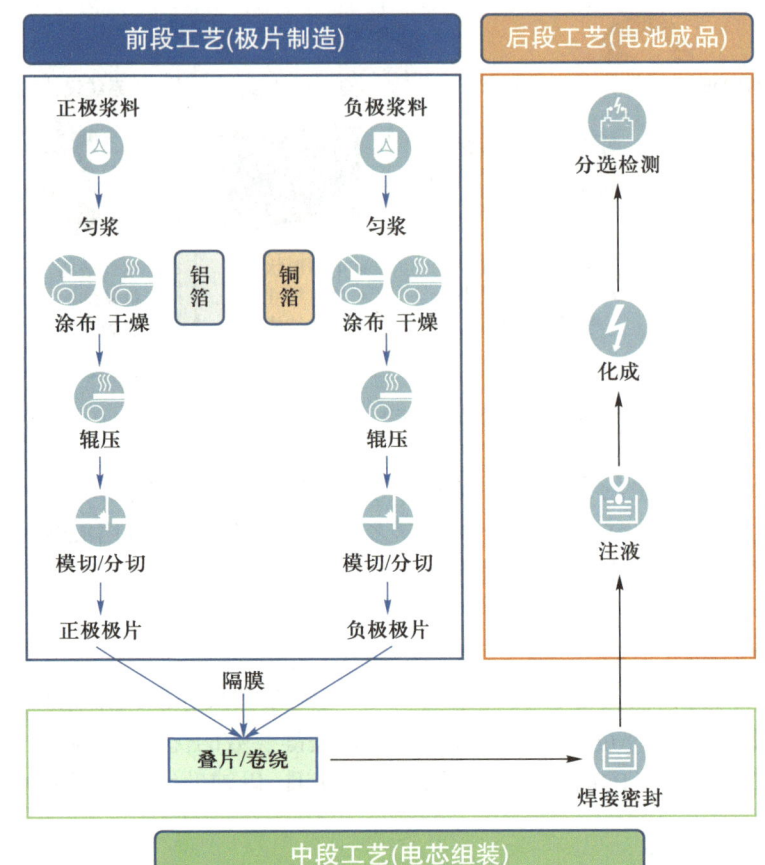

■ 图 3-25　动力电池制造过程

剂按照一定比例加入混浆设备中,如图 3-26 所示。通过机械搅拌、高速剪切或球磨等方式,使得各组分充分混合,形成均匀的浆料。这一步需要确保浆料的均匀性和稳定性,以保证后续涂布的质量。在此过程中,需要通过调整溶剂的添加量来控制浆料的黏度,以适应后续涂布工艺的要求。

(2) 涂布干燥

在这一道工艺中,将制备好的浆料均匀地涂布在金属集流体(如铝箔或铜箔)

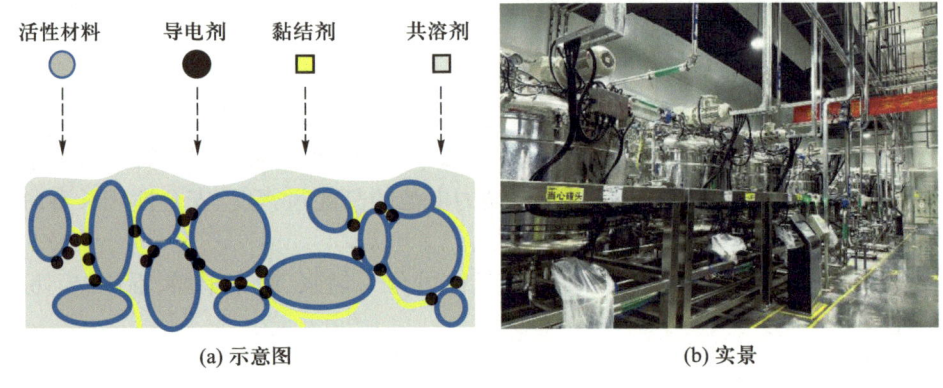

(a) 示意图　　　　　　　　　　(b) 实景

■ 图 3-26　匀浆工艺

76

上,形成涂层,如图 3-27 所示。在此过程中,需要精确控制涂布的厚度和均匀性,通常使用涂布机将浆料均匀地涂覆到集流体上。涂布方式可以是刮刀涂布、辊涂、喷涂等。涂布后的集流体需要通过干燥设备进行干燥,通常是通过烘箱或热风干燥设备。干燥温度和时间需要精确控制,以确保溶剂完全挥发,同时避免材料性能受损。

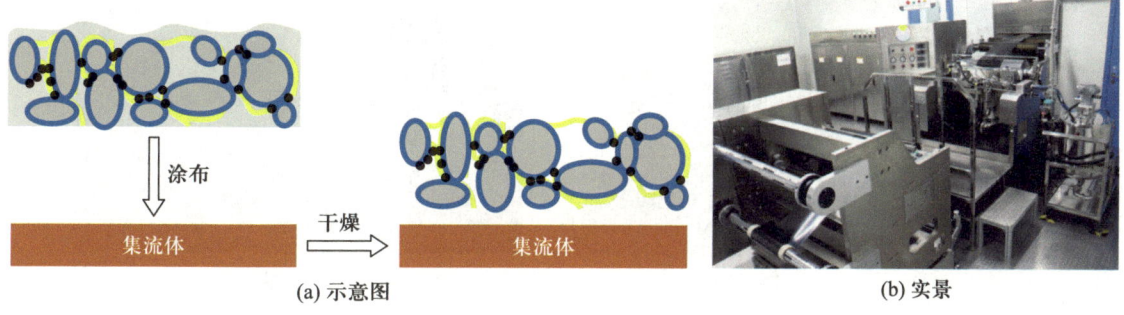

(a) 示意图　　　　　　　　　　　　　(b) 实景

■ 图 3-27　涂布、干燥工艺

(3) 辊压

在这一道工序中,将干燥后的极片通过辊压机进行辊压处理(图 3-28),进一步提高极片的密度和平整度,确保其电化学性能和机械稳定性。辊压分为初步压合和精细辊压,初步压合通过初步的辊压设备,对涂布后的电极片进行初步压合,去除气泡,增加密度。经过初步压合的电极片,再通过精细辊压设备进行进一步压合,达到所需的密度和厚度。辊压过程中需要控制压力、辊筒的间隙和速度,以确保电极片的均匀性和一致性。

(a) 示意图　　　　　　　　　　　　　(b) 实景

■ 图 3-28　辊压工艺

(4) 模切/分切

根据电池设计要求,将辊压后的极片裁切成适当的尺寸,以便于后续的电芯组装。如图 3-29 所示,模切指使用模切机按照电池设计的规格将电极片切割成所需的形状。模切工艺需要高精度,以确保电极片的尺寸一致和边缘整齐;分切指对较大尺寸的电极片进行纵向或横向切割,分切成适合后续工序使用的小片或卷材。这一过程同样需要高精度,以避免材料浪费和不良品的产生。

整个极片制造过程是一个复杂的化工过程,这 4 个工艺环节相互关联,共同确保电池电极的质量和性能。整个过程需要精确的材料配比、严格的工艺控制和高效的设备操作,以确保生产出的极片具有优良的电化学性能和一致性。

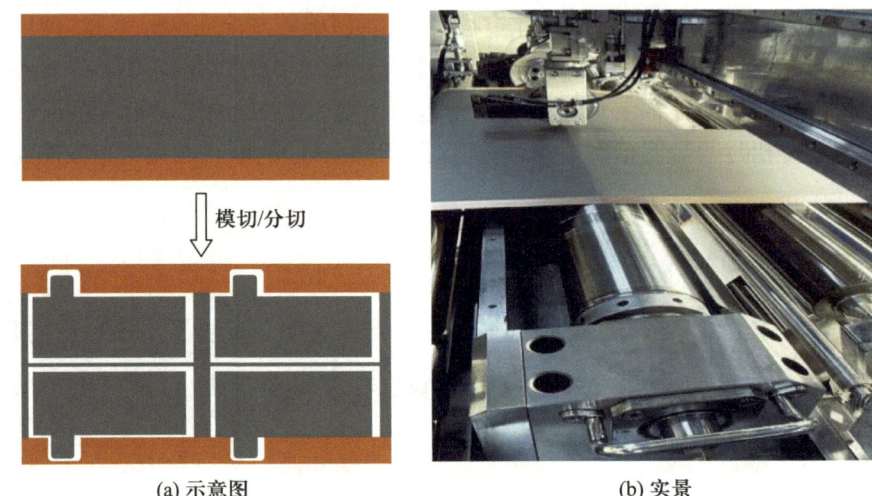

(a) 示意图   (b) 实景

■ 图 3-29 模切/分切工艺

2. 中段工艺

(1) 叠片/卷绕

锂离子电芯组装中的叠片和卷绕工艺是关键步骤,分别通过将正负极片与隔膜按照一定顺序进行组装,形成电池的核心结构,以实现高效的电化学性能。叠片是将正负极片与隔膜层层叠放,形成类似于"三明治"的结构,如图 3-30 所示。每一层都需要精准对齐,确保电芯内部的均匀性和一致性。叠片工艺通常用于方形电池,具有较高的能量密度和良好的机械稳定性。叠片的优势在于其电芯结构均匀,能量密度高,机械稳定性好,适合用于方形电池。然而其工艺相对复杂,生产速度较慢,对设备和操作精度要求较高,生产成本较高。

在卷绕工艺中,将长条形的正负极片与隔膜的连续体,通过卷绕形成圆柱状或椭圆状的电池卷芯,如图 3-31 所示。此过程需要精确控制张力和卷绕速度,确保各层均匀紧密地贴合在一起。卷绕的优势在于生产效率高,工艺相对简单,适合

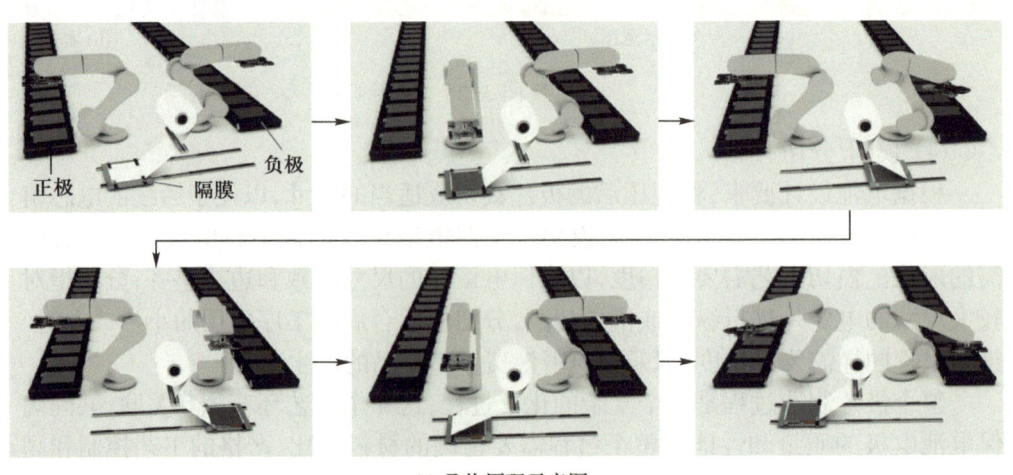

正极   隔膜   负极

(a) 叠片原理示意图

(b) 实景

■ 图 3-30　叠片工艺

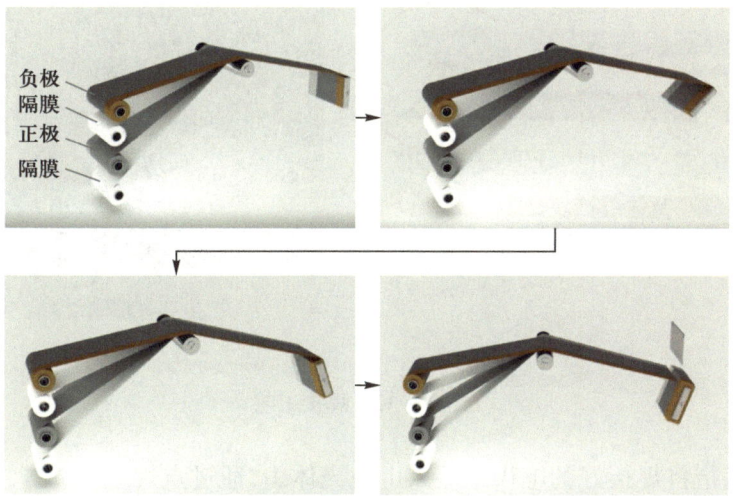

负极
隔膜
正极
隔膜

(a) 示意图

(b) 实景

■ 图 3-31　卷绕工艺

大规模生产。其劣势在于电芯结构的均匀性相对较差，能量密度略低于叠片电池。单个卷芯部分极片区域的曲率过大，可能造成应力集中和极片、隔膜的破坏。

（2）焊接/密封

焊接和密封工艺是确保电池内部连接牢固和外部结构密封完整的关键步骤，直接影响电池的性能和安全性。如图 3-32 所示，焊接主要使用超声波焊接或激光焊接技术，将电极引出端子与集流体连接，确保接头的牢固性和电导性。焊接过程中需精确控制能量和位置，以防止材料过热或焊接不牢，从而保障电池的电性能和机械强度。

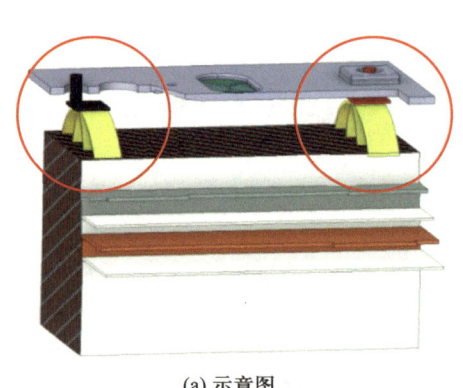

(a) 示意图　　　　　　　　(b) 实景

■ 图 3-32　焊接工艺

密封是指将焊接好的电极组装入电池壳体中，通过点焊或激光焊接将电池盖与壳体密封，如图 3-33 所示。尤其对于液态电解质电池，还需进行注液和密封，确保电解质不会泄漏。密封工艺的可靠性直接影响电池的安全性和使用寿命，需确保密封无漏点、无气泡。

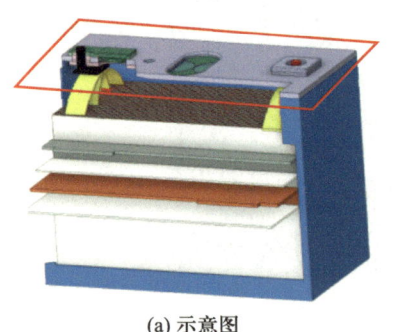

(a) 示意图　　　　　　　　(b) 实景

■ 图 3-33　密封工艺

3. 后段工艺

（1）注液

注液是指在锂离子电池制造过程中，将电解液精确注入电芯内部，以确保电池的电化学反应正常进行，如图 3-34 所示。注液量过多会导致电解液溢出，能量密度下降，成本升高等问题。注液量过少会导致电极和隔膜之间的浸润不够，影响锂离子在电池内部的传导，导致电池容量下降、内阻增加，进而影响电池的性能和寿命，一般锂离子电池的注液系数为 2~6 g/(A·h)，典型的如 3 g/(A·h)。同时，电解液黏度、真空度、注液温度和注液湿度也对注液性能有所影响。如电解液渗透性会随着黏度的增加而降低，当锂盐浓度增加时、黏度增加、渗透性变差；真空度越大，越有利于注液浸润；温度升高，电解液黏度降低，浸润加快；电解液中含有 $LiPF_6$，遇到水分时会产生氟化氢气体，造成鼓壳、影响厚度、SEI 膜形成不完整等问题。在注液后，电池往往需要静置一段时间，使电解液充分渗透到电极材料中，提高电池的活性。

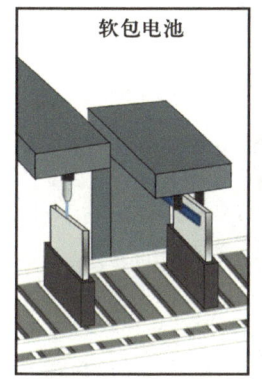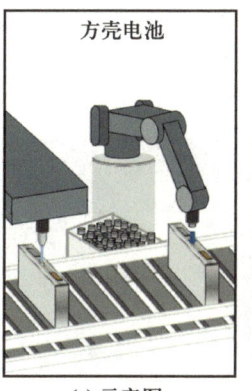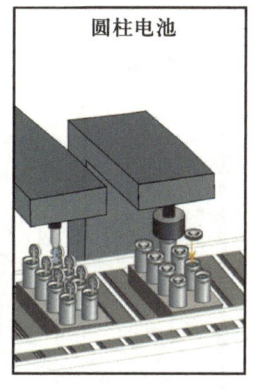

(a) 示意图

(b) 实景

■ 图 3-34　注液工艺

注液工艺涉及将电解液精确无误地注入电芯内部，以保障电池内部的电化学反应能够顺畅进行。然而，注液量的控制需极为严谨：过量的电解液会引发溢出问题，不仅降低了电池的能量密度，还增加了生产成本；相反，注液量不足则会导致电极与隔膜间浸润不充分，阻碍锂离子在电池内部的传导，进而造成电池容量缩减、内阻增大，最终影响电池的整体性能与使用寿命。通常情况下，锂离子电池的注液系数维持在 2~6 g/(A·h)之间,其中 3 g/(A·h)为一典型值。

此外,电解液的黏度、注液时的真空度、温度以及湿度等因素均对注液效果有着不可忽视的影响。具体而言,电解液的渗透性会随着其黏度的增加而减弱,当锂盐浓度升高时,黏度随之增大,渗透性则进一步变差;而较高的真空度则有助于电解液更好地浸润电芯;温度的上升能够降低电解液的黏度,从而加速浸润过程;但需注意的是,电解液中的 $LiPF_6$ 成分遇水会产生氟化氢气体,这可能导致电池鼓壳、厚度变化以及固体电解质界面(SEI)膜形成不完整等一系列问题。因此,在注液完成后,电池通常需要经历一段时间的静置,以便电解液能够充分渗透到电极材料中,从而提升电池的活性与性能。

(2) 化成

化成是指通过控制小电流的方式对电池进行首次充放电,在电池首次充电过程中,锂离子会在石墨负极与电解液的相界面上、形成覆盖在负极表面的钝化薄层——SEI 膜。形成良好的 SEI 膜是电池化成的重要目标之一,一层均匀、稳定的 SEI 膜可使电池内部的电化学反应进行稳定,从而提高电池的性能和寿命。图3-35 展示了化成工艺的实际场景。

■ 图 3-35　化成工艺实景

(3) 分选检测

分选检测是对完成化成后的电池实施的一项全面评估流程,涵盖外观检查与性能测试两大环节,如图 3-36 所示。外观检查旨在细致确认电池无漏液、变形、裂纹等任何物理性缺陷,确保电池外观的完整性;而性能测试则深入到电池的核心,通过精确测量其容量、内阻、电压等关键参数,来全面评估电池的性能水平。基于这些检测结果,电池会被严谨地按照性能参数进行细致分类。这一系列严谨的分选检测措施,旨在确保每一只电池均严格符合既定的规格要求,从而有力地保障产品的一致性以及质量的长期稳定。

■ 图 3-36 分选检测实景

3.3.3 动力电池管理

电池管理系统是电池系统的核心枢纽,扮演着"智慧大脑"的角色。如图 3-37 所示,其主要任务是确保电池在适宜的电压、电流及温度范围内高效运作。电池管理系统具备实时监控与数据采集能力,能够全面捕捉电池的各项状态参数,这包括

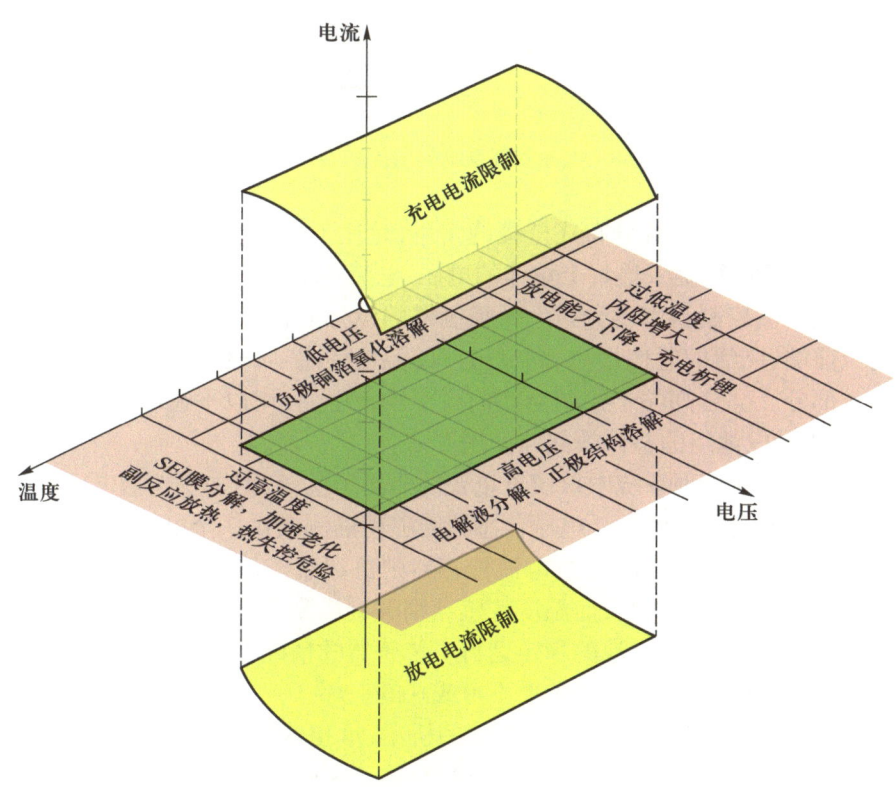

■ 图 3-37 电池管理系统的功用

但不限于单体电池的电压水平、温度状况、电流强度、电池组的端电压以及整个电池系统的绝缘电阻等关键指标,并对这些参数进行深入的分析与计算。

电池管理系统的功能体系涵盖了电池状态的精确评估、故障诊断与定位、一致性均衡调节、安全预警提示,以及高效数据通信等多个方面,这些功能协同作用,共同构筑起电池系统安全、精确、可靠运行的坚实屏障。通过这一系列智能化管理举措,电池管理系统有效提升了电池系统的整体性能与使用寿命,确保了能源的高效利用与系统的稳定运行。

电池管理系统的硬件架构主要包括控制器、传感器和采样线束。这些组件共同协作,确保电池组在安全、高效的状态下运行。

控制器是电池管理系统的核心,分为主控制器和子控制器,如图3-38所示。主控制器担当着整个电池系统的指挥中枢与管理核心,其职责在于统筹处理来自各个子控制器的数据信息,精准估算电池状态,高效执行充放电控制策略及均衡管理,同时保持与外部设备的顺畅通信。主控制器通常融合了高性能微处理器、先进的通信接口、可靠的电源管理模块以及充足的存储器等关键部件,以确保系统运行的高可靠性与实时响应能力。

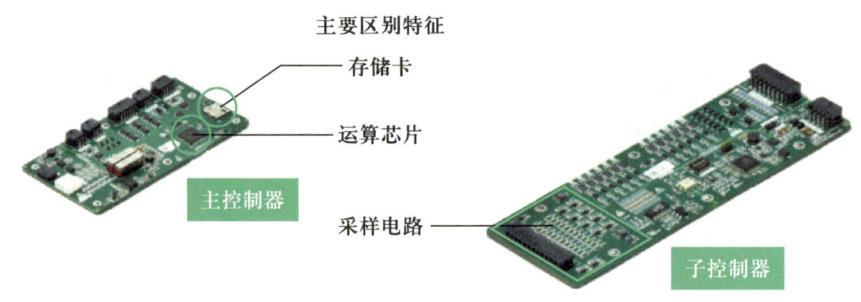

主要区别特征

— 存储卡

— 运算芯片

主控制器

采样电路 —

子控制器

■ 图3-38 电池管理系统的主控制器和子控制器

子控制器主要扮演着分布式监控的角色,专注于电池组中每个电池单体的细致管理。它们负责精确采集每个单体的电压、电流及温度等关键数据,并将这些信息及时传递给主控制器以供分析。子控制器的设计通常包含低功耗微控制器、精密的模拟前端、灵活的通信接口、高灵敏度的温度传感器,以及电压与电流采样电路等组成部分。部分高端子控制器还内置了均衡电路,用以平衡各电池单体间的电压差异,提升电池组的整体效能与使用寿命。

传感器在电池管理系统中扮演着重要的监测角色,它们主要包括电压传感器、电流传感器以及温度传感器。电压传感器能够精确测量每一个电池单体的电压水平,为系统提供详尽的电压数据;电流传感器则负责监控整个电池组的电流动态,确保电流流动的顺畅与安全;而温度传感器则时刻检测电池的工作温度,预防过热或过冷情况的发生,保障电池的稳定运行。传感器的精确度与可靠性,直接关联到电池管理系统的整体性能,是系统中不可或缺的一环。

采样线束作为电池组与控制器之间的桥梁,承担着数据传输的重任。它将传感器收集到的数据,高效、准确地传输至控制器。因此,采样线束必须具备良好的抗干扰能力和可靠的连接性能,以确保数据传输的准确无误和实时性。一个高质量的采样线束设计,能够有效降低信号传输过程中的噪声和误差,为电池管理系统的稳定运行提供有力保障。

电池管理系统的软件架构,作为确保电池组安全、实现高效管理的基石,其涵盖了多个至关重要的方面,即明确定义、严格规范、功能安全强化、开发界面标准化以及核心算法的优化。

软件架构的定义明确了电池管理系统的核心功能和性能标准。其包括但不限于数据采集的精确性、状态估算的准确性、充放电控制的合理性、故障诊断的及时性以及通信的稳定性。通过这一系列清晰的定义来确保各功能模块间的协同合作,进而达成系统的最优化管理。

规范作为软件架构不可或缺的一部分,它全面覆盖了软件设计、编码实现、测试验证等各个环节。行业标准和规范在设计过程中需要严格遵守,如ISO26262的功能安全标准,以确保电池管理系统软件在设计与开发的全过程中,都能满足最高的安全与质量要求。

在功能安全设计过程中,需要通过实施风险评估、故障检测以及容错设计等一系列措施,来确保电池组在各种复杂工况下都能安全运行。功能安全要求软件必须具备强大的自诊断与自我保护能力,以便能迅速响应并妥善处理各种异常情况。

开发界面提供了电池管理系统软件与硬件、外部系统之间的交互接口,包括通信协议和数据格式等。通过标准化的开发界面,可以确保不同模块和系统之间的无缝对接,并提升软件的可扩展性和兼容性。

核心算法则是电池管理系统软件的智慧中枢。它涵盖了电池状态估算(如荷电状态SOC、健康状态SOH)、均衡控制、热管理以及故障诊断等一系列关键功能。通过不断优化这些高效、精确的核心算法,能够显著提升电池组的整体性能与使用寿命,确保系统在各种复杂工作条件下都能保持稳定运行。

3.3.4 动力电池回收与成本

1. 回收

(1) 动力电池的碳循环链分析

相较于传统的工业产品,电池制造显著依赖于锂、钴、镍等诸多有色金属材料。随着可再生能源的蓬勃发展与新能源汽车的广泛普及,电池相关领域对有色金属的需求与供应势必将迎来快速增长。值得注意的是,与传统大宗金属,如钢铁、铜、铝相比,电池相关的有色金属生产流程呈现出更高的单位能耗与碳排放特征,如图3-39所示。举例来说,生产1 t碳酸锂与硫酸镍所产生的碳排放量,分别达到了生产1 t钢铁的3倍与10倍之多。因此,有效降低有色金属全产业链的碳排放,不仅关乎生产过程的清洁度,更将成为决定未来资源供应成本优势及规模发展的关键因素。

从关键金属元素的视角审视,动力电池的完整产业链可细分为几个阶段。首先,原始的矿产资源经过一系列加工工序,被转化为硫酸镍、碳酸锂等基础的金属盐类物质。随后,这些金属盐类会经过更为精细的提炼过程,变成电池正极材料所必需的高活性物质。这些活性物质,再与其他材料相融合,经由电池制造商的生产工艺组装成电芯。紧接着,多个电芯会被有序地集成到模组之中,共同构建起一个

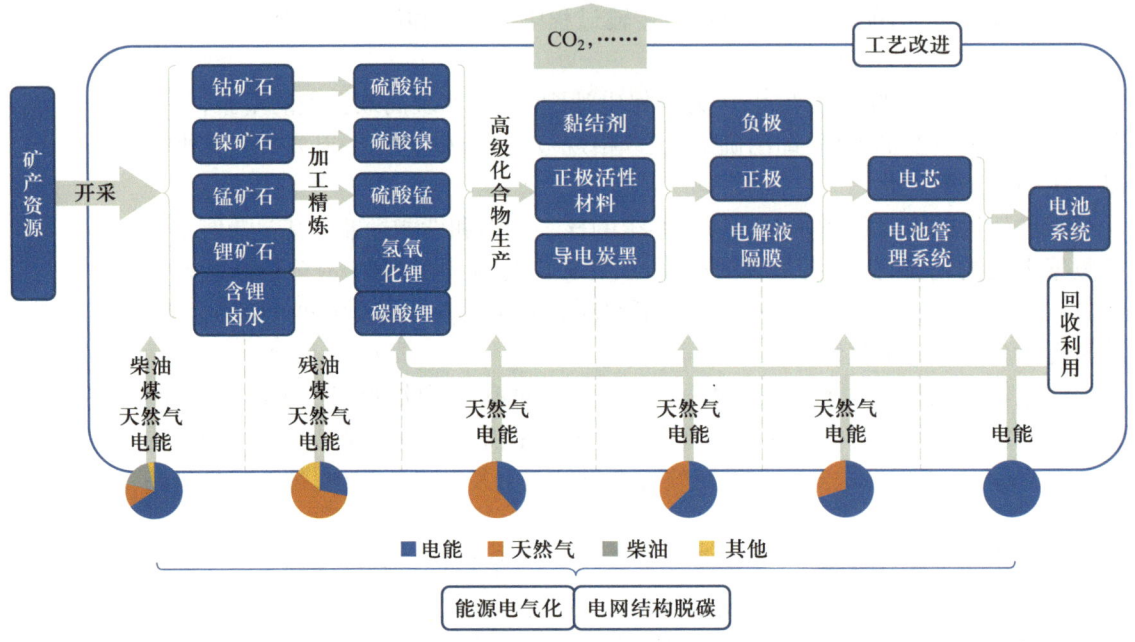

图 3-39　电池生产过程中全产业链的能耗情况

完整的电池系统。在产业链的末端,存在着动力电池的回收与再利用环节。通过梯次利用与资源再生的先进技术,实现电池的绿色回收,构建起一个闭环的、可持续发展的产业链生态体系。

（2）动力电池回收

当前,我国动力电池的累计退役规模已达万吨级别,退役电池在存放过程中可能存在电池失效起火的风险,同时,也在我国动力电池原材料供应自给自足程度有限的条件下,造成了资源的浪费。传统商品的生命周期通常包括原材料采集、成品制造以及使用消耗三个核心环节。然而,对于动力电池而言,其身上不仅承载着经济价值,更肩负着环保使命。由于动力电池内含贵金属及稀有元素,这些成分具有较高的经济价值,因此,通过回收再利用,不仅能够实现资源的有效循环,还能显著减少对原生原材料的依赖。无论是从政策引导的角度出发,还是基于经济效应与环保要求的考量,我们都必须高度重视动力电池生命周期中的回收环节。当前,动力电池的回收技术主要涵盖了火法回收、湿法回收以及直接回收三种主流方法。

（3）火法冶金

火法冶金主要指在电池回收过程中进行高温加热以实现元素分离的方法。火法冶金技术在对废旧动力电池的处理上,摒弃了烦琐的分拣步骤,转而采用高温熔炼与后续精炼的双重工艺,旨在高效回收废锂离子电池中蕴含的有价金属。此过程中,富含各类贵金属的熔融材料会经由多种先进技术,被提纯为高纯度的金属或是高附加值的产品,从而确保回收率的最大化。

具体而言,火法冶金工艺主要涵盖冶炼与精炼两大核心阶段。首先,通过焙烧过程有效去除有机物与电解液,随后在高温炉内实现金属的初步分离冶炼。在精炼阶段,则采用电解、化学沉淀等高精度方法,对金属进行进一步的提纯处理。常

86

见的冶炼方式包括电弧炉冶炼与感应炉冶炼,而后续的提纯方法则主要涉及电解提纯、化学沉淀提纯,以及其他特殊的提纯技术。此外,高温合金化、铸造以及粉末冶金法等再生方法也有进行应用。

火法冶金工艺的优势主要体现在以下三个方面:一是操作方法简洁且成熟稳定;二是省去了复杂的预处理环节,提高了处理效率;三是所得再生产品可直接作为合成正极材料的前体,降低了后续加工的成本。然而,该工艺也存在一定的局限性,如冶炼过程中会产生 CO_2,能耗较高,并且对环境造成污染;回收所得的合金仍需进一步处理,增加了最终的回收成本;同时,对于某些金属如锂的回收,还需结合湿法冶金工艺进行进一步的提纯处理。

(4) 湿法冶金

湿法冶金主要是指采用了溶液溶解方法的冶金过程。它作为一种高效的回收方法,通常依赖于低温浸出与后续的精密分离提纯流程,以从废旧锂离子电池中提取出有价值的金属。此过程中,蕴含贵金属的浸出液会被进一步转化,成为新的正极材料或具有高附加值的产品,从而实现回收率的最大化。

在湿法冶金中,常见的浸出方式多种多样,包括酸浸、碱浸、生物浸出以及特殊溶剂浸出等。而后续的分离手段则主要涵盖了溶剂提纯、化学沉淀,以及其他特殊的提纯技术。此外,溶胶-凝胶法、共沉淀法和电化学法等再生手段,也在此过程中发挥着重要作用。

湿法冶金法的主要优势体现在以下几个方面:首先,它能够回收废旧锂离子电池中的大多数金属,提高了资源的利用率;其次,该工艺所需的温度相对较低,因此能耗也相应较低;最后,与火法冶金工艺相比,湿法冶金的二氧化碳排放量较低,对大气环境的污染相对较小。

然而,湿法冶金工艺也存在一些不足之处。一方面,其步骤相对复杂,这不仅增加了工艺的成本,也提升了操作的复杂性;另一方面,在操作过程中需要使用大量的腐蚀性试剂,这不仅使得废水处理变得更为棘手,还相应地增加了处理费用。

(5) 直接回收

直接回收技术,作为一种创新的无损回收方法,其核心在于能够在不破坏材料原始结构的前提下,实现材料的直接收集与回收。这项技术为正极活性材料的再生开辟了新途径,即通过修复其结构并纯粹补充在循环过程中流失的活性锂离子,而无须经过烦琐的浸出处理。

直接回收方法的显著优势体现在以下三个方面:首先,其回收工艺简洁明了,操作便捷;其次,回收后的活性材料能够直接再利用,大大提高了资源的循环利用率;最后,该方法显著减少了二次污染,对环境保护具有积极意义。

然而,直接回收过程也存在一些不容忽视的缺点。首先,尽管在预处理过程中可能会采取谨慎的操作措施,但在回收过程中仍然难以完全避免杂质的影响;其次,回收产品的纯度一致性难以保证,这可能会对后续的应用造成一定困扰;最后,目前该技术主要还处于实验室规模的研究阶段,尚未实现工业化的大规模应用。

目前,湿法回收和火法回收技术已分别投入应用,湿法回收在国内的应用更为广泛,主要元素的回收率能够达到 85% 以上,其中 Ni、Co、Mn 的回收率均能达到 98% 左右。图 3-40 总结了常见的动力电池回收工艺流程。

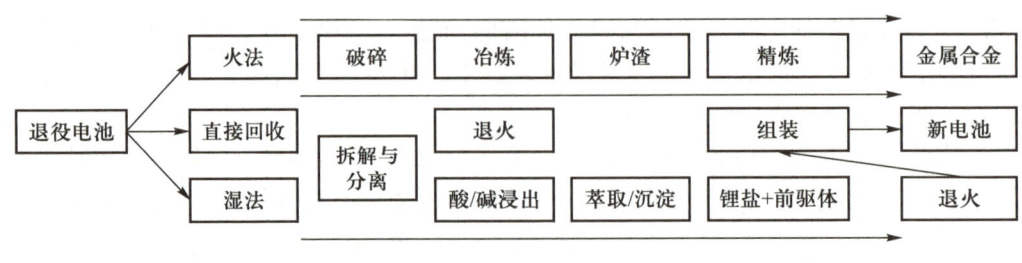

■ 图 3-40　动力电池回收工艺流程图

电池的回收不仅可以直接回收元素,也可以先梯次利用,再拆解回收。梯次利用是指将新能源汽车退役的动力电池经过筛选、检测和处理后,用于对容量和性能要求较低的领域,如储能电站、通信基站作为备用电源等。此举措相当于延长了电池的实际使用寿命,挖掘了其潜在的剩余价值。

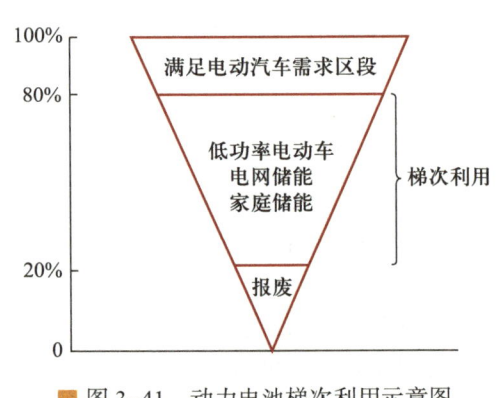

■ 图 3-41　动力电池梯次利用示意图

一般认为,磷酸铁锂动力电池中贵金属材料含量少,应优先考虑梯次利用,随后再进行拆解回收,以降低综合回收成本。具体而言,如图 3-41 所示,在电池性能维持在 20%～80% 的区间内时,这些退役的动力电池经过专业的检测评估,可以应用在低功率电动车、电网储能以及家庭储能等多个领域。而当电池性能进一步下降至 20% 以下时,则应对其进行报废处理。但值得注意的是,此时电池的安全管理会面临较大的挑战。

2. 成本

自 1991 年锂离子电池发明以来,历经 30 多年的技术革新与成本控制,其成本已大幅度降低了 97%。较低的成本使得动力电池系统可以与传统燃油车的发动机系统相竞争,推动了新能源汽车的市场普及。在新能源汽车行业内,不同车企间电池价格的离散度颇为显著。截至 2023 年 12 月,磷酸铁锂电芯的未含税价格区间大致落在 0.35～0.45 元/($W \cdot h$) 的低位,而三元电芯的未含税价格则稍高,位于 0.5～0.7 元/($W \cdot h$)。

深入探讨动力电池的材料成本结构,不难发现,各组成部分的成本占比各具特色,不尽相同。图 3-42 中展示了某款锂离子动力电池的成本构成。但由于电池种类与设计的多样性,不同动力电池的成分及成本结构亦会随之变化,展现出不同的特征。

正极材料是锂离子电池成本的核心要素,其材料特性直接关联到电池的能量密度及其他关键性能指标。当前,锂离子正极材料的主流选项涵盖钴酸锂、锰酸锂、磷酸铁锂以及三元复合材料等。就成本而言,正极材料在某款锂离子电池的总成本中占据了显著比例,为 30%～40%。

相较于正极材料,负极材料在成本中的占比则相对较少,其比例在 5%～15%,这一比例虽因电池类型而异,但整体上保持了相对稳定。值得一提的是,负极材料的技术发展已相当成熟。在碳材料领域,石墨化碳材料以其优异的性能成为负极

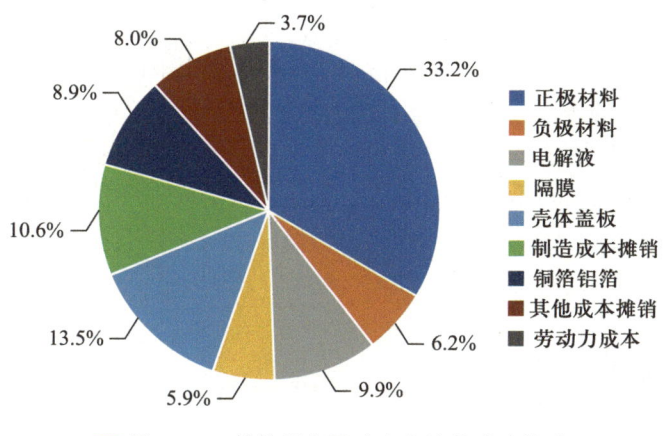

图 3-42　某款锂离子动力电池的成本构成

材料的首选,其中,天然石墨、人造石墨以及中间相炭微球均已实现了较大规模的产业化应用。

电解液在锂离子电池的成本结构中约占 10%。当前市场上商业化的锂离子电池电解液,主要由有机溶剂(主要是碳酸酯类)、锂盐($LiPF_6$)以及少量的多功能添加剂配制而成。为了进一步提升锂离子的迁移速率,通常还会加入低黏度的线性碳酸酯(如碳酸二甲酯、碳酸二乙酯、碳酸甲乙酯)等作为共溶剂。

如图 3-43 所示,在电解液的成本构成中,超过半数的费用源于锂盐,目前主流应用的锂盐是 $LiPF_6$。而 $LiPF_6$ 的主要成本则来自其原料——氟化锂和氢氟酸。值得一提的是,全球锂离子电池行业的领军企业均掌握着独特的添加剂技术。他们在外购电解液后,会根据自身的制造需求进行进一步的加工和改性,以确保电解液的性能与他们的锂离子动力电池完美匹配。因此,尽管添加剂在电解液中的质量比例很小,但其成本比例却相对较大。

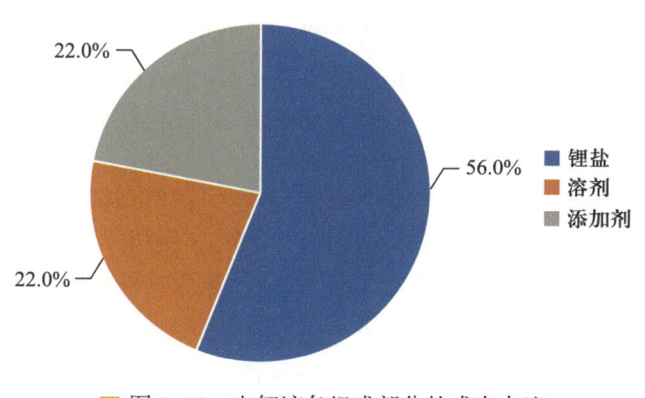

图 3-43　电解液各组成部分的成本占比

隔膜在电池成本中的占比为 5%~10%,是构成电池四大核心材料中技术难度最高的一环。一方面,随着隔膜国产化比例的不断提升,成本的有效控制使得其价格呈现出下降趋势;另一方面,锂电池企业面临着来自终端客户的巨大成本压力,这种压力又反向推动锂电池隔膜企业不得不降低价格,进而导致锂电池隔膜产品的利润空间被压缩。

在考量电池成本时,不仅要关注材料成本这一直接因素,更要全面审视其全生命周期成本。全生命周期成本涵盖了电池从生产到报废的整个生命周期内所产生的所有费用,其中包括了电池的初始购置成本,以及后续的运营、维护、替换和回收等各个阶段所产生的费用。对电池进行全生命周期成本评估,对于深入理解电池的经济性和可持续性具有至关重要的意义,有助于我们进行全生命周期度电成本、碳排放等方面的对比分析。

3.4　动力电池发展趋势

3.4.1　技术现状

当前动力电池技术的格局清晰地显示出,锂离子电池依然稳坐市场龙头位置,其凭借卓越的高能量密度、持久的使用寿命以及稳定的性能表现,在新能源汽车领域内占据了举足轻重的地位。近年来,科研与开发活动聚焦于进一步增强电池性能、加固安全防线以及削减成本上。具体而言,正极材料领域正在进行对高电压、无钴、锰基材料的改进,而负极材料方面,正在尝试硅碳复合材料的创新应用。与此同时,新型电池材料体系不断出现,其中全固态电池与钠离子电池的发展尤为引人注目。全固态电池凭借其固态电解质在提高安全性能与能量密度上的巨大潜力,成为业界关注的焦点。此外,快充技术的突破性进展使得充电时间大幅缩减,现今已有3 C、4 C等超级快充方案问世,这不仅极大地提升了用户的使用体验,还有效缓解了新能源汽车用户的里程焦虑问题。

随着全球范围内对环境保护与碳减排议题的日益重视,新能源汽车市场有望进一步增长,这一趋势也有力地推动了动力电池需求的持续上升。其中,中日韩等地区作为动力电池的核心生产地,将获得持续的经济效益。动力电池产业已构建起一个从上游原材料(涵盖锂、钴、镍等关键元素)的开采与供给,经中游电池制造,至下游广泛应用(如新能源汽车、储能系统等)的完整且成熟的产业链体系。在此背景下,主流电池制造商,诸如宁德时代、比亚迪、LG化学、松下等,不仅在技术层面持续创新,更在产能上不断扩张,展现出强大的市场竞争力。同时,得益于大规模生产效应与技术进步的双重驱动,动力电池的成本持续下降。尤为值得一提的是,过去十年间,锂离子电池的价格已大幅降低了80%。展望未来几年,电池成本预计将持续下降,同时各国政府通过政策扶持,将进一步为产业的繁荣发展注入强劲动力。此外,随着动力电池使用量的显著增长,废旧电池的回收与再利用问题日益凸显,成为业界关注的焦点。先进的回收技术与健全的回收体系,不仅对环境保护具有重要意义,更能够有效回收有价值的材料,减少资源浪费,促进资源的循环利用。

3.4.2　发展趋势

如图3-44所示,动力电池的未来技术发展趋势涵盖了多条技术路径与时间节点。当前的首要任务是,对液态锂离子电池的材料体系进行优化升级,重点推进高镍正极、硅碳负极以及新型电解液等技术的研发与应用,以期实现动力电池性能的

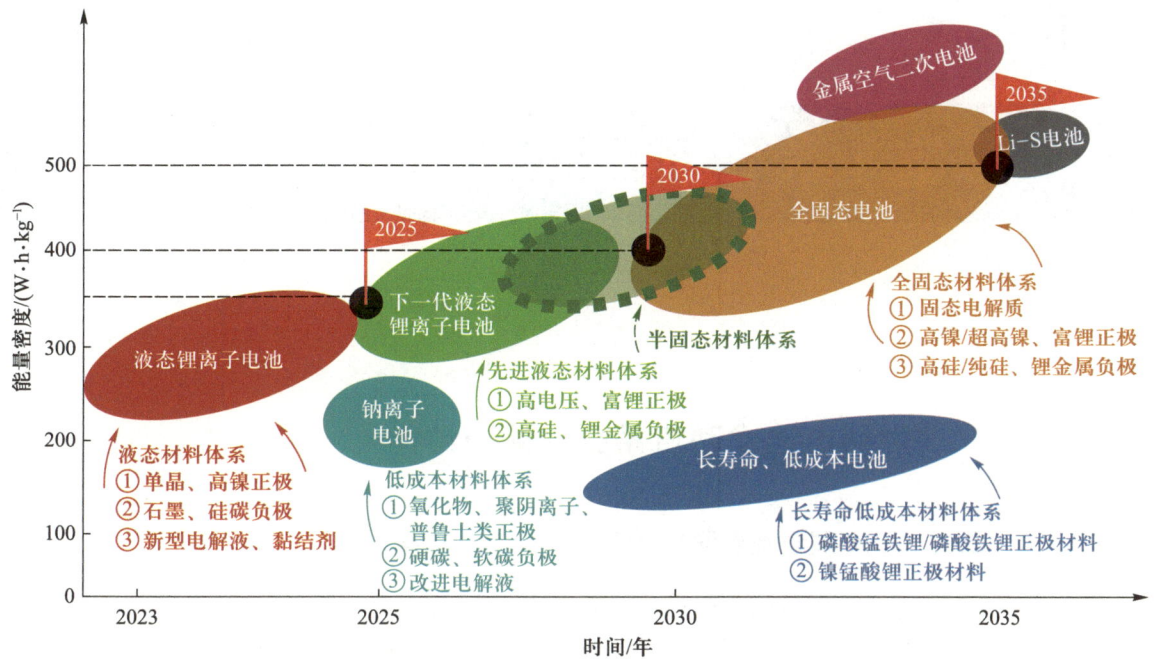

■ 图 3-44 动力电池的未来技术发展趋势

进一步提升。随后,下一代液态锂离子电池借助高电压正极与富锂正极材料、高硅与锂金属负极材料的创新,进一步拓展动力电池性能的上限。

展望 2030 年,半固态电池将成为技术突破的重要方向,通过融合固液混合材料体系,力求在能量密度与安全性两方面同时取得重大进展。全固态电池则预计在 2030 年之后逐步走向成熟,它采用全固态电解质与高性能正负极材料,旨在达成更高的安全标准与能量密度目标。与此同时,钠离子电池作为低成本的替代选择,正加速其发展步伐,以满足市场对经济型储能解决方案的需求。长寿命、低成本的电池技术也在不断演进之中,通过采用磷酸锰铁锂等新型材料,也可以灵活应对多样化的市场需求。

放眼 2035 年乃至更远的未来,金属空气二次电池与 Li−S 电池将逐步迈向成熟阶段,这些技术将有望进一步提升电池的能量密度与循环寿命,为未来的能源存储与利用开辟更加广阔的前景。

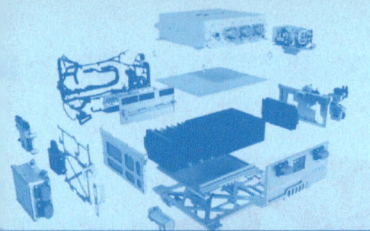

第4章 新能源汽车燃料电池系统

4.1 燃料电池发动机系统功能与结构

4.1.1 车用燃料电池系统基本要求

纯电动汽车目前主要存在续驶里程不高、充电时间较长、冬季电池容量下降等问题,而在这几方面,燃料电池汽车有显著优势(图4-1)。燃料电池通过氢气与空气中的氧气发生电化学反应,将化学能转化为电能,同时产生热量并生成水,有着能量转换效率高、排放无污染的优点,此外氢气作为能量储存介质,相比于锂离子电池能量密度更高,因此,相比于纯电动汽车,质子交换膜燃料电池汽车(以下简称燃料电池汽车)续驶里程更长,该属性对于商用车(如客车、卡车)尤为重要。此外,燃料电池汽车加氢时间较短,更符合消费者对于汽车的使用习惯,更适用于长途旅行。理想的车用燃料电池系统需要具备以下特点。

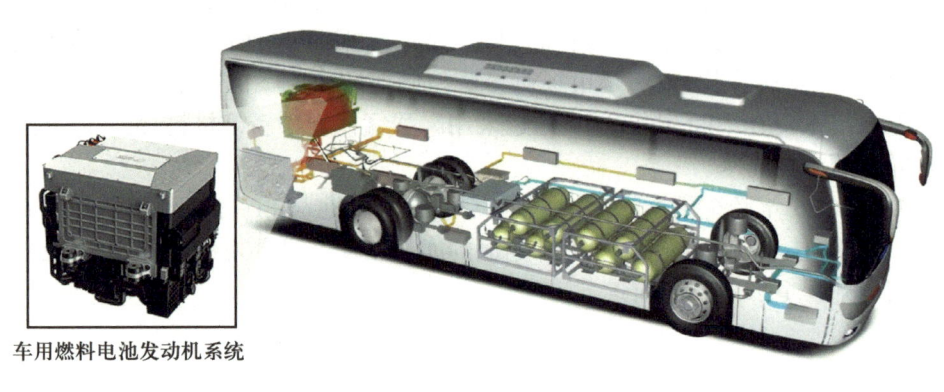

车用燃料电池发动机系统

■ 图4-1 燃料电池汽车动力系统示意图

① 高效的空间利用:由于车辆本身的体积限制,需要燃料电池系统具有高效的空间利用率,从而为乘客舱和行李舱提供更多空间;

② 具备快速启动与频繁变载能力:由于车辆需要在复杂的路况运行,因此需要燃料电池系统能够具备较强的动态响应能力,以满足驾驶员对动力的瞬时需求;

③ 适应复杂环境:由于车辆所处环境可能随着四季/昼夜变化或者不同地理

位置的改变而有显著区别,因此需要燃料电池系统能够适应复杂的环境,包括温度、湿度、气压等。

　　燃料电池按照不同电解质材料主要分为质子交换膜燃料电池(proton exchange membrane fuel cell,PEMFC)、阴离子交换膜燃料电池(anion exchange membrane fuel cell,AEMFC),以及固体氧化物燃料电池(solid oxide fuel cell,SOFC)等几个类型,见表4-1。其中,对于磷酸掺杂型聚苯并咪唑膜燃料电池而言,其存在液态水环境下的磷酸流失问题,而车用环境下,燃料电池内部不可避免会出现液态水,因此其在车用领域的应用还处于早期阶段;对于阴离子交换膜燃料电池而言,由于其存在酸性条件下的膜降解问题,而在车用场景下,需要从外界吸入空气作为反应物,空气中的CO_2会对膜产生明显破坏,因此,其在车用领域的应用距离大规模商用化还有一段距离;对于固体氧化物燃料电池而言,其运行温度较高,启动所需时间较长,难以满足车用燃料电池的快速启动要求。综上所述,尽管以全氟磺酸膜为电解质的质子交换膜燃料电池(以下简称质子交换膜燃料电池)仍然存在一定问题,但是由于在性能、寿命和成本三方面综合指标最优,其仍然是目前车用领域的主流产品,也是本书所讨论的重点。

表4-1　不同类型燃料电池对比

参数名称	燃料电池种类			
	质子交换膜燃料电池(全氟磺酸膜)	质子交换膜燃料电池(磷酸掺杂型聚苯并咪唑膜)	阴离子交换膜燃料电池	固体氧化物燃料电池
运行温度/℃	65~95	140~200	60~80	500~800
功率密度/($W \cdot cm^{-2}$)	1.4~3	0.45	0.3	0.7
寿命/h	40 000	>17 000	<1 000	>10 000
主要缺点	低湿度条件下的低质子电导率问题	液态水环境下的磷酸流失问题	低湿度条件下的低阴离子电导率问题　　酸性条件下膜降解问题	启动所需时间较长,难以满足车用燃料电池的快速启动要求　　高温环境下连接体/支撑体由于热应力不均匀而断裂　　高温环境下密封件受热变形较大,导致密封难度大

4.1.2　燃料电池系统构型与概论

　　与全封闭的电池系统相比,燃料电池系统是一个开放系统,通过持续供给氢气与空气,在燃料电池电堆内部发生电化学反应,将化学能转化为电能,用于给车辆电机供电。因此对于燃料电池的辅件系统而言,需要空气供给系统与氢气供给系统,分别给燃料电池提供氧气和氢气;当燃料电池内部发生氢气与氧气的电化学反应的同时,还伴随热量的产生,因此还需要热管理系统以保证燃料电池的温度维持在合适的区间。

需要注意的是,质子交换膜燃料电池对于湿度十分敏感,内部水含量过高或者过低都会对性能产生影响,主要影响发电功率与发电效率。为了避免反应气体的湿度过低,燃料电池需要增湿系统以提高其内部含水量,同时也需要慎重地设计排水结构与排水策略,使得生成水顺利排出;最后,类似于内燃机汽车需要变速将内燃机的转速和扭矩转化为适合驱动车轮的配置,燃料电池发动机系统也需要电气系统将燃料电池输出的电压和电流转化为适合驱动电机的配置。典型车用燃料电池发动机系统的组成如图 4-2 所示,关于每一个子系统的介绍将在接下来的部分展开。

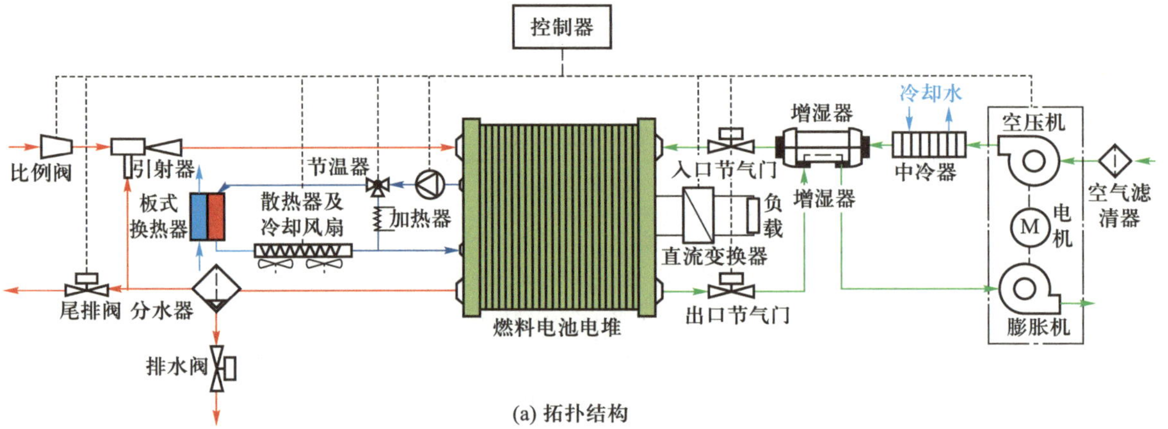

(a) 拓扑结构

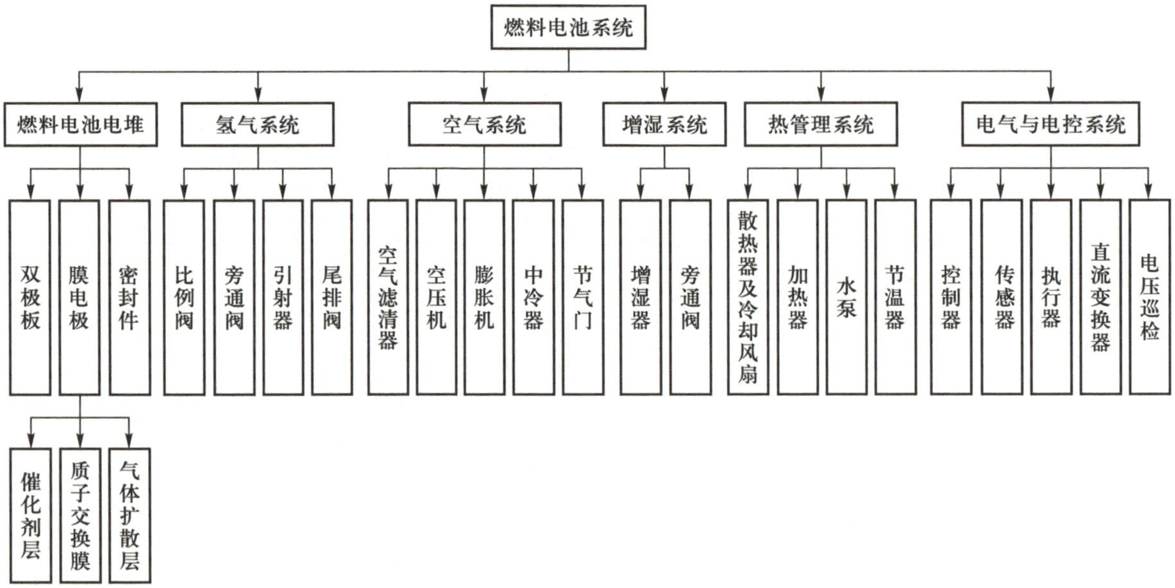

(b) 按照功能划分的系统组成

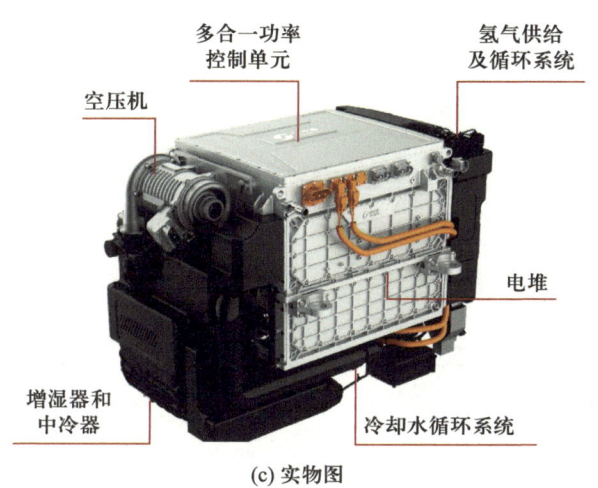

(c) 实物图

■ 图4-2　典型车用燃料电池发动机系统

4.1.3　燃料电池系统组成

1. 燃料电池电堆

燃料电池电堆是燃料电池系统发电的场所,如图4-3所示。燃料电池电堆一般由两侧的端板和中间堆叠的燃料电池单体构成,每个燃料电池单体由两片双极板和中间的膜电极组成,两片膜电极间共用一片双极板。燃料电池单体间为电路串联,增加单体数量可以提高燃料电池电堆的电压;一片燃料电池单体可视为多个单位面积的单体电路并联,增大单体面积可以提高燃料电池电堆的电流。根据燃料电池系统功率大小,燃料电池电堆一般由数百片有效活性面积约为 300 cm^2 的单体构成。

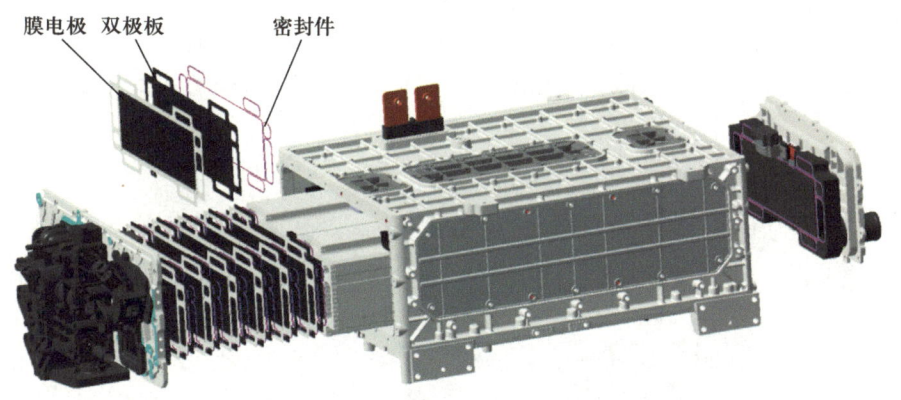

■ 图4-3　燃料电池电堆结构示意图

双极板的主要功能是均匀分配并输送反应气体,同时还起到导电、导热、排水、隔绝两种反应气体以及支撑整体结构等功能,如图4-4所示。双极板一般由两片单极板拼合而成,面向两侧膜电极的一面存在气体流道,其主要功能是均匀分配并输送反应气体以及排出反应生成的水。两片板之间形成冷却液流道,其主要功能

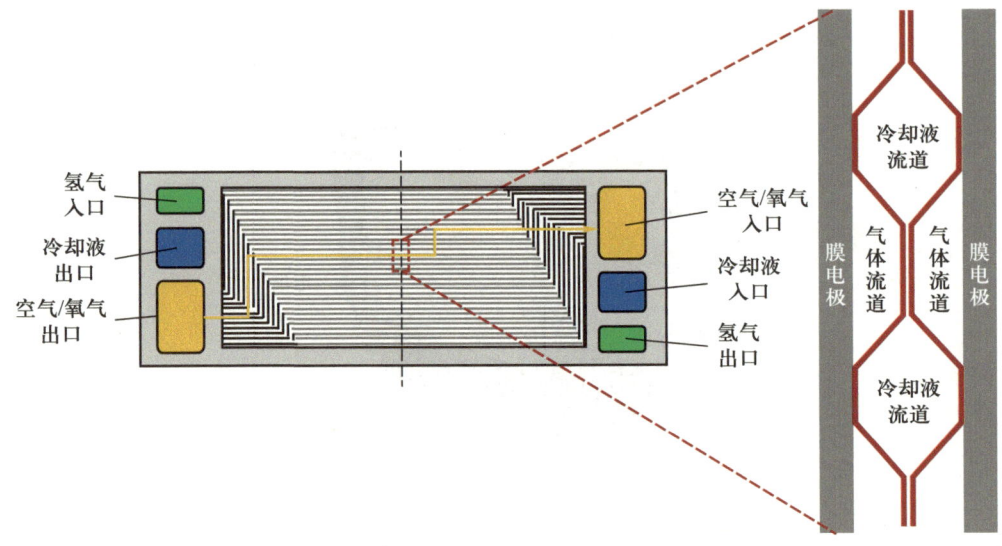

■ 图 4-4　双极板功能与结构示意图

为分配并输送冷却液,从而控制燃料电池的温度。

　　根据双极板材料的种类,可将其分为金属双极板和石墨双极板两类。金属双极板具有导电性好、机械强度高等特点,常见材料有不锈钢、钛合金等,这些金属具有良好的延展性,可采用冲压成型。双极板厚度薄,电堆体积小,体积功率密度高。但金属双极板抗腐蚀性较差,金属腐蚀析出的金属离子会加速质子交换膜的化学衰退过程,其耐久性较差。通过金属表面涂层技术,金属双极板的耐久性问题可以得到有效改善。石墨双极板具有耐腐蚀的优点,耐久性较高。但其加工成型复杂,一般采用机械加工、模压成型等。同时,石墨双极板厚度较大,电堆体积较大,电堆体积功率密度较低。随着模压石墨双极板技术的应用,石墨双极板燃料电池电堆功率密度已经大幅提升,但是与金属板燃料电池电堆仍然存在差距。

　　膜电极是燃料电池的核心,是电化学反应发生的场所,整体为"三明治"结构,从内到外分别由质子交换膜、催化剂层和气体扩散层构成,如图 4-5 所示。

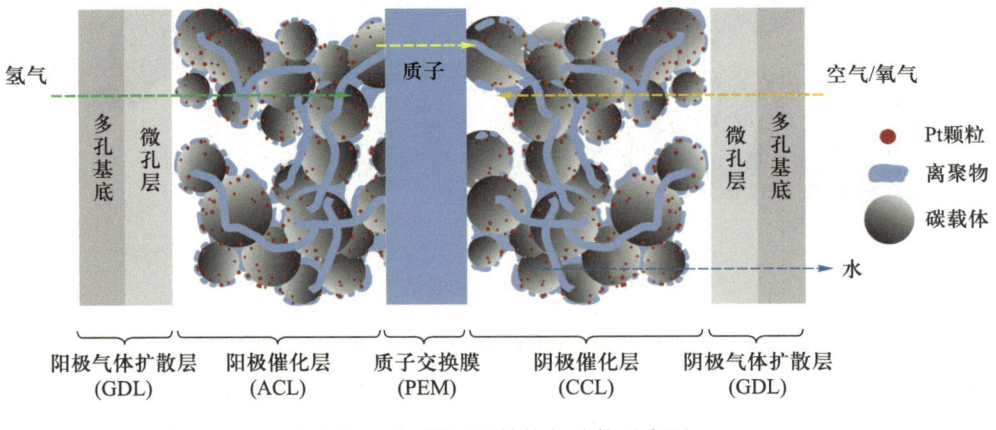

■ 图 4-5　膜电极结构与功能示意图

膜电极中间是质子交换膜,其功能是传导质子、分隔气体、隔离电子传输。质子交换膜通常由固态高分子电解质材料形成,当前常用全氟磺酸质子交换膜,其基本材料是全氟磺酸树脂,骨架结构由疏水的碳氟主链形成,侧链末段连接有亲水的磺酸基。碳氟主链的疏水相与磺酸基侧链的亲水相发生微相分离,导致亲水团簇聚集,因此在一定水含量下可以形成良好的质子传输通道。

质子交换膜两侧分别是阳极和阴极催化剂层,即燃料电池的多孔电极,其功能是传递反应气体、电子、质子和水,并分别发生氢气氧化反应和氧气还原反应。催化剂层主要由催化剂和离子聚合物(简称离聚物)构成,其催化性能、物质和电荷传输能力决定了燃料电池的基本性能。当前最常用的催化剂是碳载铂基催化剂(Pt/C),其中铂颗粒的直径通常为 2~5 nm,碳载体的直径通常为 30~50 nm,铂颗粒起到催化电化学反应的作用,碳载体起到形成导电网络及搭载和分散铂颗粒的作用。在催化剂层中,离聚物吸附在催化剂表面形成纳米级薄膜,起到传输质子的作用。在离聚物的包裹下,催化剂颗粒会组合成更大的颗粒团簇,形成兼具大孔(>50 nm)和介孔(2~50 nm)的多孔电极,成为反应气体、电子、质子和水的有效传输通道。

阳极和阴极催化剂层外侧分别是阳极和阴极气体扩散层,是一种多孔介质,其主要功能是将反应气体均匀输送至催化剂层,同时还承担着导电、导热、排水和支持膜电极的功能,是影响燃料电池水热管理的重要组成部件。气体扩散层主要使用由碳纤维构成的碳纸,有的气体扩散层在催化剂层一侧还存在由导电炭黑和憎水剂构成的微孔层,其孔隙率相比气体扩散层更小,能够让气体输送和热量传递得更加均匀。

膜电极一般通过边框将所有部件组装,同时使膜电极张紧并密封。

2. 氢气系统

为了实现燃料电池系统的稳定运行和高效能输出,氢气系统的主要目标是确保供给燃料电池压力合适、流量稳定的氢气,并尽可能充分利用进入电堆的氢气。为此,氢气系统的构型逐渐演变至如今的状态,主要包括供氢部件、氢气再循环部件和尾排阀,如图 4-6 所示。

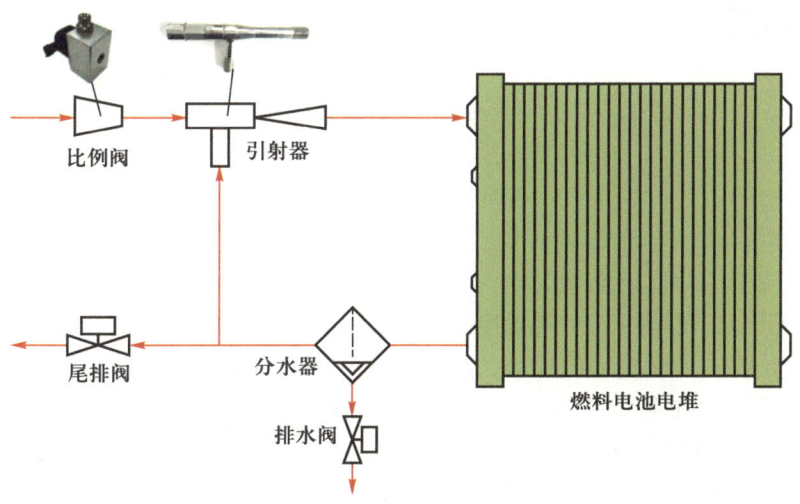

■ 图 4-6 氢气系统结构与功能示意图

供氢部件负责控制进入电堆的氢气流量和压力。由于氢气通常储存在 35~70 MPa 的气瓶中,而电堆最适宜的工作压力通常为绝对压力 130~300 kPa,过高的压力直接送入电堆可能导致电堆损坏。因此,供氢部件在调节氢气流量的同时,还起到调节压力的作用。常用的压力调节阀有氢气喷射器和比例阀两种。

氢气再循环部件的作用是将未完全反应的氢气从阳极出口送回到阳极入口,提高氢气利用效率。同时,它还能将阳极产生的水引入阳极入口,在增湿电堆的同时无须使用外部增湿器,提高空间利用率。常用的氢气再循环部件有氢气循环泵和引射器两种。

尾排阀的作用是定期开启以排出在电堆中累积的氮气、水蒸气等杂质。这有助于避免阳极出口的水淹和缺气现象,从而防止电堆性能的衰退。

3. 空气系统

车用燃料电池系统通常采用环境中的空气作为氧化剂,直接使用空气而非高压纯氧,不仅节省了高压纯氧的生产和运输成本,还由于不需要高压氧气瓶从而节省了空间利用率。空气系统通常包括空气滤清器、空压机、膨胀机、中冷器、增湿器以及进出口节气门,如图 4-7 所示。

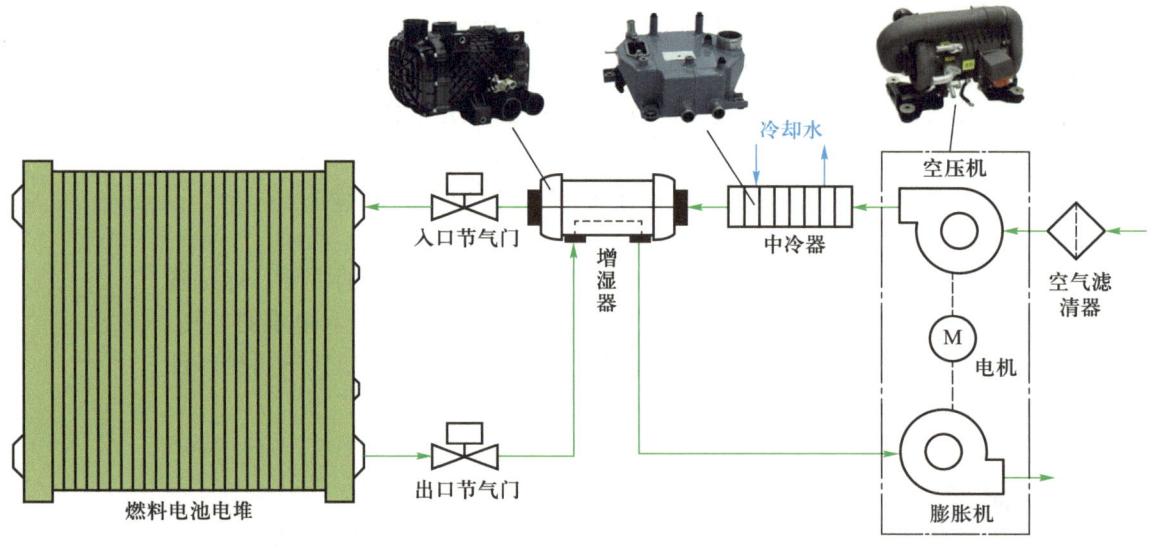

■ 图 4-7　空气系统结构与功能示意图

环境中的空气首先进入空气滤清器,去除颗粒物和二氧化硫等污染物,然后通过空压机进行增压。增压后的空气可增加单位体积内的氧气摩尔量,提高反应效率和输出功率;同时,适当增大空气压力还可防止因氢气和空气的压差过大而损坏电堆。由于空压机增压后空气温度急剧上升,达到 150 ℃以上,直接输送到燃料电池堆可能导致质子交换膜的损坏,因此需要经过中冷器降温。在中冷器后端,通常设置增湿器来增湿空气,以防止质子交换膜干燥。增湿后的空气通过入口节气门进入电堆,其主要作用为:在燃料电池停机时,关闭入口节气门和出口节气门,封闭电堆阴极,维持稳定的阴极惰性环境,延长燃料电池的寿命。反应后的空气通过出口节气门排出电堆,该节气门也可作为背压阀,通过调整空气流过背压阀的阻力,辅助控制阴极压力。空气出口位置的膨胀机主要功能为回收尾排空气,用于驱动空压机,从而降低空压机的损耗功率,提高系统的整体效率。

4. 增湿系统

燃料电池增湿系统主要是用来保持燃料电池内部适当的湿度,以确保离子交换膜的正常工作和延长燃料电池的寿命。氢气增湿通常由氢气循环泵或者引射器实现,通过将阳极出口含有水蒸气的尾排气体引入阳极入口,干燥的氢气即可从湿润气体中获取水蒸气从而达到增湿效果。增湿器可分为水–气增湿和气–气增湿两大类,水–气增湿是指干燥气体从液态水中获取水蒸气,具体包括喷淋增湿和鼓泡增湿等;气–气增湿则是指干燥气体从湿润气体中获取水蒸气,具体包括中空纤维膜增湿等。膜增湿器具有不消耗能量、无移动部件和可靠性高等优点,已成为车用燃料电池增湿器的主流技术。目前也已开发了取消外部增湿器,仅依靠燃料电池自身生成水来润湿质子交换膜的无外增湿燃料电池系统。无外增湿燃料电池系统结构更加紧凑、成本更低,但对燃料电池电堆的设计提出了更高的要求。

5. 热管理系统

燃料电池电堆的工作温度对其性能和稳定性有着至关重要的影响,因此热管理系统不可或缺。热管理系统的作用主要是带走电堆运行时产生的热量,同时可以在启动过程中加热电堆至合适温度。当电堆温度过高时,可能导致质子交换膜的脱水和降解,从而损坏电堆;过高的温度还会导致电堆材料的热膨胀,加速材料老化,降低电池寿命。温度较低时,电堆内部水汽过多会凝结成液态水,导致液态水在电堆内部积聚,影响气体流通和反应速率,导致电堆性能下降;温度过低还可能使得电堆中的水结冰,导致质子交换膜冻结,产生机械应力导致膜破裂,造成电堆损坏。因此,燃料电池电堆的温度需要保持在一个适当的范围内,以确保电池正常运行和性能稳定。

热管理系统主要包括加热系统、冷却系统,以及热回收系统,如图4-8所示。加热系统通过外部加热器或者燃料电池自身产生的热量来提供热量,使得燃料电

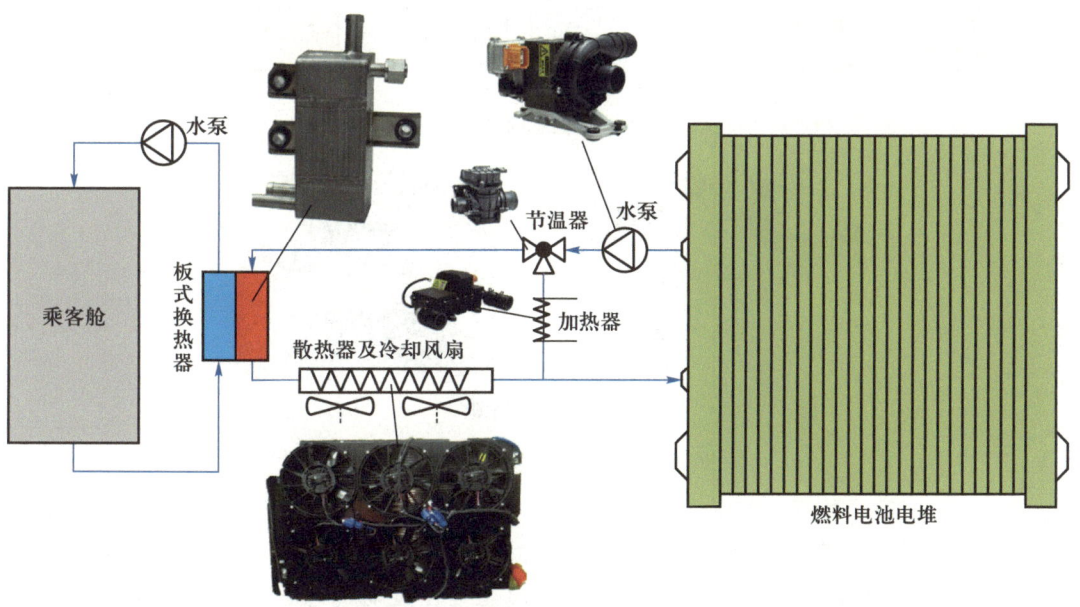

■ 图4-8　热管理系统结构与功能示意图

池在低温环境达到合适的温度;冷却系统通过循环冷却剂(通常是水或空气)将电堆运行中产生的热量带走,并向环境散热,保持电堆的温度在适当范围内;热回收系统利用燃料电池自身产生的热量加热乘客舱,或者满足其他热能需求,从而提高系统整体的能量利用效率。

6. 电控与电气系统

确保上述各个系统在不同环境、不同功率需求下稳定运行是维系燃料电池发动机系统正常工作的关键,这一过程的实现取决于传感器(包括温度传感器、压力传感器等)、执行器(包括比例阀、尾排阀、空压机、节气门、散热器、加热器、水泵等)及控制器的高效配合,其中,传感器是燃料电池发动机系统的"感官",实时监控系统的关键状态量(例如温度、压力等),控制器则是整个燃料电池发动机系统的"大脑",根据传感器采集信号进行实时决策,进而对执行器下达相应指令,执行器则是整个燃料电池发动机系统的"四肢",及时响应控制器下达的指令,将系统的关键状态量控制在合理范围。这些复杂的元素共同构成了燃料电池发动机的电控系统,如图 4-9 所示。以燃料电池温度控制为例,控制器通过传感器实时监测电堆的温度,控制热管理系统以冷却或者加热模式运行,从而保持电堆在合适的工作温度范围内。

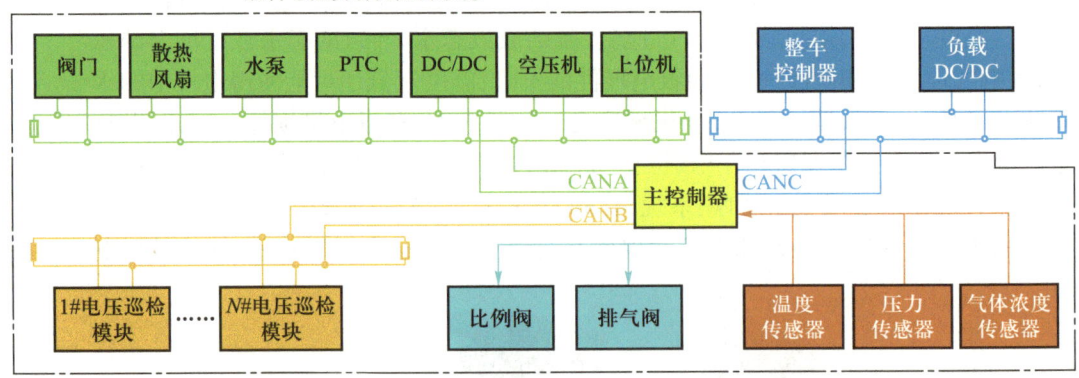

(a) 控制系统拓扑结构

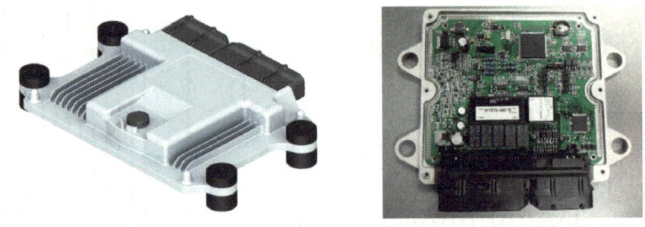

(b) 控制器实物图

■ 图 4-9　电控系统结构与功能示意图

此外,由于燃料电池电堆直接供给的电压可能无法满足用电设备的特定需求,同时受工作条件不稳定的影响,其输出电压存在波动。为了克服这些问题,电气系统通常会使用直流变换器(DC/DC),如图 4-10 所示。

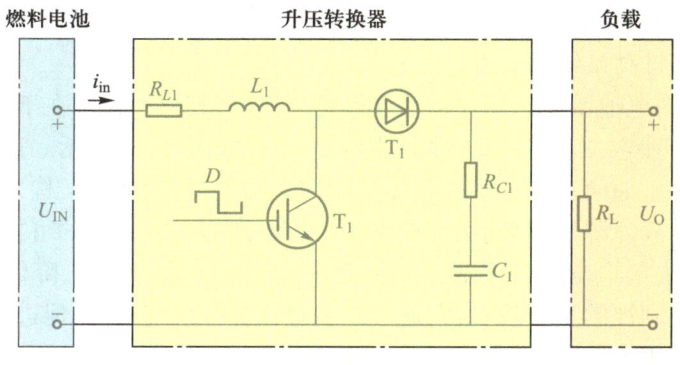

(a) 功能示意图

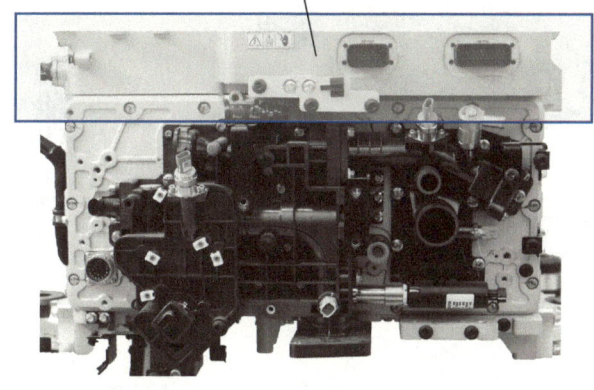

(b) 实物图

■ 图4-10　关于DC/DC的电气系统结构与功能示意图

　　DC/DC变换器的核心功能主要通过Boost升压电路来实现,其工作原理基于电感的储能特性:当开关二极管导通时,输入电压通过电感,电感开始储存能量。此时,电感的电流逐渐增加,储存的能量与电流的平方成正比;当开关二极管关断时,电感的电流试图保持不变,但由于电路中没有闭合回路,电流被迫通过续流二极管,将储存在电感的能量释放到负载和输出电容。由于电感的电流方向与导通时相反,释放的能量会叠加到输入电压上,从而实现升压。在这个过程中,通过控制开关二极管的导通和关断时间,即占空比,可以调节电感储存和释放的能量,从而控制输出电压。占空比越大,电感储存的能量越多,释放的能量也越多,输出电压也就越高。

　　DC/DC变换器不仅具备电压变换的功能,确保输出与用电设备匹配的稳定电压,而且通过其闭环控制系统,实现了对电压的稳定控制,有效提高了能源利用率。此外,DC/DC变换器还能适应不同用电设备的电压需求,进一步确保整个系统的稳定运行并优化其性能。

4.1.4　系统集成

　　燃料电池系统由众多关键部件构成,每一部分均承载着特定的功能使命。然而,若采取直接组合的方式拼凑这些零部件,诸如燃料电池电堆、氢气系统、空气系统、热管理系统以及控制系统等,则不可避免地导致系统结构庞杂、体积庞大。

这种状况在面对空间受限的应用场景时,显然难以满足实际需求,并且组件数量的增多还会直接推高系统的成本。

因此,燃料电池系统的集成技术显得尤为重要,其核心目标在于通过高度优化与协同的设计理念,实现各组成部分的高效整合,如图 4-11 所示。这一过程中,设计者需细致考量如何在保证系统整体性能的基础上,精简系统架构,减少连接环节以缩减潜在的故障源,同时确保维护作业的简便性与系统未来的可扩展、可升级潜力。简言之,燃料电池系统集成是一种旨在提升系统综合性能、降低成本、增强可靠性和维护便利性的工程技术,它通过深度整合各分系统功能,促进了燃料电池技术在多领域应用中的高效部署与可持续发展。

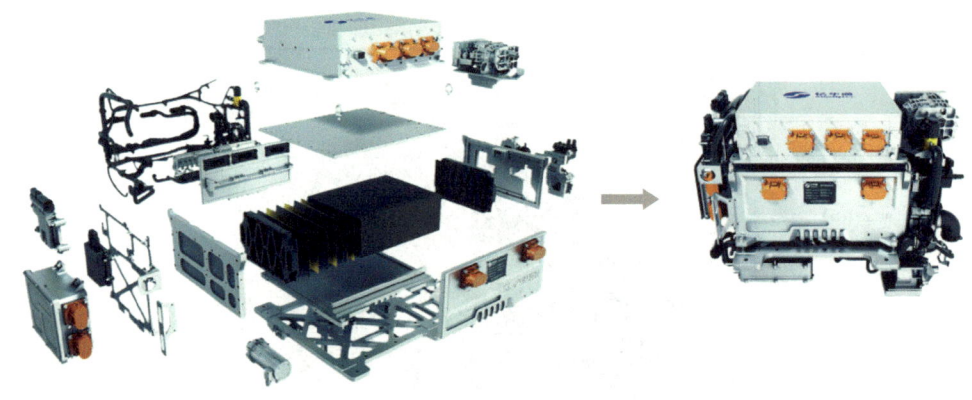

■ 图 4-11　燃料电池系统集成示意图

4.2　车用燃料电池原理

4.2.1　质子交换膜燃料电池基本原理

质子交换膜燃料电池以氢气作为燃料,以空气或氧气作为氧化剂。在燃料电池单体中,氢气经过阳极流道和气体扩散层到达阳极催化剂层,在催化剂表面发生氢气氧化反应,生成质子和电子

$$H_2 \longrightarrow 2H^+ + 2e^- \tag{4-1}$$

其中,质子通过阳极催化剂层和质子交换膜到达阴极催化剂层,电子通过阳极气体扩散层、阳极极板、阳极集流板、外电路、阴极集流板、阴极极板和阴极气体扩散层,到达阴极催化剂层。空气或氧气经过阴极流道和气体扩散层到达阴极催化剂层,在催化剂表面与质子和电子发生氧气还原反应,生成水(图 4-12)

$$\frac{1}{2}O_2 + 2H^+ + 2e^- \longrightarrow H_2O \tag{4-2}$$

质子交换膜燃料电池的总反应是放热反应,热量被极板内部冷却液带走,同时通过催化剂层、气体扩散层、极板等向外界环境扩散

$$H_2 + \frac{1}{2}O_2 \longrightarrow H_2O \tag{4-3}$$

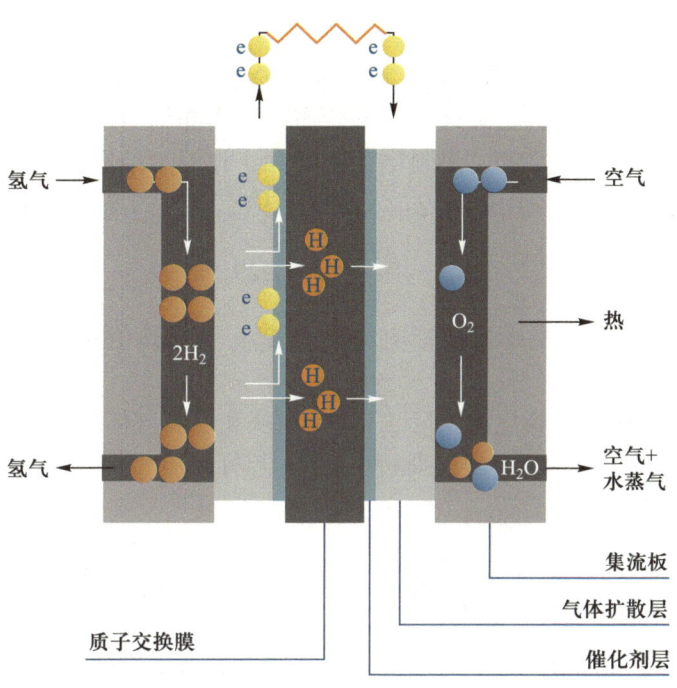

■ 图4-12 质子交换膜燃料电池工作原理示意图

极化曲线(图4-13),即电压–电流伏安特性曲线,是用以评价质子交换膜燃料电池性能的重要手段。极化指在有净电流流过电极时,电极电动势偏离平衡电极电动势的现象,过电动势是电动势电位偏离平衡电极电动势的程度。在燃料电池中,平衡电极电动势为能斯特电压,燃料电池单体的电压可以用能斯特电压减去各部分极化过电动势得到

$$E = E_N - \eta_{act} - \eta_{ohm} - \eta_{conc} \quad (4\text{-}4)$$

式中,E 为燃料电池单体电压,E_N 为能斯特电压,η_{act} 为活化极化过电动势,η_{ohm} 为欧姆极化过电动势,η_{conc} 为浓差极化过电动势,单位均为 V。

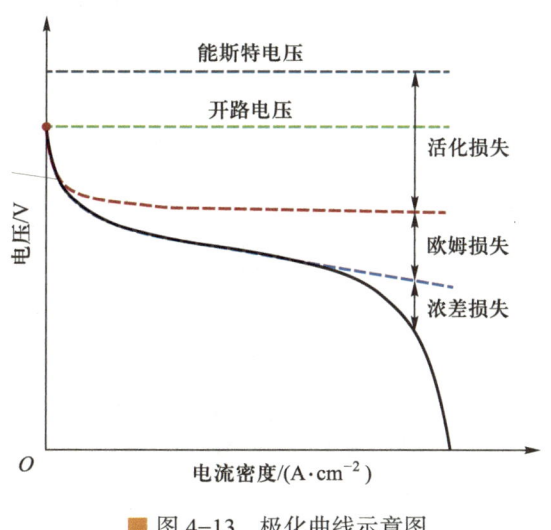

■ 图4-13 极化曲线示意图

在标准状态(25℃,氢气和氧气压力均为101 325 Pa)下没有电流通过的质子交换膜燃料电池中,氢气和氧气反应产物均为气态水(为与内燃机等能量转化装置的效率进行比较,在计算效率时一般使用生成气态水时的低热值进行计算),且反应的化学能全部转化为电能时的电极电动势对应质子交换膜燃料电池的标准热平衡电动势

$$E^{\theta} = -\frac{\Delta H_{LHV}^{\theta}}{nF} = 1.253 \text{ V} \quad (4\text{-}5)$$

式中,E^{θ} 为低热值对应的标准热平衡电动势;ΔH_{LHV}^{θ} 为低热值对应的反应焓变,单

位为 kJ/mol。

但实际上,氢气和氧气的化学能并不能都转化为电能,有一部分能量会转化为热能。可以转化为电能的部分即为标准状态下的吉布斯自由能,对应质子交换膜燃料电池的标准电极电动势。燃料电池在实际工作温度范围内主要生成液态水,在计算输出电压时一般使用燃料电池反应生成液态水时的高热值进行计算

$$E_{\mathrm{H}}^{\theta} = -\frac{\Delta G_{\mathrm{HHV}}^{\theta}}{nF} = 1.229 \text{ V} \tag{4-6}$$

式中,E_{H}^{θ} 为高热值对应的标准电极电动势;$\Delta G_{\mathrm{HHV}}^{\theta}$ 为高热值对应的反应吉布斯自由能变,单位为 kJ/mol。

由于质子交换膜燃料电池实际工作时,温度和反应气体压力一般与标准状态不同,因此平衡电极电动势,即能斯特电压 E_{N} 与标准电极电动势 E^{θ} 不同,可用能斯特方程描述

$$E_{\mathrm{N}} = E^{\theta} - \frac{RT}{nF} \ln Q = E^{\theta} + \frac{RT}{2F} \ln\left(\frac{P_{\mathrm{H_2}}}{P^{\theta}} \sqrt{\frac{P_{\mathrm{O_2}}}{P^{\theta}}}\right) \tag{4-7}$$

其中,$R = 8.314$ J/(mol·K) 为摩尔气体常数;T 为燃料电池温度,单位为 K;n 为反应方程式的转移电子数;$F = 96\ 485$ C/mol 为法拉第常数;Q 为化学反应的反应熵;$P_{\mathrm{H_2}}$ 和 $P_{\mathrm{O_2}}$ 分别为电极表面氢气和氧气的压力,为便于计算,一般取流道中氢气和氧气的压力,则电极表面和流道中反应气体浓度的差别用浓差极化体现;$P^{\theta} = 101\ 325$ Pa 为参考压力。

对于质子交换膜燃料电池,在有电流流过时,工作电势偏离平衡电极电动势的现象称为极化,二者之差即为过电动势。极化可分为三类,分别为活化极化、欧姆极化和浓差极化。活化极化是指为克服电化学反应活化能来驱动电化学反应进行而导致的极化,又称电化学极化,其过电动势与电流的关系可用巴特勒–福尔默(B–V)方程描述

$$i = i_0 \left\{ \exp\left(\frac{\alpha nF}{RT} \eta_{\mathrm{act}}\right) - \exp\left[-\frac{(1-\alpha)nF}{RT} \eta_{\mathrm{act}}\right] \right\} \tag{4-8}$$

式中,i 为电流密度,单位为 A/cm^2;i_0 为交换电流密度,单位为 A/cm^2;α 为电荷转移系数;n 为电化学反应速控步的转移电子数;η_{act} 为活化极化过电动势,单位为 V。

在质子交换膜燃料电池中,由于阳极发生的氢氧化反应的活化能远小于阴极发生的氧化还原反应的活化能,因此阳极活化极化的过电动势远小于阴极活化极化的过电动势。活化极化是中小电流密度下电压损失的主要来源。

欧姆极化是指为克服电子在导电材料中的运动阻力和质子在电解质中的运动阻力而导致的极化,其过电动势可用欧姆定律描述

$$\eta_{\mathrm{ohm}} = iR_{\mathrm{ohm}} \tag{4-9}$$

式中,η_{ohm} 为欧姆极化过电动势,单位为 V;R_{ohm} 为燃料电池欧姆阻抗,单位为 $\Omega \cdot \mathrm{cm}^2$。

浓差极化是由于反应速率较快时,电极表面反应物浓度未能得到补充,电极表

面反应物浓度降低从而导致的极化。

4.2.2 质子交换膜燃料电池基本特性

1. 动力性

燃料电池系统的动力性是指为驱动燃料电池汽车行驶,燃料电池系统输出功率的能力,主要由电堆的输出功率决定,可通过极化曲线计算得到(图4-14)

$$P_{FC} = N \times i \times S \times V \qquad (4-10)$$

式中,P_{FC} 为燃料电池电堆的输出功率,单位为 W;N 为燃料电池电堆的单体数量;i 为燃料电池电堆的输出电流密度,单位为 A/cm^2;S 为燃料电池单体的有效活性面积,单位为 cm^2;V 为燃料电池电堆的输出电压,单位为 V。

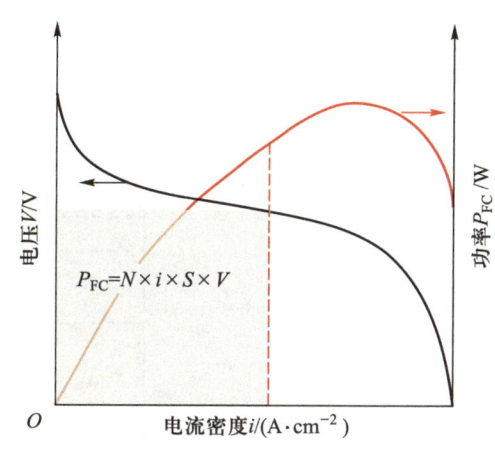

■ 图4-14 基于极化曲线计算输出燃料电池输出功率示意图

燃料电池系统中,除燃料电池电堆以外的附件系统都会消耗能量,因此燃料电池系统的净输出功率为燃料电池电堆的输出功率减去附件系统总功率

$$P_{FCE} = P_{FC} - P_{aux} \qquad (4-11)$$

式中,P_{FCE} 为燃料电池系统的净输出功率,单位为 W;P_{aux} 为附件系统总功率,单位为 W。

由于车上燃料电池系统的布置空间有限,要求燃料电池系统尽量紧凑;为提高整车核载质量,要求燃料电池系统尽量轻便。常用燃料电池电堆的体积功率密度和系统的质量功率密度作为衡量指标

$$P_{V,FC} = P_{FC} / V_{FC} \qquad (4-12)$$

$$P_{m,FCE} = P_{FCE} / m_{FCE} \qquad (4-13)$$

式中,$P_{V,FC}$ 为燃料电池电堆的体积功率密度,常用单位为 kW/L;$P_{m,FCE}$ 为燃料电池系统的质量功率密度,常用单位为 W/kg;V_{FC} 为燃料电池电堆的体积,单位为 L;m_{FCE} 为燃料电池系统的质量,单位为 kg。

当前,金属双极板燃料电池电堆产品的体积功率密度能够达到 4~6 kW/L,石墨双极板燃料电池电堆产品的体积功率密度能够达到 4~5 kW/L。预计金属双极板燃料电池电堆的体积功率密度到 2030 年能够超过 9 kW/L;石墨双极板燃料电池电堆产品的体积功率密度到 2030 年能够超过 8 kW/L。

当前,燃料电池系统产品的质量功率密度能够达到 700~900 W/kg。预计到 2030 年能够超过 1 200 W/kg。

2. 经济性

燃料电池系统的经济性是指在满足燃料电池汽车正常行驶的前提下,尽可能降低燃料消耗的性能。燃料电池系统的经济性对于降低燃料电池系统使用成本和提高燃料电池汽车续驶里程等有重要意义。提高燃料电池的系统效率可以降低相同输出功率下,燃料电池系统的燃料消耗。因此,燃料电池系统的经济性主要由系统效率决定

$$\eta_{FCE} = \eta_{FC}\left(1 - \frac{P_{aux}}{P_{FC}}\right) \qquad (4-14)$$

式中，η_{FCE} 为燃料电池系统效率；η_{FC} 为燃料电池电堆效率，由电压效率与氢气利用率相乘得到

$$\eta_{FC} = \eta_V \eta_F \qquad (4-15)$$

其中，η_V 为电压效率，可通过极化曲线计算得到（图 4-15）

$$\eta_V = \frac{V}{E_H^\theta} = \frac{V}{1.253\ \mathrm{V}} \qquad (4-16)$$

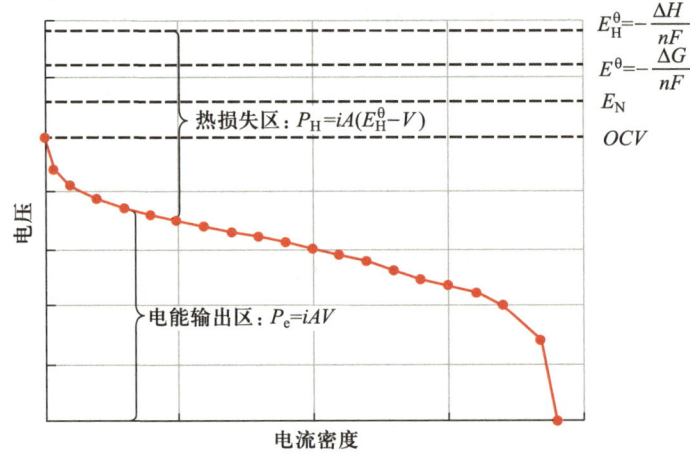

■ 图 4-15　基于极化曲线计算燃料电池输出效率示意图

其中，V 为燃料电池电堆电压，单位为 V；η_F 为氢气利用率

$$\eta_F = \frac{I}{2m_{H_2}F} \qquad (4-17)$$

其中，I 为燃料电池电堆电流，单位为 A；m_{H_2} 为燃料电池电堆氢气流量，单位为 mol/s；$F = 96\ 485\ \mathrm{C/mol}$ 为法拉第常数。

当前，燃料电池系统产品的额定效率为 45%~50%，峰值效率为 60%~64%。预计到 2030 年，燃料电池系统的额定效率可以超过 60%，峰值效率可以达到 68%~72%。

3. 耐久性

由于燃料电池的部件和材料会发生老化，导致在相同电流条件下燃料电池系统的输出电压会随使用时间增加而降低，如图 4-16 所示。燃料电池系统的耐久性是指在相同的燃料电池汽车行驶工况下，燃料电池系统在一定时间内维持功率输出降低不超过阈值的能力。燃料电池系统的耐久性主要由燃料电池电堆的电压衰退速率决定，根据 GB/T 38914—2020《车用质子交换膜燃料电池堆使用寿命测试评价方法》规定，车用燃料电池电堆的使用寿命的评价准则为：从开始极化曲线至终止极化曲线，在基准电流下，平均单体电压下降 10%；基准电流为燃料电池电堆在完成初步活化后对应燃料电池平均单体电压为 0.75 V 时的电流。因此，若假设燃料电池电堆的电压衰退速率为常数，则燃料电池系统的寿命可表示为

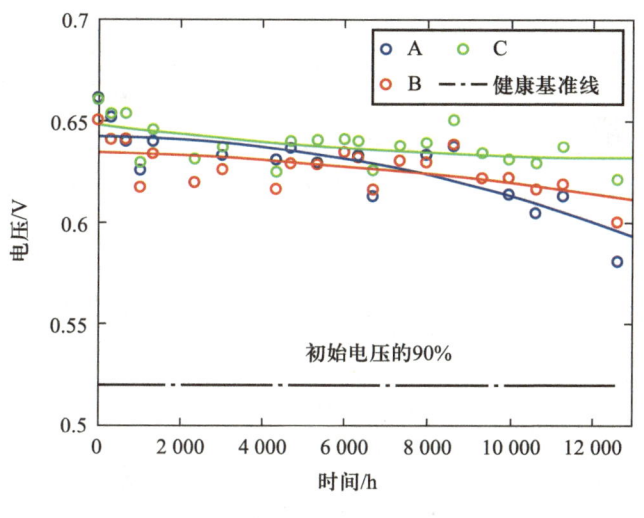

■ 图4-16 燃料电池性能衰退示意图

$$t = \frac{10\% V_0}{|A|} \tag{4-18}$$

式中,t 为燃料电池电堆寿命,常用单位为 h;V_0 为基准电流下燃料电池电堆初始平均单体电压,单位为 V;A 为燃料电池电堆的电压衰退速率,常用单位为 μV/h。

燃料电池电堆电压衰退的主要原因包括:膜电极催化剂层中,催化剂活性颗粒的溶解、氧化、团聚、剥离和奥斯特瓦尔德熟化,以及碳载体腐蚀和催化剂层结构坍塌等;膜电极质子交换膜的化学降解、应力循环/制造缺陷等引起的机械衰退;气体扩散层和双极板等的腐蚀;燃料电池单体面内均匀性下降和单体间一致性变差等。

4.3 车用燃料电池设计、制造、管理

4.3.1 燃料电池设计

1. 燃料电池性能设计

燃料电池性能设计本质上就是为其内部的电化学反应提供高效的物质传输和热量传输,如图4-17所示。首先,由于电化学反应涉及电子和热量的传输,因此需要电极具备良好的导电性和导热性,往往选用金属或者石墨材料;其次,氢气和氧气作为反应物需要被及时输送到反应位点,因此需要电极具备多孔/流道结构;再次,水作为生成物可能以液态的形式生成,需要被及时排出,因此需要对电极进行考虑毛细作用的亲疏水处理;最后,电解质在传输质子的同时需要阻隔氢气和氧气,因此选用致密的、高质子电导率的全氟磺酸高分子膜作为其质子交换膜。

车用燃料电池的设计理念主要围绕三个关键目标:性能更好、寿命更长、成本更低。这些目标的实现需要综合考虑材料科学、工程设计、制造工艺及系统集成等多方面的技术。

其中,更好的性能包括了更高的能量转化效率和更高的功率密度,以图4-13所展示的典型燃料电池极化曲线为例,更高的能量转化效率需要燃料电池在更高的输

107

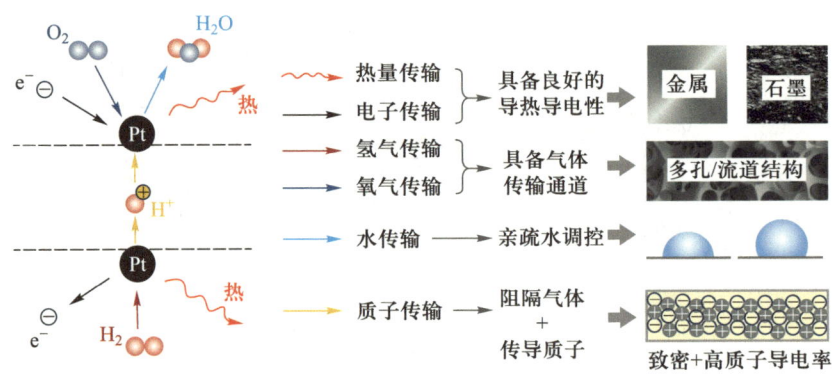

■ 图 4-17　燃料电池性能设计概念示意图

出电压条件下运行,而在体积不变的情况下,更高的功率密度需要燃料电池在更大的输出电流密度下运行,由于极化曲线斜率为负,两者存在此消彼长的关系。因此,本书所指的性能提升指的是兼顾能量转化效率的提高和功率密度的提高,从极化曲线的角度来讲,就是要通过燃料电池的材料/结构设计,将燃料电池极化曲线整体向远离原点的方向移动,即降低图 4-13 所述的活化损失、欧姆损失、浓差损失。此外,在通过优化燃料电池极化曲线提升性能的同时,还需要减小燃料电池的体积,即减小图 4-3 所示的膜电极厚度和双极板厚度。具体措施包括:催化剂合金化/有序化、开发高电导率质子交换膜、开发高透氧离聚、引入高强度材料制备膜电极/双极板等。

首先考虑燃料电池的膜电极结构设计。膜电极由质子交换膜、催化剂层和气体扩散层组成,如图 4-18 所示。质子交换膜将还原和氧化半反应分隔开,允许质子通过以完成整个反应,同时迫使电子通过外部电路。催化剂层分别催化每个半反应。气体扩散层允许燃料和氧化剂均匀地进入催化剂层,并起支撑和保护作用,提高整个膜电极的性能和耐久。下面分别分析了这三个组件的设计方案。

质子交换膜最常用的材料是全氟磺酸(PFSA),PFSA 由三个区域组成:分别是聚四氟乙烯(PTFE)主链和将分子主链连接到第三个区域的侧链,以及由磺酸离子组成的离子团簇。当膜水合时,第三个区域的氢质子通过与水分子结合并在磺酸

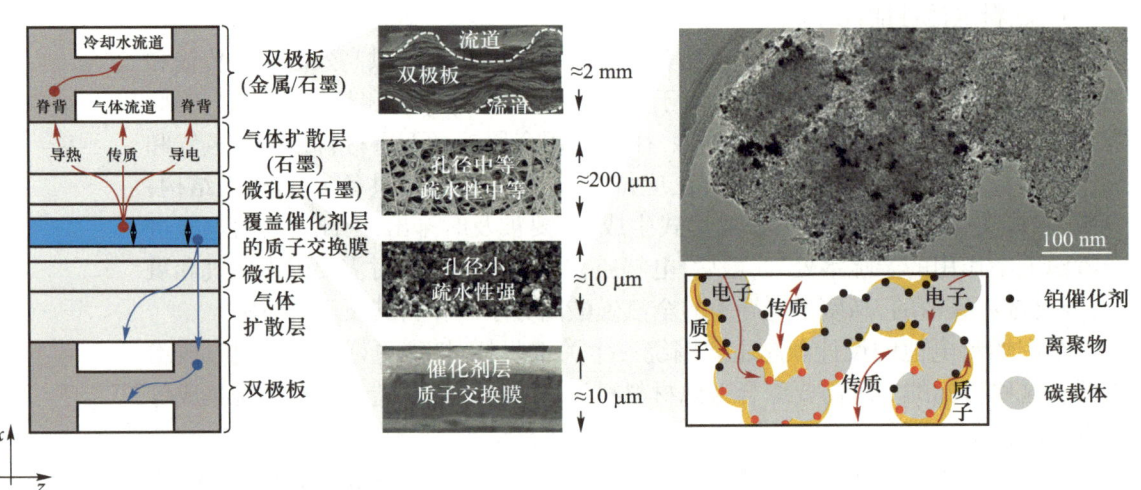

■ 图 4-18　膜电极结构设计示意图

位点之间移动实现传导。在质子交换膜燃料电池中使用 PFSA 膜有两个优点。首先,该结构的 PTFE 主链在氧化和还原环境中都具有良好的化学稳定性;其次,在一定工作温度范围内,湿润良好的 PFSA 膜的质子电导率很高,可达约 0.2 S/cm。这意味着厚度 10 μm 的膜,电阻会低至 0.005 $\Omega \cdot cm^2$,那么在 1 A/cm² 时的电压损耗仅为 50 mV。但是 PFSA 也存在以下缺点:适用温度范围较低,对冷却系统要求高,导致冷却系统功耗大;质子传导高度依赖膜的湿润状态,增湿系统复杂;膜的支链稳定性相对较差,容易被氢氧形成的自由基攻击,降低膜的寿命,同时造成氟元素的排放。针对这些问题,现有研究基于 PFSA 考虑引入保水剂、高质子传导材料等改进膜的性能,引入自由基清除剂改善膜的耐久性;此外也有大量研究开发的高分子材料体系以促进质子膜燃料电池在多场景下的应用。

催化剂层中包括催化剂活性颗粒,承载催化剂颗粒的载体和传导质子的高分子树脂。针对质子交换膜燃料电池,最常用的催化剂材料是铂,一般采用碳载体承载。催化剂层中使用的树脂材料也需要有较高的质子电导率,但是与质子交换膜不同的是,催化层中树脂的气体渗透率越高越好,以便于反应气传输。现有催化剂层设计的主要缺陷包括:催化剂以贵金属为主,成本较高;催化剂颗粒容易由小颗粒团聚形成大颗粒,相对表面积减小,输出性能降低,耐久性差;碳载体易发生腐蚀;催化剂容易被杂质气体污染,尤其是一氧化碳(CO)对催化剂的化学吸附能力很强,百万分之一比例的 CO 就会显著降低电池性能等。针对这些问题,现有研究主要集中在催化剂材料的研发,如采用非贵金属合金等降低贵金属用量与杂质气体耐受性;还有关于碳载体的研发,采用表面有大量介观尺度小孔的碳颗粒承载催化剂,将铂颗粒负载于介孔内,限制催化剂的团聚过程等。

气体扩散层通常用多孔碳纸或者碳布(称为扩散层)和一层细密的炭黑涂层(称为微孔层)制成,分别紧挨在阴阳极催化层的外侧,一般厚度为 100~300 μm。气体扩散层材料的多孔性确保了每种反应物气体有效地扩散到催化剂中。该结构允许气体更加充分均匀地扩散,以便气体与催化层整个表面充分接触。气体扩散层也是膜电极中水管理的关键部件。气体扩散层允许适量水蒸气到达催化层和质子膜,保持膜湿润,同时也允许阴极产生的液态水离开电池,以避免液态水过多发生堵塞(也称作"水淹")。气体扩散层通常是疏水的,这有助于确保碳布或纸中的至少一些孔不会被水堵塞。PTFE 是当前最常用的疏水材料。针对气体扩散层的优化设计也有很多,如通过在疏水碳纸材料上制造亲水的孔道等改善其排水性能,采用多层不同孔隙率的复合碳纸调节毛细压力梯度等。

在 4.1.3 的燃料电池电堆中提到双极板在质子交换膜燃料电池中有着多种功能,为了实现高性能和长寿命的设计目标,需要通过设计双极板的拓扑结构和材料来实现这些功能。拓扑结构可以包括直线、蛇形或交指流场以及各种不规则构型。材料的选择基于化学兼容性、耐腐蚀性、成本、密度、电导率、气体渗透特性、可制造性、电堆体积、材料强度和热导率等标准。当前主要采用非多孔石墨、各种涂层金属以及一些复合材料等。

2. 燃料电池均匀性设计

类似于锂电池并联,为了提高燃料电池电堆的功率,需要增大单体面积以提高燃料电池的输出电流。以车用燃料电池为例,其单体面积一般在 300 cm² 左右。

由于空间限制,反应气体往往需要通过横向(y轴方向)流动的方式进入反应位置,导致反应气体出现"一边流动一边反应"的现象,最终导致反应物质浓度和生成水含量沿气体流动方向的不均匀分布。另一方面,增大面积会使气体的流程增长、流阻增大,从而导致空压机功率损失增大。此外,大面积双极板基础材料的面内各向异性被放大,活性表面各处的反应速率、电流密度、温度等参数差异增大。如何同时实现均匀配流、强排水、低流阻,是双极板流场设计的重要挑战,如图4-19所示。

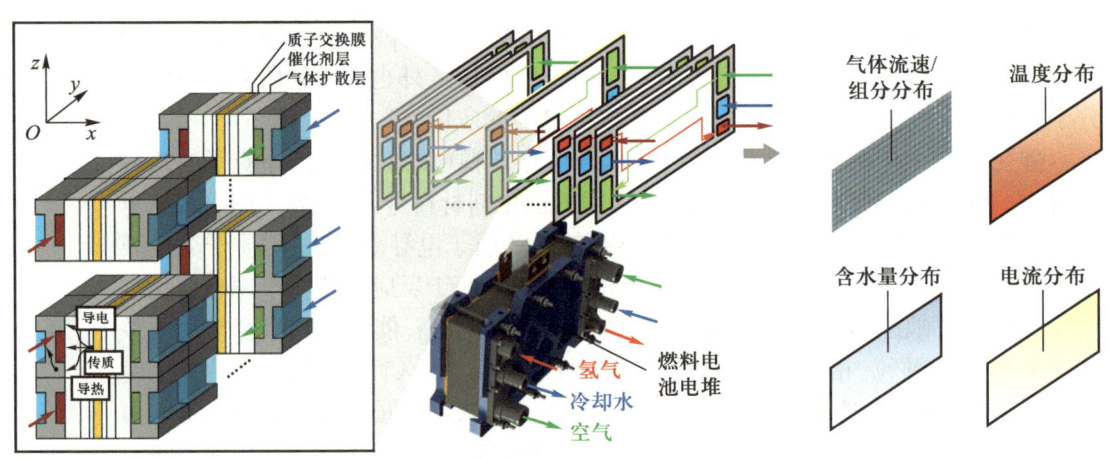

图4-19 燃料电池均匀性设计概念示意图

此外,增大单体的片数可以增加输出电压,是除了增大单体面积的另一种增加燃料电池电堆功率的常用方式,这类似于锂电池的串联设计。以车用燃料电池电堆为例,其单体数量一般在300片左右。在该情况中,反应气体通过公共通道分别进入不同单体参与电化学反应,理想的气体分配模式是进入每一个单体的气体流量都相同,然而,由于不同单体的流阻/流程差异,气体的不均匀分配不可避免。因此如何实现电堆内不同单体的均匀配气也是电堆设计所需要重点考虑的内容。

在工程设计过程中,针对上述多个因素的权衡可以通过考虑极端情况来加以说明。

首先,一个常见的权衡是气体流速与气体压降之间的关系。在极端情况下,高流速可以实现沿流动方向几乎均匀的反应物浓度,并通过剪切力及时排出流道内的液滴。然而,高流速会导致较高的气体压力损失,使得空压机功率损失较大。另一方面,非常低的流速下,液态水将无法被通道的剪切力清除,而且沿流动方向的反应物浓度均匀性较差。因此,需要进行厘米–分米级别的流场形貌设计,兼顾流速的减小与排水效果的提升,如图4-20左上图所示。

其次,燃料电池双极板的气体传输和电子/热量传输之间也需要进行综合考虑。一种极端情况是整个双极板的气体流道宽度为0,在这种情况下,虽然燃料电池的导热和导电性能良好,但是反应气体如果无法到达电化学反应的位置,电化学反应就无法发生。另一方面,当整个燃料电池都是开放式设计时,反应气体得以畅通无阻地输运到反应位置,然而,在这种情况下,燃料电池缺少电子和热量传输的通道,仍然会导致燃料电池的性能较差。最理想的情况是在两种约束之间取得平

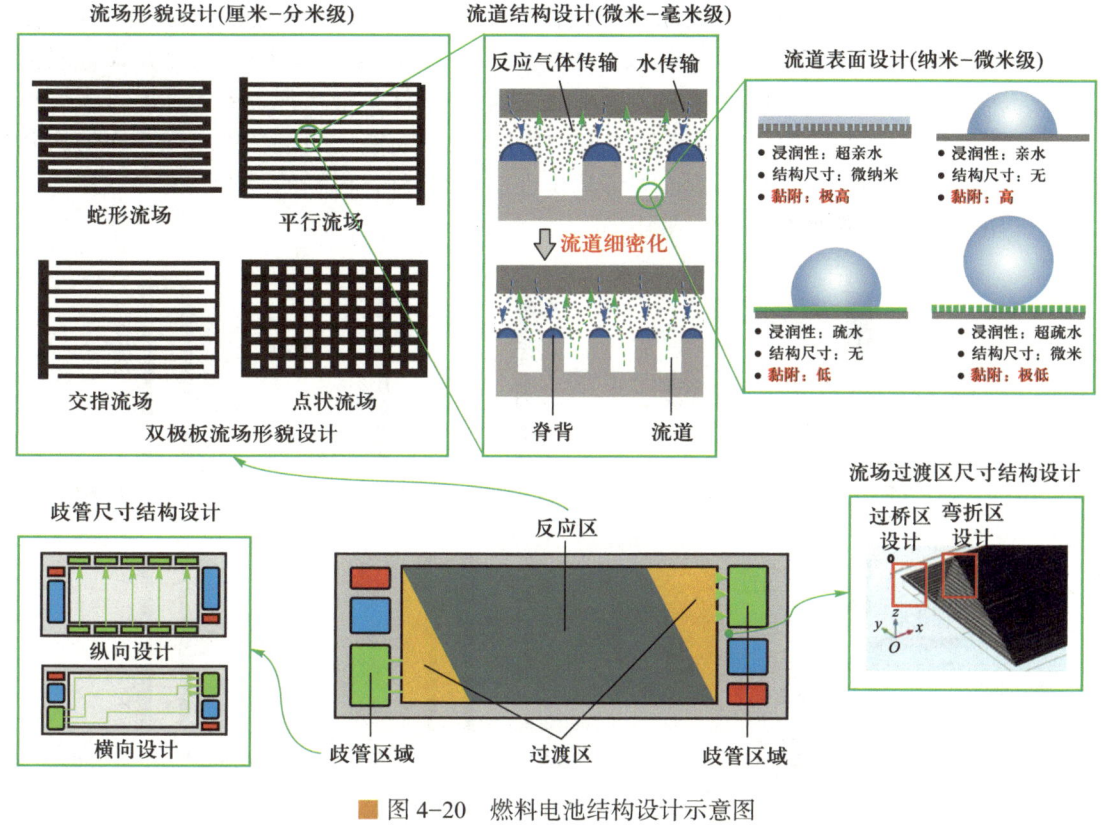

■ 图4-20 燃料电池结构设计示意图

衡,因此需要进行微米–毫米级别的流道结构设计,以兼顾气体、电子、热量的高效传输,如图4-20中上图所示。

再次,正如前文所述,水作为生成物可能以液态的形式存在,需要被及时排出,因此需要建立从微孔层到气体扩散层,再到流道从强到弱的疏水性梯度,从而将液态水"吸出",因此需要对气体流道表面进行亲水处理。另一方面,如果气体流道表面亲水性过强,会限制通过剪切力将液态水从气体流道排出。因此,需要进行纳米–微米级别的流道表面设计,如图4-20右上图所示。

最后,为了提高燃料电池电堆不同单体配气的均匀性,需要增大公共通道的横截面积以降低流阻,然而,如果公共通道的横截面积过大,会导致燃料电池电堆的有效反应区占比减小,电堆的空间利用率降低。因此,需要进行歧管尺寸结构设计,以兼顾上述两个影响因素,如图4-20左下图所示。此外,如图4-20右下图所示的流场过渡区面积占比也涉及气体压降、排水性能、气体传输、电子/热量传输等多因素耦合问题,设计时也需要综合考虑。

4.3.2 燃料电池制造

质子交换膜的制造过程包括膜电极材料制备、膜电极组装制备、单体堆叠等步骤,这里主要介绍膜电极的制备过程与单体组装堆叠过程。

膜电极的制备主要有两种方法,一种是气体扩散电极(gas diffusion electrode,GDE)法,另一种是催化剂层质子膜(catalyst coating membrane,CCM)法,如图4-21

所示。GDE 法是将催化剂涂布在气体扩散层上,制成 GDE,然后将 GDE 压制在质子交换膜两侧得到膜电极。CCM 法通常是通过喷涂或丝网印刷等方式将催化剂涂布在质子交换膜两侧,制成 CCM,然后将气体扩散层压制在 CCM 两侧得到膜电极。GDE 法由于气体扩散层表面粗糙,涂布的催化剂也容易出现不均匀的分散,导致需要更多的催化剂以保证输出性能,同时制备得到的膜电极内部气体传输阻力也偏大,因此目前很少采用。

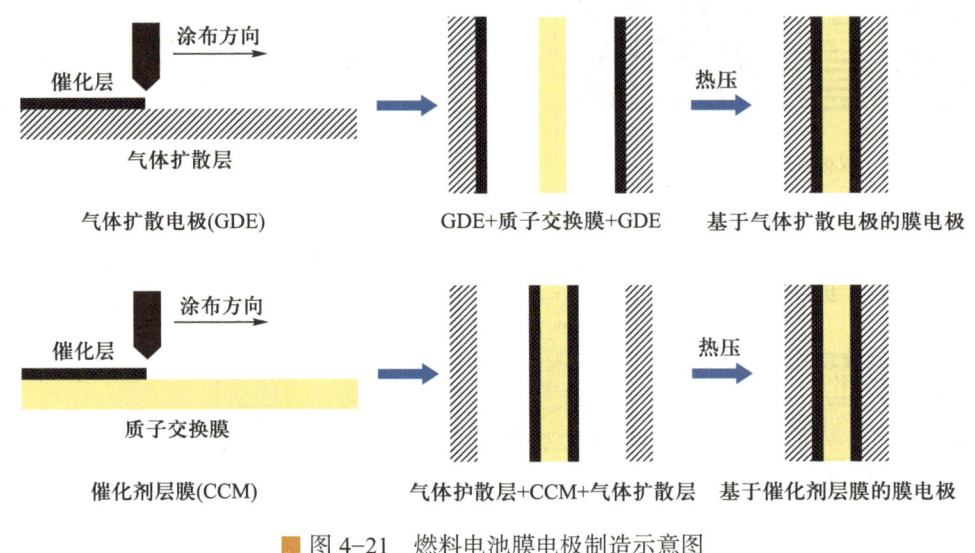

■ 图 4-21　燃料电池膜电极制造示意图

　　质子交换膜燃料电池电堆的组装制造流程比较简单,即将端板、集流板、双极板、膜电极按顺序堆叠而成即可,其中主要难点在于保证单体之间的一致性和密封性,以及不同单体受力在一定阈值内,因此需要开发高精度的装配技术。

　　装配过程如下:首先将下端板放置于组装夹具上,然后将双极板、膜电极、双极板、膜电极循环堆叠,双极板和端板上都有相应的密封垫,如图 4-22 所示。当堆叠到设计所需的数量时,最后一块极板只需装配单极板即可。组装完成后,采用专门的压力设备将电堆压紧以保证密封和尽量小的接触电阻,此外也要避免过大压力造成部件损伤。最后将电堆固定完成气密性检查即可。

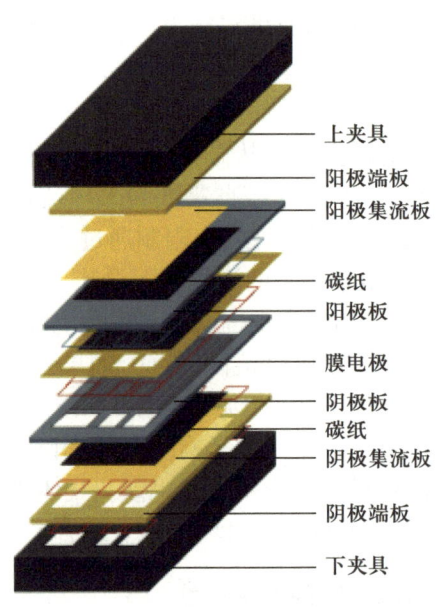

■ 图 4-22　燃料电池组装示意图

4.3.3　燃料电池管理

　　燃料电池管理主要分为热管理和水管理,通过有效的热管理和水管理可以提高燃料电池系统的性能、效率和寿命,同时降低系统的运行成本,如图 4-23 所示。

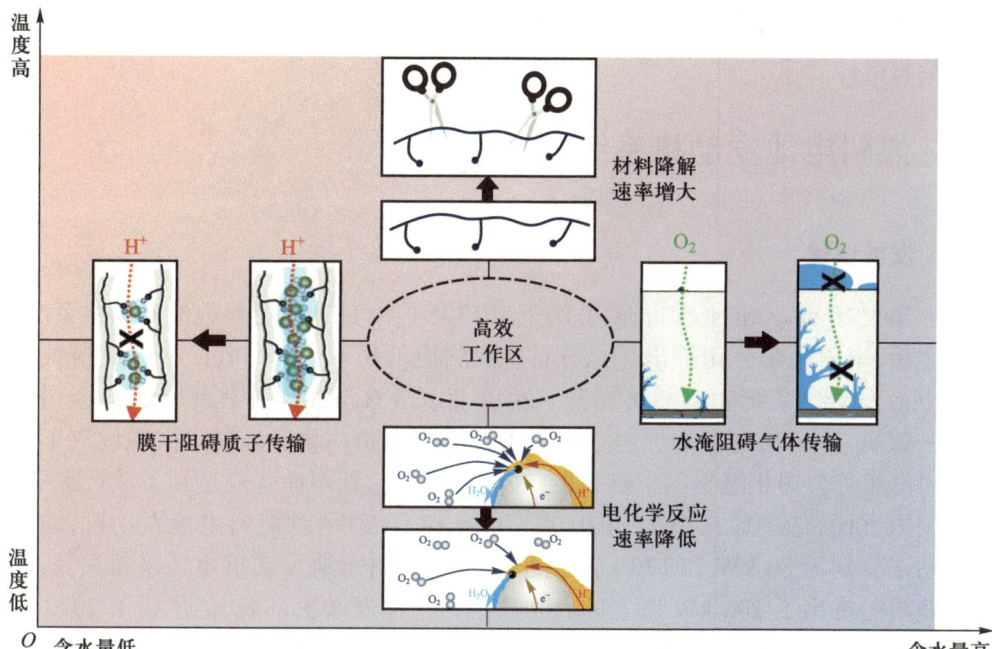

■ 图4-23 燃料电池水热管理示意

　　热管理在燃料电池系统中扮演着至关重要的角色,其主要目的是确保系统在适宜的温度范围内稳定运行,提高系统的效率和稳定性,延长系统的寿命,并确保系统在各种环境条件下正常工作。热管理主要包括升温、散热和废热利用三个方面。在燃料电池启动过程中,升温模式通过控制电加热器或其他热源来加热电堆,使其迅速达到适宜的工作温度。这不仅缩短了启动时间,提高了电堆性能,还减少了冷启动对电堆的损害。在燃料电池运行过程中,散热模式通过控制循环冷却系统来有效散热,防止电堆由于过热而损坏。另外,在电堆工作过程中产生的废热可以通过废热利用工作模式,将回收的能量用于加热水、提供暖气等。

　　水管理是燃料电池技术中的核心问题。水管理本质上是在平衡两种相互对立的效应:一种效应是"膜干"效应,电解质的离子传导性取决于膜的含水量,干燥会降低膜的质子电导率。另一种效应是"水淹"效应,水淹会增加氧气传输阻力。具体而言,全氟磺酸膜仍然是最常用的燃料电池电解质膜(见表4-1),在这种类型的膜中,水分子会附着在磺酸基团上,促进质子在磺酸基团之间的传输。因此,高含水量会增加膜的质子导电性,降低欧姆电压损失。通常采用两种方法来使膜保持水合状态。一种是对进气反应气体进行外部加湿。这种策略需要外部加湿器,因此在燃料电池系统中增加了外部增湿器,如图4-7所示。另一种方法是利燃料电池产生的水在内部加湿反应气体,这需要复杂的流场设计来实现最佳的内部加湿效果。而对于燃料电池内部累积的液态水,其存在会阻碍反应气体运输到催化剂位点,增加浓差极化。由于液态水的生成受水蒸气饱和压力(随着温度的增加而指数型增加)的影响,温度场及其与水相变过程的耦合对研究燃料电池中的两相传输和随之而来的阴极"水淹"至关重要。通常采用优化燃料电池内部的排水过程以避免"水淹"的发生,具体包括:通过控制进入电堆的氢气/空气的相对湿度、流量、压力、电堆温度,调控液态水的蒸发速率;设计高效排水流场,从而避免累积的液态水堵塞流道。

4.4　燃料电池发动机系统发展展望

4.4.1　发展现状

加拿大 Hydrogenics(水吉能)公司于 2013 年推出 HD 45 燃料电池发动机系统。一年之后,丰田汽车公司推出了全球首款燃料电池轿车——Mirai 一代,其搭载的燃料电池发动机系统功率显著提升。2017 年,US Hybrid(美国混合动力)公司推出了一款高功率、长寿命的燃料电池发动机 FCE 150。此后,巴拉德、现代汽车以及丰田汽车等公司相继推出了燃料电池发动机系统,其寿命普遍达到了较长水平。

国内方面,亿华通在 2021 年推出了 G80 和 G120 两款燃料电池发动机,输出额定功率分别为 80 kW 和 120 kW。随后,国内燃料电池发动机市场蓬勃发展,多家企业纷纷推出了 200 kW 以上的大功率燃料电池发动机系统,亿华通于 2022 年进一步推出了 240 kW 级别的 G20+ 燃料电池发动机系统,同时重塑能源于 2022 年也推出了 200 kW 以上大功率燃料电池系——统镜星二十二,这些大功率发动机满足了大型货车对强劲动力的需求。

然而,大功率运行同时也对燃料电池发动机的耐久性提出了新的挑战。目前,大多数大功率燃料电池发动机系统的寿命仍在 15 000 h 以下,仅有少数燃料电池发动机系统能够同时兼顾大功率与长寿命。要克服这一难题,需要跨学科地深入研究与创新,涵盖基础材料科学、先进的机械设计,以及高效的系统集成与控制策略开发等领域的合作。通过这些综合性的努力,希望开发出既能够提供强大动力,又持久耐用的燃料电池发动机系统,以满足市场的需求。

4.4.2　发展趋势

燃料电池发动机系统的发展趋势体现在多个关键指标上。功率密度是衡量燃料电池发动机性能的重要指标。提高功率密度有利于减小燃料电池发动机的体积,便于更好地布置在载具中,也是大功率发动机制造的关键技术。通过零部件一体化集成设计技术,燃料电池发动机的功率密度已经从初期的 300 W/kg 增加到了 800 W/kg,随着系统一体化集成设计技术的进步,功率密度将朝着 1 200 W/kg 前进。

在寿命方面,系统寿命已普遍达到 20 000 h,随着氢空系统/热管理系统高速精确响应控制技术、电堆水含量在线辨识技术等控制诊断技术的发展,寿命达到 25 000 h 指日可待。为了进一步满足各种应用场景(特别是商用车领域)的需求,燃料电池发动机的系统寿命需要达到 30 000 h 以上,这需要电堆健康状态的估计技术及操作条件的自适应优化技术等的进步。

在效率方面,目前的系统额定效率还未超过 60%,虽然相比内燃机获得了一定程度的提高,但由于燃料电池没有热机中卡诺循环的限制,其系统效率还有很大的提升空间,这一点对于满足商用汽车严苛的燃油经济性要求有着重要作用。大流量引射泵技术、工况点优化技术、高速空压机和膨胀机技术等对效率的提升起到了关键作用。此后,能量的综合利用控制技术将推动全功率范围内的效率提升,最终效率将提高至 68% 以上。

最后,成本是制约燃料电池发动机系统商业化的关键因素。目前燃料电池发动机的成本高达 3 000 元/kW,相比内燃机和动力电池系统偏高。通过关键部件的国产化、零部件的一体化集成设计技术,以及系统大规模和自动化量产技术,当燃料电池发动机年产量达到十万台时,成本有望降低至 1 500 元/kW,到 2030 年,当燃料电池发动机年产量达到百万台时,成本有望降低至 200 元/kW,这将为燃料电池技术的商业化和普及奠定基础。

整体来看,燃料电池发动机系统发展趋势可总结为:大功率密度、长寿命、高效率、低成本,如图 4-24 所示。燃料电池发动机系统在过去十年中取得了显著的技术进步,为燃料电池技术的商业化和普及铺平了道路。这四大趋势共同推动了燃料电池发动机系统向更高效、更经济、更可靠的方向发展。

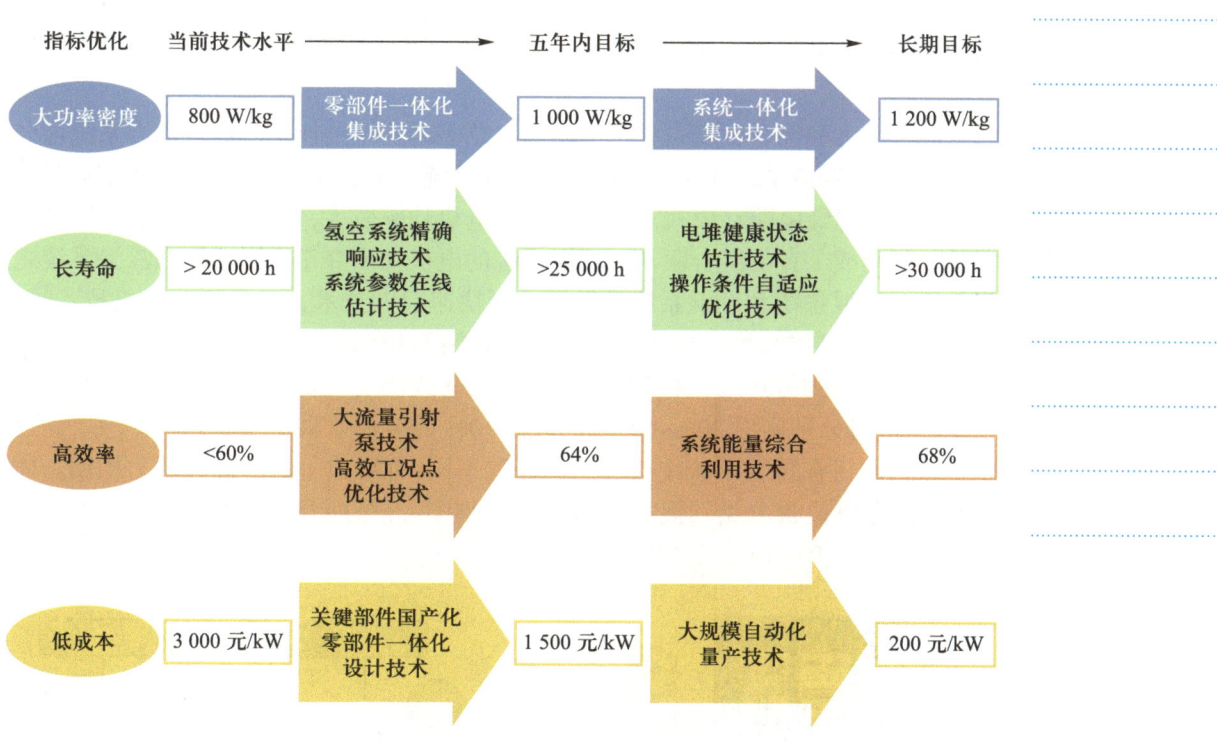

指标优化	当前技术水平 →		五年内目标 →		长期目标
大功率密度	800 W/kg	零部件一体化集成技术	1 000 W/kg	系统一体化集成技术	1 200 W/kg
长寿命	> 20 000 h	氢空系统精确响应技术 系统参数在线估计技术	>25 000 h	电堆健康状态估计技术 操作条件自适应优化技术	>30 000 h
高效率	<60%	大流量引射泵技术 高效工况点优化技术	64%	系统能量综合利用技术	68%
低成本	3 000 元/kW	关键部件国产化 零部件一体化设计技术	1 500 元/kW	大规模自动化量产技术	200 元/kW

■ 图 4-24　燃料电池发动机系统发展趋势

第5章　插电式混合动力系统

5.1　混合动力系统基本分类

混合动力汽车是指能够至少从可消耗的燃料与可再充电能/能量存储装置两类车载储存的能量中获得动力的汽车。根据产品与场景应用需求的差异,混合动力系统可以从动力的混合程度、构型的布置方案和动力的联结方式等进行分类。

混合动力的混合程度是指电机功率占总驱动功率的比例。混合动力系统可分为微混系统、轻混系统和深混系统等。微混系统的电机功率很小,大多数不具备单独驱动汽车的纯电驱动模式。深混系统的电机功率较大,可以实现纯电驱动、发动机单独驱动或二者的组合驱动。轻混系统的电机功率介于微混系统和深混系统之间。通常微混系统和轻混系统借助发动机快速起停技术、BSG/ISG 电机技术等,可分别实现 3%~5% 和 10%~15% 的节油效果;常规深混系统和插电式混合动力系统采用混合动力专用发动机技术、传动系机电耦合技术和高效高性能电机及电池技术,一般可分别实现 30%~50% 和 60%~90% 的节油效果。

根据电机在传动系统中接入点的位置不同,可形成不同的混合动力构型。图 5-1 为按电机位置分类的混合动力系统构型图,并按照行业传统将其分类为 P0、P1、P2、P3、P4、PS,其定义如下。

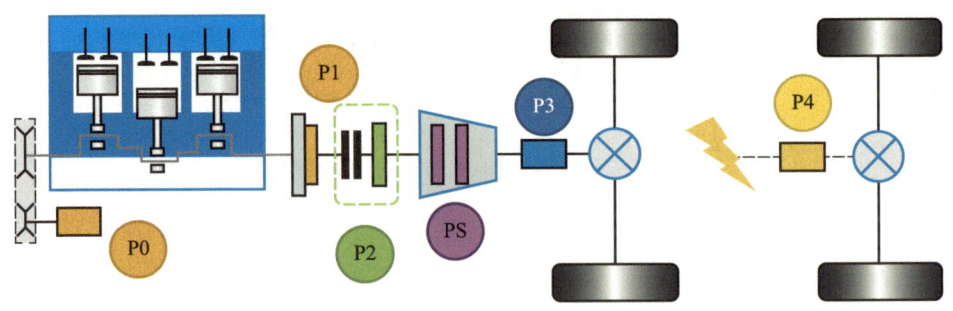

■ 图 5-1　按电机位置分类的混合动力系统构型

① P0:电机通过传动带与发动机相连,位于发动机前端,也称为 BSG(belt-driven starter/generator)技术。

② P1:电机直接与发动机曲轴相连,或处于发动机飞轮的位置,称为 ISG

(integrated starter/generator)技术。

　　③ P2：电机在离合器和变速箱之间，处于变速箱的输入端，通过离合器与发动机解耦。

　　④ P3：电机位于变速箱输出端，与变速箱输出轴同轴或异轴连接。

　　⑤ P4：电机位于另一驱动轴上直接驱动车轮，即发动机驱动前轴，则该电机在后轴，反之则电机位于前轴。

　　⑥ PS：电机位于变速箱中，主要为功率分流(power split,PS)技术，由行星齿轮与双电机系统集合而成。

　　根据动力的混合方式，混合动力可以分为串联混合动力(series hybrid)、并联混合动力(parallel hybrid)和混联混合动力(compound hybrid)，其中混联混合动力根据工作原理的不同，可以分为功率分流和串并联两种构型，后续各节将对这几类混合动力作详细阐述。

　　在我国，并非所有的混合动力汽车都算作新能源汽车。根据我国工业和信息化部于 2016 年 10 月 20 日发布的《新能源汽车生产企业及产品准入管理规定》，新能源汽车是指采用新型动力系统，完全或者主要依靠新型能源驱动的汽车，包括插电式混合动力(含增程式)汽车、纯电动汽车和燃料电池汽车等。因此，混合动力汽车中，只有插电式混合动力是新能源汽车，本章后续内容将围绕插电式混合动力汽车展开。

　　插电式混合动力是一种采用可外部充电储能系统的混合动力系统，其储能系统可通过接头与外部电网或其他能源系统连接充电至满荷电状态。与一般混合动力系统相比，插电式混合动力系统的储能系统容量要大很多，车辆可以在一定行驶里程范围内实现纯电行驶，因此，从混合程度来看，插电式混合动力系统属于深混系统；此外，从结构设计来看，P0、P1 构型的电机不能脱离发动机独立工作，无法成为插电式混合动力系统。

　　插电式混合动力汽车外接充电后会优先使用电能，使得储能系统工作在电量下降阶段，根据该阶段内燃机工作方式的不同，插电式混合动力汽车可以分为混合型和纯电型两种。图 5-2 对混合型和纯电型插电混合动力的区别做了进一步阐释。插电式混合动力的工作过程包括两个阶段：电量下降阶段 CD(charge depleting)和电量维持阶段 CS(charge sustaining)。在电量下降阶段，如果遇到车速高、负荷大的工况，发动机自动起动以保证整车动力性能需求，此为混合型插电混动；在电量下降阶段，如果电机功率足够，在遇到大负荷工况时发动机不会起动，仍由电机单独驱动车辆，此为纯电型插电混动。由于我国政府的新能源车政策要求插电式混合动力汽车在指定工况下达到一定的纯电续驶里程，因此，我国市场上插电式混合动力汽车基本都是纯电型插电式混合动力。目前，大部分插电式混合动力系统应用在乘用车上，也有少量用于卡车、公交车等。

混合动力系统
应用示例

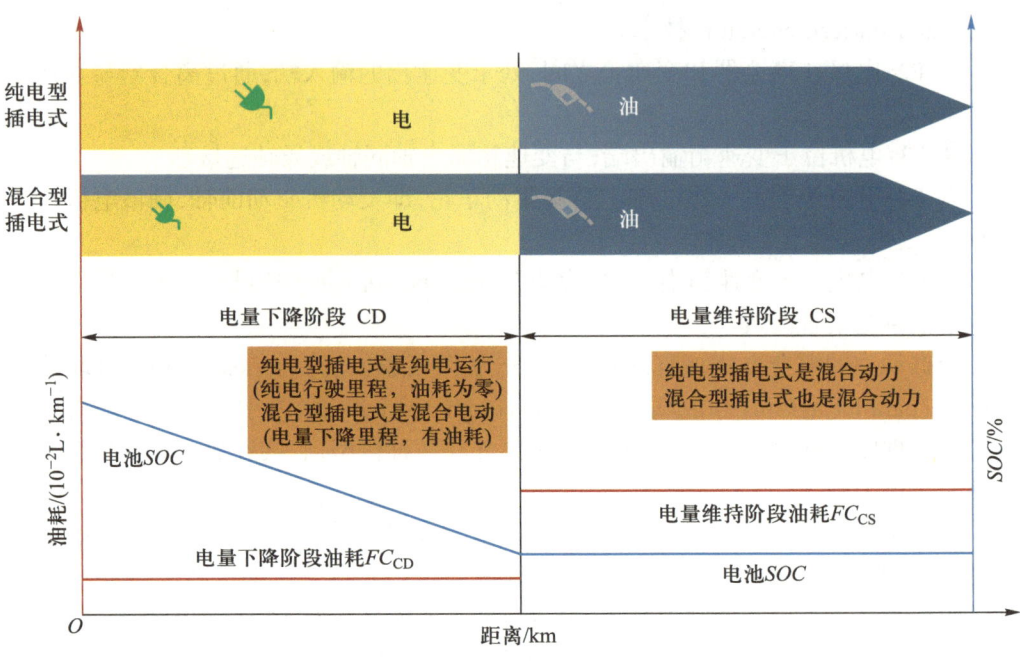

图 5-2　纯电型和混合型插电式混合动力

5.2　串联混合动力

5.2.1　构型介绍

　　串联混合动力系统构型如图 5-3 所示,串联构型车辆的驱动力只来源于电机,发动机只用于带动发电机发电,电能传输到动力电池或直接驱动电机。此外,从构型特征来看,配有电池的燃料电池汽车也属于串联混合动力构型,其中的燃料电池

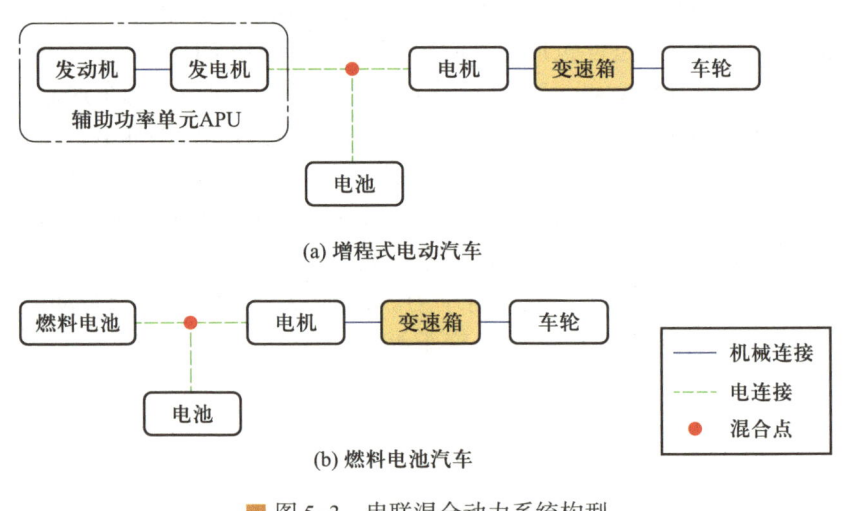

图 5-3　串联混合动力系统构型

也可以直接输出电能供给电池或电机。

增程式电动汽车是在纯电动汽车的基础上增加了一个小型发动机和发电机,其一般配备了较大容量、可从外部充电的动力电池,车辆在纯电动模式下即可以实现所有的动力性能,只有当电池电量无法满足续航需求时,才会启动辅助供电系统提供电能,延长续驶里程。因此,增程式电动汽车在本质上属于插电式串联混合动力汽车。例如,宝马 i3 存在纯电动和增程式两款车型,二者的驱动电机配置完全一样,而增程式额外配备了一台排量为 0.65 L 的小型发动机,仅用于补充电能,不直接参与车辆驱动。

串联混合动力构型的电路结构为并联,即发电机输出的电能和电池储存的电能都可以向电机提供能量,系统能量以电功率的形式进行混合,电池作为能量储存器用于平衡功率波动。串联混合动力系统中为车辆提供机械驱动力的只有驱动电机,系统通过发电机—电机实现了能量的机械—电—机械转换,从传统汽车通过轴进行的机械传动变为,通过电缆进行的电传动实现了发动机和车轮间完全的机械解耦。电机和车轮间可根据需要安装变速箱、减速箱等机械变速装置。电动机工作模式有两种,产生力矩驱动车辆(驱动模式),或被车辆驱动发电存储到储能装置(制动能量回收模式)。

发动机/发电机组成的发电机组又称辅助动力单元(auxiliary power unit,APU)。发电机一般只具有发电模式,可以是永磁同步发电机、电励磁同步发电机等。由于电机功率一般较大,发电机输出、电池、电机输入端共享的直流总线多为高压总线(一般为 300~800 V)。

串联混合动力中发动机与整车机械解耦,其工况不受整车运行工况影响,可将发动机控制在最佳工作状态区间并稳定运行。因此,串联混合动力电动汽车适合于负荷频繁变化的市区工况,发动机可以不受道路情况影响始终保持高效率运行。而在负荷持续较高的高速公路行驶工况,串联混合动力由于机—电能量转换需要经过多个传递环节而导致系统效率相比内燃机直接驱动构型有所降低。总体来看,串联构型控制简单,可降低汽车的排放,但相比纯电动车型,动力系统的成本相对较高。

从能量平衡角度来看,驱动车辆所需功率由电机提供,电机需求功率由动力电池和发电机共同提供,因此发电机输出功率为自由变量,系统具有一个能量自由度。对于给定的发电机输出功率,可以自由选择发动机工作转速,因此该转速为自由变量,发动机具有一个机械自由度。

5.2.2 系统工作模式

1. 纯电驱动模式

当车辆蓄电池荷电状态(state of charge,SOC)较高时,系统进入纯电动模式(见图 5-4)。此时发动机不工作,电机所需的能量完全由电池提供。这样避免了发动机工作在低负荷区域导致燃油消耗率提高,提升了系统综合效率。当电机需求功率增大到一定程度后,或蓄电池 SOC 降低到一定程度后,APU 起动发电,系统进入发动机/电机联合工作模式。

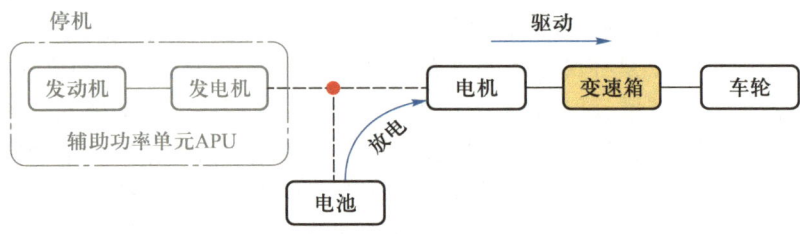

■ 图 5-4　串联混合动力工作模式:纯电驱动模式

2. 发动机/电机联合工作模式(功率分配模式)

在该工作模式下(见图 5-5),APU 系统向外发电,电机消耗电能驱动车辆行驶。此模式又可分为两种情况:当 APU 输出功率小于电机需求功率时,不足的电能由电池提供,电池放电;反之,当 APU 输出功率大于电机需求功率时,多余的电能储存在电池中,电池充电。这样,APU 的输出功率不直接受车辆行驶状态的影响,可优化控制在高效工作区域中。

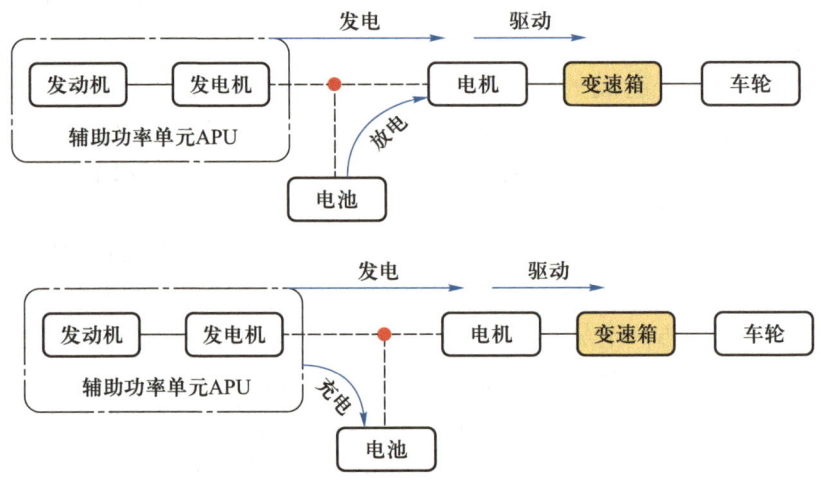

■ 图 5-5　串联混合动力工作模式:联合工作模式

3. 制动能量回收模式

如图 5-6 所示,串联混合动力车辆制动过程中的动能可以通过电机发电转化为电能,实现了能量的回收。对于单轴驱动车辆,只有由电机驱动的驱动轮可以进行制动能量回收,其他车轮上的制动力仍由机械制动器提供。驱动轮上的制动力

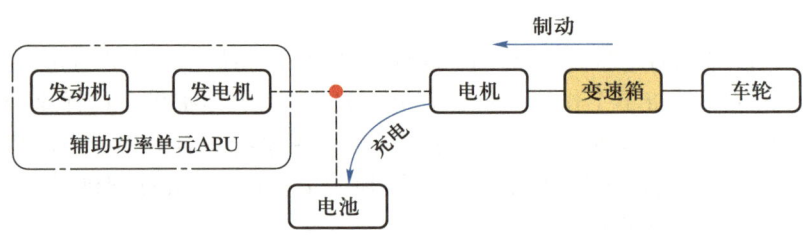

■ 图 5-6　串联混合动力工作模式:制动能量回收模式

也只是对其部分能量进行回收,传统机械制动器通常出于安全考虑仍然发挥作用。制动过程中回收能量的大小受路面特性、车辆制动安全特性、电机制动功率和电池充电功率等因素限制。

4. 停车充电模式

当车辆由于交通原因导致临时停车时,如果蓄电池 SOC 过低,APU 系统将输出电能为蓄电池进行充电,系统工作在停车充电模式(见图 5-7)。此模式可以迅速补充储能系统的电能,并避免发动机频繁停机。需要注意的是,我国汽车用户的出行里程大多数较短,因此增程式电动汽车电池的主要电能来源是电网。

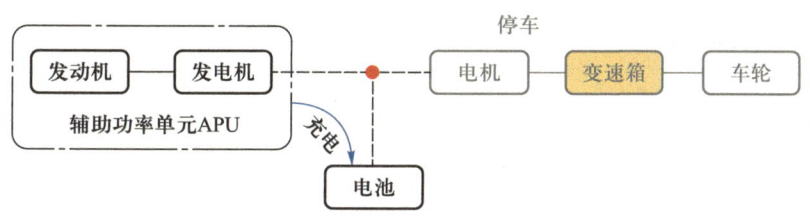

■ 图 5-7　串联混合动力工作模式:停车充电模式

5.2.3　实例分析

串联混合动力系统结构较为简单,但可以显著提升电动汽车的纯电续驶里程,得到了很多企业的青睐。以比亚迪公司 2023 年推出的高端车型仰望 U8 为例,该车混合动力系统架构的原理如图 5-8 所示,发动机和发电机组成增程系统(实物见图 5-9),将发动机的机械能转换为电能输出给电池或四轮边电机,再由驱动电机通过减速器驱动车辆。整车及驱动系统参数见表 5-1。

串联混动构型显著提升了这一款电动汽车的续航性能。四台总功率 880 kW 电驱动系统将仰望 U8 的零百公里加速提升到了 3.6 s,但增加各类配置也导致整车重量大幅提升,总重接近 3.5 t 远超传统车型。通过配备 2.0T 涡轮增压发动机与 180 kW 发电系统,并搭配 49.05 kW·h 大容量电池,这款电动车依然可以达到 180 km 的纯电续航和 1 000 km 的综合续航。

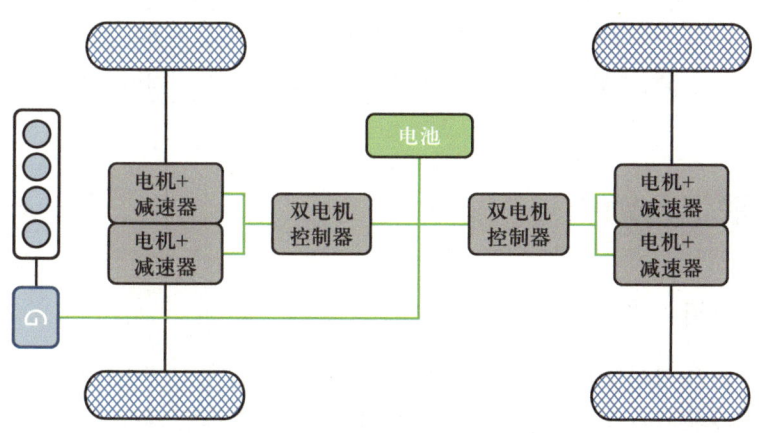

■ 图 5-8　仰望 U8 混合动力系统架构图

图 5-9 高清大图

■ 图 5-9　增程系统实物图

表 5-1　仰望 U8 整车及驱动系统参数

车辆	长/宽/高/mm	5 319/2 050/1 930
	轴距/mm	3 050
	0~100 km/h 加速时间/s	3.6
	纯电续航/km	180
发动机	排量/L	2.0
	峰值功率/kW	180
驱动电机	峰值功率/kW	880(220×4)
	最大转矩/N·m	1 280(320×4)
电池	额定电量/kW·h	49.05

　　串联混合动力系统的另一个优势是发动机与轮端完全解耦,这使得汽车在设计布置上较为灵活。仰望 U8 在底盘上高效布置了高效率发电系统、高性能功率型刀片电池、四电机独立驱动及控制系统,并兼顾了整车燃油经济性和动力性。

　　综合以上两个优势,串联混合动力系统为底盘设计提供了更多的可能性,更有利于平衡燃油经济性和动力性,是近年来高端新能源车型的重要技术路线,例如问界 M 系列、理想 L 系列等代表性产品。

　　但是,串联混合动力系统需要进行多次能量转换,致使汽车在较为稳定的高速路况下的驱动效率可能不如并联或混联混合动力系统。此外,由于发动机不能和电机共同驱动车辆,串联混合动力对于能源系统的动力能力利用不充分,这也是串联构型的短板之一。

5.3　并联混合动力

5.3.1　构型介绍

　　并联混合动力系统的典型结构如图 5-10 所示,动力系统由内燃机、动力电池、电机和机械传动装置组成。并联构型的结构特点是将内燃机和电机的输出转矩进行机械混合,再向车辆提供驱动转矩。

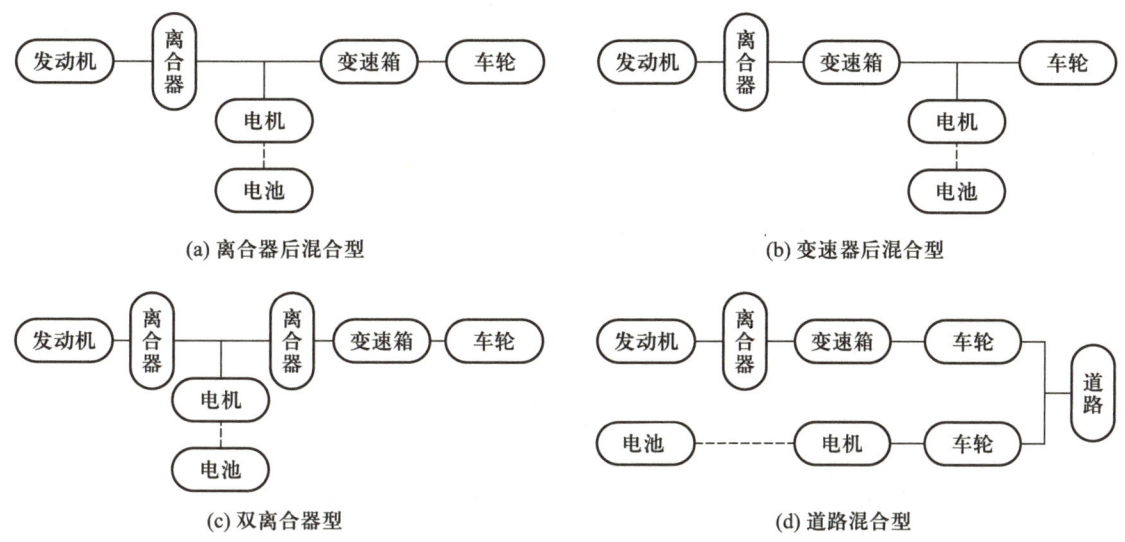

图 5-10　并联混合动力系统构型

前文提到,由于电机位置的不同,各构型的混合程度也有所区别。P0 和 P1 构型的电机与发动机混合点位于离合器之前,电机不能独立于发动机工作,发动机是系统的主动力源,电机起辅助作用,系统一般为微混合或轻混合动力系统。对于发动机和混合点之间有离合器的构型,发动机可通过离合器与传动系统脱离,而由电机独立驱动车辆,该构型一般需要功率较大的电机,系统往往为深度混合动力系统。

插电式并联构型根据混合点的位置不同可细分为离合器后混合型(并联 P2)、变速器后混合型(并联 P3)、双离合器型(双离合并联 P2)和道路混合型(through the road,TTR)(并联 P4)。

并联构型中的电机同时具备电动机和发电机两种工作模式,既可以将电池中储存的电能转换为机械能输出,也可以通过发电模式将机械能转换为电能储存在电池中。对于混合点后有离合器的系统(构型 3),发动机易于与车辆传动系统脱离,通过电机实现发动机快速起动。

在并联式混合动力电动汽车中,可以通过改变电机转矩来调节发动机负荷。电机在加速时消耗蓄电池中的电能产生转矩,助力车辆加速。在制动时转为发电模式,把车辆带动电机产生的电能储存到电池中。此外,在整个行驶工况下,电机可根据发动机当前运行工况的油耗、排放和蓄电池 SOC 情况智能决定转矩输出,从而进一步对系统油耗、排放进行优化。

从能量平衡角度来看,车辆需求功率由电机和发动机共同提供。因此,电机输出功率(或发动机输出功率)为自由变量,系统有一个能量自由度。受限于机械连接,发动机和电机的转速均由车速决定,系统没有机械自由度。系统自由度体现在转矩变量的自由上,发动机和电机转矩叠加后共同驱动车辆。

5.3.2　系统工作模式

1. 发动机快速起动/停止模式

如前所述,混合点后有离合器的双离合器型更容易实施此模式(见图 5-11)。

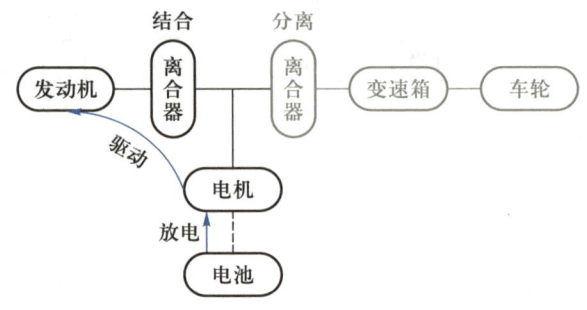

■ 图 5-11　并联构型发动机快速起动/停止模式

通过混合动力电机可以将发动机在短时间内(<1 s)快速起动。在车辆由于交通等原因临时停车时,发动机迅速停止,取消了原有的怠速状态,节省了怠速状态中的燃油消耗,降低了有害气体排放。当检测到驾驶员发出的车辆起步指令后,发动机被迅速起动,驱动车辆前进。

2. 纯电动模式

在车辆起步、低速行驶、倒车等工况,发动机后的离合器分离,电机为整车提供驱动力,电池放电,如图 5-12 所示。此模式使得发动机在小负荷时可以完全停止运行,降低了燃油消耗。

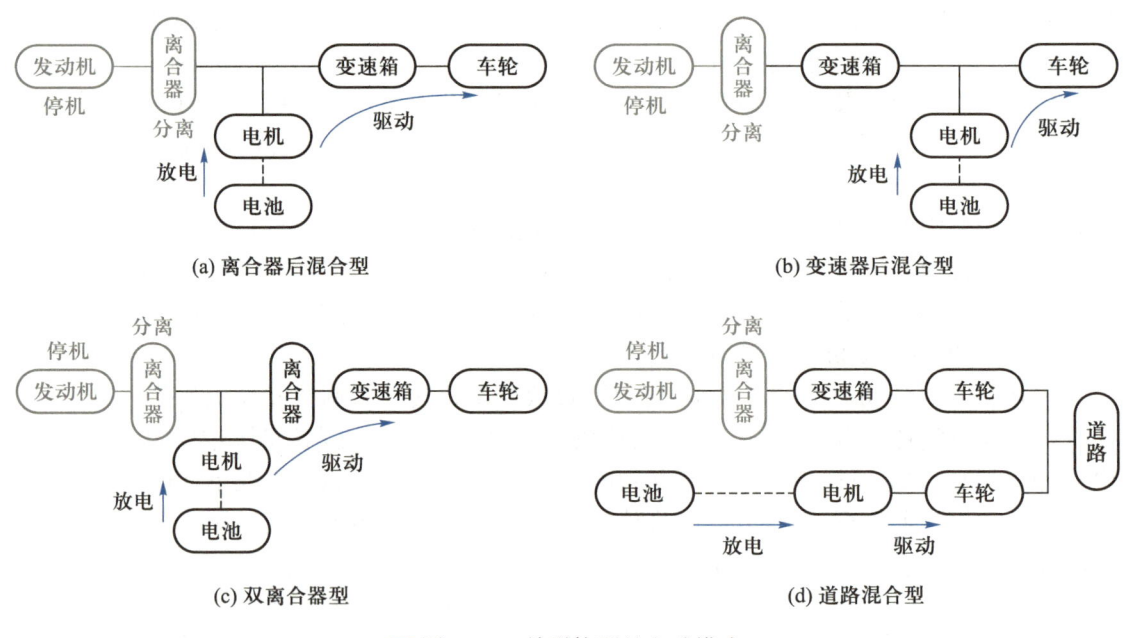

■ 图 5-12　并联构型纯电动模式

3. 联合工作模式

此模式(见图 5-13)是汽车行驶时系统的主要工作模式,各个离合器均处于结合状态。发动机和电机联合工作。当车辆起步加速或上坡时,车辆需求功率较大,电池放电,电机处于电动模式输出转矩,对系统进行功率补偿。当汽车中低速巡航或电池 SOC 很低时,电机处于发电模式,将发动机输出的一部分转矩转化为电能,

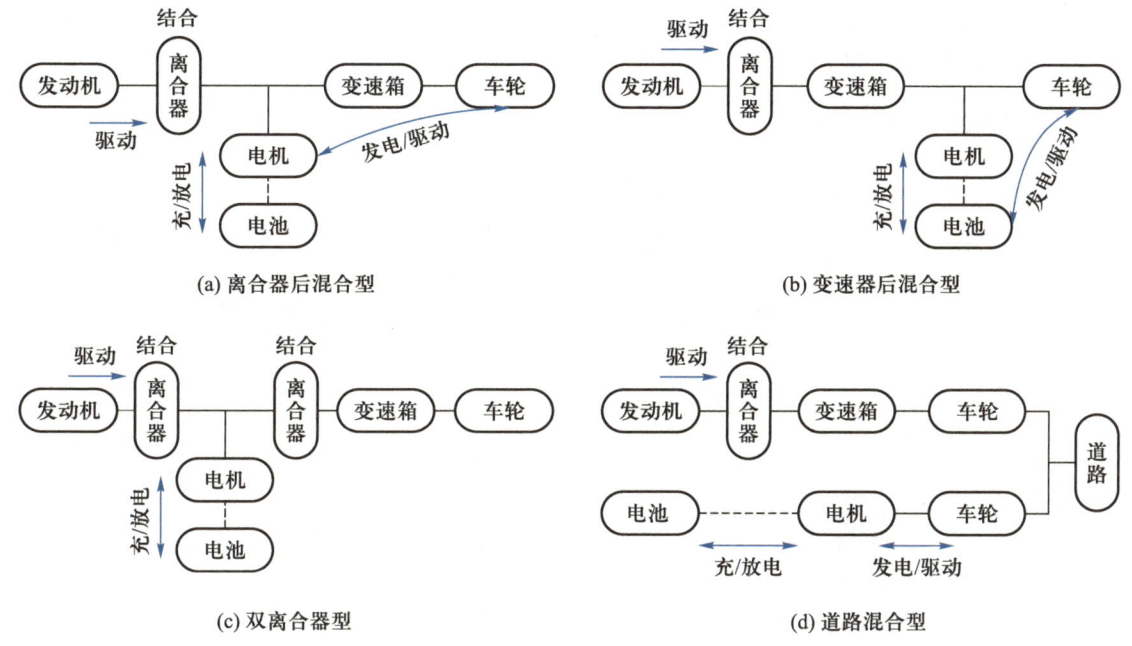

(a) 离合器后混合型　　　　　　　　　(b) 变速器后混合型

(c) 双离合器型　　　　　　　　　(d) 道路混合型

■ 图 5-13　并联构型联合工作模式

为电池充电。

在此模式中,电机可以智能地根据发动机当前运行工况的油耗、排放和电池 SOC 决定转矩输出,从而进一步对系统油耗、有害气体排放进行优化。

4. 制动能量回收模式

当车辆减速制动时,电机工作在发电模式,将车辆机械能进行回收并转化为电能,为电池充电(见图 5-14)。由于发动机和混合点之间有离合器,因此可以通过

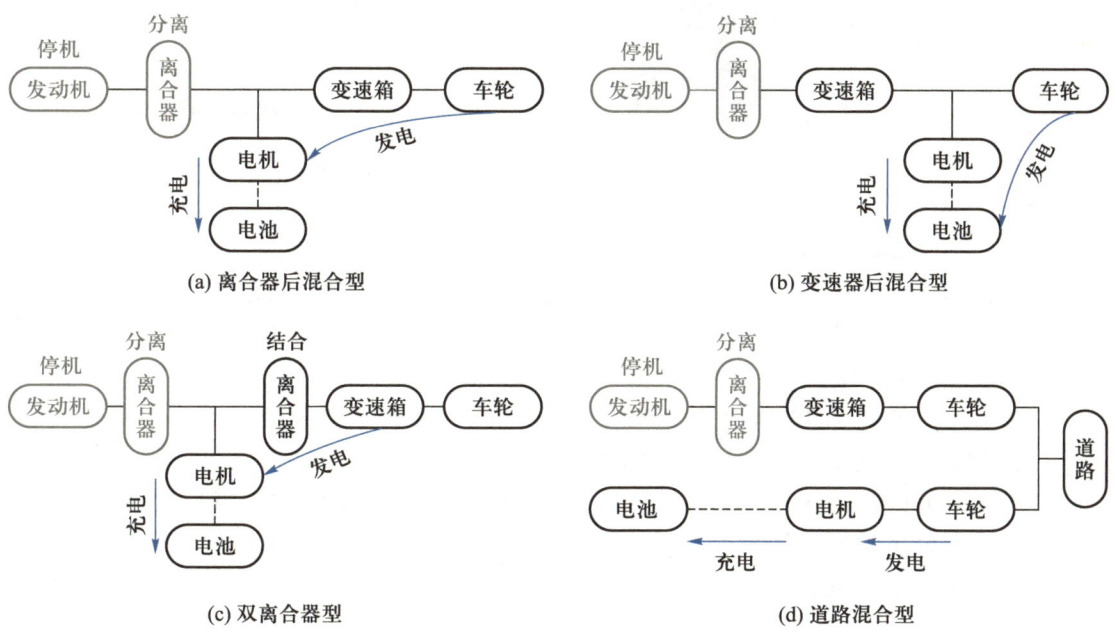

(a) 离合器后混合型　　　　　　　　　(b) 变速器后混合型

(c) 双离合器型　　　　　　　　　(d) 道路混合型

■ 图 5-14　并联构型制动能量回收模式

分离该离合器使发动机与传动系统脱离,并停止发动机运转,减小由于倒拖发动机造成的摩擦损失,以便回收更多的能量。

5.3.3　系统实例

1. 基于 DCT 的 P3、P4 并联系统

并联构型的优势在于兼顾效率与动力性。以 2013 年比亚迪的第二代 DM 系统为例,其采用包含双离合变速器(dual clutch transmission,DCT)、P3 和 P4 电机的并联混合动力架构,P3 电机布置于 DCT 和差速器之间,如图 5-15 所示。

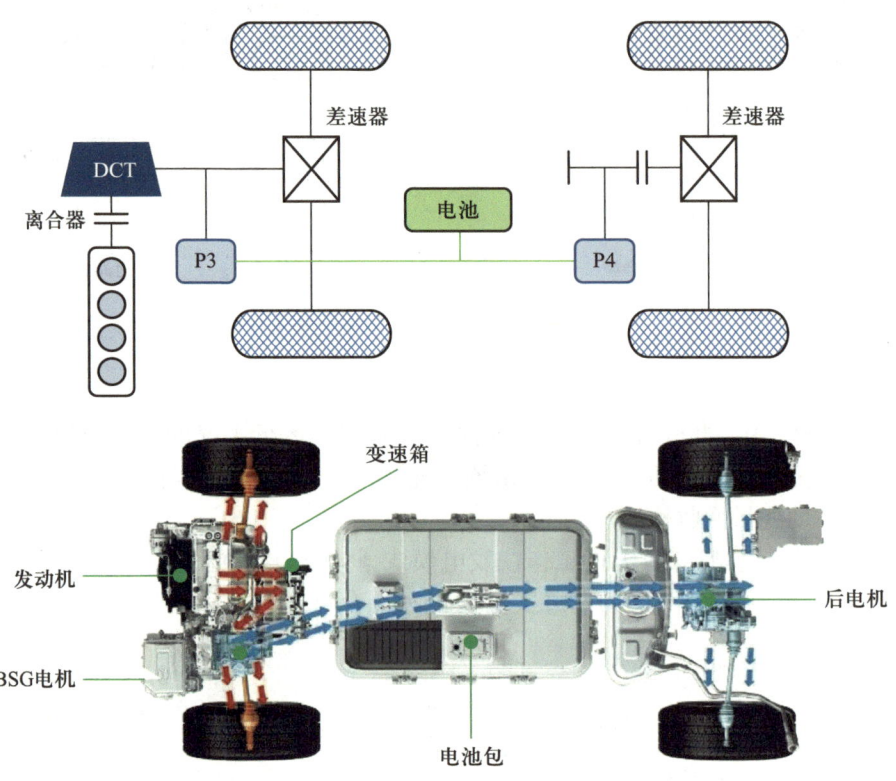

图 5-15 高清大图

■ 图 5-15　比亚迪第二代 DM 并联混动架构

该系统利用了双离合器变速箱与电机匹配,便于在轿车上实现前驱横置的布置形式。另外,该系统可通过双离合器的通断实现纯电动和并联驱动两种模式的切换,动力性显著提升。但由于没有发电机,亏电状态下的动力性相比高电量状态衰减较为严重。

比亚迪 2015 款唐采用了第二代 DM 架构,整车及驱动系统参数见表 5-2。在混动模式下,其通过一台 2.0T 发动机搭配 6 速湿式双离合变速器,以及前后两台 110 kW 电机,三个引擎同时工作,最大可输出 371 kW 功率和 720 N·m 扭矩,且百公里加速时间小于 5 s,体现了并联混动的动力性优势。前后轴解耦的结构可实现前后轴独立动力输出,百公里综合油耗仅为 2 L,体现了并联混动的经济性优势。

表 5-2 比亚迪 2015 款唐整车及驱动系统参数

车辆	长/宽/高/mm	4 815/1 855/1 720
	轴距/mm	2 720
	0~100 km/h 加速时间/s	4.9
	纯电续航/km	80
	NEDC 综合油耗/$(10^{-2}\,L\cdot km^{-1})$	2
发动机	排量/L	2.0
	峰值功率/kW	151
	最大转矩/N·m	320
	最大转速/$(r\cdot min^{-1})$	5 500
P3 驱动电机	峰值功率/kW	110
	最大转矩/N·m	250
变速箱	双离合	6 挡
P4 驱动电机	峰值功率/kW	110
	最大转矩/N·m	250
电池	额定电量/kW·h	20

2. 基于 DCT 的 P2.5 并联混合动力系统

市场上还有一种介于 P2 和 P3 之间的一种并联混动构型（P2.5），即电动机集成在变速箱内部，并与 DCT 偶数输入轴时刻相连，比较具有代表性的是吉利的 7DCTH，如图 5-16 所示。在电池有电时，电机参与驱动，或起动发动机；在电池没电时，适时起动发动机发电。

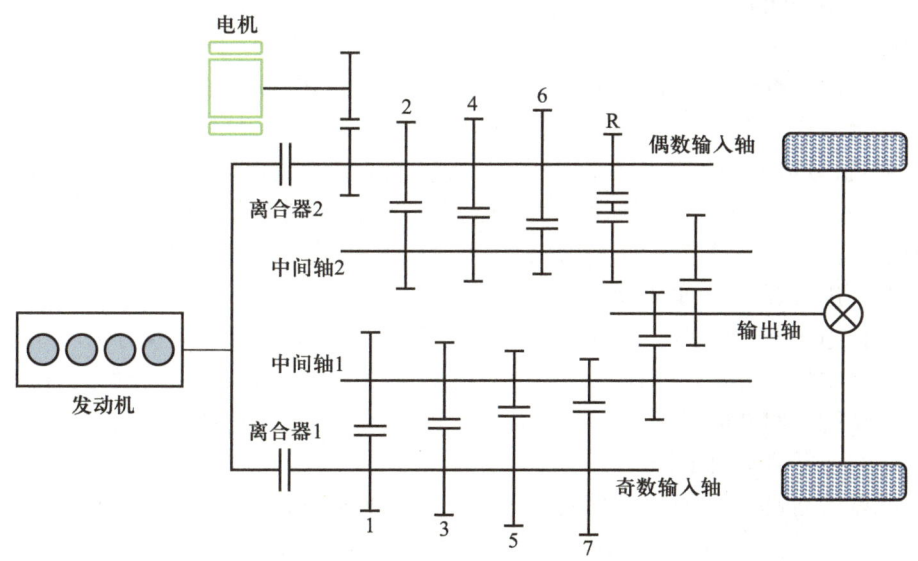

图 5-16 吉利 P2.5 混动系统构型图

该构型的主要优势如下：

① 减小了驱动电机体积和重量。由于多挡位变速器的存在，可以选择高转速、小体积的驱动电机，减小驱动电机功率，从而有利于控制整个动力总成系统的重量和成本。

② 动力耦合时平顺性较好。借助于 DCT 良好的换挡平顺性，该构型在电机与发动机进行动力耦合时，可以做到更自然顺畅。

③ 较强的动力性。将混合驱动运用到运动模式后，发动机与驱动电机通过适当的挡位选择与组合，会产生更大的输出力矩。

④ 良好的扩展性。该构型能在不影响安装长度的条件下，将不同规格的电机紧凑安装在变速箱壳体内。

⑤ 当发动机和离合器分离且自由滑行时，仍然可以实现起停功能和滑行功能。这是由于变速器在发动机与离合器分离时仍可以通过驱动电机进行离合和换挡操作。

该构型的主要缺点如下：

① 结构复杂，需要增加多个机械耦合装置，而且 DCT 必须采用电动油泵。

② 控制程序复杂。

③ 纯电模式下，换挡过程动力中断。由于纯电模式下，离合器 1 和离合器 2 同时断开，驱动电机在换挡过程中需要通过主动降扭才能挂入新的挡位，因此会产生动力中断。

5.4　混联混合动力

5.4.1　构型介绍

混联构型同时具备并联构型和串联构型特征，至少包含两个电机，具有两种构型的优势。

行星齿轮

通过两个电机与传动装置的配合，混联构型既可按串联混合方式工作，也可按并联混合方式工作。发动机通过动力分配装置（如行星齿轮）将一部分动力传送到一个电机，该电机一般工作在发电模式，将机械能转换为电能储存在电池中，该系统的另一个电机则将电能转换为机械能，具备串联能量混合特征。发动机的另一部分动力则直接输送至车辆输出轴，与上述串联能量混合通路的终点——电机以并联方式进行混合，共同驱动车辆行驶。

根据电机与传动系统耦合方式的不同，混联混合动力可进一步分为功率分流型和串并联型，如图 5-17 所示。功率分流型通过 1 个行星齿轮实现动力分配和无级变速功能。串并联型通过双电机与发动机、离合器、变速传递机构的组合构成能量的串联或并联混合通路。

混联混合动力系统是串联混合和并联混合的集成，具有比较综合的混合动力工作模式，系统能量分配灵活度更高，能更好地适应车辆复杂的行驶工况。对于频繁起动/停车和蠕行的城市工况，系统可以通过关闭发动机或开启发动机工作在高效区，并使电机单独驱动车辆行驶，充分利用了串联混合动力的优势。对于持续中

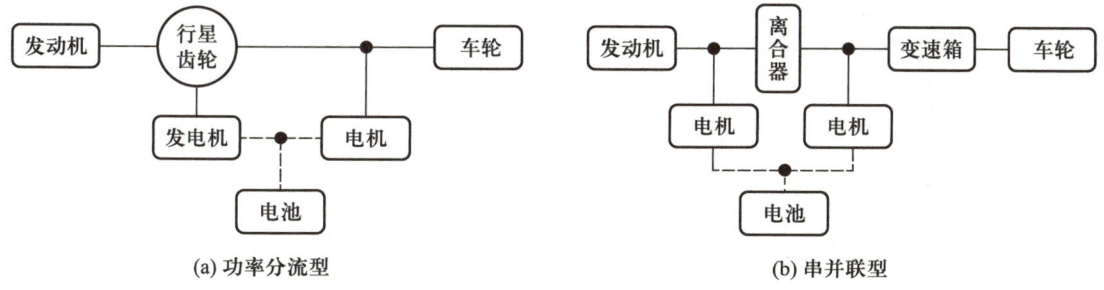

(a) 功率分流型　　　　　　　　　　　　(b) 串并联型

图 5-17　混联混合动力构型

高负荷的高速路工况,发动机为车辆行驶提供主要能量,具有并联混合动力构型的特点和优点。

功率分流型在实现了能量分配的同时,还实现了车辆的变速器功能,替代了传统车辆的手动或自动变速器。该构型利用了一个行星齿轮通过控制发电机转速实现了无级变速器功能,称为电动无级变速器(electronic continuously variable transmission,E-CVT)。

然而,混联构型往往系统比较复杂,需要动力分配或耦合装置以及多个电机,使得系统成本和复杂度大大提高。

从能量平衡的角度来看,车辆需求功率由电机和发动机共同提供。因此电机输出功率(或发动机输出功率)为自由变量,系统具有一个能量自由度。行星齿轮机构在实现了能量分配的同时提供了一个转速自由度,使发动机转速为自由变量,与车辆行驶工况解耦。

5.4.2　系统工作模式

1. 纯电动模式

当汽车起步、低速行驶或倒车时,系统中的发动机停机,车辆由电机以纯电动方式驱动行驶,如图5-18所示。功率分流型中的行星齿轮和发电机处于空转状态。串并联型中的离合器分离。

2. 联合工作模式

车辆正常行驶时主要处于此工作模式,如图5-19所示。在混联混合动力系统中,发动机一部分动力直接输出至车轮,另一部分动力通过发电机—电机输出至

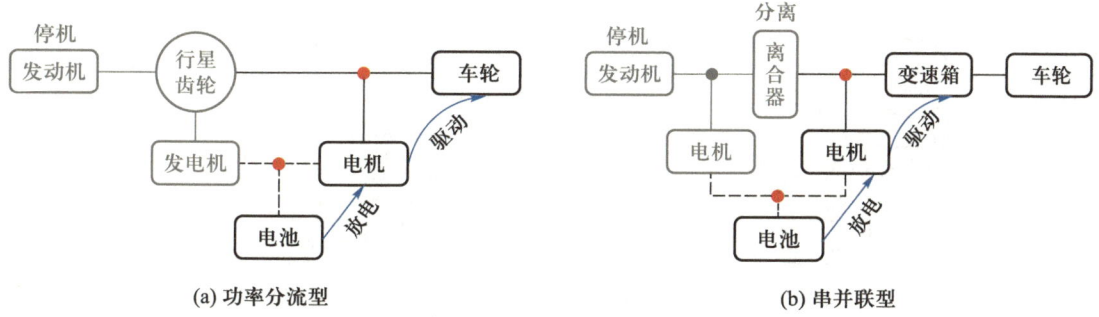

(a) 功率分流型　　　　　　　　　　　　(b) 串并联型

图 5-18　混联构型纯电动模式

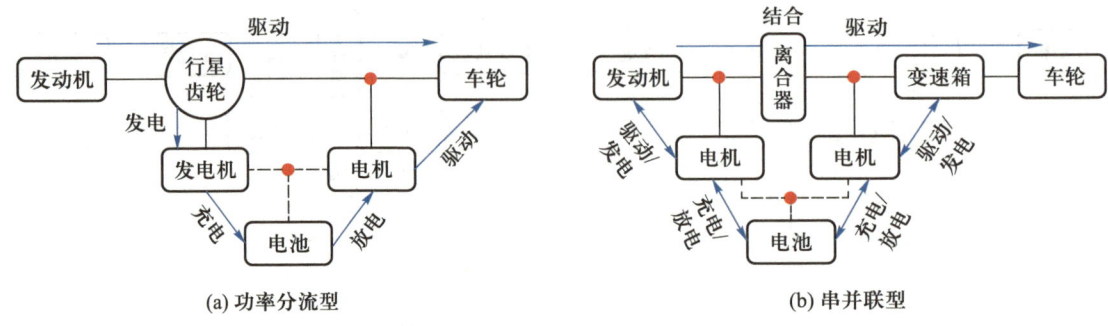

■ 图 5-19 混联构型联合工作模式

车轮。在串并联混合构型中,离合器处于结合状态,发动机主要动力通过机械方式输出至车轮,两个电机可以根据发动机工作状态智能决定驱动/发电,优化系统效率。

3. 制动能量回收模式

当车辆制动时,混联混合动力系统的行星齿轮处于空转状态,串并联混合构型中的离合器分离,发动机停机。电机将车辆机械能转换为电能,储存在电池中,如图 5-20 所示。

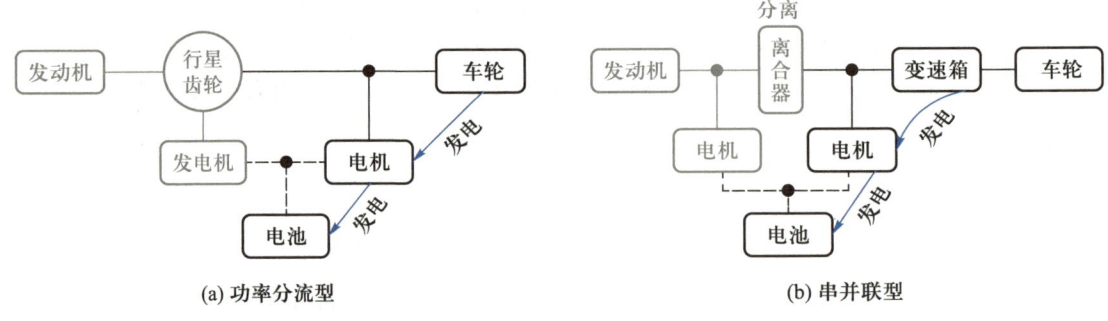

■ 图 5-20 混联构型制动能量回收模式

4. 停车充电模式

混联构型具备停车充电功能,混联混合动力系统的行星齿轮输出轴不输出能量,能量通过发动机—发电机进入电池中。串并联混合构型中的离合器分离。如图 5-21 所示。

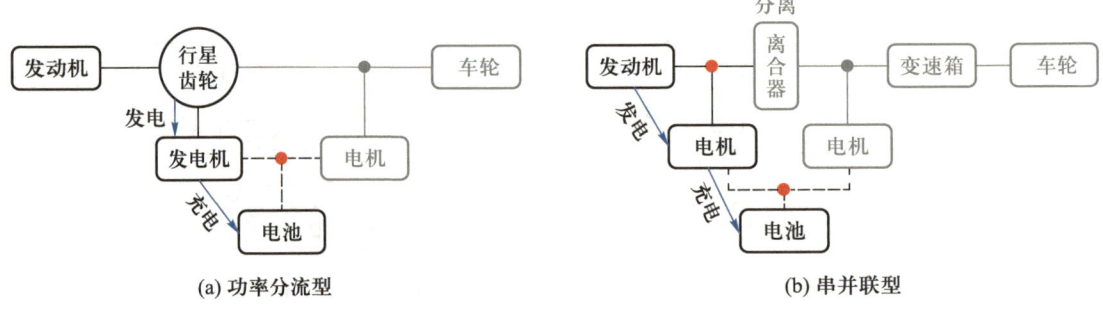

■ 图 5-21 混联构型停车充电模式

5.4.3　系统实例

1. i–MMD 双电机深混系统

本田的 i–MMD（intelligent multi mode drive，智能多模式驱动）串并联构型是一款代表性的混联产品，如图 5–22 所示，该构型具有三种工作模式。

① 纯电驱动模式：离合器断开，发动机和发电机停机，系统通过存储在电池里的电量驱动电机。

② 混合动力驱动模式：离合器断开，发动机带动发电机发电，电能用于驱动电机或给电池充电。

③ 发动机驱动模式：离合器闭合，发动机输出的动力直接驱动车辆，此时电机视功率需求和电池状况进行辅助驱动。

图 5–23 是本田 i–MMD 串并联构型的两个工作阶段特征。在 CD 阶段，车辆工作模式的切换主要考虑整车的动力性，当车辆需求功率较小时，采用纯电驱动；当

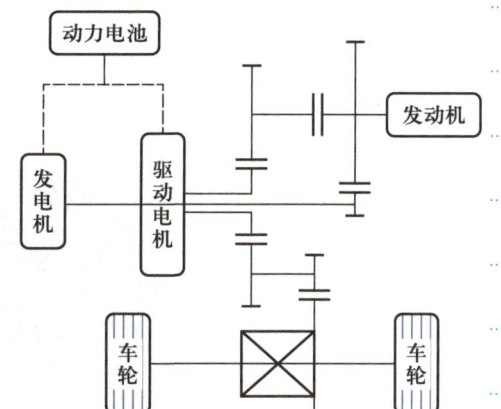

■ 图 5–22　本田 i–MMD 串并联混动构型

车辆需求功率较大时，车辆采用混合动力驱动。在 CS 阶段，车辆的纯电动模式工作点明显减少，主要分布在车速 70 km/h 以下且整车输出功率小于 20 kW 的区域内；发动机直接参与整车驱动出现在车速 70 km/h 以上且整车功率在 40 kW 以下的区域内，这是由于在 CS 阶段，动力电池的电量较低，因此通过启动发动机来对动力电池进行充电；从图中可以看出，CS 阶段下串联驱动模式的工作点分布范围最广。

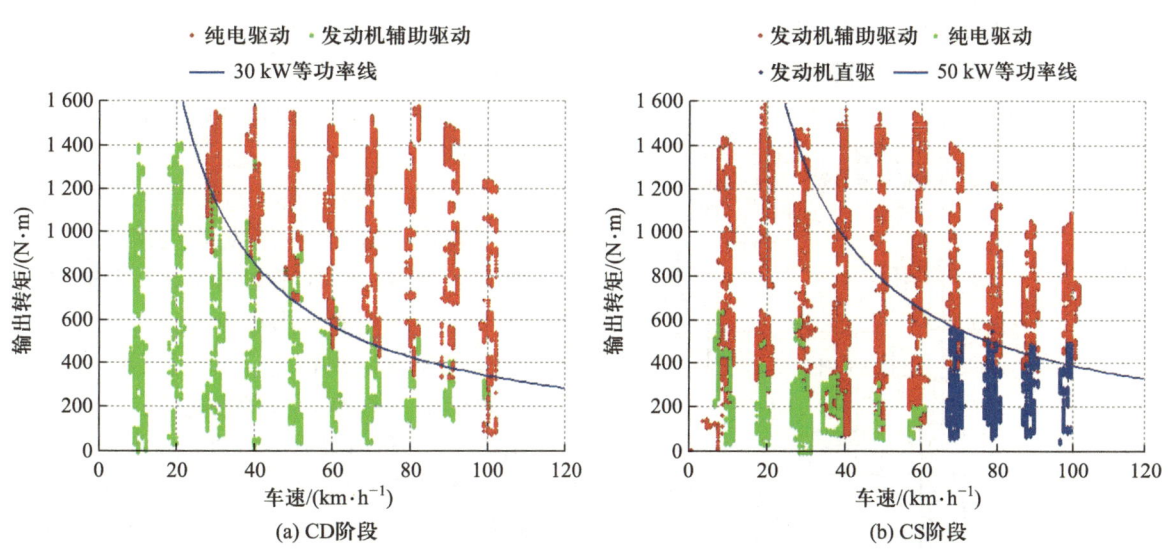

■ 图 5–23　本田 i–MMD 串并联构型的两个工作阶段

　　为了提高系统在混合动力驱动模式和发动机驱动模式的发动机效率,车辆采取如图 5-24 所示的控制策略。在混合动力驱动模式下,发动机和车轮机械解耦,可以工作在最佳燃油经济性曲线上,并通过电池的充放电调节工作点至最佳区域,即图中①②区域向⑤区域转移。在发动机驱动模式下,发电机和驱动电机参与调节发动机的工作点,使其工作在最佳燃油经济性曲线上,即图中③④区域向⑤区域转移。通过上述控制策略,相比传统燃油车,混合动力汽车可以实现 35% 以上的节油效果。

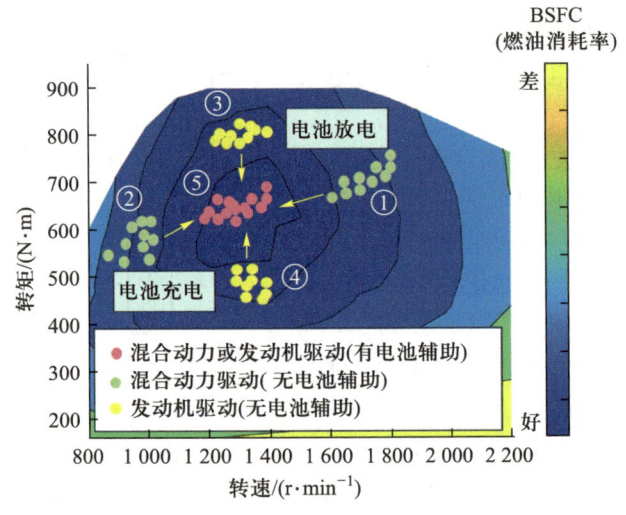

图 5-24　本田 i-MMD 串并联混合动力系统控制策略

2. DM-i 混合动力系统

　　比亚迪 DM-i 混合动力系统综合了串联和并联两种驱动行驶的优点,可以显著提高整车动力性和经济性,使用离合器的串并联混合动力构型逐渐成为国内混联混动的主流。图 5-25 是比亚迪 DM-i 混合动力系统的架构,图 5-26 是其系统实物,该构型通过离合器开闭控制各动力部件的运行状态。

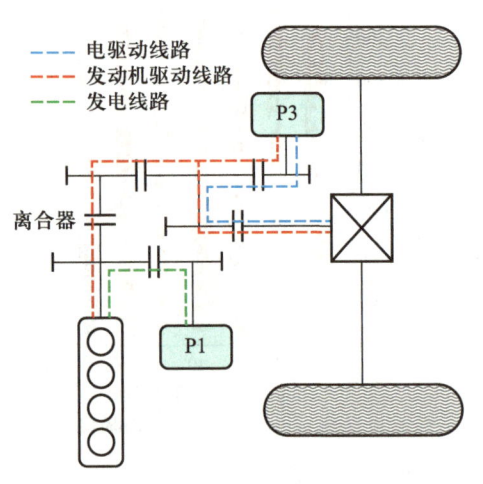

图 5-25　比亚迪 DM-i 混合动力系统架构

　　如图 5-27 所示,该系统具有以下 4 种工作模式。

　　① 纯电驱动模式:当 SOC 较高且车辆需求转矩不大时,由于发动机在低负荷条件下经济性差,不宜驱动车辆,且 SOC 较高不需要发电机工作。因此离合器断开,内燃机和发电机都不工作,主驱电机单独驱动车辆。此外,当车辆制动时,也可以采用该模式,利用主驱电机进行能量回收。

　　② 串联模式:当电池 SOC 较低且车速较低时,离合器断开,发动机带动发电机发电,电能输出至驱动电机,用于驱动车轮,多余的电能储存在电池中。

图 5-26 高清大图

■ 图 5-26 比亚迪 DM-i 混合动力系统实物图

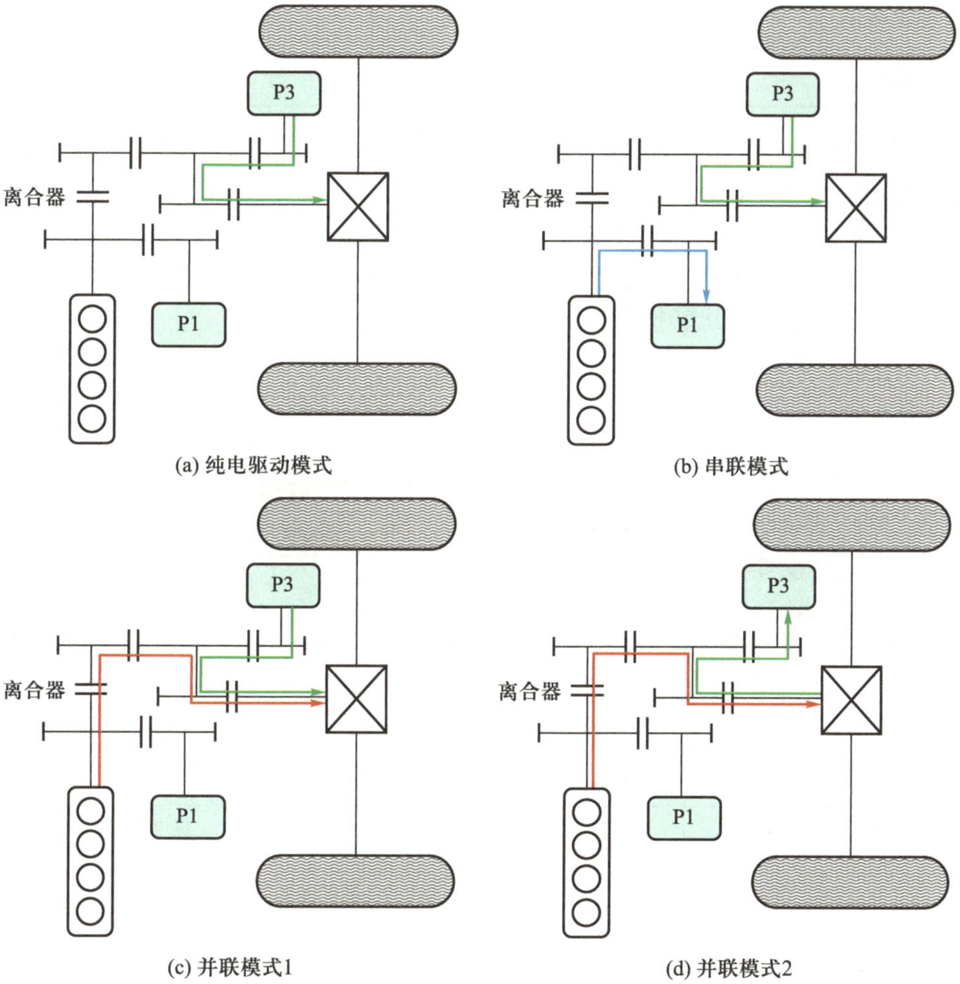

(a) 纯电驱动模式

(b) 串联模式

(c) 并联模式1

(d) 并联模式2

■ 图 5-27 比亚迪 DM-i 混合动力系统各工作模式

133

③ 并联模式 1：当 SOC 充足且整车需求功率较大时，若采用发动机带动发电机发电，供给驱动电机使用的串联模式，会导致发动机输出的动力经过二次转换，影响经济性，因此离合器接合，发电机不工作，内燃机和主驱电机共同驱动车辆。

④ 并联模式 2：当车辆高速行驶时，发动机可以工作在经济区域驱动车辆，且电池 SOC 不太高时，发动机输出的能量大部分用于驱动车辆，少部分用于主驱电机的发电。

各模式下动力系统部件的状态总结见表 5-3。

表 5-3　比亚迪 DM-i 混合动力系统各模式下动力源和离合器的状态

驱动模式	动力源			离合器
	驱动电机	发电机	发动机	
纯电驱动模式	开	关	关	断开
串联模式	开	开	开	断开
并联模式	开	关	开	接合

图 5-28 展示了串并联混合动力系统在不同路况下可以采用相适应的工作模式。当车辆在起步和低速巡航时，可以根据电池 SOC 高低采用低速纯电动或串联模式，此时发动机工况与整车工况解耦，工作在高效区域，充分发挥电驱动系统在低速下的优势。当加速至高速及高速巡航时，车辆采用发动机直驱或并联，避免发动机输出的能量经二次转换带来的效率降低问题。

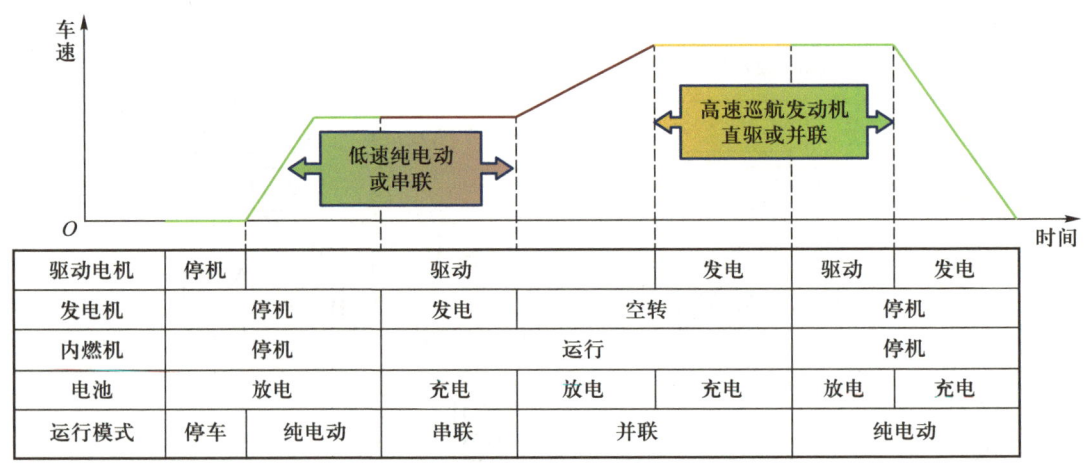

图 5-28　串并联混合动力系统工作模式切换

除了上述工作模式带来的经济性优化，DM-i 混动系统针对性地开发了三大核心零部件——混动专用高效发动机、EHS（electric hybrid system）电混系统、混动专用刀片电池。由于混动系统优化了发动机的运行工况，许多传统燃油车较难

134

实现的技术也得以在混合动力汽车上实现。DM-i 插混专用 1.5 L 高效发动机采用 15.5 高压缩比、Atkinson（阿特金森）循环、冷却废气再循环（exhaust gas re-circulation，EGR）、分体冷却等技术，提高了内燃机的热效率，此外，系统采用了低摩擦设计和无轮系设计，有效降低了摩擦损失。

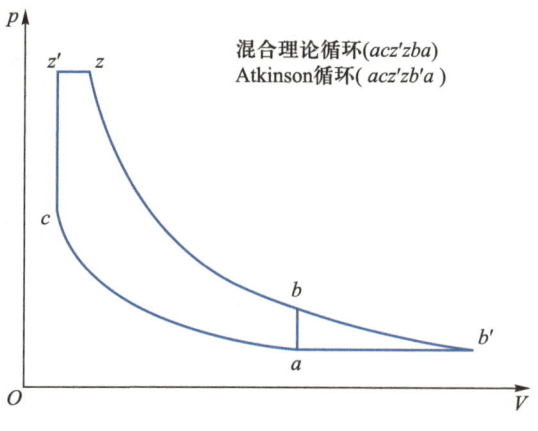

图 5-29　超膨胀理论循环的 p-V 图

其中，Atkinson 循环是一种提高内燃机效率的超膨胀循环，适用于混动系统。如图 5-29 所示，常规内燃机的混合循环中，ba 段的排气过程通常近似为等容放热过程，如果能将等容放热改为等压放热，即延长膨胀线 zb 到 zb'，然后再沿着 $b'a$ 等压放热回到压缩起始点 a。此时，内燃机可以增加 $bb'ab$ 面积的有效功，使内燃机的循环热效率得到提高。Atkinson 循环虽然可以提高效率，但也存在结构复杂、功率密度降低等缺点，在常规燃油车中难以实现。

一般而言，混联混合动力结构复杂，为降低系统对整车空间的占用，通过对电混系统各部件进行集成化设计，可以将系统整体体积和重量均减小 30%，总成最高效率达 93%。图 5-30 为电机、油泵、减速器和控制器的集成设计，可以减少系统线束，降低生产成本。为保证车辆有较长的续航，DM-i 混动的动力电池为安全、长寿命的磷酸铁锂电池，基于 8.3~21.5 kW·h 的电池电量，可实现 50~120 km 的纯电续驶里程。

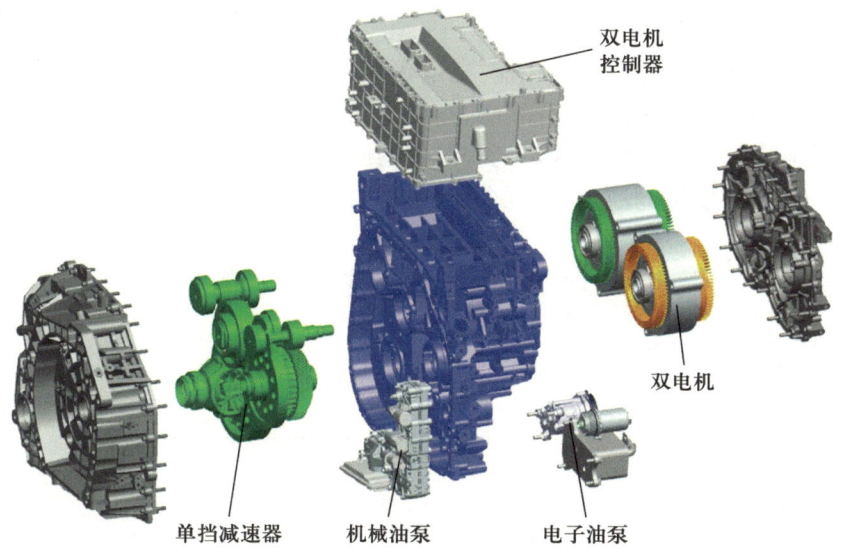

图 5-30 高清大图

图 5-30　EHS 电混系统剖析图

5.5　混合动力系统设计与能量管理

　　与一般混合动力系统相比,插电式混合动力系统的储能系统可通过接头与外部电网或其他能源系统连接充电至满荷电状态,其储能系统容量较大,允许车辆在一定行驶里程范围内实现纯电行驶。插电式混合动力系统的构型设计与分析涉及三个基本问题。

　　(1)能耗评价方法问题

　　插电式混合动力系统具有两阶段的运行特点,在车辆充满电后开始运行的一段时间内,混合动力系统工作在电量下降阶段,在储能系统的荷电状态下降到一定的限值后,发动机开始起动并间歇性工作一段时间以维持储能系统的电量,混合动力系统进入电量维持阶段。针对插电式混合动力系统 CD、CS 两阶段运行的特点,当电池的容量确定以后,应设定能耗评价方法,科学评价其综合能耗。

　　(2)能量管理策略问题

　　插电式混合动力系统储能系统中的电能可由外部电网提供,在车辆运行过程中如何合理分配外部电网充入的电能和发动机中燃料燃烧产生的化学能,使得在满足车辆动力性能的前提下油耗最小,这涉及插电式混合动力系统的能量管理策略。

　　(3)电池容量优化问题

　　插电式混合动力系统与传统混合动力系统的最大区别在于扩大了电池容量,针对需要开发的插电式混合动力系统,电池容量匹配十分关键。如果电池容量选择太小,PHEV 将无法充分利用外部电能,降低油耗的效果十分有限;如果电池容量选择太大,PHEV 的成本和重量会明显提高。

5.5.1　能耗评价方法

　　与非插电式混合动力系统相比,插电式混合动力系统的储能系统容量要大得多,车辆具备一定里程的纯电行驶能力。如图 5-31 所示,插电式混合动力汽车有 CD(电量下降)和 CS(电量维持)两个阶段,在 CD 阶段下,车用电池的电量下降,纯电型 PHEV 只使用电池供能,混合型 PHEV 在某些大负荷工况下会启动发动机

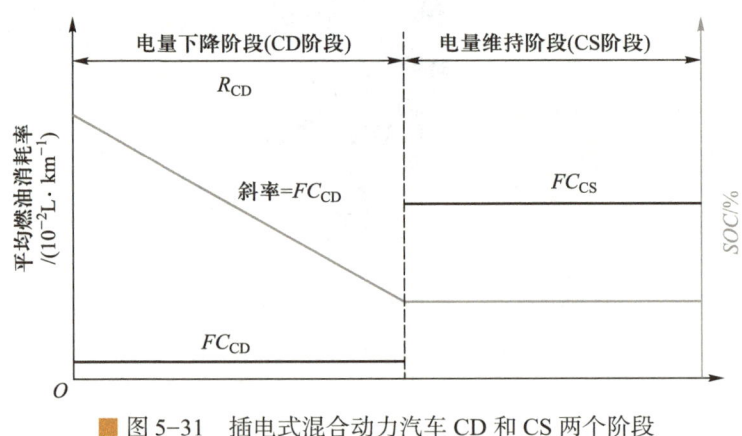

■ 图 5-31　插电式混合动力汽车 CD 和 CS 两个阶段

辅助驱动；在 CS 阶段下，车用电池的电量维持一定水平不变。由于两种模式的能耗存在差异，为评价 PHEV 的节能减排效果，需要确定车辆在一定行驶条件下的纯电动模式的占比，即纯电利用系数（utility factor，UF）。

插电式混合动力汽车纯电利用系数 UF 的直观含义为 CD 阶段驱动里程占全部行驶里程的比例。可以基于日出行里程数据计算 UF 值。首先把所有单日出行里程从小到大排列，并按照 1 到 N 编号。如图 5-32 所示，图中横坐标代表前面标记的序号 1 到 N，纵坐标代表该序号对应的单日出行里程，由于已进行排列，此时曲线单调增加。图中第 N_D 号的出行里程为 D，表示有 (N_D-1) 天的日出行里程小于 D。已经知道图中 A_1 部分的面积表示所有单日出行里程小于 D 的 N 的总和，那么 A_3 部分的总面积表示所有单日出行里程大于 D 且超过 D 的里程部分之和。所以当 CD 阶段的续驶里程为 D 时，PHEV 在该地区的纯电利用系数 UF 的几何定义如下

$$UF(D) = \frac{A_1 + A_2}{A_1 + A_2 + A_3} \tag{5-1}$$

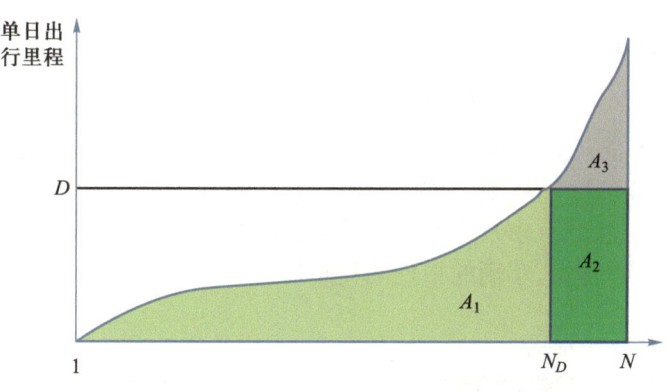

■ 图 5-32　SAE J2841 中对纯电利用系数的定义图

在实际的数据处理过程中，可以将样本中所有的单日出行里程 d_i 视作一个集合 S 并将其升序排列，即有 $d_1 \le d_2 \le \cdots \le d_N$，在计算 UF 时，分母为集合 S 中所有单日出行里程的和，分子为纯电续驶里程 R_{CD} 和单日出行里程 $d_i(i=1,2,\cdots,N)$ 中的较小值，据此可以得到各纯电续驶里程 R_{CD} 下的 UF 值

$$UF(R_{CD}) = \frac{\sum_{d_i \in S} \min(d_i, R_{CD})}{\sum_{d_i \in S} d_i} \tag{5-2}$$

通过对中国各城市的插电式混合动力的出行数据进行处理，可以得到如图 5-33 所示的中国不同城市 PHEV 标准纯电利用系数曲线，其中 50 km 的 PHEV 标准纯电利用系数为 0.55~0.62，80 km 的 PHEV 标准纯电利用系数为 0.71~0.77。根据销量进行加权得到的 PHEV50 的 UF 值为 0.58，该值高于我国"国六"标准 50 km 的 UF 值 0.53，即在实际生活中，日出行里程少于 50 km 的天数更多，且在充电基础设施完善的条件下，我国 PHEV 的实际节能减排潜力要好于"国六"标准的预设值。

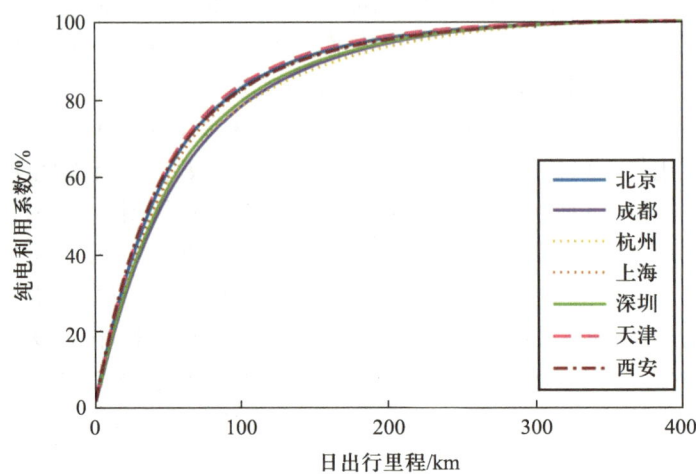

■ 图 5-33　中国不同城市 PHEV 标准纯电利用系数曲线

　　根据出行特征的分布,设插电式混合动力系统在 CD 和 CS 阶段的油耗分别为 FC_{CD} 和 FC_{CS},则平均油耗 AFC 可表示为 FC_{CD} 和 FC_{CS} 的加权和,即

$$AFC = UFR_{CD}FC_{CD} + (1 - UFR_{CD})FC_{CS} \tag{5-3}$$

　　利用上面的能耗评价方法,以丰田公司的 Prius 插电版、福特公司的 C-Max 和通用公司的 Volt 为对象,计算得到不同出行特征下的平均油耗如图 5-34 所示。从图中可以看出,在北京市乘用车出行特征的平均油耗最低,且插电式混合动力系统的纯电续驶里程越大,车辆的平均油耗越低。

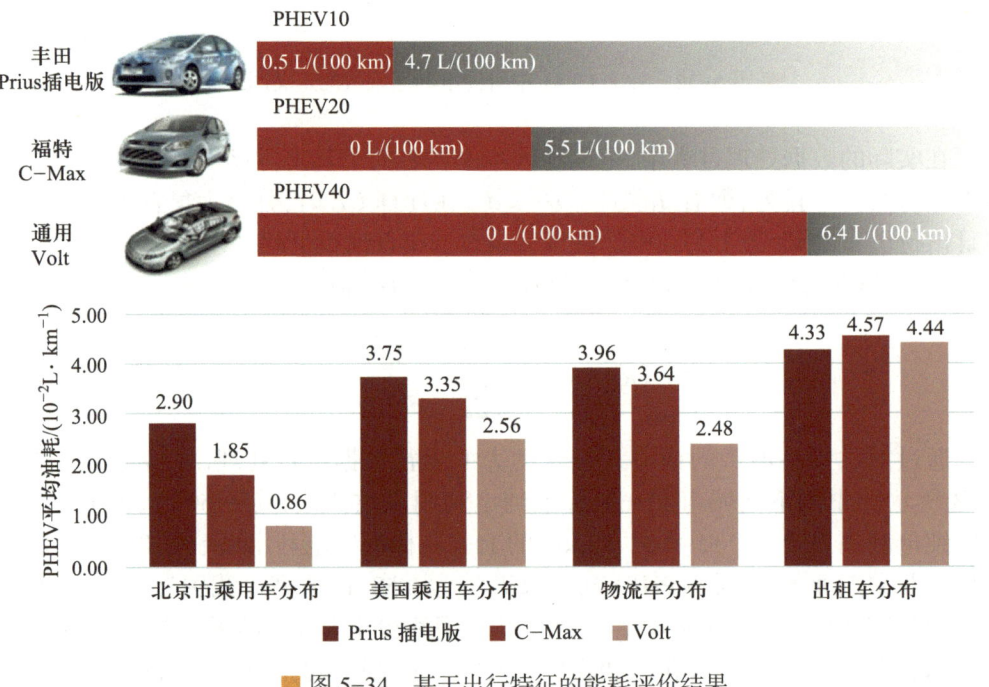

■ 图 5-34　基于出行特征的能耗评价结果

5.5.2 能量管理策略

混合动力系统的能量管理策略需要根据车辆的状态(如车速、挡位、转矩需求、电池 SOC 等),确定各动力部件和储能设备(如发动机、电池、超级电容、电机等)间的功率分配,使得动力系统的某项指标满足预期要求(如能耗、排放、操纵舒适性、运行成本等)。

插电式混合动力系统的能量管理策略根据工作阶段可分为 CD 阶段策略和 CS 阶段策略,如图 5-35 所示。在 CD 阶段,车辆可以采用纯电动的 EV 策略或油电混合驱动的 Blended 策略;在 CS 阶段,车辆可以采用油电混合驱动的 Blended 策略或仅靠发动机驱动的 CV 策略。具体的,EV 策略和 CV 策略均只依靠一个动力源,难以发挥插电式混合动力的优势,因此,关于能量管理策略的研究主要集中在油电混合驱动的 Blended 策略。在实际应用中,Blended 策略只是代表一类策略,即车辆运行时存在发动机驱动和纯电驱动的混合,二者可能同时发生,也可能存在一定的先后顺序。

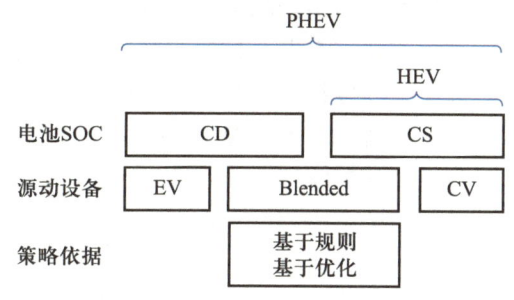

■ 图 5-35 能量管理策略分类

根据策略制定的依据,Blended 策略可以分为基于规则的策略和基于优化的策略。基于规则的控制策略主要基于动力系统各部件的工作特性和工程经验进行指定,该方法具有实现简单、计算量小、实时性强等优点。例如,在串联混合动力中,有开关式和功率跟随式的能量管理策略,主要根据电池的 SOC 和整车功率大小来确定内燃机的启停,并保证内燃机在工作时处于最优的工况区域。在并联混合动力中,有基于逻辑门限值的控制方法,即基于电机的最大转矩、发动机的最优工况点和外特性曲线,确定不同转矩需求下二者的转矩分配。在混联混合动力中,以 DM-i 系统为例,如图 5-36 所示,考虑需求扭矩、车速和电池 SOC 三个维度,当需求扭矩超过阈值时,系统进入串联模式,且该阈值在低 SOC 时较小,以保证整车的保电能力;当车速增加至与发动机怠速转速匹配的某车速值时,系统便可进入并联模式。由于发动机转速与轮端耦合,发动机在并联模式下很难达到高功率状态。

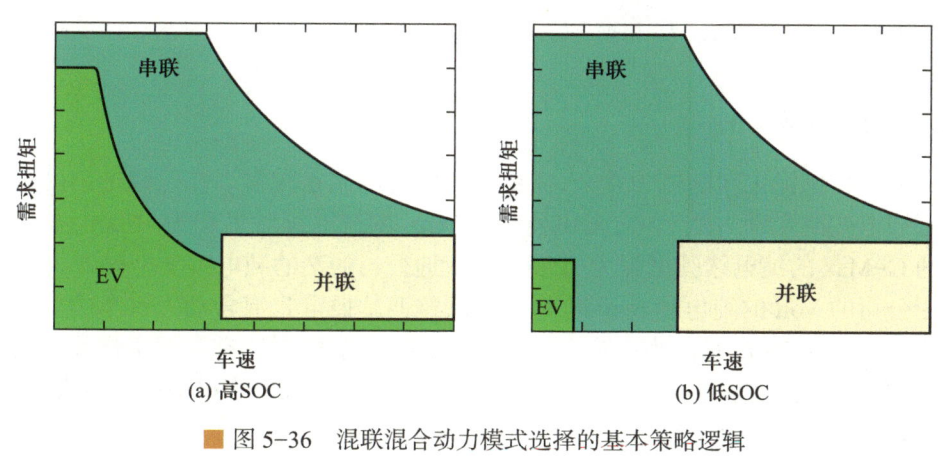

(a) 高SOC   (b) 低SOC

■ 图 5-36 混联混合动力模式选择的基本策略逻辑

因此并联模式只能在不同车速下的一定需求扭矩范围内工作。另外,模式切换的过程不是由单个边界条件触发的,而是由变量的动态状态决定的。因此,有必要在策略设计中保留一个"过渡区",以防止零部件的频繁启动和停止。

基于优化算法的能量管理策略对动力系统建模,然后根据优化算法寻找能量分配的最优解,常见的优化算法包括动态规划、凸优化、遗传算法等。基于优化算法的能量管理一般通过实时控制实现其优化效果,即在优化算法的基础上,根据路况信息和系统状态,对优化参数加以调整,以适应实际工况。以北京市出行特征数据为例,采用基于优化算法的方法,可以提出基于出行特征的 PHEV 自适应能量管理策略,分析得到的结果如图 5-37 所示。图中红色虚线为根据出行特征自适应最优控制策略得到的最佳储能系统 SOC 变化曲线,其右侧黄色实线为针对长里程出行采用的完全混合控制策略得到的 SOC 曲线,左侧绿色实线为针对大部分用户短途出行的以纯电动为主的策略,可以实现对电网电能的充分利用,使混动汽车达到节能减排的效果。从图中可以看出,最佳的电能使用模式与车辆的出行里程特征有很强的关联性。

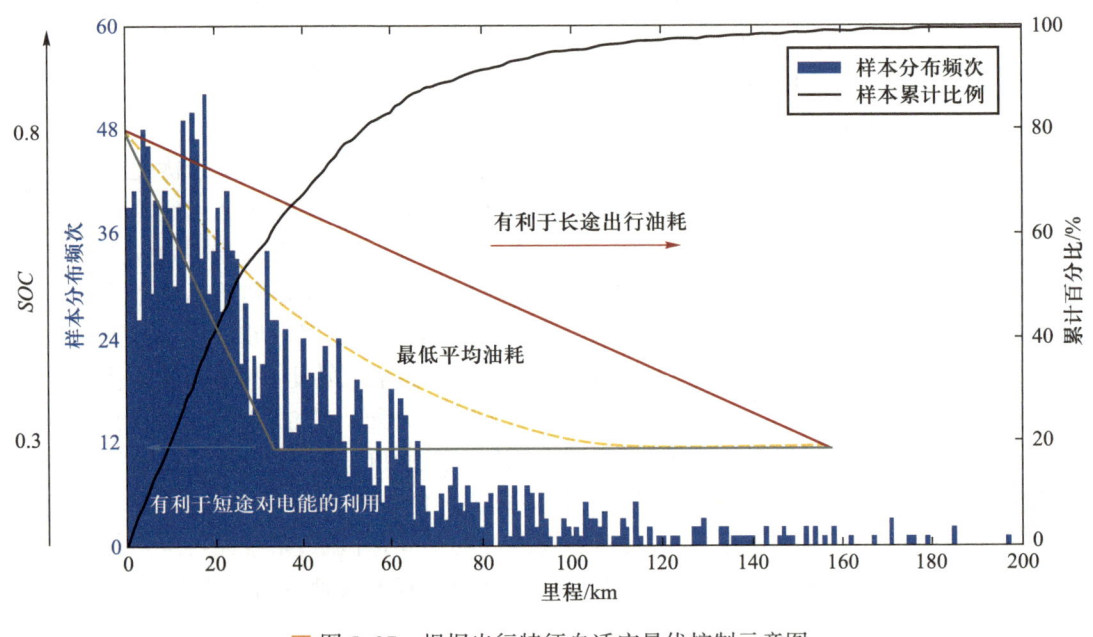

图 5-37　根据出行特征自适应最优控制示意图

5.5.3　电池容量优化

电池容量优化问题较为复杂,需要平衡考虑的因素较多。在已经推出的几款典型插电式混合动力汽车中,丰田公司的 Prius 的纯电续驶里程为 16 km,福特公司的 C-Max 的纯电续驶里程为 32 km,比亚迪公司的秦的纯电续驶里程为 48 km,通用公司的 Volt 的纯电续驶里程为 64 km,这四款插电式混合动力汽车的电池容量分别如图 5-38 所示。当电池容量较小时,系统成本较低,有利于工作效率的提高,但会降低纯电续驶里程,也不利于车辆动力性能的提高,当电池容量较大时,情况正好相反,图 5-38 中给出了电池容量对整车性能的影响。

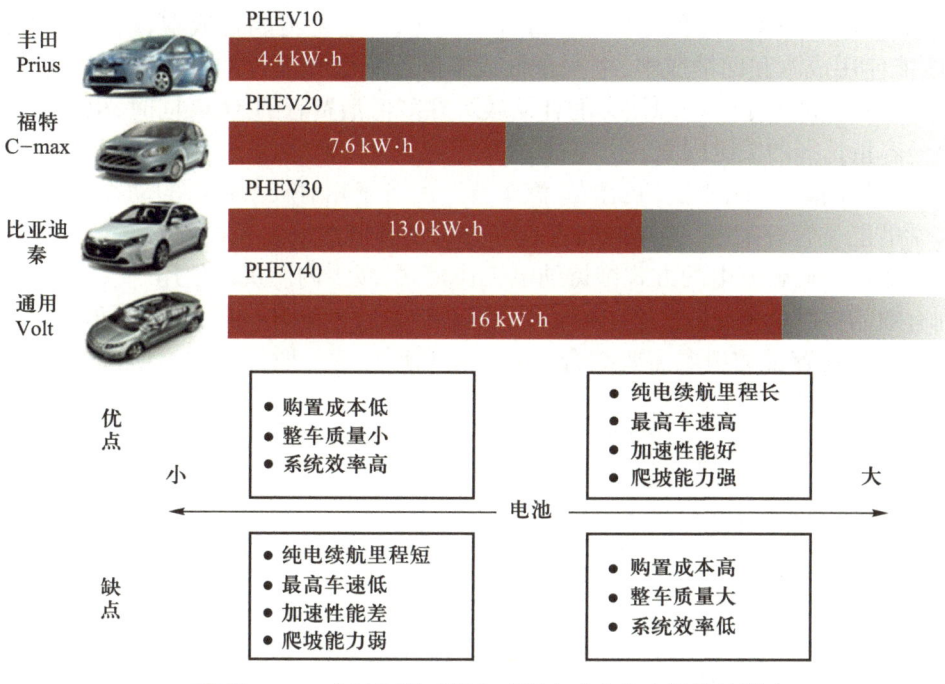

■ 图 5-38　电池容量对插电式混合动力汽车性能的影响

　　为了定量地对电池容量匹配进行评价,可以使用总拥有成本(total cost of ownership,TCO)模型描述消费者购买和使用 PHEV 时承担的总成本,然后根据该模型的计算结果选择最优的电池容量。如图 5-39 所示,基于北京市出行特征,通

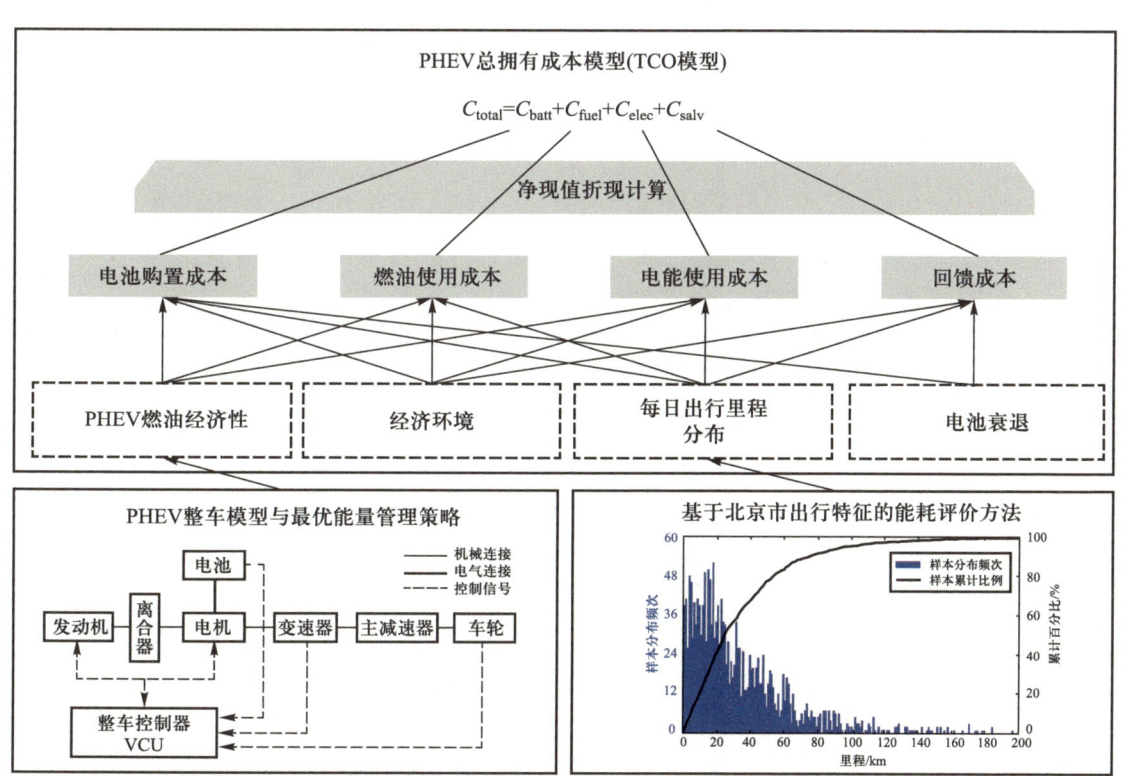

■ 图 5-39　基于总拥有成本模型的电池容量优化方法

过总拥有成本(TCO)模型对电池容量进行优化,考虑电池购置成本、燃油使用成本、电能使用成本和回馈成本,根据最低成本的原则选择最优的电池容量。此外,不同国家和地区关于新能源汽车的补贴政策在降低消费者的 TCO 同时,也成为影响电池容量选择的关键因素。

与其他国家相比,中国的新能源汽车普遍配备了相对较大容量的动力电池,结合科学的能量管理策略,这样的配置有利于保证新能源混动系统在日常通勤使用中尽可能通过插电充电的方式维持纯电工作模式,减少内燃机的使用,使得碳排放得到有效的控制。但是,过大的电池容量既会导致成本上升,也会导致整车重量增加。因此电池容量的选取需要结合控制策略和用户的一般性使用习惯,这也是当前整车设计的难点。

第6章　新能源汽车整车热管理系统

6.1　新能源汽车整车热管理概述

春夏秋冬,温暑凉寒,人类世界无时无刻不与冷热变化和热量相关。无论是煮一顿美食,还是在寒冬里享受温暖的室内环境,热量的产生、传递、转化和管理都起着至关重要的作用。在汽车领域,特别是新能源汽车中,热管理不仅仅是为了提供舒适的驾乘环境,更是关系到车辆性能、效率和安全的核心环节。理解热力学的基础知识和基本定律,是掌握整车热管理技术的前提。6.1节将以新能源汽车为对象,回顾热力学的基础知识,并系统性地介绍新能源汽车整车热管理的概念。

6.1.1　热力学基础知识

1. 热量的定义与温差

凡是有温度差存在的地方,就有能量自发地从高温物体向低温物体传递,或从物体的高温部分向低温部分传递,直到达到热平衡。从热的角度来看,这种由于两个系统之间温度不同而引起的系统间传递的能量被定义为热量。因此,热量是能量的一种形式。这一基本原理在我们的生活中随处可见,比如用火加热食物、阳光晒暖房间、汽车暖风取暖、汽车空调制冷等。

2. 热力学第一定律

热力学第一定律,又称为能量守恒定律,其定义为一个热力学系统的内能变化量等于外界向它传递的热量与外界对它所做的功的和,即

$$\Delta U = Q + W \tag{6-1}$$

式中,U、W、Q分别表示内能、系统做功和传递的热量,单位为 J。

热力学第一定律是能量守恒定律在热力学领域的特定表述,它表明能量既不会凭空产生,也不会凭空消失,只会从一种形式转化为另一种形式,或从一个物体转移到其他物体。广义上,能量可分为机械能、热能、化学能、电能、光能等多种形式,且它们之间的相互转换需要遵循能量守恒定律。新能源汽车内广泛存在各类能量转换部件。受能量转换效率的限制,这类部件在工作过程中往往伴随热量的产生。例如,电机和动力电池分别涉及电能和机械能、电能和化学能的相互转化,且伴随着热量产生,这也是电机和动力电池需要冷却的原因。这些由于能量转换

143

效率限制而产生的热量都需要纳入整车热管理的调控范围,最终实现对整车热量的控制。

热力学第一定律同时也表明,系统做功和热量传递对改变系统的内能是等价的。图 6-1 展示了热力学第一定律视角下的整车热管理。为了维持整车热量的平衡,必须处理好热量与外界环境的传递,以及与其他形式能量间转化的关系。例如,以新能源汽车整车为参考系,冬季新能源汽车整车向外界环境传递的热量大。此时,维持整车热量平衡的途径主要可分为两种:一是燃料的化学能或者动力电池的电能转化为热能;另一种是依赖热泵空调从外界环境吸收热量,将外界环境的热量"搬运"到车内。

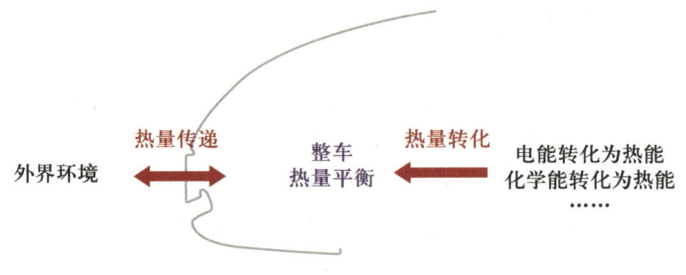

外界环境　　热量传递　　整车热量平衡　　热量转化　　电能转化为热能 化学能转化为热能 ……

■ 图 6-1　热力学第一定律视角下的整车热管理

3. 热力学第二定律

热力学第二定律描述了热量传递的不可逆性,即热量不会自发地从低温物体传递到高温物体。如果要实现逆向传递,就必须有外界能量的输入。这在纯电动汽车整车热管理中尤为重要,尤其是在冬季。当需要将外界环境的热量"搬运"到车内时,就必须使用消耗电能的热泵空调系统完成这一过程,这恰恰体现了热力学第二定律的应用。而在顺温度梯度的热量传递过程中,热管理系统的目标通常为提高热量传递的速率。

热力学第二定律还引入了"能量品位"的概念,即不同温度的热量在能量转换中的"质量"是不同的。通常情况下,高温热源的能量品位较高,更容易转化为机械能、电能等其他形式的高品位能量。而低温热源的能量品位较低,转换效率也较低。因此,在新能源汽车的热管理中,如何高效利用这些不同品位的能量,是提高系统整体效率的关键。例如,电机工作时产生的高温余热,可以通过热管理系统有效回收,以满足车辆乘员舱的加热需求,或直接预热动力电池,确保其在低温环境下的性能。而低温环境下的热量可以通过热泵系统升温,提高其品位后再利用。这种能量利用方式不仅符合热力学定律,也能有效地提升新能源汽车的续航能力和整体能效。因此,合理利用车辆运行过程中的低品位热能可有效提升整车的能源利用效率。

6.1.2　整车热管理的概念

新能源汽车整车热管理是指通过一系列技术手段和设备,对车辆各关键部件产生和传递的热量进行有效控制和管理,以确保车辆在各种工况下的能效性、安全性、可靠性、舒适性等。

1. 热源特性

新能源汽车的热源特性是指新能源汽车在运行过程中主动产生热量的来源及其特性。区别于热源主要来自内燃机废热的传统燃油车,新能源汽车的热源主要包括动力电池系统、电驱总成系统、电控系统、内燃机、燃料电池堆、辅助动力系统等。不同类型的新能源汽车整车热管理的热源特性是不同的。

纯电动汽车的热源主要包括动力电池、电驱总成系统和电控系统。其中,动力电池在充放电过程中将产生大量热量,尤其是在高功率充放电或快充过程中。电驱总成系统在高负载运行时同样会产生大量热量。以插电混合动力为代表的混合动力汽车的热源不仅包括上述电动部分,还包括内燃机工作时产生的大量废热。燃料电池汽车与混合动力汽车热源特性类似,其热源除电动部分外,主要来自燃料电池堆的燃料。电池堆在氢气和氧气发生电化学反应产生电能的过程中,会产生大量的热量。

定性来看,同等吨位下,纯电动汽车的整车产热量通常低于混合动力汽车和燃料电池汽车。这一特性在寒冷环境下表现得尤为明显。纯电动汽车在低温环境中,由于缺乏内燃机和燃料电池堆的热量,需要依靠热泵空调系统从外界环境中吸取热量以维持车内温度。因此,纯电动汽车整车热管理的设计理念明显区别于混合动力和燃料电池车型。

2. 热需求特性

新能源汽车的热需求特性是指车辆在运行过程中,关键部件或系统对温度控制的需求。这些需求无法通过自然散热来满足,必须通过专门的热管理系统进行干预。典型的新能源汽车的热需求特性包括乘员舱夏季的制冷和冬季的供暖,动力电池为维持适宜温度而加热或冷却,电驱总成系统、内燃机、燃料电池堆的高效散热等。同样,不同类型的新能源汽车整车热管理的热需求特性是不同的。

纯电动汽车的动力电池在充放电过程中会产生大量热量,需要高效的热管理系统来控制电池温度,确保其在最佳温度范围内工作;电机和电控系统在工作时也会产生热量,需要散热系统来防止过热,以保证车辆的安全性和可靠性;纯电动汽车的空调系统既要保证乘员舱的舒适温度,还需与电池和电机的热管理系统协同工作,以达到整车的热平衡和能效优化。

以插电混合动力为代表的混合动力汽车的电池热管理与纯电动汽车相似,但由于电池容量通常较小,热管理需求相对较低。然而,在高功率充放电时,仍需要高效的散热系统。混合动力汽车还需管理内燃机的热量,内燃机在工作时会产生大量热量,需要传统的冷却系统来维持其正常工作温度。由于同时具有电动和内燃两套系统,混合动力汽车的热管理系统需要协调电池、电机和内燃机的热管理,确保各系统在不同工况下的高效运行。

燃料电池汽车的燃料电池堆在化学反应过程中会产生大量热量,需要高效的散热系统来维持堆体的正常工作温度。燃料电池汽车通常配备小型动力电池用于能量回收和辅助动力,需对电池进行适当的热管理,但其热需求较纯电动汽车低。与纯电动汽车类似,燃料电池汽车的电驱总成和电控系统也需要热管理系统来防止过热,确保系统的动力性能和安全性能。

总而言之,纯电动汽车主要关注乘员舱、动力电池、电驱总成系统的热管理;混合动力汽车则同时还需关注内燃机的散热;燃料电池汽车则侧重于燃料电池堆和辅助动力系统的热管理。这些不同的热需求特性决定了各类新能源汽车的整车热管理系统设计和控制策略。

本章将重点讨论纯电动汽车的整车热管理系统。

6.1.3 纯电动汽车整车热管理

纯电动汽车的整车热管理系统主要包括以热泵空调系统、动力电池热管理系统、电驱总成热管理系统等,图6-2展示了国产某纯电动汽车的整车热管理系统。

■ 图6-2 国产某纯电动汽车的整车热管理系统

1. 纯电动汽车整车热管理的重要性

对于纯电动汽车而言,整车热管理系统的重要性仅次于三电系统(电池、电机和电控系统)。纯电动汽车的整车热管理系统直接影响全车的整体性能,如整车安全性、可靠性、动力性、舒适性、能效性、环境适应性等。下面将从整车不同性能维度,举例说明整车热管理的重要性。

(1) 整车安全性维度

整车热管理系统对于防止电池过热和热失控至关重要。动力电池在高功率充放电过程中会产生大量热量,如果不及时散热,可能导致电池内部温度过高,引发热失控,甚至起火爆炸。安全的热管理系统能够将电池温度控制在安全范围内,避免安全事故的发生。此外,整车热管理系统还需满足乘员舱的除雾、除霜需求,确保驾驶视野清晰,提升行车安全性。

(2) 整车可靠性维度

三电系统在车辆行驶过程中会产生大量热量,过高的温度会导致这些系统的性能下降、故障率增加。可靠的整车热管理系统能确保三电系统在适宜的温度范围内工作,延长其使用寿命,提高整车的可靠性。

(3) 整车动力性维度

整车热管理系统影响电池和电机的工作温度,从而影响它们的效率和功率输出。高效的整车热管理系统可以确保电池和电机在最佳温度范围内工作,提供更稳定和强劲的动力输出,提升车辆的加速性能和整体驾驶体验。

（4）整车舒适性维度

乘员舱的温度控制是影响乘客乘坐体验的重要因素。纯电动汽车的整车热管理系统需要在极端气候条件下,为乘员舱提供稳定的温度控制,确保乘客的舒适性。例如,在夏季,乘员舱需要快速降温,而在冬季则需要迅速升温。合理的整车热管理系统可以提高热泵空调系统的效率,提升乘客的舒适感。

（5）整车能效性维度

高效的整车热管理系统可以有效减少不必要的能量消耗,提升整车能效,进而提升续驶里程。例如,在寒冷环境下,整车热管理系统中的热泵空调可以从外界环境或三电系统余热中吸取热量,减少电池电量的消耗,提高整车的能效表现。合理的整车热管理系统还能减少动力电池因高温或低温导致的电能损失,从而提高整车能效。

2. 纯电动汽车整车热管理的发展历程

纯电动汽车整车热管理系统是伴随着纯电动汽车发展而来的"新鲜事物",其发展历程是难以准确、统一表述的,这主要体现在不同整车厂的整车热管理技术路线不同、技术迭代节奏不同等方面。图 6-3 展示了以比亚迪为代表的中国国内整车厂和特斯拉在整车热管理方面的发展历程,下面将从几个技术点概括介绍整车热管理系统的发展历程。

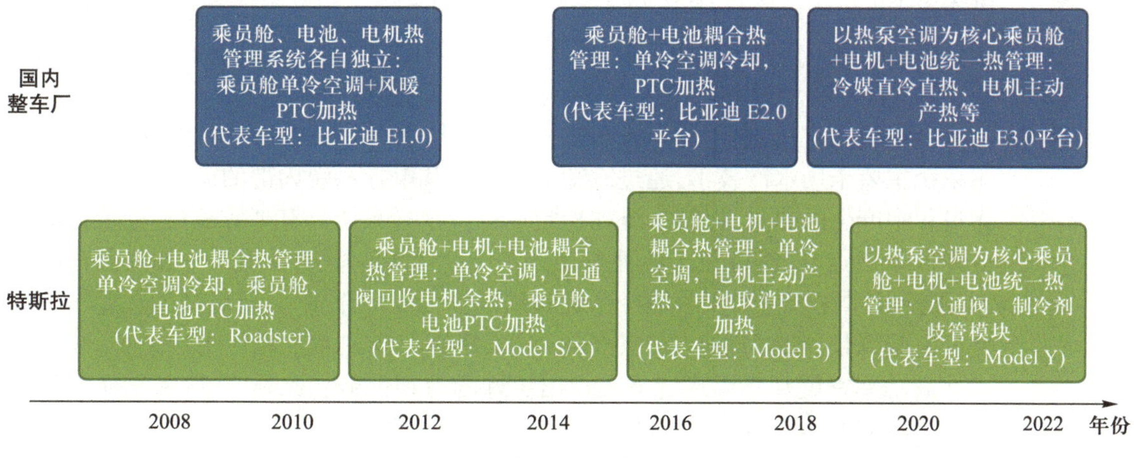

国内整车厂

乘员舱、电池、电机热管理系统各自独立：乘员舱单冷空调+风暖PTC加热
（代表车型：比亚迪 E1.0）

乘员舱+电池耦合热管理：单冷空调冷却,PTC加热
（代表车型：比亚迪 E2.0 平台）

以热泵空调为核心乘员舱+电机+电池统一热管理：冷媒直冷直热、电机主动产热等
（代表车型：比亚迪 E3.0平台）

特斯拉

乘员舱+电池耦合热管理：单冷空调冷却,乘员舱、电池PTC加热
（代表车型：Roadster）

乘员舱+电机+电池耦合热管理：单冷空调,四通阀回收电机余热,乘员舱、电池PTC加热
（代表车型：Model S/X）

乘员舱+电机+电池耦合热管理：单冷空调,电机主动产热、电池取消PTC加热
（代表车型：Model 3）

以热泵空调为核心乘员舱+电机+电池统一热管理：八通阀、制冷剂歧管模块
（代表车型：Model Y）

2008　2010　2012　2014　2016　2018　2020　2022　年份

■ 图 6-3　不同整车厂的整车热管理发展历程

（1）整车一体化:系统级热管理耦合发展至一体化整车热管理

伴随着纯电动汽车整车技术水平的提升,整车热管理系统逐步从系统级热管理耦合,发展到如今的一体化整车热管理。早期的整车热管理系统各个子系统独立运行,彼此之间缺乏协同,导致热管理效率低下。随着技术的发展,整车热管理系统开始进行系统级耦合,将动力电池系统、电驱总成系统和乘员舱系统的热管理需求综合考虑。如今,纯电动乘用车已全面发展至"以热泵空调为核心的一体化整车热管理系统",通过一体化的热管理系统,实现各子系统的高效协同。这一阶段的代表车型包括特斯拉的 Model Y 和比亚迪 E3.0 平台车型,它们通过先进的热

管理技术,在各种工况下都能保持高效运行,展现了现代电动汽车热管理技术的最新成果。

(2)整车供热:从电加热为主到热泵为主

在冬季寒冷的环境下,纯电动汽车的乘员舱和动力电池需要加热以确保乘客乘坐的舒适性和电池性能。纯电动汽车整车热管理发展初期阶段(约2019年前),冬季制热主要采用正温度系数(positive temperature coefficient,PTC)加热器提供热量,PTC加热器通过电能产生热量,并加热空气或冷却液。但其电能转化为热能的效率较低,通常性能系数(coefficient of performance,COP)约为1,导致车辆的续驶里程受到影响。随着技术进步,热泵空调技术逐渐被引入热管理系统。热泵空调通过蒸气压缩循环从外界环境中吸取低品位热量并转化为高品位热量,COP通常大于1,理想条件下可达3甚至更高。即每消耗1单位电能,可以从外界吸取热量,实现3倍或更多倍的纯电加热制热效果,从而大幅提高系统能效。热泵空调系统不仅能为乘员舱和动力电池提供热量,还能回收电驱总成和动力电池的余热,进一步提升热管理效率。特斯拉在2020年推出的Model Y系列中引入了热泵空调系统,比亚迪E3.0、小米汽车SU7等国产纯电动车型也已搭载热泵空调。值得说明的是,PTC加热器在整车中并未完全取代,其角色逐步从主加热器转变为辅助加热器。

(3)高效冷却:动力电池从风冷到液冷,电驱总成从水冷到油冷

高效冷却主要体现在动力电池和电驱总成系统(电机和电控等)的冷却技术不断升级,以确保在各种工况下的高效散热和稳定运行。动力电池的冷却技术从最初的风冷逐步发展为液冷(包括冷却液液冷和制冷剂直冷)。冷却液液冷系统通过冷却液循环带走电池工作时产生的热量,显著提高了散热效率;制冷剂直冷技术则直接利用制冷剂冷却电池,使得散热效果更佳,确保电池在高负载和高温环境下的稳定性。

以电机为主的电驱总成冷却技术经历了从水冷到油冷的发展历程。最初,电驱系统主要采用水冷技术,通过冷却液在电机和电控系统内部的循环流动,带走工作过程中产生的热量,保持系统的稳定运行。水冷系统具有高效散热、稳定性好和成本低等优点,广泛应用于各种电动汽车中。随着电驱动系统功率和热负荷的增加,油冷技术逐渐被引入。油冷系统利用油作为冷却介质,具有更高的热导率和优良的电绝缘性,能够直接与发热部件接触,迅速带走热量。相比水冷系统,油冷技术在高功率密度和高温环境下表现出更好的冷却性能。此外,油冷系统还能够减少电机内部的热应力,延长电机的使用寿命,提高整车的可靠性。

3. 纯电动汽车整车热管理面临的挑战

纯电动汽车在适应各种工况,尤其是极端工况条件下仍面临诸多挑战。针对整车热管理系统,主要体现在季节性和地域性两方面的挑战。

(1)季节性的挑战

2023年春节出行期间,消费者反映电动汽车在冬季低温环境中的适应性较差,动力电池性能下降,续驶里程明显衰减。整车热管理系统的能耗高是造成这一问题的关键原因之一。研究表明,在−7℃环境温度CLTC(中国轻型车辆测试循环)工况标准下,纯电动汽车整车热管理系统的能耗可占全车能耗的1/3以上。

(2)地域性的挑战

在北方寒冷地区,整车热管理系统高能耗和续驶里程衰减严重的问题尤为突

出,这直接影响了纯电动汽车在我国北方地区的推广和应用。以 2023 年我国纯电动汽销售渗透率来看,1 月平均气温大于 0℃的南方地区,其平均渗透率为 25.5%;而 1 月平均气温小于 0℃的北方地区,其平均渗透率仅为 13.4%,远低于南方地区。

在此背景下,2023 年 6 月 21 日,国务院政策例行吹风会介绍了促进新能源汽车产业高质量发展的有关情况,提出"支持开展高安全全气候动力电池、热泵空调、整车热管理等技术攻关,提升动力电池热失控技术标准以进一步增强新能源汽车低温适用性和安全性,满足高寒地区消费者需求"。随着整车热管理技术的不断进步,这些挑战有望逐步得到解决。

6.2　纯电动汽车热泵空调

热泵空调在纯电动汽车整车热管理中起到了至关重要的作用,它的作用不仅仅是为乘员舱提供冷暖空气,还肩负着提高整车能效、优化电池和电机系统热管理的重任。作为整车制冷、制热的核心单元,热泵空调可以将电能高效地转换为冷、热能(COP>1);也可以将车辆各部件(如动力电池系统和电驱总成系统)产生的低品质的热能转化为高品质的热能,实现余热利用。可以说,热泵空调是纯电动汽车整车热管理的"心脏",如图 6-4 所示。

■ 图 6-4　以热泵空调为核心的纯电动汽车整车热管理

6.2.1　热泵空调原理

热泵空调系统基于逆卡诺热力循环原理工作,利用压缩机、冷凝器、蒸发器和膨胀阀等组件,实现热量从低温热源到高温热汇的转移,图 6-5 展示的是一个典型的蒸气压缩式逆卡诺循环。整车热管理行业中,通常将利用高温热汇产生的热能称为热泵,利用低温热源产生的冷能称为空调,但两者的工作原理本质上是一致的。

典型热泵空调系统的工作循环分为 4 个过程。压缩过程:压缩机将从蒸发器中吸入的低压、低温气态制冷剂进行压缩,使其成为高压、高温的气态制冷剂并送入冷凝器。冷凝过程:高压、高温的气态制冷剂在冷凝器中冷凝,并与空气进行热交换,释放热量,变成高温、高压的液态制冷剂。节流过程:从冷凝器流出的高压液态制冷剂流经膨胀阀,节流变成低压、低温气液两相制冷剂后送入蒸发器。蒸发过程:低压、低温的液态制冷剂在蒸发器中气化,并与空气进行热交换,吸收热量,变

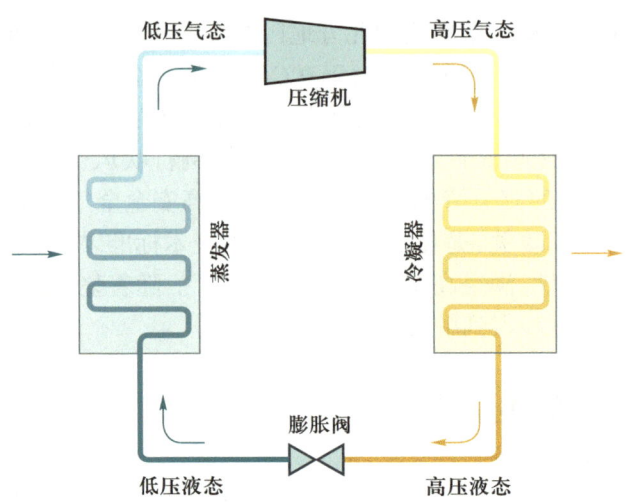

图6-5 车用热泵空调的原理

成低压、低温气态制冷剂,完成一个工作循环。总的来说,热泵空调系统依赖制冷剂在不同压力下的气液相变过程实现热量的高效传递。低温热源和高温热汇的温差越大,即蒸发器和冷凝器的温差越大,需要维持的压力差就越大,压缩机的工作环境就越恶劣,热泵系统的整体能效越低。一般来说,冬季乘员舱内温度和环境温度的温差要大于夏季,因此提升冬季制热工况下的系统能效是新能源汽车热泵的一个主要挑战。

6.2.2 热泵空调组成

纯电动汽车车用热泵空调由纯电动汽车单冷空调发展而来,进一步地由传统燃油车单冷空调演变而来,因此其从特点上主要表现为:零部件的电动化和冷热的双模化。图6-6展示了几种常见的车用热泵空调零部件。在传统燃油车中,冬季可采用发动机余热进行供暖,因此乘员舱空调仅需考虑夏季制冷应用即可。但对于纯电动汽车而言,发动机余热的缺失导致车辆冬季供暖需求尤为紧迫。

(1)电动压缩机

压缩机从蒸发器内吸入制冷剂蒸气,压缩并输送到冷凝器,外界通过压缩机向热泵空调系统输入实现热量逆温度梯度流动的补偿能。压缩机是热泵空调系统中的核心设备,对整个系统的运行性能、经济性、震动、噪声、维护和使用寿命等都有着直接的影响,常被称为热泵空调系统的"心脏"。压缩机的种类有很多,新能源汽车热泵空调中主要以容积式压缩机为主,其工作原理为通过强制压缩气体的体积达到气体压缩的目的。

(a)电动压缩机　(b)电子膨胀阀　(c)水冷板　(d)电池冷却器　(e)气液分离器

图6-6 电动汽车热泵空调零部件

新能源汽车热泵系统中压缩机的驱动方式与传统燃油车存在显著差异。传统燃油车中,压缩机通常通过发动机传动带轮驱动。因此,压缩机的运行效率与发动机转速密切相关。当燃油车以怠速或低速运行时,其压缩机的性能往往受到限制。而在新能源汽车中,压缩机通常由独立的电机驱动,因此压缩机的性能与发动机的转速无关,在车辆静止或低速行驶时依然可保持较高的性能。

新能源汽车热泵空调中的电动压缩机往往还具有一些独特的优势,以适应新能源汽车复杂的运行工况。例如,电动压缩机具备变频控制能力,这使得它能够根据实际需求自动调节工作频率,从而实现更精确的温度控制。这种技术不仅提高了空调系统的响应速度,还显著提升了整车的能源利用效率。通过减少不必要的能量消耗,电动压缩机有助于延长车辆的续驶里程,这是电动汽车用户非常关注的一个性能指标。此外,电动压缩机还具备小型化、轻量化的优势,使其更容易与整车其他热管理部件集成,优化整车热管理系统的布局和性能。这种高度集成化的设计,不仅简化了系统的结构,还提升了整个热管理系统的可靠性和耐用性。

(2)电子膨胀阀

膨胀阀又称节流阀,主要用于为冷凝器流出的高压液态制冷剂降压,即维持蒸发器和冷凝器的压力差,同时控制整个循环中的制冷剂流量。在纯电动汽车的整车热管理系统中,电子膨胀阀是一种关键组件,与传统燃油车使用的热力膨胀阀有显著的技术差异。燃油车的热力膨胀阀依靠机械传感器和液态制冷剂的物理特性来调节流量,其调节精度有限,响应速度较慢。而电子膨胀阀则采用电控方式,通过传感器实时监测系统参数,精确控制制冷剂流量。这种方式不仅提高了制冷系统的响应速度和效率,还能够根据不同工况动态调整,有效优化整车的热管理效果,从而提升能源利用效率和车辆的整体性能。

(3)车用换热器

换热器是一种用于在不同流体之间传递热量的设备,其主要功能是在温差的驱动下,将热量从某一介质传递到另一个物理上分隔开的介质。为适应纯电动汽车各热管理子系统的冷却/加热工况,换热器由常见的蒸发器、冷凝器衍生出水冷冷凝器、液冷板、直冷板等新型换热器。这些换热器不仅提高了换热效率,还降低了系统能耗。例如,水冷冷凝器将热量传递给冷却液,而直冷板则直接将热量传递给电池。这些新型换热器的出现,也带来了新的技术挑战,如材料选择、结构优化和制造工艺等。表6-1展示了纯电动汽车整车热管理中常见的换热器类型。

表6-1　纯电动汽车整车热管理中常见的换热器类型

换热器内外侧换热对象		热量传递方向	
内侧	外侧	内侧→外侧	外侧→内侧
冷却液	空气	散热器	冷却盘管
制冷剂	空气	冷凝器	蒸发器
制冷剂	冷却液	水冷冷凝器	电池冷却器
冷却液	电池	液冷板(液冷、液热板)	
制冷剂	电池	直冷板(直冷、直热板)	

（4）制冷剂

制冷剂是新能源汽车热泵空调系统中的循环工作介质,在装置中循环流动,通过自身热力状态的循环变化完成与外界的能量转换和传递,实现将热量从低温热源"搬运"到高温热汇的功能。新能源汽车热泵系统的结构、工作参数、运行经济性和可靠性在很大程度上与制冷剂的性质有关。在循环过程中,制冷剂从低温热源中吸收热量,在低温下汽化;向高温热汇排放热量,在高温下凝结。因此,只有在工作温度范围内能够汽化和凝结的物质才有可能作为制冷剂使用。常见的热泵空调系统制冷剂可大体上分为 4 类:无机化合物、卤代烃、碳氢化合物和混合制冷剂。在制冷剂的选择过程中,需要综合考虑热力学性质、传热学性质、化学性质、成本、安全性、经济性以及对环境的影响。结合新能源汽车复杂的工作环境和较低的冬季工作温度,新型制冷剂的开发与应用在热泵空调系统设计中扮演着重要作用。

（5）其他辅助设备

电磁阀:电磁阀是汽车热泵系统中常见的开关式自动阀门,主要用于自动接通和切断制冷机系统的供液管路。与上文中的膨胀阀不同,膨胀阀只是一个节流机构,自身有时无法保证管路关闭,因此需要额外的电磁阀控制管路通断。一般来说,电磁阀和压缩机同时启动,压缩机停止时电磁阀会立即关闭,以避免停机后大量制冷剂液体流入蒸发器侧,造成压缩机再次启动时带液运行。

四通换向阀:四通换向阀主要通过切换制冷剂的流通路径,交换内、外侧换热器的相对位置,最终实现制冷、制热模式的转换。

气液分离器:气液分离器是对制冷剂蒸气与液体进行分离的一类设备,简称气分。气液分离器的作用是用来防止液体制冷剂撞击压缩机,影响其正常运转。同时,气液分离器为制冷剂管路提供了额外的内部容积,可暂时存储多余的制冷剂液体。

干燥过滤器:干燥过滤器用于吸附制冷剂中的水分,以防止运行过程中由于温度降低导致水蒸气结冰,从而堵塞制冷剂管路。

安全阀:安全阀是保证设备在规定压力下工作的一类安全设备。安全阀可安装在压缩机上,连通进、排气管。当压缩机排气压力超过允许值时,安全阀开启,使高、低压两侧串通,保证压缩机的安全工作。安全阀也可用于系统中的各类压力容器上,当设备中的压力超过许用值时自动打开以保证安全。

6.2.3　热泵空调技术

车用热泵空调与家用空气源热泵空调的基本工作原理一致,其为适应纯电动汽车的使用场景,有诸多创新技术。在此介绍纯电动汽车车用热泵空调常用的技术手段。

（1）回热技术

回热技术是一种在新能源汽车热泵空调系统中广泛应用的设计方案,其目的是提高系统工作的效率、经济性和安全性。回热技术的基本工作原理如图 6-7 所示,其主要作用是在制冷剂循环过程中,将冷凝器出口的高温、高压液体与蒸发器出口的低温、低压蒸气再进行一次热量交换。该设计可同时增大冷凝器出口过冷度与蒸发器进出口的焓值差,提高系统的单位质量制冷量。同时,该过程可避免压缩机入口处蒸气带液,提高压缩机工作的安全性。需要注意的是,该过程同时提高

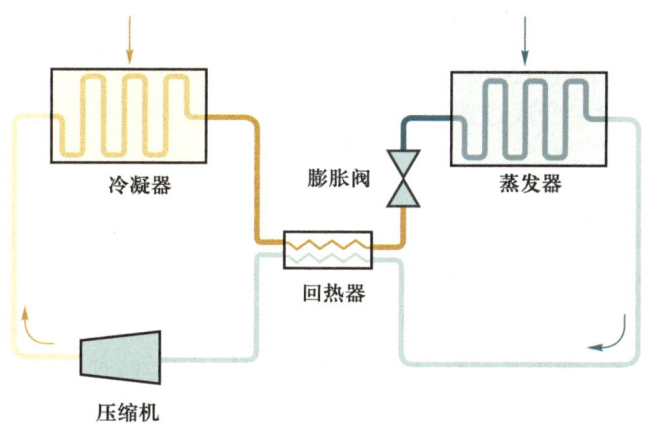

图 6-7　回热技术示意图

了压缩机的吸气温度和排气温度,因此需要对回热过程进行良好的设计以避免排气温度过高。

（2）补气增焓技术

在低温环境下,受压缩机前后压力差增大等诸多不利因素的影响,热泵空调系统的制热效率往往会显著下降,而乘员舱此时却有较高的供热需求。补气增焓技术是车用热泵空调系统中提高低温制热能力的一种有效技术,又称"准双级压缩系统"或"喷气增焓技术"。该系统在压缩机的中间位置引入了一定量的低温制冷剂蒸气,依据中间位置制冷剂蒸气的产生方式,又可以进一步分为带有闪蒸罐的补气增焓系统和带有中间换热器的补气增焓系统,如图 6-8 所示。其中,在带有闪蒸罐的补气增焓系统中,冷凝器出口的高压制冷剂首先经过一级节流,后在闪蒸罐中蒸发。蒸发后的饱和气体通过辅路从压缩机补气口进入压缩机,其余的饱和液体制冷剂从主路经过二级节流后进入蒸发器。需要注意的是,车辆行驶的震动可能会影响闪蒸罐系统的运行稳定性。而在带有中间换热器的补气增焓系统中,从

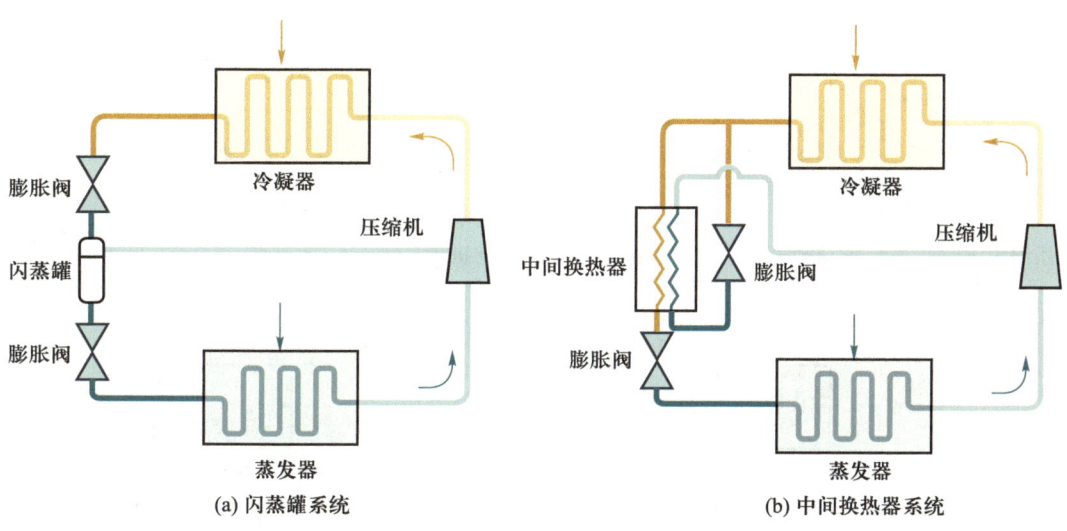

(a) 闪蒸罐系统　　　　　　　　　　　(b) 中间换热器系统

图 6-8　补气增焓系统示意图

冷凝器出来的高压液态制冷剂被分为两路。主路制冷剂直接进入中间换热器,辅路制冷剂经过膨胀阀节流降温后,再进入中间换热器,并和主路制冷剂换热。辅路制冷剂换热后一般会变成过热气态或气液两相状态,进而从压缩机补气口进入压缩机。

补气增焓系统中,低温的制冷剂蒸气与处于压缩过程中的中温蒸气混合,使压缩机的排气温度降低,延长其使用寿命,减少故障率。该混合过程还可以增大冷凝器内的制冷剂循环量,使热泵系统的制热量增加。补气增焓系统中的换热过程可使得流入蒸发器的工质过冷度增加,使其可以在蒸发器中吸收更多的热量,从而增加了系统的制热量,即蒸发过程中工质的焓值变化。此外,补气量调节相较压缩机的控制更为灵活,系统调节更为方便。以上种种优势使得补气增焓技术具有宽温区、高效能、紧凑性高和安全性强的特点,进而广泛应用于新能源汽车的热泵空调系统当中。

(3) 热气旁通技术

热气旁通技术是指在压缩机的排气管上设置旁通管,将部分高温高压的制冷剂蒸气跳过冷凝器而引入其他位置,如压缩机入口或蒸发器的入口,如图 6-9 所示。当引入压缩机入口时,热气旁通技术主要用于改善压缩机的运行工况,并调节制冷剂的循环流量。例如,将高温、高压的制冷剂蒸气旁通到压缩机入口可提高压缩机入口处的制冷剂温度,避免低温环境下由于制冷剂蒸发不充分导致的液体撞击压缩机状况的发生。而当高温高压的蒸气被引入蒸发器入口时,则主要用于提升蒸发温度,改善蒸发器运行工况,或用于除霜。热泵空调系统冬天工作时,当蒸发器的运行温度低于露点温度时,换热器表面会产生凝结水。当蒸发器运行温度进一步低于 0 ℃ 时,换热器表面将会结霜。新能源汽车在冬季运行时,可能会面临结霜的问题。蒸发器表面结霜将会极大地影响换热效率,进而影响整个热泵系统的能效。热气旁通后,蒸发器温度的提高可以避免结霜现象的出现,或融化蒸发器表面已有的霜。总的来说,热气旁通技术可改善各部件的运行工况,提升车用热泵空调系统在低温环境下的制热效率。

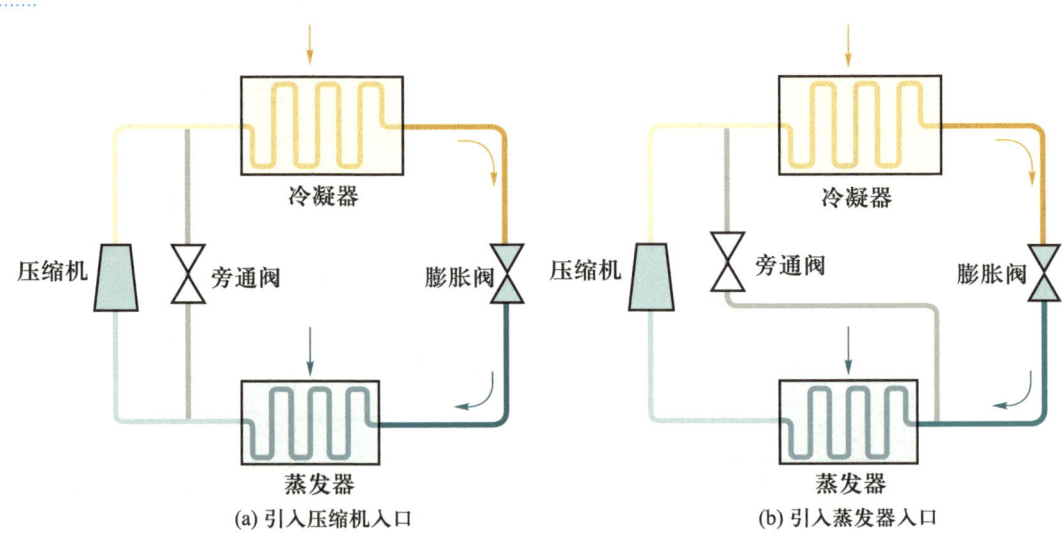

(a) 引入压缩机入口　　　　　(b) 引入蒸发器入口

■ 图 6-9　热气旁通技术示意图

6.2.4　热泵空调发展趋势

（1）零部件模块化

车用热泵空调在物理结构上的发展趋势表现为零部件的模块化,图 6-10 中展示了某国产纯电动汽车热泵空调集成模块,其将制冷剂侧的冷却器、电子膨胀阀、截止阀、储液罐等零部件和冷却液侧的水泵、膨胀水箱等零部件在物理结构上进行了高度集成。车用热泵空调零部件的模块化推动了整车厂与热泵空调产业链企业的合作效率,推动了车用热泵空调技术在纯电动整车热管理系统中的广泛应用。

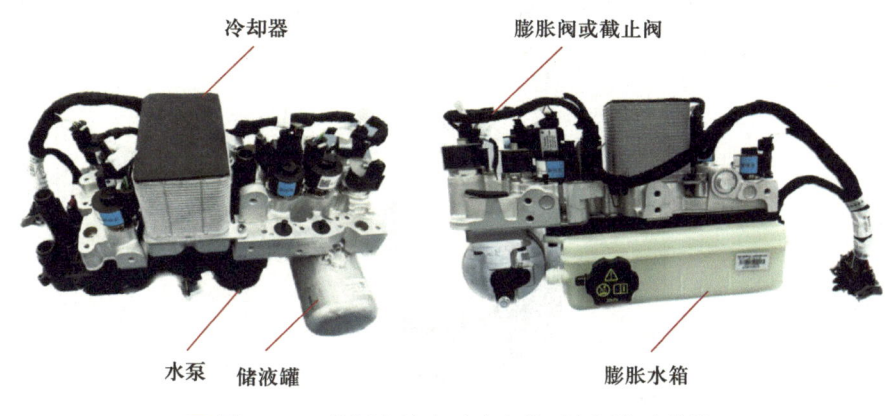

■ 图 6-10　某国产纯电动汽车热泵空调集成模块

（2）制冷剂低碳化

2024 年 7 月,中国生态环境部发布《中国履行〈关于消耗臭氧层物质的蒙特利尔议定书〉国家方案(2025—2030)》的征求意见稿,规定自 2030 年起,禁止新申请公告的 M1 类车辆空调系统使用全球升温潜能值(GWP)值大于 150 的制冷剂,并鼓励在电动汽车热系统领域开展二氧化碳($R744$)、丙烷($R290$)等自然工质制冷剂替代技术的研发和应用。此举标志着国家层面正式在纯电动汽车领域启动热泵空调系统制冷剂的低碳化行动。

当前,纯电动汽车热泵空调多使用 R134a(GWP 为 1430)作为制冷剂,未来将不符合相关法规要求。纯电动汽车热泵空调替代制冷剂存在 CO_2、R290 等自然工质和以 R1234yf、R474A 等氢氟烯烃(HFO)类为代表的多条技术路径。CO_2 作为车用热泵空调制冷剂,制热效果好,但 CO_2 热泵空调的跨临界循环模式与传统 R134a 热泵空调有着显著区别,需要重新设计所有的热管理系统零部件。且 CO_2 热泵空调系统运行压力远高于 R134a 系统,导致现阶段 CO_2 车用热泵空调的成本高。R290 作为 R134a 理想的替代制冷剂之一,有着优秀的制冷和制热效果,但其易燃易爆的特性在纯电动汽车热泵空调系统中需着重考虑。R1234yf、R474A 等 HFO 制冷剂或以 HFO 为主要组元的混合制冷剂,其最大的优势在于可兼容现行的 R134a 热泵空调系统,但其现阶段价格较高,且制冷剂本身存在专利壁垒。纯电动汽车热泵空调制冷剂的低碳化是政府、产业界、学术界等领域共同推动的成果,是整车热管理系统低碳化的标志性成果。

6.3　纯电动汽车总成级热管理

纯电动汽车整车热管理涉及的三个总成(子系统):电驱总成热管理、动力电池热管理和乘员舱热管理,如图 6-11 所示,这三者在纯电动汽车整车热管理中具有独特的重要性和技术挑战性。其中乘员舱热管理主要体现在乘员舱热湿环境的构建与营造,主要表现在保障驾乘人员的舒适性和车辆除霜、除雾的安全性,这与传统燃油车乘员舱热管理的理念和技术手段相近,因此 6.3 节不针对乘员舱热管理展开介绍。但值得注意的是,纯电动汽车空调系统的电动化,导致乘员舱热管理更加精细化和智能化。6.3 节将从原理、组成、技术三个维度,重点介绍电驱总成热管理和动力电池热管理,以及三个子系统间的热量耦合关系。

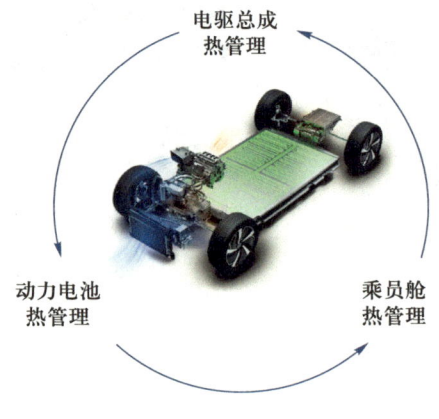

■ 图 6-11　纯电动汽车总成级热管理

6.3.1　电驱总成热管理

电驱总成热管理是针对电动汽车中的电机、控制器等核心部件的温度控制与管理技术,旨在确保这些部件在高效、耐久和安全的状态下运行。电驱总成中的主要产热部件包括电机和电控,其中电机的热损耗在所有车载电器件的总热损耗中占比最大。电驱总成热管理主要体现为电机高效冷却和电机主动产热两部分内容。

电驱总成在工作过程中会产生大量热量,若不能及时散发,会导致其温度过高,进而引发磁体退磁、绝缘材料老化、效率降低、寿命缩短甚至烧毁等问题。通过有效的冷却,可以降低电机和控制器的运行温度,减少因高温导致的能量损耗,从而提高整个电驱动系统的能效。良好的热管理有助于减缓电机和控制器内部元器件的老化速度,延长其使用寿命,降低维护成本。

电机是由定子、绕组、转子组成的复杂系统,由于各部件材料不同,对应的运行温度和安全温度范围也不同。比如,分数槽绕组结构的永磁电机是一种具有特殊绕组配置的电机,其特点在于定子槽数与转子极数之间不成整数比。分数槽绕组结构的永磁电机在运行过程中可能会产生较大的涡流损耗,导致永磁体温度升高。过高的温升不仅会影响永磁体的性能,还可能造成不可逆退磁。此外,电动汽车驱动电机绕组的温度升高会增加绕组阻值,增大了绕组铜耗,过高的温升也会降低定子铁心、永磁体等磁性材料的性能,增大电机的铁心损耗,降低电机的工作效率。

1. 电机产热机理

电动汽车的驱动电机在工作时会产生热量,这主要是由电机各部分的损耗引起的。电机的损耗包括铁损耗、铜损耗、磁损耗、机械损耗和随机损耗,如图 6-12 所示。铁损耗发生在定子和转子的铁心中,因为磁场的变化而产生,这种损耗还可以分为涡流损耗、磁滞损耗和过剩损耗。由于电机内部的磁场分布不均匀,尤其在电机的尖端容易出现磁饱和的情况,所以通常需要用专门的方法计算铁损耗。铜损耗是电机中主要的损耗之一,特别是在高功率密度的电机中,这种损耗是由电流通过铜线时产生的热量引起的。由于铜的电阻会随着温度升高而增加,所以在相同电流下,温度越高,铜线就会产生越多的热量。因此,保持电机绕组较低的温度有助于减少铜损耗,从而提高电机效率。机械损耗则包括摩擦损耗和通风损耗,特别是在大型电机中影响较大。永磁体涡流损耗是由永磁体内部的交变磁场引起的,这对电机的效率和寿命有显著影响。最后,随机损耗也不可忽视,尤其是在高频电机中,这种损耗可能占到总损耗的 10% 以上,主要是由主磁通和漏磁的变化引起的。理解和控制这些损耗对于提升电机性能和延长其使用寿命至关重要。

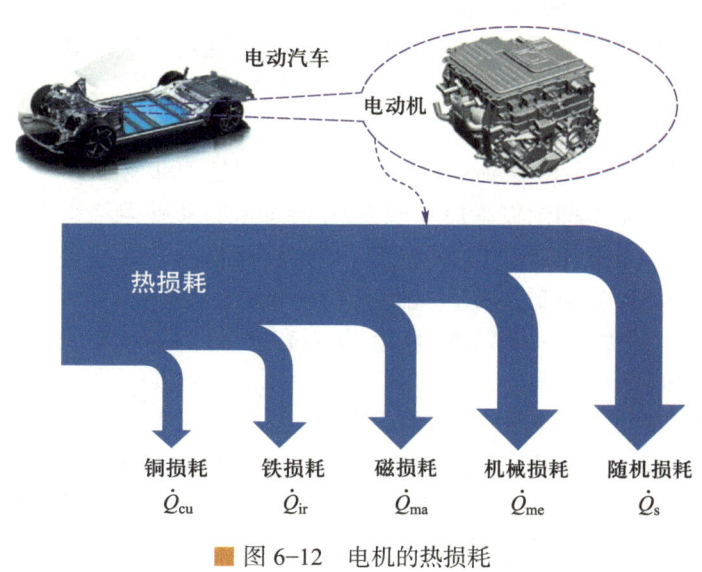

■ 图 6-12 电机的热损耗

2. 电机高效冷却技术

电机作为其心脏部件,其性能和可靠性直接影响到整个系统的效率与寿命。电机在运行过程中产生的热量若不能有效散发,将导致其效率下降、绝缘材料老化、寿命缩短,甚至烧毁。因此,电机的冷却技术显得尤为重要。图 6-13 概括了目前可用的电机冷却技术,可分为空气冷却、液体冷却、增强热传导、混合热管理等方式,按照对象需求来说,旨在满足定子、绕组、转子的不同冷却要求。下面将介绍这些热管理技术的运用。

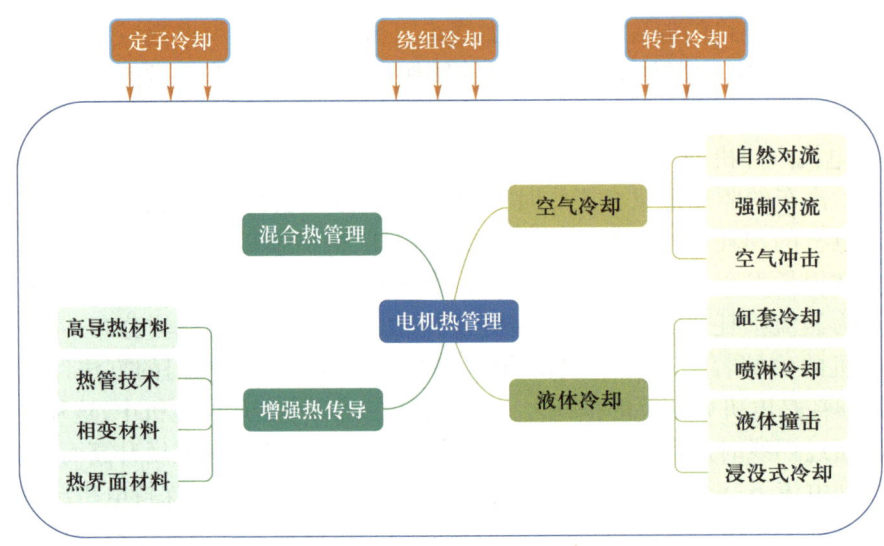

图 6-13　电机冷却技术

(1) 转子冷却

针对转子的冷却方法相对复杂,因为转子是电机的旋转部件,散热难度较大。为了有效降温,可通过在转子的空心轴内设计冷却通道,让冷却液直接流经其内部,从而带走热量,或者使用喷淋冷却的方法,将冷却油喷射到转子表面,利用油的吸热性散热。此外,空气冷却也是一种常见的方式,通过空气流动结合转子表面的翅片结构增强散热效果,尤其适用于高速旋转的转子。

(2) 绕组冷却

绕组是电机中产生热量最多的部分,因此冷却处理非常关键。常用的方法包括直接冷却,即在绕组槽内设置冷却通道,让冷却液直接接触绕组进行热交换以降低温度;另一种方法是间接冷却,冷却液在绕组周围流动,通过间接方式将热量带走,适用于不便直接接触的场景。此外,空心导线技术也被广泛应用,导线内部流动的冷却液可直接吸收导线散发的热量,从而有效降低温度。

(3) 定子冷却

相对来说,定子的冷却技术更为成熟,但仍在不断地优化。常见的定子冷却方法包括空气冷却、液体冷却和热管技术。其中,空气冷却通过自然对流或强制风冷,利用定子内部或外部的散热片将热量散发出去;液体冷却则通过在定子内部设计冷却通道,使冷却液流经这些通道带走热量,适用于高功率密度的电机;热管技术利用热管的高效导热特性,将定子内部的热量迅速传导到外部,从而提高散热效果。电机热管理技术是确保电动汽车动力系统性能和可靠性的关键。随着电动汽车的普及和技术的不断进步,对电机热管理技术的研究和应用将持续深化,以满足更高效率和更长寿命的需求。

通过转子、绕组和定子的有效冷却,电机能够在各种工作条件下保持最佳性能,为电动汽车的可持续发展提供了坚实的技术支撑。

3. 电机主动产热技术

在纯电动汽车的整车热管理中,电机主动产热是一项重要的技术,它不仅是为了驱动车辆,而且还在低温环境下通过产热来维持整车的热平衡。传统的热管理通常依赖于电机被动散热,即通过冷却系统带走电机运行时产生的余热。然而,电机主动产热技术通过优化电机的控制策略,使其在特定条件下主动产生热量,以满足整车或电池系统的加热需求。

电机主动产热的原理是通过控制电机的工作状态,增加电流,使其产生更多的热量。这些热量可以通过热管理系统传递到需要加热的部件,如动力电池或乘员舱,从而提高系统的整体能效。例如,在寒冷的环境下,动力电池的温度可能低于最佳工作温度范围,电机主动产热技术可以通过改变三相电流来改变电机效率点,让电机产热以提升电池的温度,从而确保电池性能的稳定性。

相比于传统的电阻加热器,电机主动产热技术具有更高的能效。它利用了电机在产生动力的同时产生的热量,从而减少了对额外加热设备的依赖。这种方法不仅可以提高车辆的续航能力,还能减少整车的能源消耗,从而延长电池寿命和提高车辆的整体可靠性。

4. 电机热管理技术发展趋势

电机热管理技术的发展趋势是一个极具前景的话题。随着电动车辆和工业自动化的普及,电机热管理技术变得越来越重要。在这一领域,一个关键的发展方向是采用先进的冷却技术,如液冷和热管技术,来提高电机的效率和可靠性。其中冷油喷淋技术是一种用于工业设备和机械的先进冷却方法。其发展趋势主要涉及以下几个方面。

(1) 高效能和节能

未来冷油喷淋系统的发展方向是提高冷却效率并减少能源消耗。这可能包括优化喷嘴设计,改进喷油方式,以及应用智能控制系统,实现根据实时需求动态调整冷却剂的喷射量和位置。

(2) 智能化控制

随着传感器技术和智能算法的进步,冷油喷淋系统将能够更精确地监测设备的热量分布和运行状态,从而实现智能化的冷却控制。这种智能化可以提高系统的响应速度和能效,同时降低维护成本。

(3) 适应不同应用场景

未来的冷油喷淋技术可能会逐步应用于更多的工业应用场景,包括汽车制造、航空航天、电力设备等领域。针对不同的应用需求,可能会开发出定制化的冷油喷淋解决方案,以提高设备的性能和可靠性。

(4) 环保和可持续发展

在设计和使用冷油喷淋系统时,越来越多的关注点将放在减少环境影响方面。未来的发展趋势可能包括减少冷却剂的使用量、选择更环保的冷却剂,以及采用更耐用和可维护的系统,以支持可持续的工业发展。

总体来说,冷油喷淋技术作为一种高效、精确和可控的冷却方法,其发展趋势将继续朝着智能化、高效能和可持续发展方向迈进,以满足工业设备在不同工况下的需求。此外,材料科学的进步也在推动电机的散热性能,例如高导热材料的应用可以有效地提升电机的热管理效率。另外,智能化的热管理系统也是未来的发展方向之一。通过传感器实时监测电机的温度和负载,采用智能算法进行精确的热管理调控,能够最大限度地优化电机的运行状态,提升其工作效率并延长使用寿命。图 6-14 展示了电机热管理技术的发展趋势。最终,随着电动化和智能化的推进,电机热管理技术的发展不仅关乎能源效率和环境影响,还涉及整个电动交通和工业自动化的可持续发展。

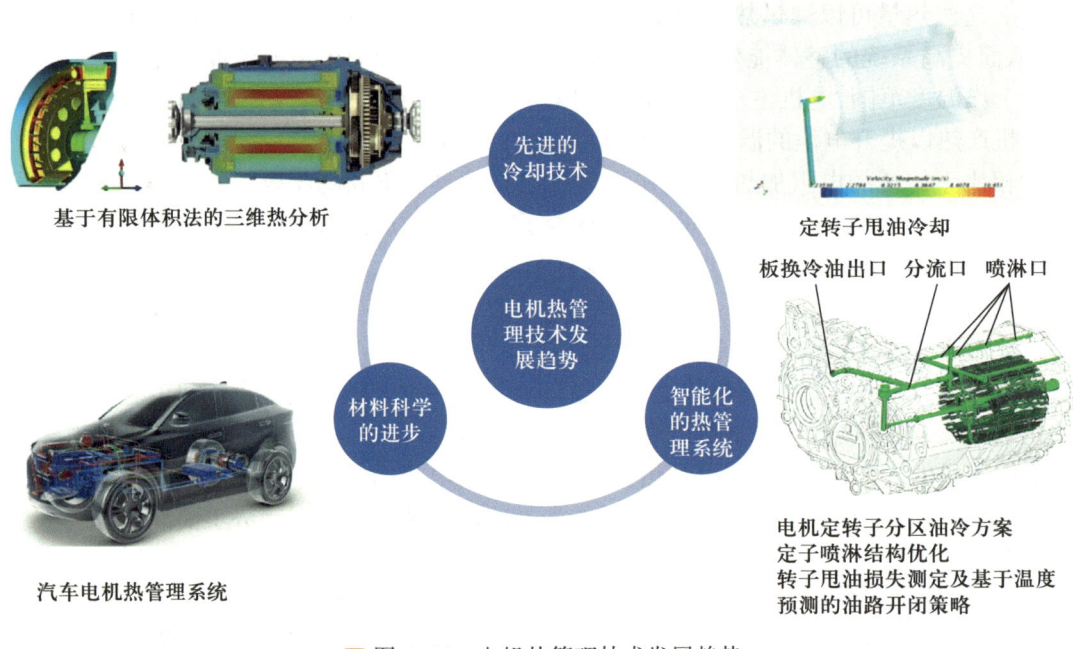

图 6-14　电机热管理技术发展趋势

6.3.2　动力电池热管理

电池具有特定的工作温度特性,无法在高温和低温环境保持良好的运行状态。其最适宜的工作温度区间为 15~35℃,但是汽车的工作环境极为多样,-20~55℃ 的工作环境十分常见。温度过低时,电池内部电解液黏度和阻抗变大,材料电化学活性降低,导致放电功率变小,放电困难;温度过高时,化学自放电加快,内部副反应增多导致自产热增加,寿命衰减加速,并存在安全隐患,如图 6-15 所示。为了保证

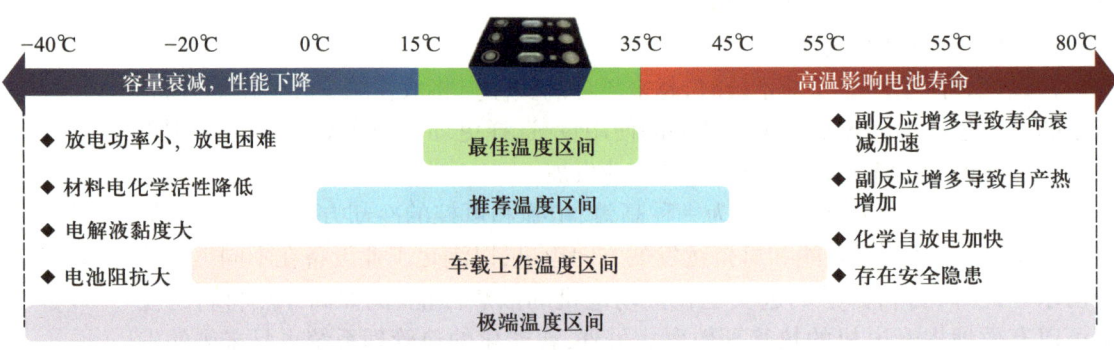

图 6-15　电池的工作温度

动力电池的输出性能、循环寿命及安全性,需要电池热管理以维持电池在合适的温度区间内,并确保温度的均匀性。

本节将从动力电池产热机理、热管理技术和热管理发展趋势三个方面来介绍。

1. 动力电池产热机理

锂离子电池是一种高能量密度的可二次充放电的电池。在充放电过程中,电化学反应会产生热量,热量的累积会导致电池温度升高。电池在充放电过程中产生的热量主要来源于以下几个方面:正负极材料的化学反应、电池内部的电化学反应、电解液的分解,以及高温下固体电解质界面膜的分解。2000 年 Noboru Sato(佐藤昇)等曾经把电池生热分为 4 个部分

$$Q = Q_r + Q_p + Q_s + Q_j \tag{6-2}$$

式中,Q_r 为化学反应而引起的化学反应热,单位为 J;Q_p 为极化损失而产生的热量,单位为 J;Q_s 为过充电引起的副反应产生的热量,单位为 J;Q_j 为内阻焦耳热,单位为 J。

目前应用最广的电池生热速率公式还是 1985 年 Newman 的学生 Dawn Bernadi(贝尔纳迪)首次推导的包含 4 个产热项的电池热平衡方程

$$\dot{Q}_{dis} - I \cdot V$$

$$= MC_p \frac{dT}{dt} + \sum_l \left(I_l T^2 \frac{d\frac{E_l^{avg}}{T}}{dT} \right) - \int \sum_j \sum_i \left(\bar{H}_{i,j} - \bar{H}_{i,j}^{avg} \right) \frac{\partial c_{i,j}}{\partial t} dv - \sum_k \left(\Delta H_k^{avg} \cdot r_k \right) \tag{6-3}$$

式中,$\dot{Q}_{dis}$ 为电池散热量,单位为 J;$I \cdot V$ 为电功,单位为 J;$MC_p \frac{dT}{dt}$ 为电池内能增量,单位为 J;$\sum_l \left(I_l T^2 \frac{d\frac{E_l^{avg}}{T}}{dT} \right)$ 为电化学反应引发的焓变(可逆热),单位为 J;

$\int \sum_j \sum_i \left(\bar{H}_{i,j} - \bar{H}_{i,j}^{avg} \right) \frac{\partial c_{i,j}}{\partial t} dv$ 为因物质分布不均匀引发的焓变(混合热),单位为 J;$\sum_k \left(\Delta H_k^{avg} \cdot r_k \right)$ 为相变潜热,单位为 J;式中 i 表示一种物质,j 表示一个相,k 表示一个相变反应,l 表示一个电化学反应,r 表示反应速率。

由于混合热在正常电流工况下一般很小,对于锂离子电池,相变潜热也可以忽略,因此 Bernadi 生热速率模型可以简化成式(6-4)。

$$MC_p \frac{dT}{dt} = I^2 \cdot R + I \cdot T \frac{dE}{dT} \tag{6-4}$$

式中,M 为电池质量,单位为 kg;C_p 为电池比定压热容,单位为 J/(kg·K);I 为电流,单位为 A;R 为电池内阻,单位为 Ω;E 为电池电动势,单位为 V。

2. 动力电池热管理技术

电池热管理是根据温度对电池性能的影响,结合电池的电化学特性与产热机理,通过调节和控制电池温度,确保电池在最佳工作范围内运行,以提高性能、延长寿命并确保安全性的技术。

161

电池热管理技术中比较常见的有风冷、液冷液热、直冷直热等。

（1）风冷技术

风冷技术是一种利用空气作为介质的电池热管理技术，根据驱动方式可以分为被动风冷和主动风冷。被动风冷是指无须外部辅助能量，直接利用车速产生的自然风来散热，这种方式无须额外部件，结构简单且成本低廉。其热交换主要通过自然对流进行。主动风冷则依赖于强制对流进行热量交换。因此，在电池模块周围空间允许的情况下，可以安装局部散热器或风扇，也可以使用辅助设备或汽车自带的蒸发器来提供冷却空气。

随着动力电池的能量密度提升和高功率充放电工况的普遍应用，对散热能力的要求越来越高，再加上国家标准对动力电池包增加了 IP67 的防水等级要求，风冷技术慢慢淡出了市场。

（2）液冷液热技术

相较于风冷技术，具备更高热导率和更高热容的液体介质在电池温度分布调控方面展现出更为出色的性能，能够基本满足大规模电池高倍率充放电的冷却需求。在现阶段，液冷液热技术鉴于其换热能力、成本、重量等综合条件所具备的优势，成为当前应用最为广泛的电池热管理技术。其主要通过泵送循环系统使冷却液流经液冷板的内部流道，液冷板安装在电池的底面或侧面，借助强制对流换热的形式对电池予以冷却或加热。

由于液体的比热容以及防冻的要求，液冷循环系统所采用的冷却液通常为水和乙二醇混合物。液冷板属于具有内部流道的金属板（一般为铝），其安装位置通常在电池的底面和侧面。当下，大部分的动力电池都是将液冷板安装在底部，而把液冷板安装在电池侧面的，主要有特斯拉用于冷却圆柱电池的蛇形冷却管和宁德时代用于冷却方壳电池的麒麟电池。

（3）直冷直热技术

直冷直热技术是把电池系统与热泵空调系统加以整合，将电池冷却部件直接当作空调系统的蒸发器，以制冷剂（如 R134a 等）作为其冷却介质，省去了冷却液的二次换热流程（如图 6-16 所示），借助制冷剂的相变潜热来达成更高的电池温度管理效果，拥有极高的换热系数，同时进一步实现了整车热管理的集成化。直冷直热技术与液冷液热技术相比节省了系统回路，而且在换热效率上有了很大提升。

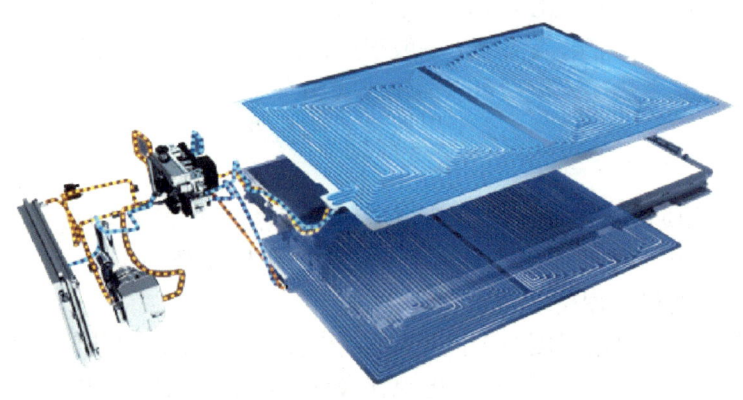

■ 图 6-16　动力电池直冷直热系统

（4）其他动力电池热管理技术

除了风冷、液冷液热和直冷直热技术外,现在还有热管、相变材料冷却和浸没式冷却等热管理技术,但是由于成本或电池能量密度等原因暂时还未大规模量产应用,图 6-17 对比了几种不同热管理技术的优缺点。

	风冷	液冷液热	直冷直热	热管	相变材料冷却
主流电池热管理技术			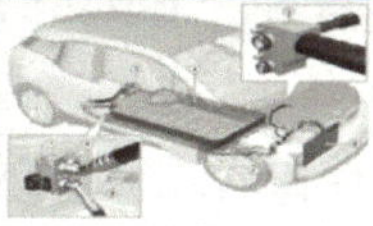	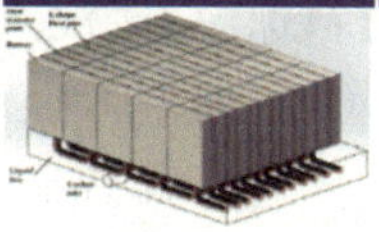	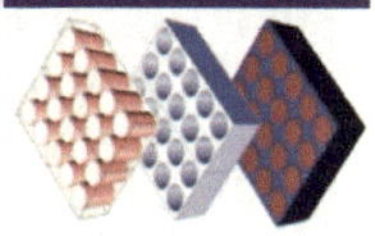
散热能力	★★	★★★★	★★★★★	★★★★★	★★★★
温度均匀性	★★★	★★★★	★★★★	★★★★	★★★★★
成本优势	★★★★★	★★★★	★★★★	★	★★
量产应用	★★★	★★★★★	★★	★	★

■ 图 6-17　电池热管理技术对比

3. 动力电池热管理发展趋势

随着电动汽车市场的迅速扩张,以及对电池性能和安全性要求的不断提高,动力电池热管理技术正呈现出一系列显著的发展趋势,主要集中在以下 4 个方面,如图 6-18 所示。

（1）强化传热

无论是电池冷却和加热,强化传热性能都是永恒的追求。目前,这方面出现了多种技术,如微通道冷却技术、热管技术以及电池与冷板接触面的高导热材料技术等,这些技术对控制电池温度和均匀性有着重要意义。

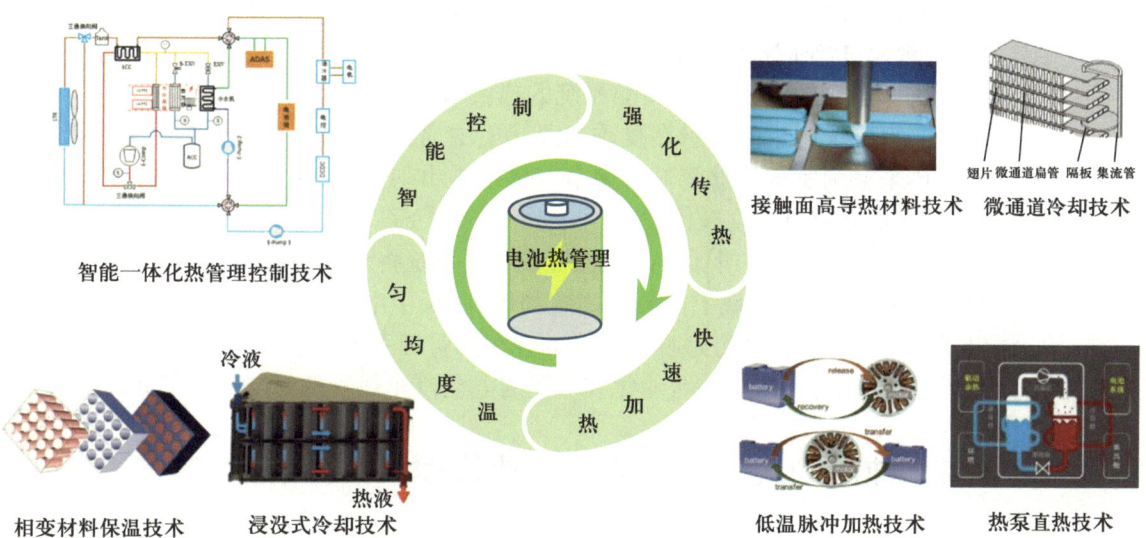

■ 图 6-18　动力电池热管理技术发展趋势

（2）快速加热

随着对动力电池在宽温域下的应用要求越来越高,为了提高在寒冷环境中的续航和电池寿命,电池快速加热技术如低温脉冲加热和热泵直热技术等也逐渐开始应用。

（3）温度均匀

温度均匀性将直接影响电池的性能和寿命,有利于维持电池组的一致性。相变材料保温、浸没式冷却等技术可有效改善电池的传热性能和温度均匀性。

（4）智能控制

随着车端控制器和云端算力的提升,电池热管理智能控制技术也是当前发展的热点。该技术通常利用大数据和人工智能,根据环境、车辆和电池工况等信息对整车各系统的热状态进行实时分析和预测,智能调节一体化整车热管理系统的冷却液流量分配和温度等参数。

6.3.3　子系统间热量耦合关系

在纯电动汽车的整车热管理系统中,热泵空调作为核心,将电驱总成系统、动力电池系统和乘员舱系统有机结合,形成一个高效的热量管理网络。这三个子系统之间的热量耦合关系使得整车热管理更加智能化和集成化。

（1）电驱总成系统与动力电池系统的热量耦合

电驱总成系统在运行过程中会产生大量热量,特别是在高负载的情况下。这些热量可以通过热泵系统转移到动力电池中,尤其在寒冷环境下,电池温度需要维持在最佳工作温度范围内。通过将电驱系统的余热引导至电池,可以减少电池的电加热需求,提高电池的能效和寿命。

（2）动力电池系统与乘员舱系统的热量耦合

动力电池在工作时同样会产生热量,这些热量可以通过热泵系统用于加热乘员舱。特别是在冬季,乘员舱的供暖需求较高,利用电池余热可以有效减少电力的额外消耗。同时,在高温环境下,热泵可以将乘员舱的冷量引入电池系统,为电池降温,避免过热带来的性能衰减和安全隐患。

（3）电驱总成系统与乘员舱系统的热量耦合

电驱系统产生的热量在夏季高温环境中,需要及时散发以维持系统的正常运行。热泵空调系统能够将这些多余的热量排出乘员舱,避免影响车内温度的舒适性,从而提高乘员的驾驶体验。

通过上述热量的耦合与管理,热泵空调系统将整车各子系统的热量需求和散热需求紧密结合,实现了能源的高效利用,延长了电动汽车的续驶里程,同时也提升了整车的可靠性和舒适性。这样的整车热管理系统不仅体现了现代电动汽车的技术进步,也为未来更加智能化和节能的电动汽车热管理系统奠定了基础。

6.4　纯电动汽车一体化整车热管理

6.1节提及现阶段整车热管理技术已发展至一体化热管理阶段;6.2节介绍了整车热管理系统的核心——热泵空调;6.3节介绍了整车热管理总成级热管理技

术,重点介绍了电驱总成和动力电池热管理。本节将概述性介绍一体化整车热管理的概念、开发流程和发展趋势。

6.4.1　一体化整车热管理的概念

纯电动汽车一体化整车热管理是指通过集成和优化电动汽车各个热管理子系统,包括以热泵空调为核心的乘员舱系统、动力电池、电机及电控系统等,形成一个整车级的综合热管理方案,以实现整车的热量调度和能效优化,如图 6-19 所示。一体化整车热管理体现在功能上,不仅要满足各个子系统的热管理需求,还要通过热量的综合利用和系统间的协同工作,提高整车的能效性;体现在物理结构上,要求动力电池、电驱总成系统、热泵空调系统需通过冷却液或制冷剂流路连接在一起,方可实现热量在整个热管理系统之间的传递。

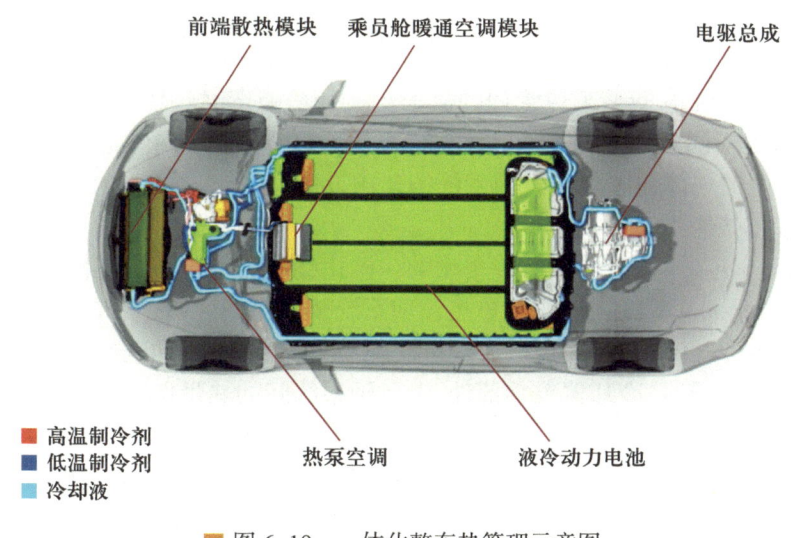

■ 图 6-19　一体化整车热管理示意图

6.4.2　一体化整车热管理的开发

纯电动汽车一体化整车热管理的开发过程是复杂且有挑战性的,需要整车厂与供应商、整车厂不同部门间的密切配合,图 6-20 简要展示了一体化整车热管理的开发流程,以帮助读者建立起一体化整车热管理开发的概念。

（1）需求和功能定义

一体化整车热管理区别于传统燃油车仅需满足发动机冷却、乘员舱冷暖空调的功能需求,还需满足至少以下功能需求:电驱总成冷却和余热回收、动力电池冷却和加热、余热回收、乘员舱冷却和加热及除霜除雾。

在传统分立式热管理系统中,各个热管理子系统可以分别独立控制来满足自身的需求,然而,当各子系统融合成为一体化架构后,需要考虑不同子系统之间的耦合控制需求。不同子系统热需求和热特性之间的差异性,又导致整车一体化热管理表现为强的环境性和工况性。如在北方冬季 0 ℃的环境下,乘员舱需要加热,动力电池在行车起步阶段需要加热,在高功率行驶一段时间后,动力电池需要冷却。

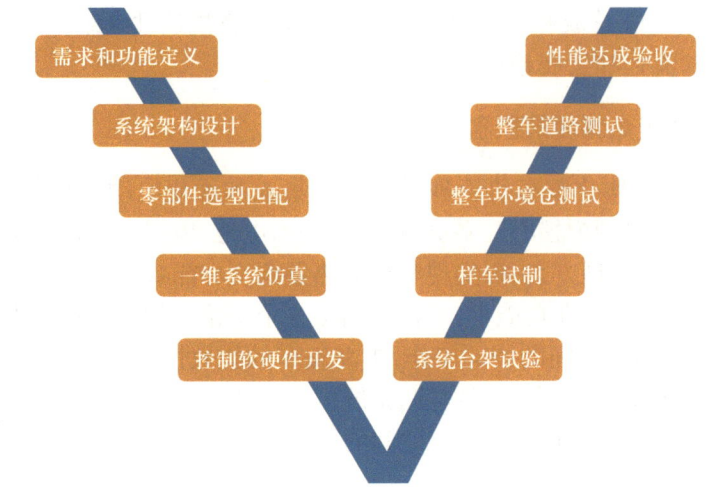

■ 图 6-20　一体化整车热管理 V 形开发流程

可以看出,纯电动整车热管理的需求定义和功能定义较传统燃油车是十分复杂的,为满足不同环境、不同工况下不同子系统热管理的需求,需要进行合理、高效、兼容性好的一体化整车热管理系统的架构设计。

(2) 系统架构设计

不同整车厂、不同纯电动汽车车型的一体化整车热管理系统架构是不同的,在此以特斯拉 Model Y 的一体化整车热管理系统架构为例说明,如图 6-21 所示。其中,黄色表示冷却液回路,通过八通阀可实现动力电池、电机和电控系统、车辆前端散热器、水冷冷凝器、冷却器等零部件,以及子系统间的热量调度;蓝色表示制冷剂回路,即热泵空调系统,其不仅可满足乘员舱冷却、加热的需求,还可通过冷却器和水冷冷凝器实现与动力电池、电机和电控系统间的热量交换,从而实现诸如动力电机冷却、加热和电机余热回收等功能。图 6-22 展示了 8 种该架构下一体化整车热

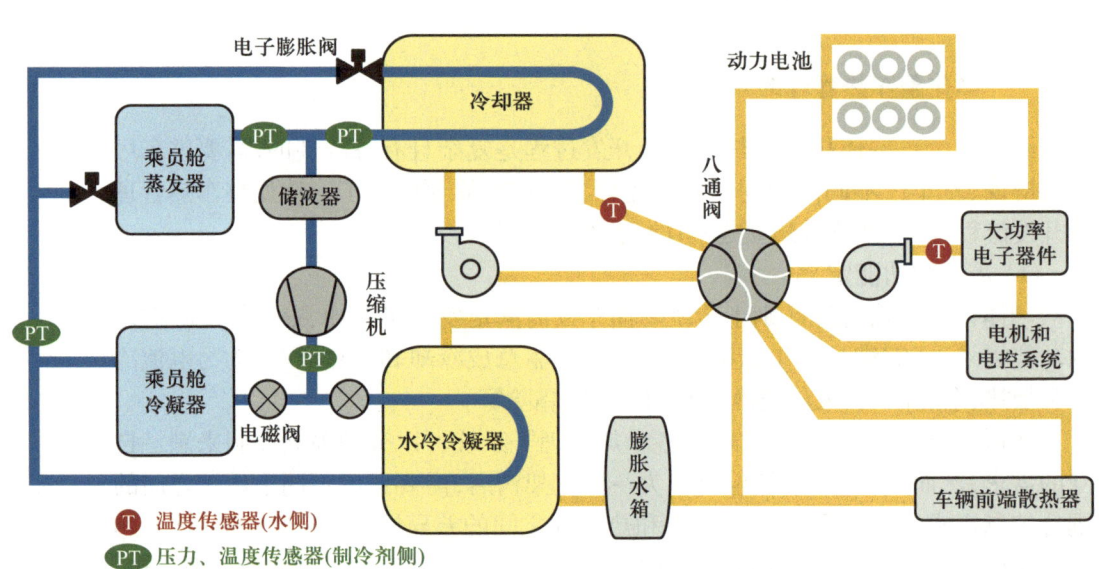

■ 图 6-21　特斯拉 Model Y 一体化整车热管理系统架构

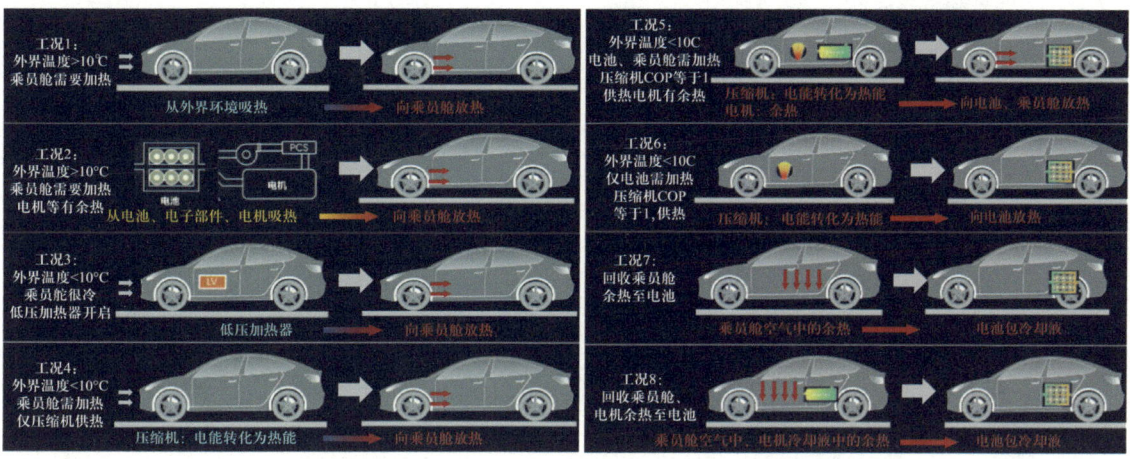

■ 图6-22　一体化整车热管理系统工况举例

管理系统的典型工况,在设计阶段,需考虑的工况可达20多种。

(3) 仿真与控制系统开发

一维系统仿真和三维计算流体力学(computational fluid dynamics,CFD)仿真在一体化整车热管理系统开发过程中发挥着重要作用,三维CFD仿真侧重乘员舱气流温度场、流场的优化等场景,而一维系统仿真在整车热管理开发环节使用的场景更多,在此重点介绍一维系统仿真。常见的整车一维系统仿真软件有西门子AMESim、麦格纳KULI等。

一维系统仿真在不同一体化整车热管理开发阶段发挥的作用是不同的,如在系统架构设计阶段,可利用一维系统仿真对比竞品车型系统方案;在零部件选型匹配阶段,可对压缩机、散热器等进行零部件的性能校核;在整车热管理系统台架试验阶段,可用于评估系统的性能;在整车热管理控制开发阶段,可用于控制策略的开发和在环标定等。可见,一维系统仿真对于各系统高度耦合的一体化整车热管理的开发是至关重要的。

在实际的开发过程中,需要在针对各热管理子系统搭建一维系统级仿真模型后,完成整车级热管理一维系统仿真的物理模型,进一步与热管理控制策略模型完成联合开发,如图6-23所示。

(4) 试验测试与优化

整车热管理系统试验测试要经历系统级台架试验、整车环境仓测试、整车道路测试等环节,以评估整车热管理系统在不同环境、工况条件下的性能表现。例如,在热泵空调系统级台架试验中评估系统制冷/制热量及COP是否满足设计要求,在整车环境仓测试中标定乘员舱升降温、除霜除雾策略(如图6-24所示),在寒区和热区进行整车测试验证整车热管理系统的环境适应性等。热管理工程师会根据实验结果,分析整车能量流,针对整车热管理系统的能耗等指标,对系统进行进一步的优化,最终确保系统满足设计要求。

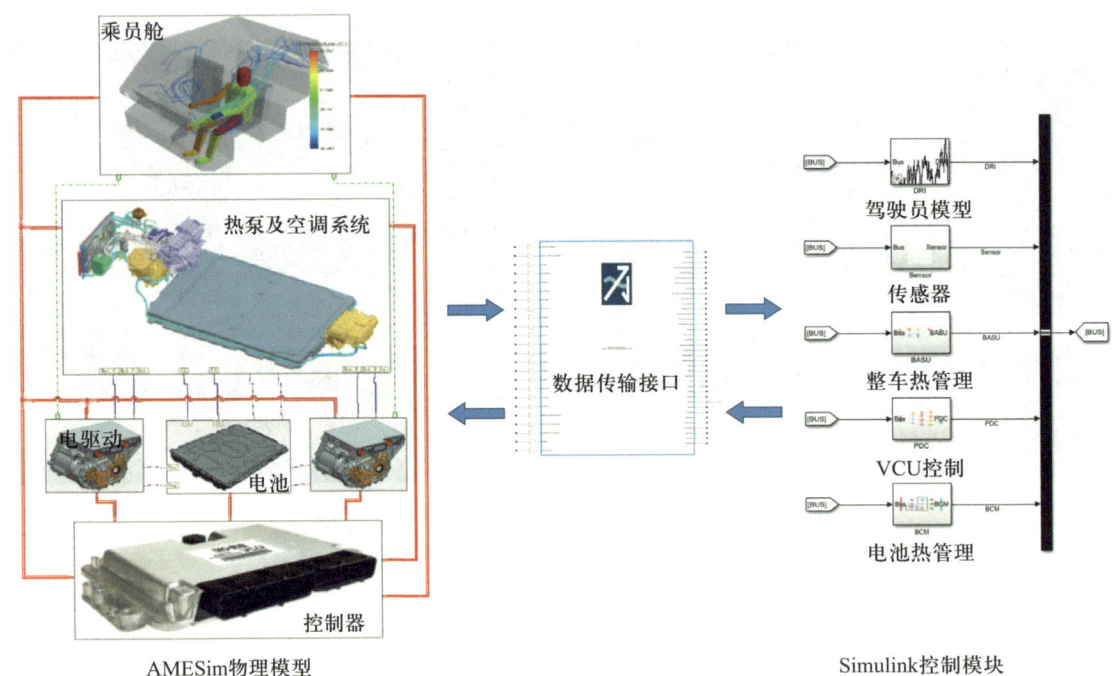

乘员舱

热泵及空调系统

电驱动

电池

控制器

数据传输接口

驾驶员模型

传感器

整车热管理

VCU控制

电池热管理

AMESim物理模型　　　　　　　　　　　　　　Simulink控制模块

■ 图 6-23　一体化整车热管理系统仿真与控制联合开发

环境仓

上位机

底盘测功机

试验车

■ 图 6-24　整车热管理系统环境仓测试

6.4.3　一体化整车热管理的发展趋势

6.2 节和 6.3 节已详细介绍了热泵空调系统、动力电池热管理、电驱总成热管理的技术发展趋势。一体化整车热管理的发展是以上述各子系统的发展为基础的，如热泵空调零部件的模块化、制冷剂的低碳化等；动力电池热管理提高了温度均匀性，强化了快速加热冷却能力等；电驱热管理的余热回收利用和高效冷却等。在此基础上，本节主要介绍了一体化热管理在智能控制方向的发展。

传统的规则控制和比例 - 积分 - 微分（PID）控制是一体化整车热管理控制系统的主流方法，其具有原理简单、鲁棒性强和实用可靠的优点，但主要适用于单一独立系统，对于一体化整车热管理，尤其是多个热管理子系统的协同控制和多目标优化的效果有限。为克服传统控制策略的局限性,学者们提出了基于模型预测控制(MPC)和模糊控制等实时控制方法的整车热管理方案。MPC通过对系统未来状态的预测,基于优化目标函数求解控制输出,能够实现一体化整车热管理的节能降耗目标。此外,动态规划(DP)算法作为全局优化算法,可预先获得全局最优的能量管理策略,已在电池包温度控制中得到应用。深度学习等算法在一体化整车热管理的实时控制中展现出新的可能性。这些算法通过大量数据训练,无须人工构建数学模型,即可根据设定目标搜索最优控制路径。然而,深度学习等算法的应用仍需大量实车数据进行模型训练,且控制效果依赖于目标系统的数学模型精度和实时监测的准确度。

一体化整车热管理的智能控制是当前学术界研究和整车厂研发的前沿技术方向,需要整车热管理领域各位研究工作人员、工程师们的合作与努力,共同推动中国新能源汽车整车热管理技术的发展。

第7章　新能源汽车电动底盘系统

7.1　电动底盘基本功能与组成

燃油车动力系统
构型

电动汽车底盘是实现电动汽车正常运动功能的核心载体。电动底盘需要支撑和装载汽车车身、能源装置、动力装置及其他部件或组件,形成汽车的整体结构,传递和承受动力装置的动力,确保车辆的正常行驶等。按照我国惯例,汽车底盘通常分为4个子系统,即传动系统、行驶系统、转向系统和制动系统。这些子系统相互配合,共同保证汽车的正常运行和驾驶员意图的实现。

7.2　悬架系统

7.2.1　悬架结构

汽车悬架系统是连接车身和车轮之间的重要装置,主要功能是支撑车身、缓冲路面冲击、提高乘坐舒适性和车辆操控性。车辆在行驶过程中会遇到各种凹凸不平的路面进而产生振动,悬架系统通过弹性元件(如螺旋弹簧、叶片弹簧)和减振器(如油压减振器、气压减振器)来吸收和缓解路面的冲击力,从而减少传递到车身和乘客身上的振动和冲击。此外,有效的悬架系统可以减少车身的侧倾和俯仰,使车辆在高速行驶和急转弯时更加稳定,从而提高驾驶的安全性和操控性。

图7-1是三类悬架的车身与车轮两个自由度的振动系统,其中 m_b 是悬挂质量(车身质量),m_w 是非悬挂质量(车轮质量),K_s 是弹簧刚度,C_s 是减振器阻尼系数,K_t 是弹簧刚度,U_a 是主动悬架系统施加的控制力。

被动悬架系统是最常见和传统的悬架系统类型,其主要由弹性元件和减振器组成,悬架的阻尼和刚度参数在制造时已固定,不能根据行驶条件进行动态调整。在驾驶过程中,被动悬架系统只能通过其固定的机械特性被动地应对路面冲击和车身运动。虽然被动悬架系统结构简单、成本较低且可靠性高,但由于其无法根据实际情况调整悬架特性,因此在乘坐舒适性和操控性之间的平衡上存在局限。

半主动悬架系统在被动悬架的基础上,增加了可调减振器或可调弹性元件,系统能够通过电子控制单元(electronic control unit,ECU)根据车速、路况、车辆姿态等信息实时调整悬架的阻尼特性,以达到优化车辆操控性和乘坐舒适性的效果。

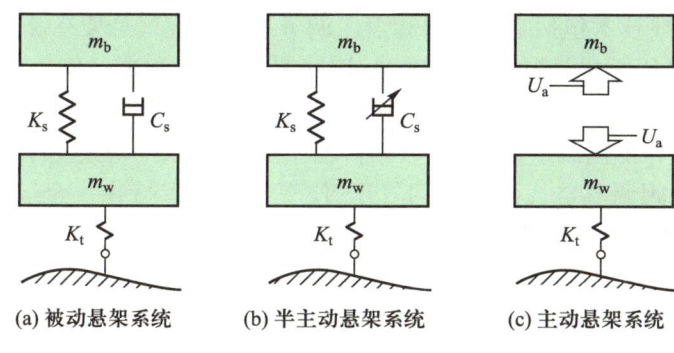

(a) 被动悬架系统	(b) 半主动悬架系统	(c) 主动悬架系统

■ 图 7-1　悬架示意图

常见的半主动悬架系统包括可变阻尼减振器和磁流变减振器。半主动悬架系统在提高车辆舒适性和操控性方面表现出色,相对于主动悬架系统,其结构相对简单,成本较低,但在悬架特性的调节范围和响应速度方面仍有一定限制。

主动悬架系统是最先进的悬架系统类型,它不仅能够调整减振器的阻尼特性,还能够通过执行机构(如电机、液压缸)施加主动力来控制车身姿态和悬架运动。主动悬架系统实时监测车辆的行驶状态、路面状况等信息,并通过 ECU 计算出最优的悬架控制策略,主动调整悬架参数以最大限度地优化车辆的操控性和乘坐舒适性。主动悬架系统的优点在于其能够实现最优的悬架控制效果,使车辆在各种路况下都能保持最佳状态。然而,由于其系统复杂性高、成本昂贵且对技术要求较高,因此目前主要应用于高端豪华车和高性能运动型车辆。

汽车悬架系统在车辆性能中扮演着关键角色,从被动悬架到半主动悬架再到主动悬架,技术的发展不断提升车辆的舒适性和操控性。被动悬架系统以其简单和高可靠性而被广泛应用,但在动态适应性上存在不足;半主动悬架系统通过可调减振器实现了一定程度的优化,平衡了成本和性能;主动悬架系统则通过最先进的控制技术,提供了最佳的驾乘体验,但成本高昂。随着技术的不断进步,悬架系统将继续向着智能化和高效化方向发展,为汽车工业带来更多创新和突破。

7.2.2　智能悬架技术

伴随悬架技术从被动悬架发展到主动悬架,电动汽车已经发展出了智能悬架技术,智能悬架可以根据车辆状态,通过电控系统智能地控制悬架执行机构,调节阻尼、高度、刚度,以及施加主动力等,改善车辆舒适性和操纵稳定性。

悬架的电子控制减振器经历了多个发展阶段,从最初的固定阻尼减振器,到电磁阀式连续可调减振器、磁流变减振器,最终到可升降连续可调减振器。电子控制减振器通过精确控制减振器的阻尼力,可以适应车辆在不同场景的需求。例如,当车辆行驶在颠簸路面时,电子控制减振器采用高频小阻尼控制策略,以减轻路面冲击的影响,抑制车身的垂直跳动。同样,当车辆高速通过连续振动路面时,该控制策略能显著提升整车的隔振率,保证舒适性。当车辆快速转弯、加速或制动时,为了抑制底盘大范围的起伏,电子控制减振器采用低频大阻尼控制策略,为底盘提供更大的支撑力,抑制车身侧倾和俯仰,确保车辆操控的稳定性。

智能悬架不仅可以实现连续可调阻尼,还可以调节车身高度。当前用于车身

171

高度调节的主要技术包括空气悬架和液压调节悬架。空气悬架系统主要由空气弹簧(气囊)、空气压缩机、储气罐、电磁阀、传感器和 ECU 组成。空气弹簧取代了传统的螺旋弹簧,通过压缩空气的弹性作用来支撑车身。当车辆行驶时,传感器实时监测车身高度和车辆载重信息,将数据传输给 ECU。ECU 根据预设的控制逻辑,通过控制电磁阀调节空气弹簧内的气压,使车身高度保持在一个适当的范围内。空气压缩机和储气罐共同作用,提供并调节气压以适应不同的路况和载重条件,从而实现最佳的悬架效果。空气悬架可以根据车辆载重和路况自动调整车身高度,提供更好的乘坐舒适性和操控性,其柔软的弹性特性使得车辆在行驶过程中能够更有效地吸收路面振动和冲击,提高了行驶的平稳性。尽管空气悬架在舒适性上表现良好,但在恶劣环境中的适应性较差,主要应用于轿车和城市 SUV。液压调节悬架系统主要由液压缸、液压泵、蓄能器、液压管路、传感器和 ECU 组成。液压缸通过液压油的压力变化来调节悬架高度和刚度。液压调节悬架系统通过传感器实时监测车身高度和车辆的行驶状态,ECU 通过调节减振器的油量、阻尼调节阀和刚度调节阀来实现车身的动态控制。液压泵提供所需的液压油压力,蓄能器储存和释放液压油以维持系统的压力平衡,确保悬架在不同工况下都能提供最佳的支撑和缓冲效果。在急加速、急减速和高速过弯等激烈驾驶情况下,液压悬架能迅速增加刚度。虽然提升刚度会增加阻尼力,影响舒适性,但液压悬架具有较强的环境适应能力,不受地形限制,主要用于越野车等车型。

　　智能悬架的开发除了依赖于上述关键零部件技术的进步,还需要依靠车身多个控制系统的协同运作。以比亚迪的云辇底盘控制系统为例(图 7-2),其底盘控制系统包括感知层、决策层和执行层。感知层负责获取和处理来自各种传感器的数据,掌握车辆状态信息和周围环境的变化。决策层通过先进的控制算法,按照驾驶员的操作意图,精确控制车辆在横向、纵向和垂直方向的六个自由度。执行层则基于悬架技术和后文介绍的转向、制动技术,实现对车辆的横向、纵向和垂直方向的深度融合控制。例如,调整悬架高度、刚度和阻尼,让车辆在不同使用场景都有较好的行驶性能;通过悬架和制动系统的配合,提升制动时车身俯仰舒适性和缩短制动距离;通过悬架和转向系统的配合,协同增强轮胎侧向力极限和提高

图 7-2 高清大图

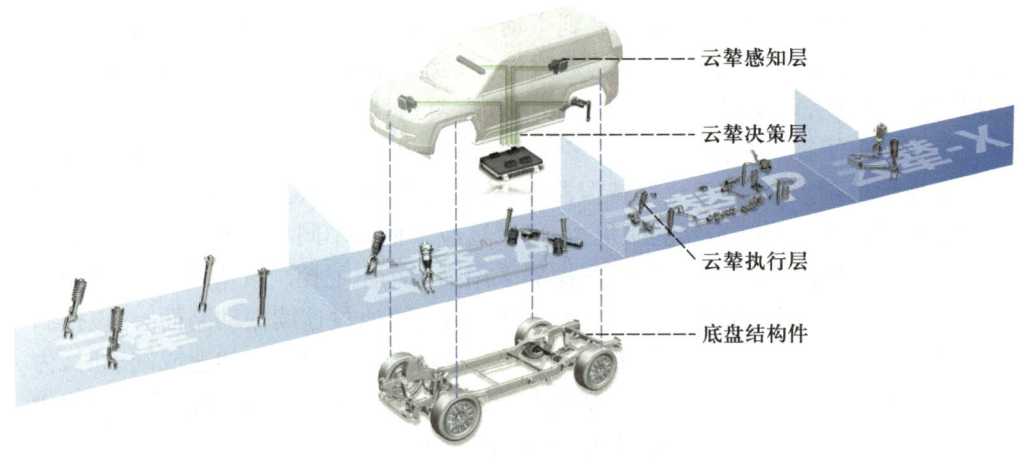

云辇感知层

云辇决策层

云辇执行层

底盘结构件

■ 图 7-2　智能车身控制系统(比亚迪云辇底盘控制系统)

横向稳定性。通过垂-纵-横向的协同,实现车辆驾乘体验和安全性方面的全面进步。

7.2.3　电动底盘专用悬架

电动底盘集成布置特征发生了变化,对悬架系统也提出了新的要求,并发展出电动底盘专用悬架。在保证性能的前提下,电动汽车底盘通过加大主销后倾角、将麦弗逊式悬架更换为双横臂悬架等措施,可以显著降低前悬架减振器塔顶的高度,使得车身前舱对应的减振器塔顶安装轮罩也可以进行下降布置。如图 7-3 所示,由于电动车布置的电机总成相对燃油车布置的发动机总成尺寸更小,电动汽车的前舱机盖也可以降低,低趴机盖设计使驾驶员的视野更开阔。此外,低底盘悬架布置及低趴机盖设计,可以使电动车的车身高度相应下降,有利于降低整车风阻,提升整车续驶里程。

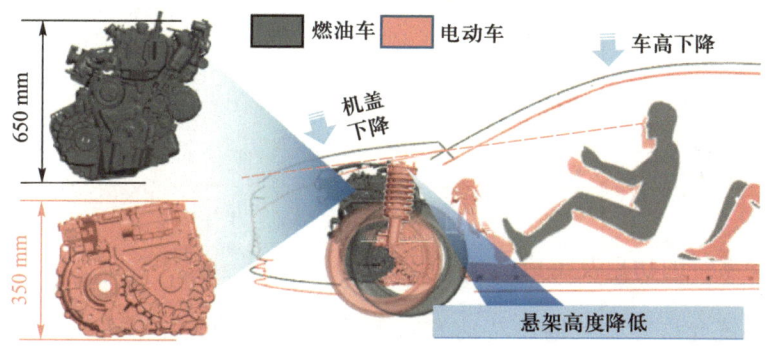

■ 图 7-3　低底盘悬架设计

底盘后悬架若采用扭力梁、三连杆、四连杆悬架结构,由于扭力梁、三连杆及四连杆悬架均布置有纵臂结构,占用下地板纵向空间较大。因此,当采用宽电池包(pack)布置时,纵臂内侧空间无法有效利用;当采用窄电池包布置时,纵臂内侧空间可以布置电池,但是窄电池包的电量又不如宽电池包。为解决该问题,电动汽车后悬架可采用五连杆悬架方案。如图 7-4 所示,五连杆悬架将纵向牵引臂前安装点布置在后副车架前横梁上,并且在纵向与后副车架前安装点平齐。后副车架前安装点纵向采用最紧凑设计,后轮心至后副车架前安装点距离越小,后副车架前安装点前方可布置电池包的空间越大,电池电量越大,越有利于提升整车续驶里程。

通过前双横臂加后五连杆的悬架设计,车辆侧倾性能得到了优化,操纵稳定性得到了提升;此外,配合智能车身控制系统,可以实现减振阻尼智能调节,提升车辆的操控性与乘坐舒适性。

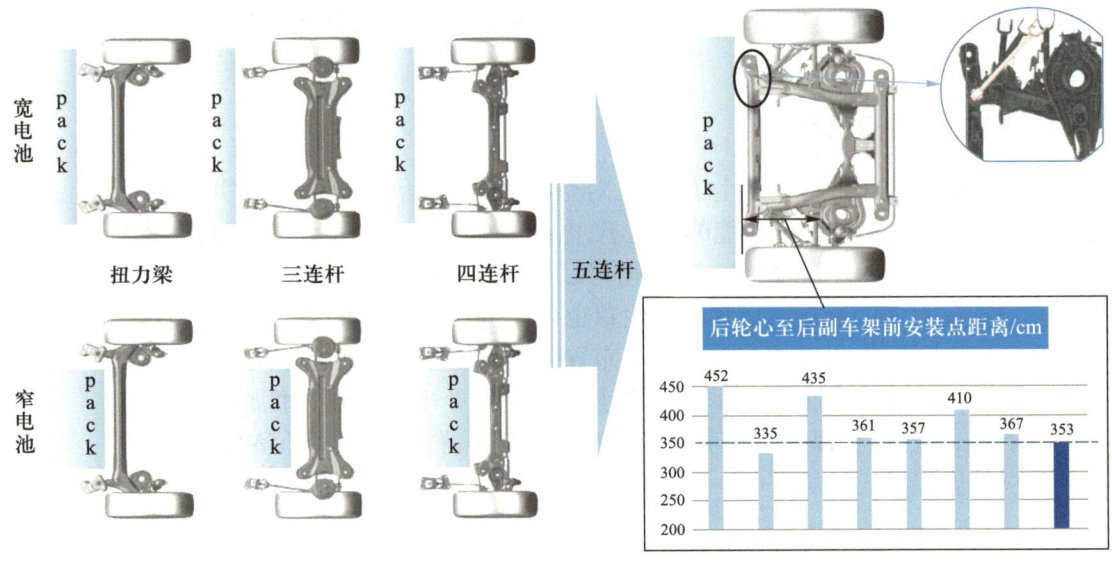

宽电池

窄电池

扭力梁　　三连杆　　四连杆　　五连杆

后轮心至后副车架前安装点距离/cm

■ 图 7-4　紧凑悬架设计

7.3　转向系统

7.3.1　转向系统的功用及组成

转向系统允许驾驶员通过转动方向盘,使汽车的前轮相对于汽车纵轴线偏转一定角度,进而实现汽车的灵活转向和稳定行驶。

汽车转向系统一般由转向操纵机构、转向器和转向横拉杆 3 个基本部分组成,结构如图 7-5 所示,它们各自的功能如下。

图 7-5 高清大图

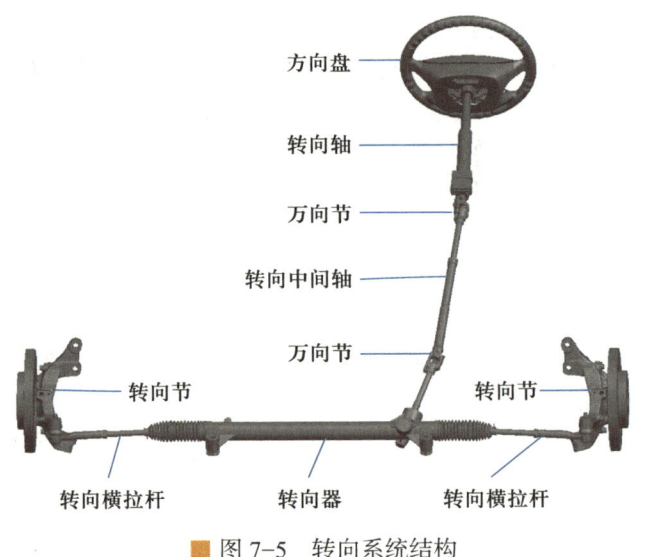

方向盘

转向轴

万向节

转向中间轴

万向节

转向节　　　　　　　　　转向节

转向横拉杆　　转向器　　转向横拉杆

■ 图 7-5　转向系统结构

① 转向操纵机构:主要包括方向盘和转向轴,方向盘用来接收驾驶员的转向指令,转向轴将指令从方向盘传输到转向器。

② 转向器:用于放大驾驶员的操舵力矩且向驾驶员提供一定的路面状况反馈,因此需要较大的传动比和一定的可逆性,常见的转向器类型包括齿轮齿条式和循环球式,可以将转向轴的旋转转化为转向摇臂的摆动或转向齿条的直线运动。

③ 转向横拉杆:主要功能是将转向器输出的力和运动传递到车轮,确保车轮可以根据驾驶员的方向盘操作准确转向,并保证车轮在不同路面条件下保持适当的对准和稳定。

转向系统的工作过程:驾驶员转动方向盘,施加的力通过转向传动轴传递至转向器。转向器将施加的力放大并改变方向后,传递至转向横拉杆,随后通过转向传动机构使左右转向节及由它所支承的转向轮发生偏转,从而改变汽车的行驶方向。

7.3.2　助力转向系统

为了减轻驾驶员的转向负担并提高行驶安全性,几乎所有汽车都配备了助力转向系统。根据助力产生的方式,助力转向系统可以分为液压助力转向系统和电动助力转向系统两类。早期的车辆采用普通液压助力转向系统(normal hydraulic power steering,NHPS),其在机械转向系统的基础上,额外增加了一套液压助力装置,其结构如图 7-6 所示。普通液压助力转向系统的主要组成部分包括机械转向器、转向油罐、转向油管、转向油泵。当驾驶员转动方向盘时,液压油被引导到相应的动力缸腔室,从而产生转向助力,协助驾驶员完成转向操作。

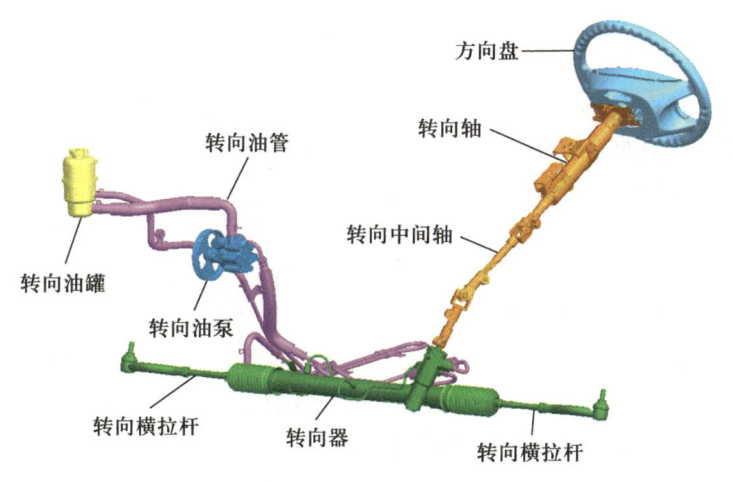

图 7-6　普通液压助力转向系统结构

图 7-6 高清大图

然而,普通液压助力转向系统的操舵力矩无法根据车速变化而调整。事实上,驾驶员在原地或低速行驶时,希望转向时所需的操舵力矩较小,这样会感到转向轻便;随着车速的增加,操舵力矩要适当增大,使驾驶员感到汽车行驶比较稳定,有一种安全感。在汽车高速直行时,尽管车辆在大多数的驾驶时间内不转向,但油泵仍在高速运转,使得燃油消耗增大。

电控液压助力转向系统（electronically controlled hydraulic power steering，ECHPS）中的液压泵的工作状态由独立的电动机驱动，如图 7-7（a）所示。而电子控制单元实时监测驾驶员的转向需求和车速，控制电动机的工作状态以调节液压泵的输出。电动液压助力转向系统（electro hydraulic power steering，EHPS）中的电动液压泵将电动机和液压泵集成为电动泵，通过电动机直接驱动液压泵，整体结构更为紧凑，效率更高，响应速度和助力效果更好，如图 7-7（b）所示。二者的工作原理基本一致，当驾驶员旋转方向盘时，传感器采集转向角度和转向力信息，并将这些数据发送至电子控制单元。控制单元根据传感器数据计算所需的助力大小，并向电动机发出指令，驱动液压泵产生相应的液压压力，液压压力通过管路系统传递到转向齿轮机构，辅助驾驶员进行转向操作。

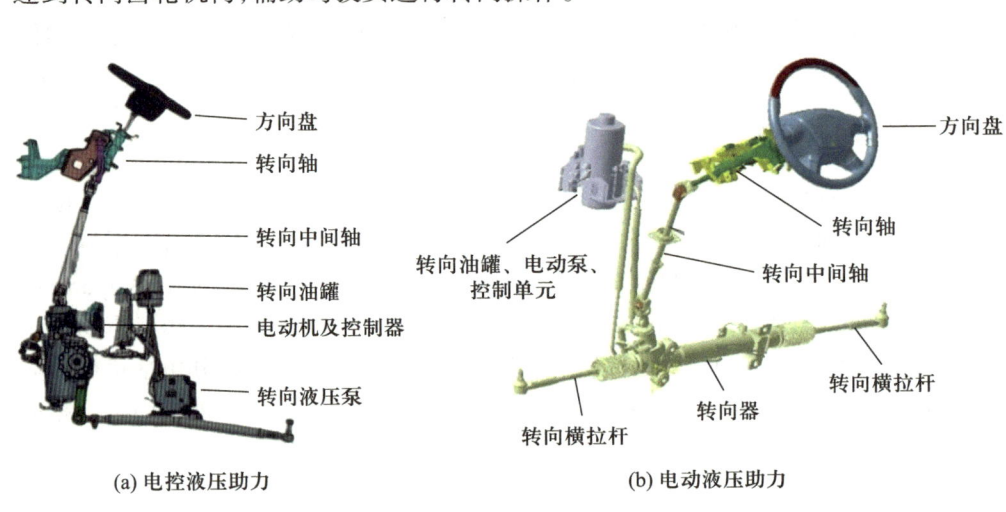

图 7-7 高清大图

(a) 电控液压助力　　　　　　　　(b) 电动液压助力

■ 图 7-7　电控液压助力转向系统和电动液压助力转向系统

电动助力转向（electric power steering，EPS）系统是在机械转向系统的基础上增加了一套电机减速器总成、方向盘转矩传感器及电控单元。根据电机驱动部位和机械结构的不同，电动助力转向系统可以分为转向轴助力式 C-EPS（column-EPS）、单齿轮助力式 SP-EPS（single pinion-EPS）、双齿轮助力式 DP-EPS（dual pinion-EPS）、齿条助力式 R-EPS（rack-EPS），如图 7-8 所示。电动助力转向系统的工作过程：当驾驶员旋转方向盘时，转矩传感器会检测到施加的转向力，并将这一信息发送至电子控制单元（ECU）。ECU 根据传感器数据和预设的算法计算所需的助力大小，然后向电动机发送控制信号。电动机根据 ECU 的指令，产生相应的助力，通过转向齿轮机构辅助驾驶员进行转向操作。与传统的液压助力转向系统相比，在环保方面，EPS 系统没有使用液压油，避免了液压油泄漏带来的环境污染；在经济性方面，EPS 系统只在需要时提供助力，而不是像液压系统那样始终工作，提高了燃油经济性；在结构方面，EPS 系统的设计更加紧凑，节省了空间，并且可以根据不同的驾驶条件进行动态调整，提高了驾驶的舒适性和安全性；最后，EPS 系统的电子控制单元可以与车辆的其他电子系统集成，实现更多的智能功能，如车道保持辅助和自动泊车等。

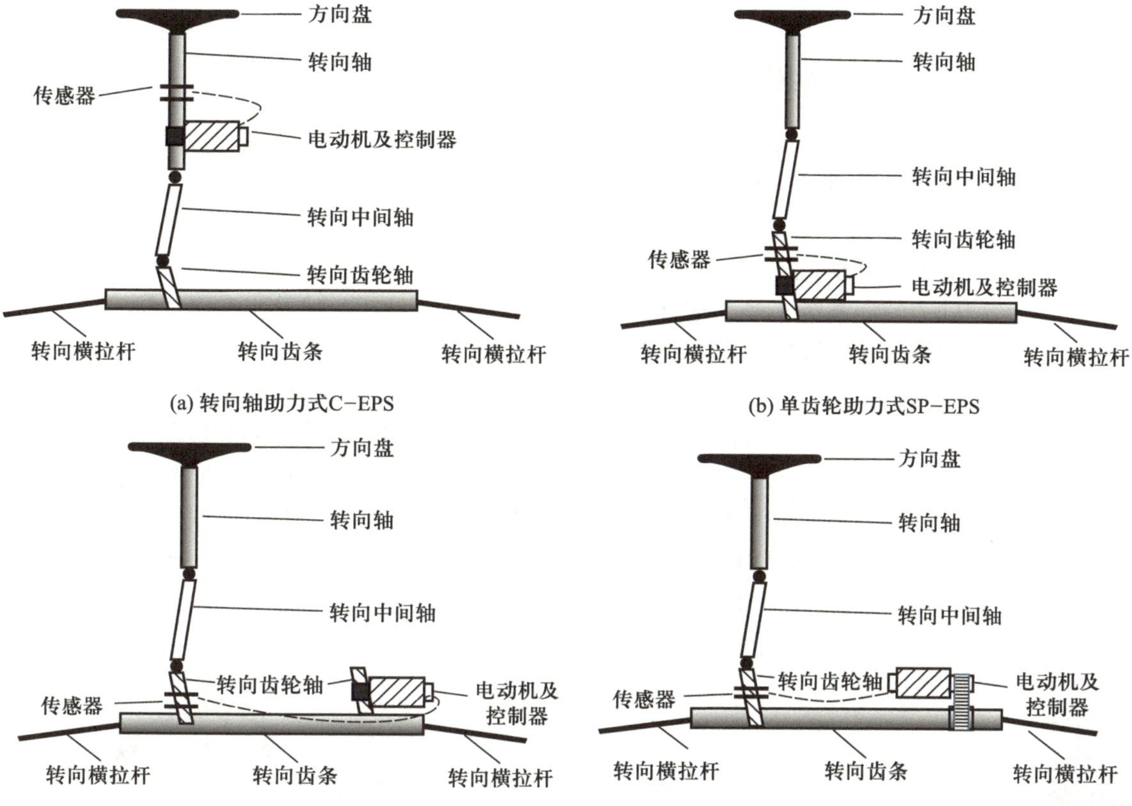

(a) 转向轴助力式C-EPS

(b) 单齿轮助力式SP-EPS

(c) 双齿轮助力式DP-EPS

(d) 齿条助力式R-EPS

■ 图 7-8　电动助力转向系统

图 7-8 高清大图

7.3.3　后轮转向系统

随着汽车电动化、智能化的发展,中高端车型对汽车通过性、转向操纵性、舒适性、安全性以及行驶稳定性提出了更高要求。通过配备后轮转向系统作为整车辅助转向装置,车辆既可以在低速下控制前后车轮反向转动减小转弯半径,也可以在高速下控制前后轮同向转动提高操控稳定性及安全性,因此越来越多的中高端豪华车型及专注极致操控的跑车等开始采用后轮转向系统,其结构如图7-9所示。

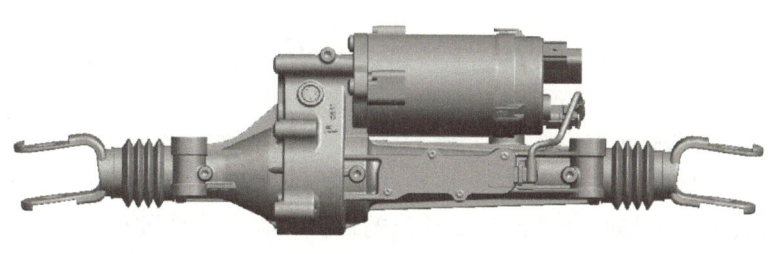

■ 图 7-9　后轮转向系统

后轮转向系统主要由后轮转向器、电机和控制器组成。后轮转向系统可以接收方向盘转角信号和车速信号,通过控制器按设定程序进行处理,控制电机驱动后轮实现主动转向。

7.3.4　线控转向技术

在车辆发生碰撞事故时,转向柱受到来自地面的冲击,可能对驾驶员造成伤害,如果可以将驾驶员操纵的转向器和转向系统的执行器从机械层面分离,就可以避免上述危险。此外,随着汽车走进千家万户、车流越发密集,如何让汽车的操纵性更便捷并适应不同驾驶水平的人群,成为汽车设计的关键问题。前面介绍的各种助力转向系统正是在这样的需求下不断发展。当前,随着汽车电动化、智能化的快速发展,电子助力转向系统逐渐向线控转向技术演变。

线控转向系统主要由线控转向控制器、转向执行器模块和手感模拟单元构成,如图 7-10 所示。手感模拟单元包括方向盘、路感电机、减速器和转角传感器,传感器获取转向盘的转角变化数据,ECU 分析这些数据以确定驾驶员的转向意图,并将信号发送到前轮执行器。驱动路感电机根据控制器给出的反馈力矩指令,为驾驶员提供路感反馈信息。转向执行器模块包括转向电机、转向器、转向拉杆、位移传感器等,主要功能是接收期望转角指令,并通过控制电机实现齿条的横向移动,实现车辆的转向功能。

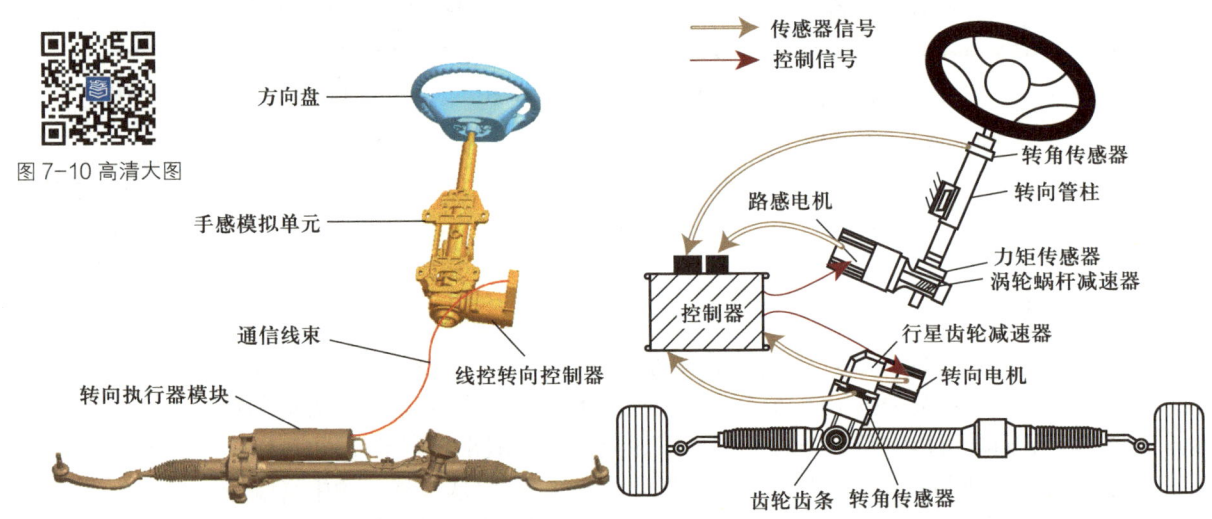

图 7-10 高清大图

图 7-10　线控转向系统

在操控稳定性方面,线控转向系统可以根据车辆的速度自动调整转向系统的传动比,从而保证在低速行驶时的轻便和高速行驶时的稳定。在车辆的安全性方面,前面介绍的转向助力系统在车辆碰撞时均会由于车前侧的冲击把方向盘推向驾驶员,从而对驾驶员造成伤害,线控转向系统由于切断了方向盘和转向执行机构的机械连接,可以大幅减轻冲击对驾驶员的伤害。除了让驾驶员可以更安全、更便捷地操纵车辆以外,线控转向系统对于整车设计和智能化也具有重大意义。与电动助力转向系统类似,线控转向技术通过电机直接控制车辆转向,可以帮助车辆更好地实现对转向系统的电子控制,为自动驾驶提供更好的硬件基础。在整车设计中,线控转向系统通过实现方向盘与转向轮之间的解耦,使得车身设计更加灵活。

20世纪90年代,宝马公司推出了一款采用线控转向技术的概念车BMW Z22,2013年,英菲尼迪旗下的Q50上市,该车搭载了带机械冗余的线控转向系统,但一年后公司就因为线控转向系统存在安全问题对该车实施了召回。目前,市场上尚未有搭载了线控转向系统的量产车。线控转向的关键技术主要是转向执行控制、路感模拟控制和故障容错控制。线控转向系统属于执行机构,只有控制算法的稳定性、可靠性、及时性都足够好,线控转向系统才能真正地发挥好转向功能。由于线控转向系统取消了方向盘和车轮之间的机械连接,因此,线控转向控制器需要实时分析车速、转向角度、车辆状态等信息,模拟出不同路况下的反馈力,提供给驾驶员类似于传统机械转向系统的触觉反馈。此外,线控转向系统最重要的是冗余控制,传统的助力转向系统中,即便助力系统失效了,驾驶员也可以使用蛮力控制。在线控转向系统中,驾驶员并不直接控制转向车轮,如果执行机构出现故障,驾驶员将失去转向控制,因此线控转向系统有更严格的功能及安全要求。

7.4 制动系统

7.4.1 传统制动系统的组成与工作原理

制动系统的基本功能是通过产生摩擦力来减慢或停止车辆的运动。当驾驶员踩下制动踏板时,制动系统会将驾驶员的操作转化为制动力,作用在车辆的车轮上,从而实现减速或停车的效果。在车辆停稳后,制动系统还需要能够保持车辆静止,防止车辆在坡道等不平坦路面上发生滑动。驻车制动系统(俗称手刹或电子手刹)通过机械或电子方式锁住车轮,确保车辆在停放时不会移动。

图7-11显示了一种典型的轿车行车制动系统的组成结构示意图。该制动系统由制动踏板、真空助力器、主制动缸、电子控制单元(ECU)、电动真空泵和制动分泵组成。驾驶员通过踩下制动踏板启动制动过程,真空助力器利用发动机产生的

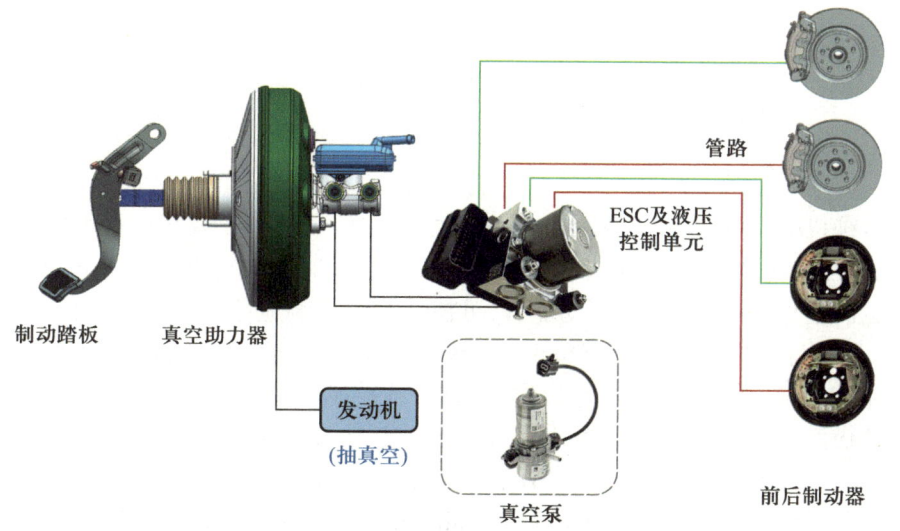

制动踏板　真空助力器

发动机

(抽真空)

真空泵

管路

ESC及液压
控制单元

前后制动器

图7-11高清大图

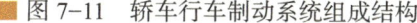
■ 图7-11 轿车行车制动系统组成结构

真空增强踏板的作用力,主制动缸将机械力转化为液压力,通过 ECU 分配制动压力,确保车辆的稳定性。电动真空泵在发动机真空不足时提供额外的真空源,制动分泵则将液压力传递到每个车轮,实现有效制动。

图 7-12 显示了鼓式制动器和盘式制动器的基本结构。鼓式制动器主要由制动鼓、制动蹄、轮缸、回位弹簧和固定支架组成,制动鼓固定在车轮上随车轮旋转,制动蹄通过固定支架安装在车轮上。当驾驶员踩下制动踏板时,液压油通过轮缸推动制动蹄向外扩展,使制动蹄与制动鼓内表面接触,产生摩擦力,从而减慢或停止车轮的旋转;松开制动踏板后,回位弹簧将制动蹄拉回初始位置。鼓式制动器的优点包括结构简单、制造成本较低,因在封闭环境中防尘性能好,适用于重载车和后轮制动,但其散热性能较差,长时间制动容易过热导致效能下降,且制动力不如盘式制动器强,维修和更换零件较为复杂。盘式制动器主要由制动盘、制动钳、制动片、活塞和固定支架组成,制动盘固定在车轮上随车轮旋转,制动钳安装在制动盘上。当驾驶员踩下制动踏板时,液压油推动活塞,活塞压迫制动片与制动盘接触,产生摩擦力,从而减慢或停止车轮的旋转;松开制动踏板后,活塞回缩,制动片与制动盘分离。盘式制动器的优点在于散热性能好,长时间制动不易过热,制动力强且响应迅速,结构紧凑,维修和更换零件方便,但其制造成本较高,工作在开放环境中易受灰尘和泥水影响,且在重载车和长时间制动时制动片磨损较快。

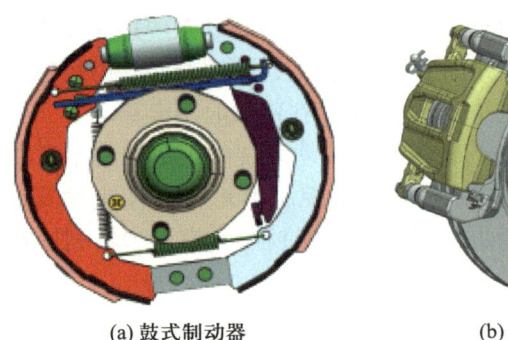

(a) 鼓式制动器　　　　　　(b) 盘式制动器

■ 图 7-12　制动器结构

7.4.2　线控制动技术

传统机械制动技术已经发展得相当成熟,在传统燃油车领域取得了广泛的应用。随着汽车技术不断向电动化和智能化转型,ABS、TCS、EBD 和 ESP 等制动技术应运而生,对制动系统的制动能力、可控性和快速响应等性能要求也相应提高。在这一背景下,线控制动系统(brake-by-wire,BBW)逐渐在传统制动技术的基础上产生并成为汽车制动系统的重要研究方向。线控制动系统接收和传递驾驶员踩踏制动踏板产生的踏板力和位置传感器信号或者自动驾驶控制器输出的制动信号,通过电控单元操纵制动器实现车辆制动。根据执行器的不同,线控制动系统目前被分为电子液压制动系统(electro-hydraulic brake system,EHB)和电子机械制动系统(electro-mechnical brake system,EMB)。

电子液压制动系统(EHB)取消了传统制动系统中的真空助力部件,由制动踏板、电子控制单元(ECU)、电动液压泵、制动液储存器、制动管路和液压制动器等部分组成,如图7-13所示。驾驶员踩下制动踏板时,踏板位移传感器将信号发送至ECU,ECU根据信号计算所需的制动力,并通过电动液压泵将制动液压传递至各个车轮的液压制动器,实现制动效果。EHB系统保留了液压助力装置和相关管路,优点是改造自传统液压制动系统,保留了技术成熟的液压主体结构,研发成本相对较低且方便布置制动机械备份装置。

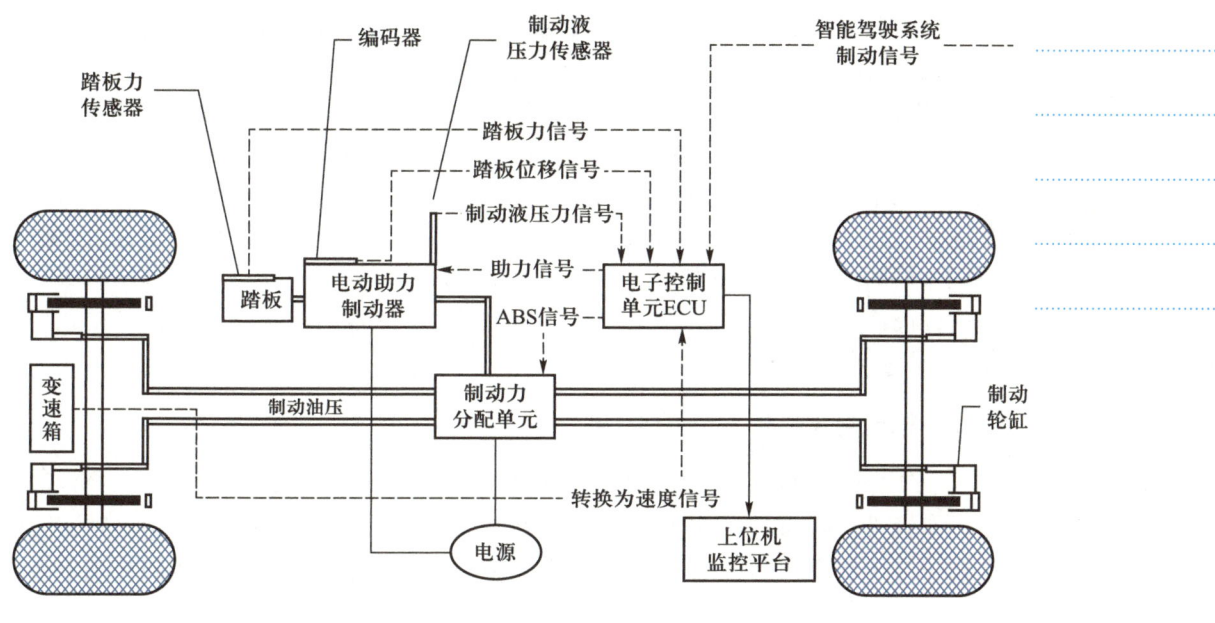

■ 图7-13　电子液压制动系统

电子机械制动系统(electro mechanical brake system,EMB)不再需要制动液和液压部件,主要由制动踏板、电子控制单元(ECU)、电动制动器(包含电机和制动钳)及传感器等组成,如图7-14所示。当驾驶员踩下制动踏板时,传感器采集踏板位

图7-14 高清大图

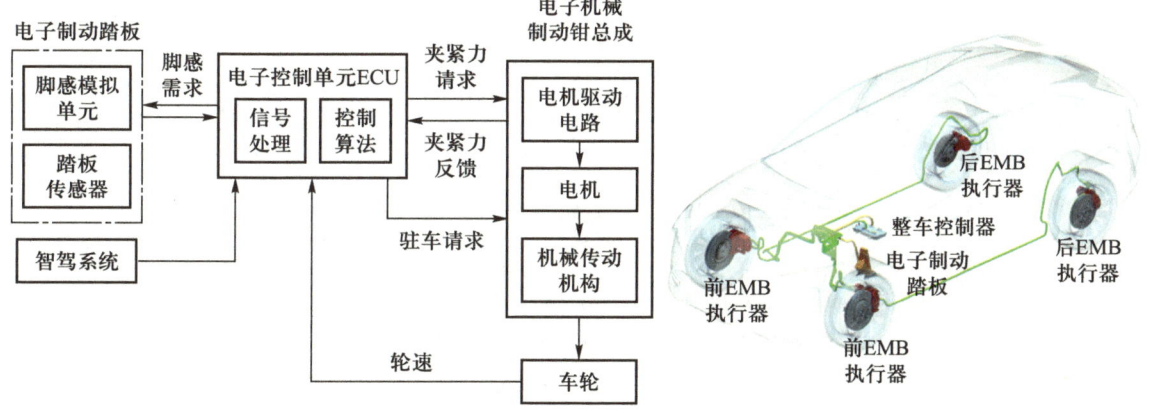

■ 图7-14　电子机械制动系统

置信息并传递给 ECU,ECU 根据传感器信号计算需求制动力,并控制位于轮边的电机转动,通过特定的传动系统驱动制动钳夹紧制动盘,产生摩擦力,从而减速或停止车辆。EMB 系统的优点在于完全取消了液压介质,实现了更高的响应速度和制动控制精度,同时结构更为紧凑,减少了液压系统中可能出现的泄漏问题。

与线控转向系统类似,目前市场上尚未有量产车型搭载 EMB 系统。EHB 技术保留了液压装置,当电子设备失效时,车辆可以开启备用阀,将 EHB 系统转变为传统的液压制动系统,保证制动系统的正常运转。EMB 系统完全取消了液压装置,因此系统的安全性需要依赖于电子设备的冗余。此外,由于轮毂处的空间有限,制动系统的电机面临制动力需求大、极端环境工作可靠性难以保障等问题。

相比传统的真空助力泵式刹车系统,线控制动系统重量更轻,占用车内空间更小,可以让制动系统的响应更迅速、控制更精确。线控制动系统的使用,还可以使底盘各系统深度融合,通过线控制动、线控转向、线控悬架等核心内容的融合,实现底盘控制系统、电子控制系统和智能化系统的深度融合,实现 xyz 三轴融合控制整车运动。这种融合不仅关乎硬件的革新,更重要的是软硬一体的深度融合,旨在实现底盘控制的智能化和精准化。线控底盘的发展为汽车行业带来了多方面的变革,包括提高汽车的安全性和驾驶体验,降低能耗,以及推动汽车行业向智能化、电动化、共享化等方向发展。

7.4.3　机电复合制动

为了让新能源汽车能耗更低、续驶里程更长,再生制动技术应运而生。当行驶中的车辆进行减速时,电机转子永磁体在车轮和传动机构的带动下高速旋转,并且被定子绕组线圈切割磁感线,定子绕组产生的反向感应电流通过电机回充到电池,且转子产生制动扭矩从而阻止车辆向前行驶,以此实现车辆减速,待车辆需要加速或正常行驶时,存储到电池的电能将再次被利用。

实际应用中,需要把电机制动和机械制动相结合,在保证制动安全的情况下尽可能多地回收能量。考虑到制动控制的复杂性、能量回收的效率以及安全性,形成了多种机电复合制动控制方案,如图 7-15 所示。

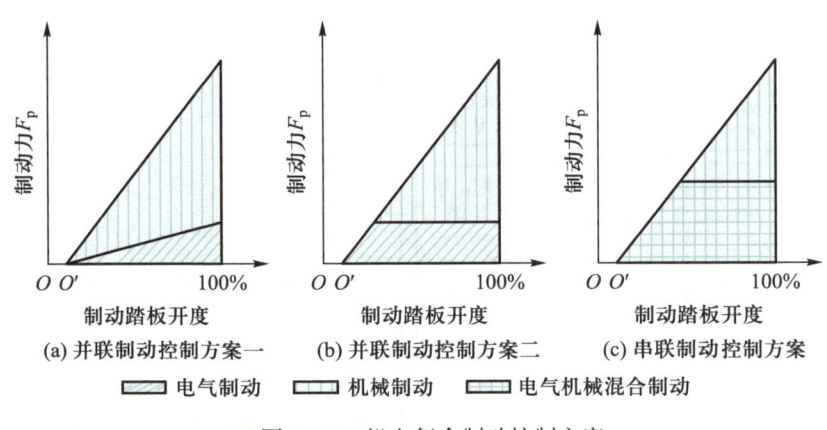

图 7-15　机电复合制动控制方案

并联制动控制方案一：需求制动转矩始终由电机制动转矩和机械制动转矩来提供，二者按照固定比例分配。该方案最容易实现，只需要在原有制动系统中增加电制动力即可，但相应的能量回收效果也是最差的。

并联制动控制方案二：需求制动转矩首先由电机制动转矩来提供，制动需求大于电机额定制动转矩时，才由机械制动提供剩余制动力，该方案也较易实现，只需在原有制动系统中修改制动踏板的自由行程即可，该方法回收的能量较方案一有很大的提升。

串联制动控制方案：考虑电机和电池的效率特性，在一定转速下，存在某一制动转矩值，电机制动回收的电功率是最大的，此时电机工作在最优能量回馈状态。当电机工作在最优能量回馈状态时，若能满足制动转矩需求，则全部用电机制动，反之，机械制动提供剩余制动转矩。串联制动控制方案则需要原有机械制动系统制动力可实时调节，实现较为复杂，但回收的能量也是三种方案中最多的。在实际应用中，需要综合考虑成本、能量回收的效果来选择合适的机电复合制动方案。

7.5 电动汽车专用底盘

随着车身设计、智能座舱、辅助驾驶等技术的逐步成熟，电动汽车的底盘技术逐步升级，汽车底盘从传统底盘演变到专用的电动底盘。电动汽车专用底盘是专门为电动汽车设计和开发的车辆底盘系统，图7-16是一款典型的电动底盘平台架构示意图，它不同于传统的内燃机汽车底盘，旨在优化电动汽车的性能、效率和安全性。

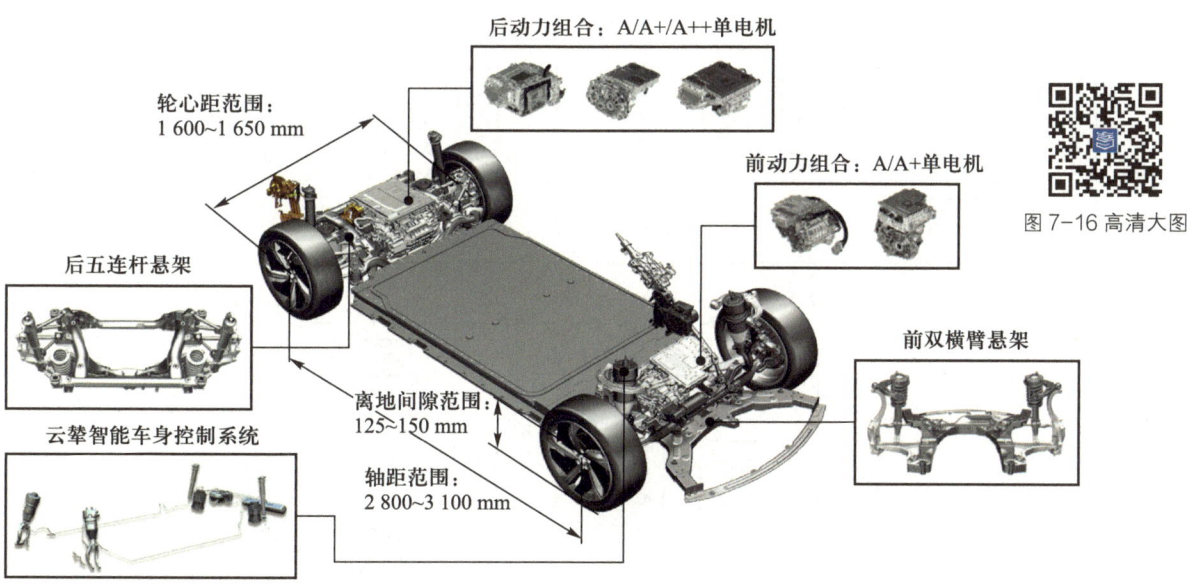

图7-16 高清大图

■ 图7-16 典型电动底盘平台架构示意图

考虑电动车辆对辅助驾驶和自动驾驶的需求,转向系统和制动系统均朝着电动化和智能化的方向发展。为解决制动系统安全冗余问题,目前可以采用以下两种技术路线:一个是 Two-box 组合,将电子稳定性控制(electronic stability control,ESC,是汽车防抱死制动系统和牵引力控制系统功能的进一步扩展)和智能刹车系统(intelligent brake system,IBS,即取消了传统的真空助力器,由系统内部电机提供制动力)组合使用,两个产品互为安全冗余;另一个是 One-box 形式的 iEHB(集成式电子液压制动系统),将 ESC 和 IBS 集成到一个模块之中,集成化程度更高,搭配冗余制动单元 RBU(回馈式制动单元)可以满足 L3 级以上自动驾驶性能和冗余需求。

7.5.1　底盘动力系统集成

由于驱动电机与内燃机工作原理的不同,纯电动汽车不需要传统燃油车的排气系统和复杂的传动系统,因此底盘可以设计得非常平整。这种平整化设计可以改善空气动力学性能,降低行驶风阻,同时优化了车内空间布局,提升乘坐舒适性和实用性。

电驱动系统的构型发展过程如图 7-17 所示。传统的电驱动系统采用分立式构型布置,即电机控制器与驱动电机依靠较长的电缆传输三相交流电,分立式结构的电驱动系统的组件各自独立,关联故障少、可维修性好。但这种构型不仅外壳形状各异,而且相互之间需要大量的线束和电缆连接,导致成本高、空间浪费及安装布置困难,同时多个连接点容易引起高压电与低压信号的相互干扰,严重影

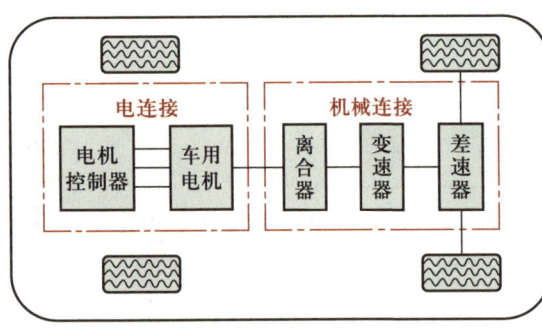
(a) 分立式

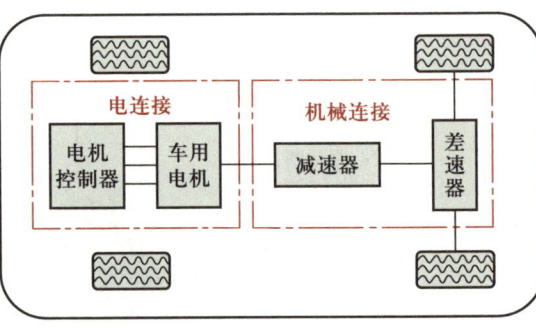
(b) 集成式

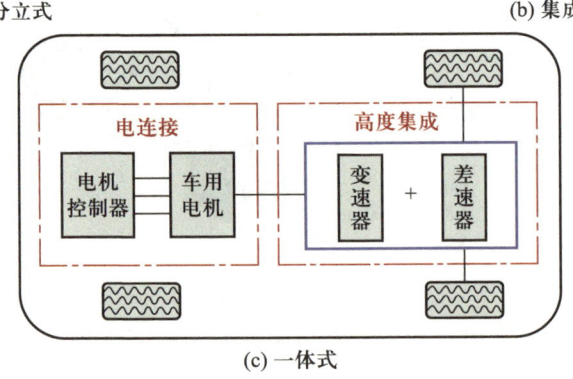
(c) 一体式

■ 图 7-17　电驱动系统构型发展过程

响连接的可靠性。此外,为了便于上装,底盘驱动不能占据过多的纵向空间,因此,集成式电驱动系统成为发展的新方向,集成式结构可以将电机控制器直接安装在电机外壳上,并通过很短的铜排直连。在更进一步的一体式构型下,动力源和传动系统进一步融合,整个系统具有更高的功率密度。驱动电机的输出轴端与减速器的输入轴端通常通过花键连接传递扭矩,各自由轴承支撑在各自的壳体端面上。随着集成度的提高,这些端面可能合二为一,甚至驱动电机和减速器共用一个外壳体。

图 7-18 和图 7-19 为比亚迪的多合一电驱动系统,其中充配电三合一包含 DC-DC、车载充电器、配电模块,电驱动三合一包含驱动电机、变速器和电机控制器。八合一电驱系统集成了驱动电机、变速器、电机控制器、高压配电模块 PDU、DC-DC 变换器、双向车载充电器 Bi-OBC、整车控制单元 VCU、电池管理器 BMC。集成式电驱动系统有效地解决了分立式结构的连接复杂问题,提升了总成的集成度、体积密度、功率密度,提高了总成的整车适应性;同时节省了线缆等物料成本,提高了效率和系统可靠性。这种集成化的驱动系统设计,可以允许电动底盘平台搭配多样的动力总成,例如,在图 7-16 中,前后轴可分别布置不同功率的电机,满足不同车型的动力需求。

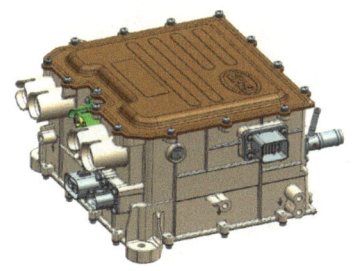

(a) 充配电三合一　　　　　　(b) 电驱动三合一

■ 图 7-18　比亚迪三合一电驱动系统

■ 图 7-19　比亚迪八合一电驱动系统

　　针对底盘动力系统集成的变化,悬架系统的集成也得到了进一步完善。如图 7-20 所示,由于上述电驱动系统的集成化设计,使其相较于传统燃油车的发动机总成体积更小,占用的汽车前舱空间更少。因此,电动车的前舱车身纵梁在保证与驱动电机总成间隙满足要求的情况下,前舱左右纵梁横向跨距更小,前舱纵梁外侧轮胎运动包络和传动轴运动包络的空间增加,这使得车辆的前轮转角及传动轴摆角可以设计得更大,因此电动汽车在相同轴距下的转弯半径比燃油车更小,整车机动灵活性更优。

图 7-20 高清大图

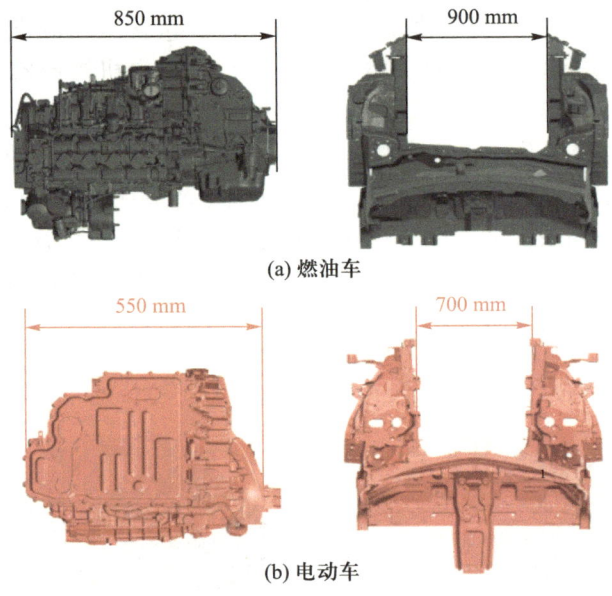

(a) 燃油车

(b) 电动车

■ 图 7-20　燃油车和电动车前舱空间对比

7.5.2　电池与底盘的集成

　　电池作为新能源车的重要组成部分,会占据大量的底盘空间。目前,电动汽车的电池组通常布置在底盘,使车辆的重心大幅降低,提高了稳定性和操控性能,减少了高速行驶和急转弯时的侧翻风险。

　　传统的电动汽车电池系统集成形式为 CTM(cell to module),即先将电芯组装成模组,再把模组安装在电池包中,形成电芯-模组-电池包的三级装配模式,体积利用率较低,大约为 40%。CTP(cell to pack)跳过了模块环节,直接将电池集成到电池包,可以把体积利用率提高到约 60%。2022 年,比亚迪发布了电池车身一体化(cell to body,CTB)技术,CTB 技术进一步简化了电池结构,其特点是将车身底板拆下,直接使用电池上盖作为底板,采用一体化车身电池组,如图 7-21 所示,该方案可以将体积利用率提高到 66%。在这种结构模式下,电池不仅仅是储存能量的载体,同时也作为结构体参与整车的传力与受力,新的结构也给电池和整车设计过程的材料选择、底盘保护、密封性能、电气安全和热管理设计等带来了新的挑战。除了 CTB 技术,特斯拉也发布了 CTC(cell to chassis)技术,即把电芯直接集成于车辆底盘上,相比 CTP 技术,进一步加深电池与底盘的集成,从而达到

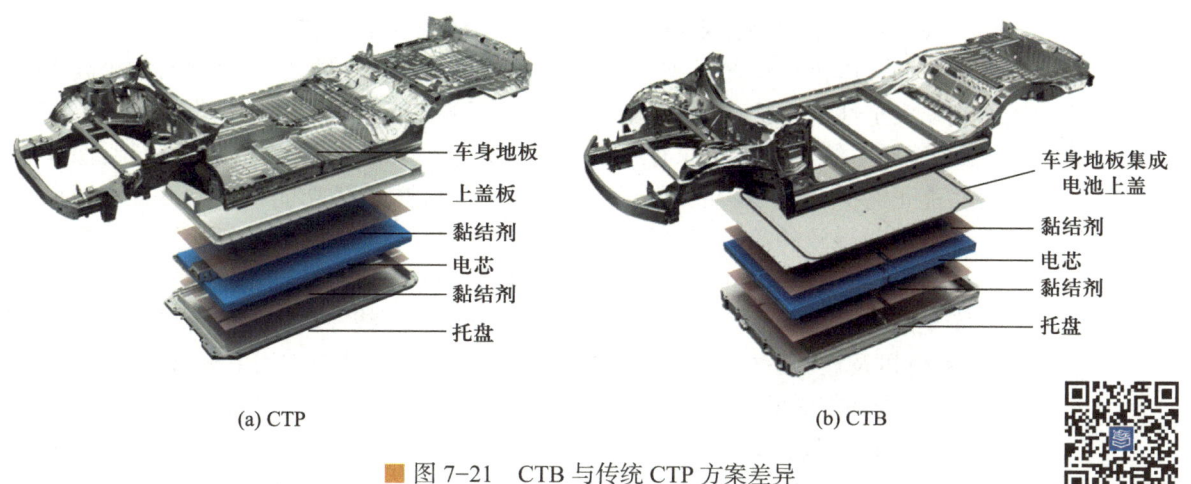

(a) CTP　　　　　　　　　　　　(b) CTB

■ 图 7-21　CTB 与传统 CTP 方案差异

图 7-21 高清大图

降低车重和成本的目的。

7.5.3　新型电动底盘

　　随着电动专用底盘技术的发展，以滑板底盘为代表的新型电动底盘概念应运而生。滑板底盘集成了驱动系统、线控转向/制动系统、电池包与底盘一体化和非承载车身结构等技术。相较于传统电动底盘，滑板底盘技术通过模块化的设计，将底盘与上装分离，一方面有利于底盘适配多种车型，从而提高设计过程和生产过程的灵活性，为车辆的个性化定制和快速迭代提供了便利，如图 7-22 所示，同一电动底盘可支持多种车型的开发。另一方面，滑板底盘技术有利于加强平台零部件的通用性和互换性，零部件的通用率超过 80%。

■ 图 7-22　同一电动底盘可支持车型

图 7-22 高清大图

7.6　发展趋势

　　目前，底盘在集成化、线控化的发展基础上，正继续朝着安全化、智能化和低碳化发展。

底盘的安全性涵盖主被动一体化安全、功能安全、预期功能安全和信息安全。在主被动一体化安全方面,底盘系统需要进一步提升主被动安全性能,如提高车辆的制动安全性、行驶稳定性、降低碰撞发生后的车辆内外人员的损伤。在功能安全方面,底盘系统应保证在原有系统失效后冗余系统能够及时、有效地运行,保证车辆功能正常。在预期功能安全方面,底盘的发展应避免功能不足或可合理预见的人员误用而导致的危害或风险。在信息安全方面,由于底盘上安装的电控系统日益增多,应设立一定的防御措施阻止未经授权的访问和操控,保证底盘安全运行。在安全的关键技术上,为应对要求的冗余系统设计,线控转向技术可以采用六相电机、双电机及控制系统冗余,预期在 2030 年实现线控转向应用形成市场规模,最高满足 L4 自动驾驶的安全需求。在线控制动技术方面,单纯的机械制动、EMB 以及二者结合的技术路线并存,预期在 2030 年实现线控制动与全新备份制动、EPB 等形成冗余,实现 EMB 系统的批量应用。

随着多种电控系统的应用,底盘将逐渐走向智能化。智能底盘可以对各传感器采集的物理量进行融合分析并以此对系统进行精准调控,从而具备对地面状态的感知能力和极限工况下对自身行驶与控制状态的感知能力。智能底盘除了在安全上具备足够的冗余系统,在体验上也将有很大提升,首先是促进纵横向与垂向动力学协同控制和智能驾驶协同优化,提升驾乘舒适性;其次,通过收集和识别个性化的驾乘数据,推动人车交互和自学习迭代,提供符合乘员心理预期的驾乘体验,从而实现个性化的驾乘体验;再次,通过分析专业驾驶员的行为数据,提供专业的驾驶服务;最后,在低碳方面,由于底盘将承载更多的电控系统以及相关的控制单元,其能耗也在不断攀升,为达到节能减排的效果、缓解电池压力,线控制动系统、线控转向系统、主动悬架中的电动单元,以及域控制器计算芯片的能耗应努力降低。

第8章　新能源汽车控制系统

8.1　整车电子与电气架构

8.1.1　整车电子电气架构的定义

随着人们对汽车功能的需求日益增长,越来越多的电子元器件被应用到汽车中(如微处理器、各类传感器和通信芯片等)。这些电子电气组件之间通过通信网络、导线连接起来,形成具有一定逻辑结构,并能满足车辆功能需求的复杂电子电气系统。该系统的逻辑和信号结构称为电子电气架构。电子电气架构明确了系统部件与车辆功能需求之间的映射关系,协同了电子元器件的链接和运作,是新能源汽车的"感官、大脑和神经系统"(如图 8-1 所示)。

现代意义上的汽车电子电气架构(electrical/electronic architecture,EEA)由德尔福公司首先提出。这是一种综合性的整车电子电气解决方案,涵盖了中央电器盒的设计、连接器的设计以及电气分配系统等方面,以实现整车的功能、运算、动力和能量的高效分配。具体来讲,其在功能需求、法规和设计要求等特定约束下,通过技术手段将汽车中的传感器、处理器、电子电气分配系统、软件和硬件整合一体化,形成一个完整的整车电气系统。这一过程中,特别注重各个组件之间以及组件与整车环境之间的相互作用和依赖关系(如图 8-2 所示)。例如,将动力总成、传动系统和信息娱乐系统等转化为实际的电子电气解决方案,包括电源分配的物理布局、信号和数据网络、诊断功能以及电源管理等。

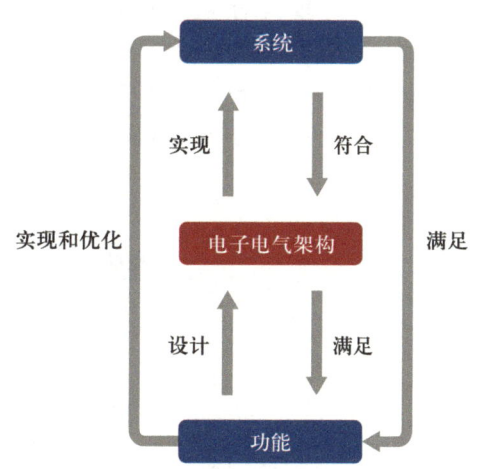

■ 图 8-1　系统、电子电气架构与功能之间的关系

汽车电子电气架构不仅需要满足传统的电流导通和信号传递功能,还必须支持现代汽车对算力分配和数据存储的需求。作为新能源汽车控制技术的支撑,先进的汽车电子电气架构是实现车辆稳定运行、座舱智能化及驾驶智能化的先决条件,是整车开发的顶层设计。它不仅提升了传统车辆功能,还促进了信息娱乐、环境适应性及高效安全驾驶策略的创新,成为推动汽车产业向智能化、高能效转型的核心技术平台。基于对象的物理性质,汽车电子电气架构的构成可以简要分为硬件平台、软件平台以及网络通信平台。

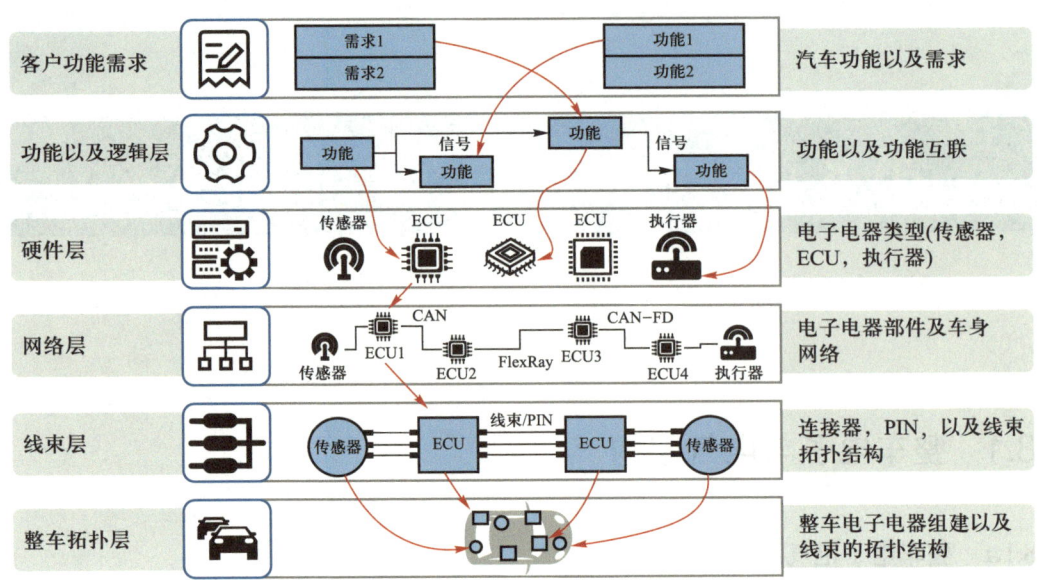

■ 图8-2　汽车电子电气架构示意图

8.1.2　整车电子电气架构的构成要素

1. 硬件平台

现代的汽车是一个高度电气化装置,装配了各种各样不同的电子设备,可以实现自动巡航、自动泊车、车内温度调控等诸多功能。每一个基础功能的实现都需要一个基础的电气单元系统来支撑。该系统至少包含电源、传感器、控制器和执行器4部分(如图8-3所示),从而完成汽车的信号采集、数据处理、决策制定以及指令执行的整个过程。

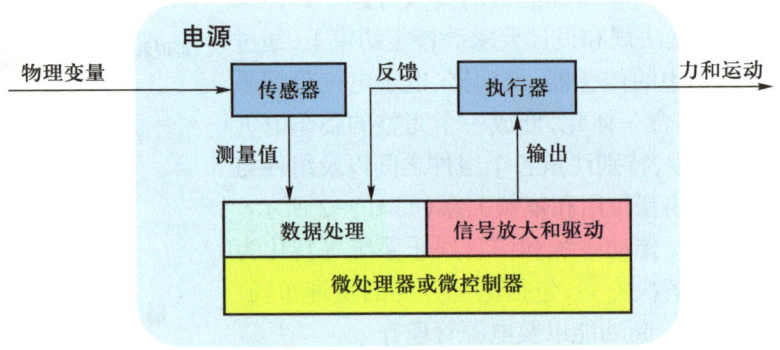

■ 图8-3　基础的电气单元系统

传感器,作为系统的"感官",扮演着信息采集者的关键角色。它们遍布于新能源汽车的关键部位(如图8-4所示),如电池、电机、车轮、车身等,持续监测各类物理量(如电池电压、温度、车速、电机转速等)和环境状态。根据使用需求和即时应用环境,这些传感器通过不同方式将数据传输至控制器:一些传感器直接通过硬线将电流或电压信号传输到控制器,并通过控制器内的模数转换器(analog-to-digital

图 8-4　整车传感器分布示意图

converter,ADC)对信号进行数字化处理;而另一些传感器则利用车内通信总线传递数据,以满足复杂的分析和决策需求。

　　电子控制单元(electronic control unit,ECU)作为系统的"大脑",接收并处理来自传感器的大量信息,其实物如图8-5所示。它依据预设的算法和逻辑判断,迅速分析当前车辆状态与理想状态之间的偏差,制定出精确的控制指令。例如,整车控制器(vehicle control unit,VCU)通过采集电池电压、温度、车辆速度、电机转速等数据,进行实时分析和计算,然后调节电机驱动器、能量回收系统、制动系统等执行器,以优化新能源汽车的性能。通过持续监测和调整,整车控制器实现了闭环控制,确保车辆在不同工况下的最佳运行状态。

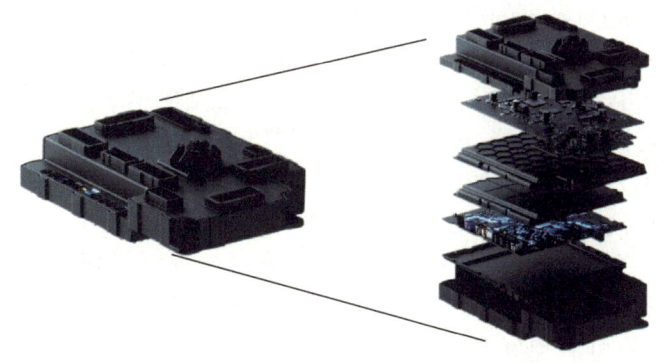

图 8-5　汽车 ECU 实物图

　　执行器则是系统的"肌肉",负责将控制器发出的指令转化为具体的物理动作,如图8-6所示。在现代汽车中,多种执行器在汽车内广泛分布,确保各种控制功能有效执行。这些动作包括但不限于电动机驱动、刹车操作、转向调整等。在新能源汽车中,执行器的作用至关重要。例如,逆变器直接控制电动机的转矩和转速,

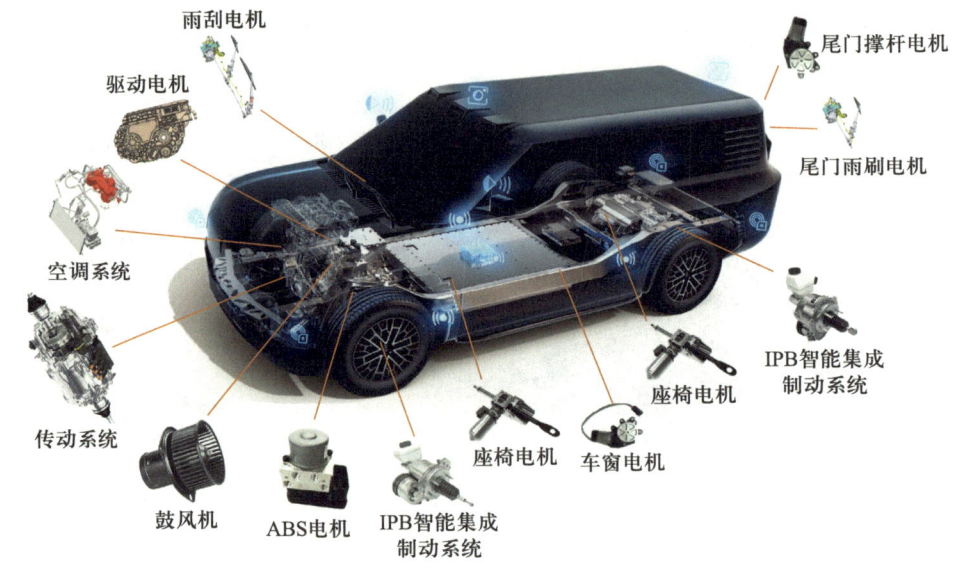

雨刮电机

驱动电机

空调系统

传动系统

鼓风机

ABS电机

IPB智能集成
制动系统

座椅电机

车窗电机

座椅电机

IPB智能集成
制动系统

尾门撑杆电机

尾门雨刷电机

图8-6　整车执行器分布示意图

实现加速和减速;电动转向执行器(如电动助力转向电机)根据控制器的指令提供随动助力,实现电动助力转向和自动驾驶功能。此外,许多执行器还配备了反馈机制,如结合位置传感器和电流传感器,能够实时向控制器报告其工作状态,进一步提高了控制回路的精度和稳定性。

为了支撑上述这一系列复杂而精细的操作,一个高效、稳定的供电电源是基础。它不仅为传感器、控制器和执行器提供必要的能源,还需确保在各种工况下电力供应的稳定性和连续性,从而保障整个控制系统无间断运行。

2. 软件平台

为了满足提升工作效率和确保操作精确度的需求,汽车领域逐步从传统的机械控制系统转向更为先进的电气控制系统,实现了机械化向电气化的转变。这一转变依赖于越来越多的电气单元替代原有的机械部件,从而实现更智能、精准、高效的车辆管理。电气单元的预期功能还需要与之配套的电子控制器与软件程序共同实现,电子器件(如控制器、传感器、执行器等)与软件形成了一种不可或缺的共生关系。软件作为逻辑控制的核心,依托硬件来执行功能指令;而硬件的功能特性和性能潜力,则通过软件编程来定义、激活并优化。

传统的汽车软件与硬件往往紧密耦合,由于汽车电子硬件系统的多样化特性,控制器应用软件的开发和测试对特定硬件平台有着高度的依赖性。每当硬件需要更新时,都不可避免地要求控制器软件进行重写或大规模调整,随后还需经历一系列全新的测试流程。这一过程不仅导致了高昂的研发费用,还延长了研发周期。

为了克服这一难题,现代汽车设计将软件主要分为了应用软件和基础软件两个层面(如图8-7所示)。应用软件紧密贴合功能实现,因需求不同,展现了显著的差异化特征;而基础软件则充当桥梁角色,位于应用软件与硬件之间,有效屏蔽了硬件的差异性,为应用软件提供了稳定、统一的运行环境。这一转变有效地实现了

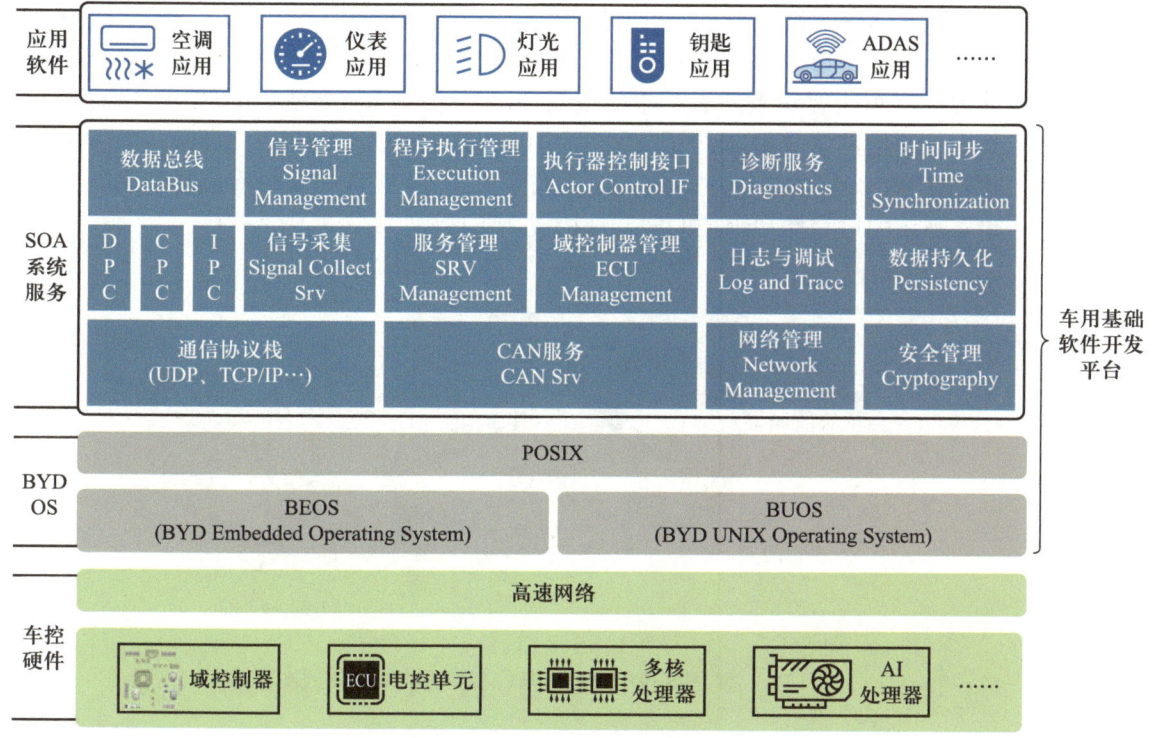

■ 图8-7 汽车应用软件和基础软件开发平台

应用软件和硬件之间的解耦,在保障软件质量的同时,提高了软件的复用性,使软件的更新和交换更为便捷,极大地降低了开发风险并缩减了成本,有利于构建统一、高效的汽车基础软件平台。

目前,在国际上应用较为广泛的软件平台是由宝马、戴姆勒和博世等9家公司主导提出的汽车开放系统架构(automotive open system architecture,AUTOSAR),如图8-8所示。该架构旨在对汽车软件进行标准化、规范化,具有软件分层、模块化和接口标准化等核心优势,通过应用层、实时运行环境和基础软件三层结构(如图8-8所示),提高软件开发和维护的灵活性与效率。模块化设计允许独立开发和集成,提高系统的可扩展性;标准化接口确保了不同供应商的软件模块无缝集成,降低了系统的复杂性和成本。

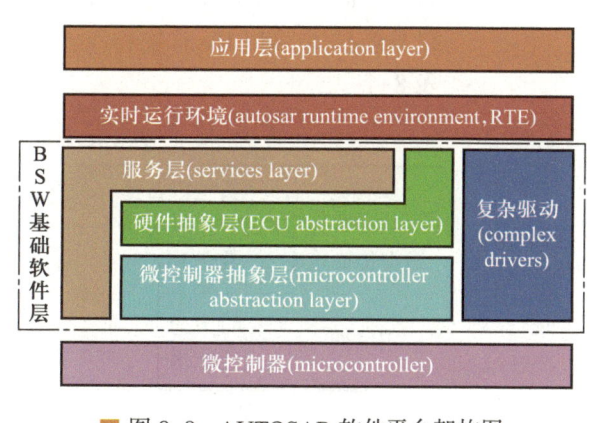

■ 图8-8 AUTOSAR 软件平台架构图

3. 网络通信平台

在汽车领域,每一个基本的电气单元内部都依赖于精密的电信号传递来确保功能的顺畅执行,而这些单元之间的沟通则构成了汽车网络通信的骨干,它是实现车辆各系统间协同工作的桥梁。

早期的汽车电子电气系统采用了一种相对原始的点对点通信模式,这意味着每个独立的电子部件都是通过实体导线直接相连,形成了一个孤立的通信网络,部件间的互动十分有限。随着汽车技术的飞速进步和电子电气系统的日益复杂,这种传统的布线方式遭遇了严峻的挑战。以比亚迪海豹车型为例(如图 8-9 所示),其内部通信网络变得非常复杂:单股电线的总铺设长度超过 2 200 m,电气连接点超过 2 100 个。如果继续采用传统的布线方式,这无疑会大幅增加制造成本,而且也对系统的可靠性和维护的便利性构成严重威胁。

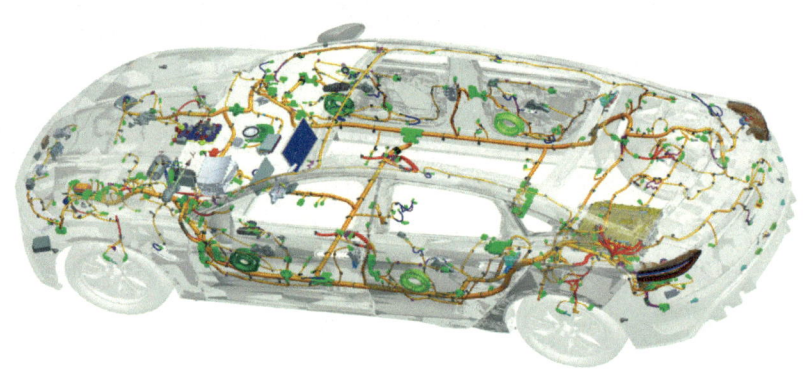

图 8-9　比亚迪海豹车型通信网络布线图

为了满足日益复杂的车内信号传输需求,并提高信号共享的效率,车载网络总线技术应运而生。这项技术主要致力于解决信号传输的带宽、准确性和可靠性问题。通过总线架构,车辆中的各个控制器可以方便地访问和读取总线上共享的数据,从而使多个控制器能够按需获取必要的信号,增强系统的协同能力。其中,1986 年由博世公司提出的 CAN 总线技术,已成为目前最广泛应用的车载协议。而为了满足汽车内部各种设备在数据传输上的差异化需求,随后发展出了多种车载总线技术,如 LIN 总线和以太网(Ethernet)等。不同的总线技术各有其特性,见表 8-1。

表 8-1　常见车载总线技术的特性对比

特性	CAN 总线	CAN FD 总线	LIN 总线	以太网
数据传输速率	最高 1 Mbit/s	最高 8 Mbit/s	最高 20 kbit/s	100 Mbit/s~1 Gbit/s
应用场景	动力总成、车身控制	动力总成、车身控制	简单设备、传感器	高带宽要求的应用,如智能驾驶、智能座舱

可以将总线技术简单理解为高速公路,所有的信息(数据)都通过这条高速公路进行传输。这不仅显著降低了物理布线的成本和复杂度,还从根本上提升了整个通信系统的可靠性和效率。

当前,常见的车载总线技术的速率和成本的对比如图 8-10 所示,可以看到,当前常见的车载通信技术如 CAN 和 LIN 总线,虽然成本低廉,但难以满足日益增长的高速带宽需求。随着高级驾驶辅助系统(advanced driver assistance systems,ADAS)和汽车信息服务系统的发展,传统的车载网络总线在带宽、实时性和可靠性方面的不足逐渐显现出来,无法满足汽车日益复杂的功能需求,从而影响汽车关键系统的性能。

为了应对这些挑战,车载网络正在经历从传统车载总线技术向以太网技术的演进(如图8-11所示)。智能座舱和自动驾驶等新兴技术需要更高的传输速度和更强的数据处理能力,这要求通信网络具备延迟低、带宽高和吞吐量大的特点。以太网在高带宽、标准化和成本控制方面具有显著优势,有望成为未来车载网络的主干,满足汽车行业对更高效、更可靠通信技术的需求。然而,以太网并不能完全取代 CAN 和 LIN。每种技术都有其独特的优势和应用场景。例如,CAN 和 LIN 在

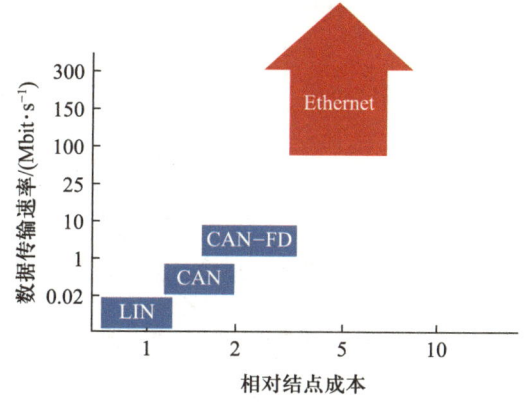

■ 图 8-10　不同车载总线的速率与成本对比

低速、低成本和高可靠性需求的系统中仍然是理想选择。因此,未来的车载网络架构很可能是多种总线技术的结合,以充分利用各自的优点,满足不同系统的需求。

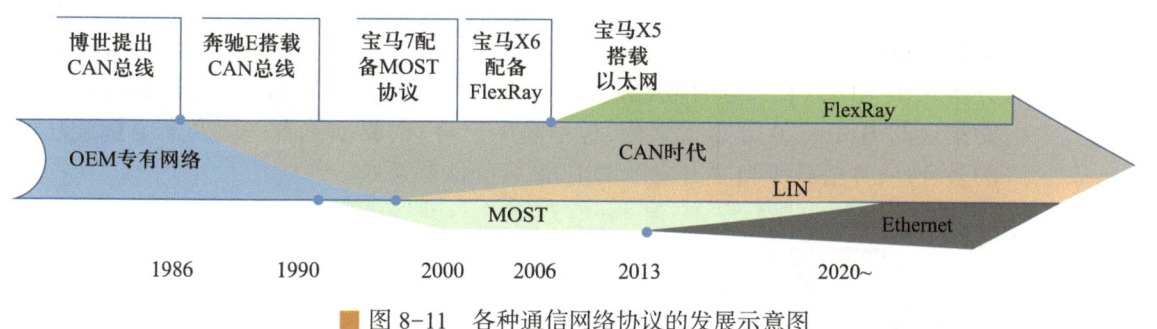

■ 图 8-11　各种通信网络协议的发展示意图

8.1.3　整车电子电气架构的分类

汽车电子电气架构的发展历程可以分为三个主要阶段:分布式、域控制式和中央集中式。其核心逻辑是逐步将汽车的控制功能从众多分散的控制器集中到一个中央处理器上。典型的汽车电子电气架构的发展路线如图8-12所示,该路线由博世公司在2015年提出并获得行业的公认。分布式架构阶段的控制器分别控制和管理某些特定功能。而域控制式架构由数个域控制器(domain control unit,DCU)统筹特定功能类别,通过中央网关进行域控制器间的功能交互与冗余复用。中央集中式则以单一完备的高性能中央处理器来实现主要的计算功能。

1. 分布式电子电气架构

分布式架构中各系统采用专用控制器,可实现单一的功能。在电气化初期,人们对于整车的功能需求简单,因此电子器件和功能数量少,采用分布式汽车电子电气架构即可满足基本需求。为实现各控制器之间的交互性,后期引入网关(gateway,GW)进行数据处理与传输。网关负责不同类型总线之间的协议转换,同时参与各网络段的管理,以实现各模块和功能之间的通信。随着整车功能的增多增繁,线束日益繁杂凌乱,此时的解决方案是将某些具有关联功能的控制器集成,从而减

时间

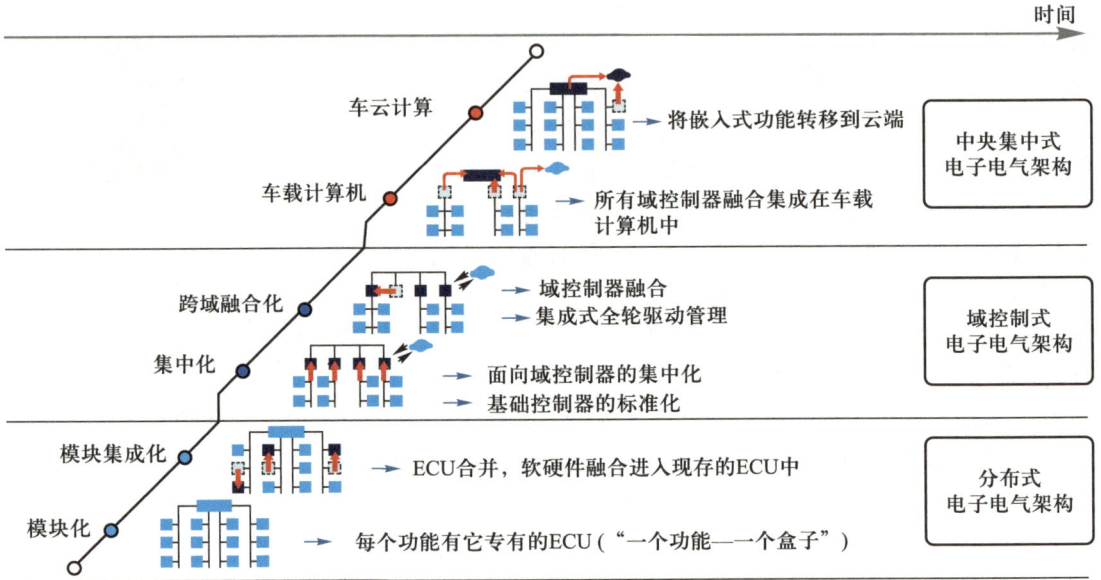

将嵌入式功能转移到云端 —— 中央集中式电子电气架构

车云计算

所有域控制器融合集成在车载计算机中 —— 中央集中式电子电气架构

车载计算机

域控制器融合
集成式全轮驱动管理 —— 域控制式电子电气架构

跨域融合化

面向域控制器的集中化
基础控制器的标准化 —— 域控制式电子电气架构

集中化

ECU合并，软硬件融合进入现存的ECU中 —— 分布式电子电气架构

模块集成化

每个功能有它专有的ECU（"一个功能——一个盒子"）—— 分布式电子电气架构

模块化

■ 图 8-12 博世公司给出的典型汽车电子电气架构发展路线图

少控制器的数量及线束长度。例如，比亚迪公司将如图 8-13（a）所示的 BEEA1.0 分布式架构中具有关联性功能的控制器进行融合，设计了如图 8-13（b）所示的功能集成的 BEEA2.0 分布式架构，包括高压三合一、驱动三合一以及车身标配功能的多合一，并搭载了自主开发的 DiLink 智能网联系统。

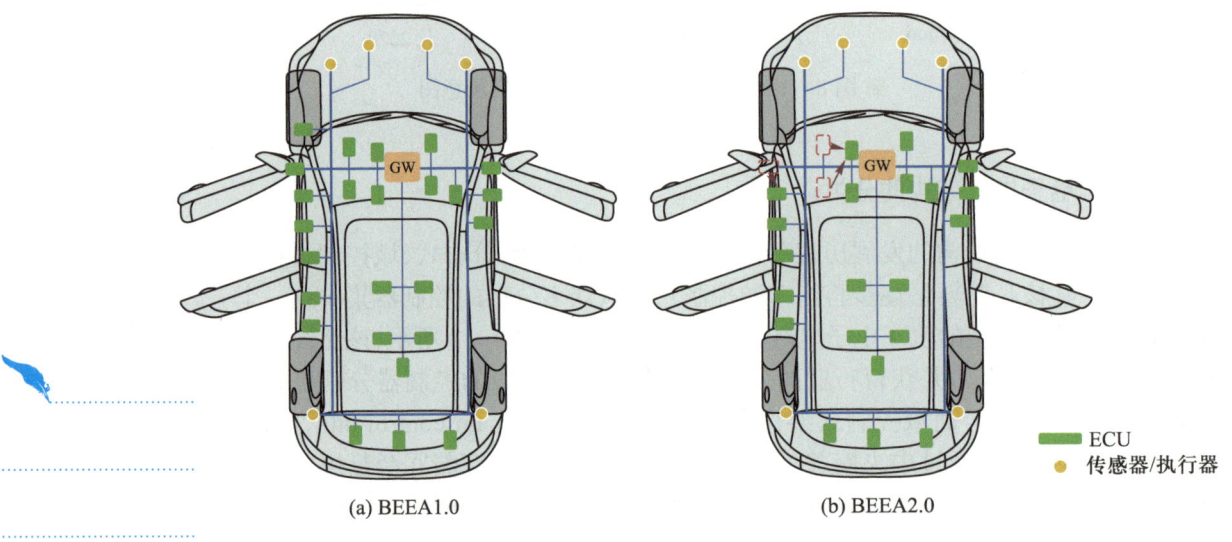

(a) BEEA1.0　　　　　　　　　　　　(b) BEEA2.0

■ ECU
● 传感器/执行器

■ 图 8-13 分布式架构示意图

　　然而，随着分布式架构不断地依靠增加控制器数量来增加功能，导致后期车内器件越发复杂、线束越来越长、装配难度也越来越大。更为关键的是，在汽车智能化的浪潮下，对实时数据处理能力提出了前所未有的挑战。车辆搭载的高级驾驶辅助系统、多媒体娱乐系统等，尤其是自动驾驶技术的应用，产生了海量的图像、视频数据，这些数据要求每个控制器都具备更加强大的计算处理能力和更加高效的

数据交换机制。显然,早期基于分布式控制的第一代电子电气架构已难以胜任如此高强度、高复杂度的信息处理与传输任务,其日益凸显的局限性,促使汽车电子电气架构向集成化、集中计算和高速数据传输的方向转型升级。

2. 域控制式电子电气架构

域控制式电子电气架构的出现解决了分布式架构单纯增加控制器数量的痛点。该模式将控制器基于功能关联性进行连接或者集成在域控制器上,彼此间通过快速的通信协议进行连接与交互。域控制器从功能和组成单元上看,本质是一个控制更加集中、功能更加多样的控制器,其实物如图 8-14 所示。整车通常通过不同功能域的划分方式集中控制各类传感器和执行器单元。典型的功能域划分包括车身电子、智能座舱、动力、底盘以及高级驾驶辅助系统五大域(如图 8-15 所示)。域控制式架构满足了智能网联化的很多需求,且云端服务的技术加入使得计算功能更加强大。

■ 图 8-14　域控制器实物图

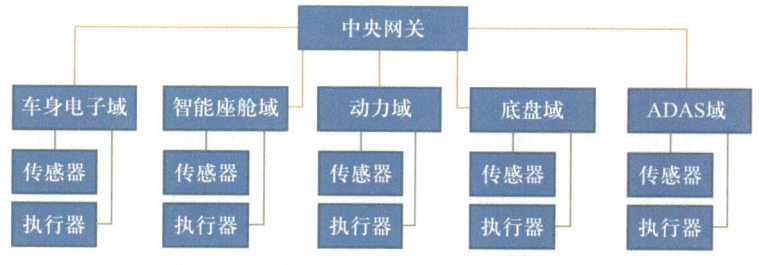

■ 图 8-15　域控制器电子电气架构示意图

目前大多主机厂刚完成从分布式到域控制式的转变,少数厂商开始研发跨域融合技术,例如车辆控制域、智能驾驶域和智能座舱域构成的三域架构。其中,车辆控制域大致整合了原动力域、底盘域以及车身域等,而智能驾驶域和智能座舱域则专注于汽车智能化和网联化的实现。例如,大众的 MEB 平台,由车辆控制域(ICAS1)、智能驾驶域(ICAS2)及智能座舱域(ICAS3)三大域组成;特斯拉则在其 Model S 车型中,将功能明确定义为动力域、底盘域以及车身域等;华为则选择了将域控制器分类为智能电动、智能座舱和智能驾驶三类。比亚迪公司跨域融合技术将座舱与和驾驶域进行融合,其他则以区域控制器(zonal control unit,ZCU)的形式存在,在域控制式基础上开启了以物理空间划分的区域控制式,其架构形态如

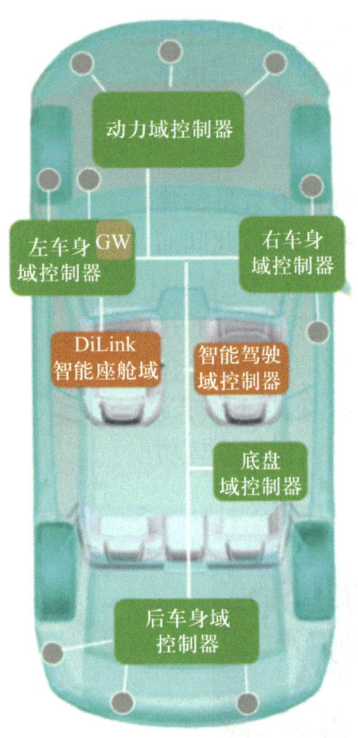

■ 图 8-16 比亚迪区域控制式架构（BEEA3.0）示意图

图8-16所示。这已经具备了中央集成加区域控制器的形态，其中左车身域控制器通过计算能力的集合具备了中央计算的处理能力，右车身域增加基本功能的冗余与复用。尽管这些分类方式存在差异，但均体现了汽车电子电气架构正朝着集成化和智能化方向不断发展的趋势。

区域控制器与域控制器的区别在于，域控制器是基于功能划分的，而区域控制器则基于零部件所在的物理空间位置来就近接入控制器中，因此每个区域控制器融合了多个域控制器的功能，从而解决了某些功能由于跨空间而导致的线束过长问题。图 8-17 以底盘域为例展示了域控制器和区域控制器架构的对比。

3. 中央集中式电子电气架构

为了进一步实现智能化并减少线束，中央计算中心加区域控制器的框架也被提出，即中央集中式电子电气架构，如图 8-18 所示。

该架构形态基于高性能芯片的强大处理能力和多芯片协同计算，同时融合了云端的存储计算。以太网时间敏感网络（time sensitive network，TSN）作为主干网络，搭配CAN 总线、LIN 总线、双电源冗余供电及区域内智能分级供电等分布式供电模式。中央处理器将处理好的感知信息传送给相应的区域控制器，实现就近功能的执行。区域控制器负责数据采集、通信协议转换与数据传输等功能。通过以太网连接，多个区域控制器形成了环形网络，这种结构进一步提升了通信的带宽，降低了通信的延时并提升了通信的冗余性和可靠性。

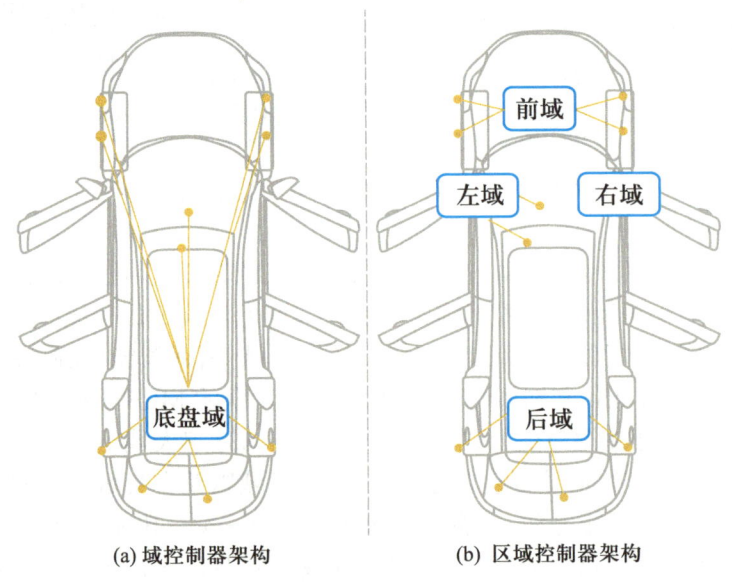

(a) 域控制器架构   (b) 区域控制器架构

■ 图 8-17 底盘域示意图

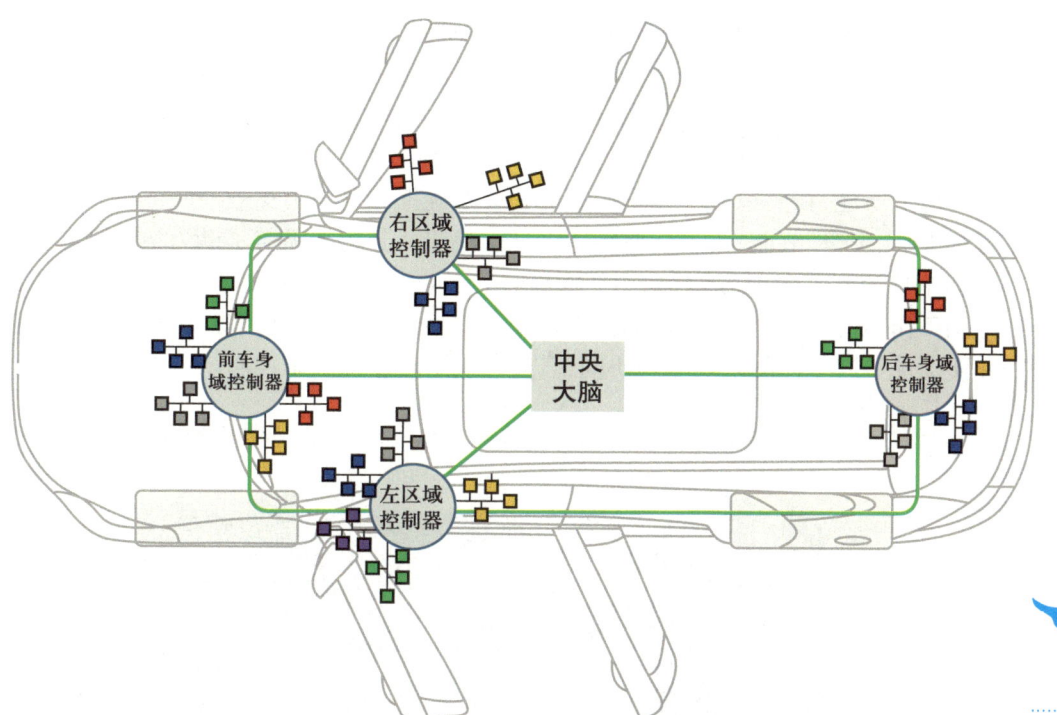

■ 图 8-18　中央集中式电子电气架构示意图

在"中央计算＋区域控制器"的发展趋势下,汽车电子电气架构的开发模式逐步向面向服务架构(service oriented architecture,SOA)以及软件定义汽车(software-defined vehicle,SDV)转变,整车电子零部件以及功能软件的开发也更加敏捷高效。中央集中式电子电气架构设计能够降低整车 20% 的总质量和 30% 以上的生产成本,同时改善汽车的综合性能、简化汽车装配的工序流程、增加汽车各个零部件的兼容性。但是,当前中央集中式电子电气架构存在硬件接口非标准化、全车传感器数据管理低效、单一芯片无法适配不同操作系统等问题,这是行业亟须解决的痛点。

8.2　新能源汽车整车控制

8.2.1　新能源汽车整车控制的组成

新能源汽车相较于传统汽车,其核心变革在于动力源的转变。从传统的内燃机动力源转向以电机为主要的动力源,新能源汽车的首要挑战在于动力源的合理控制。为确保动力输出的稳定性与可控性,新能源汽车采用了先进的控制技术和算法,对电机、锂离子电池、内燃机、燃料电池等关键部件进行了精确的调控,从而实现动力的高效、平稳输出。

在确保了动力源的稳定高效输出后,如何将这一动力合理利用起来,使车辆能够平稳运行并符合驾驶员的操作意图,成为另一个关键挑战。这时,底盘控制的作用便显得尤为重要。通过对悬挂系统、制动系统、转向系统等底盘部件的精准控制,新能源汽车能够确保在各种路况下都能保持高效、稳定、安全的行驶状态。

为了确保乘客能够享受到一个既舒适又便捷的乘车环境,车身控制尤为重要。这涉及对车上的非动力系统电子部分如门锁、车窗升降装置、车内外灯光等设备的精准调控。通过集成这些功能,可以显著减少车内控制器的数量,使车内布局更加整洁有序,同时简化布线,提高系统的整体可靠性。

综上所述,新能源汽车整车控制的核心是确保车辆动力高效、稳定、可靠,整车行驶平顺、安全、节能,车内环境舒适、方便、快捷。其功能涵盖了动力控制、底盘控制和车身控制等多个方面(如图 8-19 所示)。动力控制确保电机和电池系统高效协调工作,底盘控制保证车辆的操控性和稳定性,而车身控制则提升乘客的舒适度和便捷性。这些控制系统之间协同工作,实现了新能源汽车控制的全方位优化。

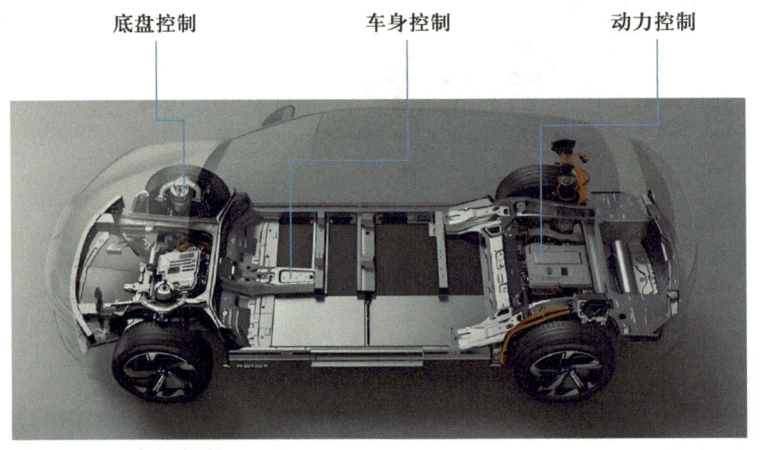

底盘控制　　　　车身控制　　　　动力控制

■ 图 8-19　新能源整车控制的功能组成

8.2.2　新能源汽车动力控制系统

相较于传统的内燃机汽车,新能源汽车中的动力系统对新增的电池、电机部件赋予了车辆制动回馈的能力,实现了对整车动能的部分回收,提高了能源的利用率。为了给电池充电,还相应地配套了直流充电、交流充电等充电设备。同时,电池作为新能源汽车的核心动力源,其电芯温度、SOC 等工作状态对整车动力输出的影响显著。因此,在控制整车动力系统按照驾驶员预期平稳输出动力的基础上,新能源汽车动力控制系统还需对电池、电机等部件进行实时的状态监测,协同各部件完成能量管理、热管理、充放电管理、故障诊断等功能,实现整车动力系统的平稳、可靠、高效运行。

图 8-20 展示了纯电动汽车动力控制系统的架构,该系统的主要功能是将储存在高压电池包中的电能安全高效地转换为驱动车辆行驶的机械能,确保车辆安全、可靠、舒适地行驶。该架构主要包括高压电池系统、电驱动总成、整车控制器、交流充电系统(on-board charger,OBC)、直流转换系统(direct current-direct current,DC-DC)和云端管理系统。

其中,整车控制器是动力控制系统的核心部件,通过采集油门深度、刹车深度、挡位等驾驶员驾驶意图,结合车速、轮速、加速度等车辆状态信息和零部件工作状态信息,将驾驶员意图转化为目标电机扭矩发送给电机控制器,进而实现整车的动

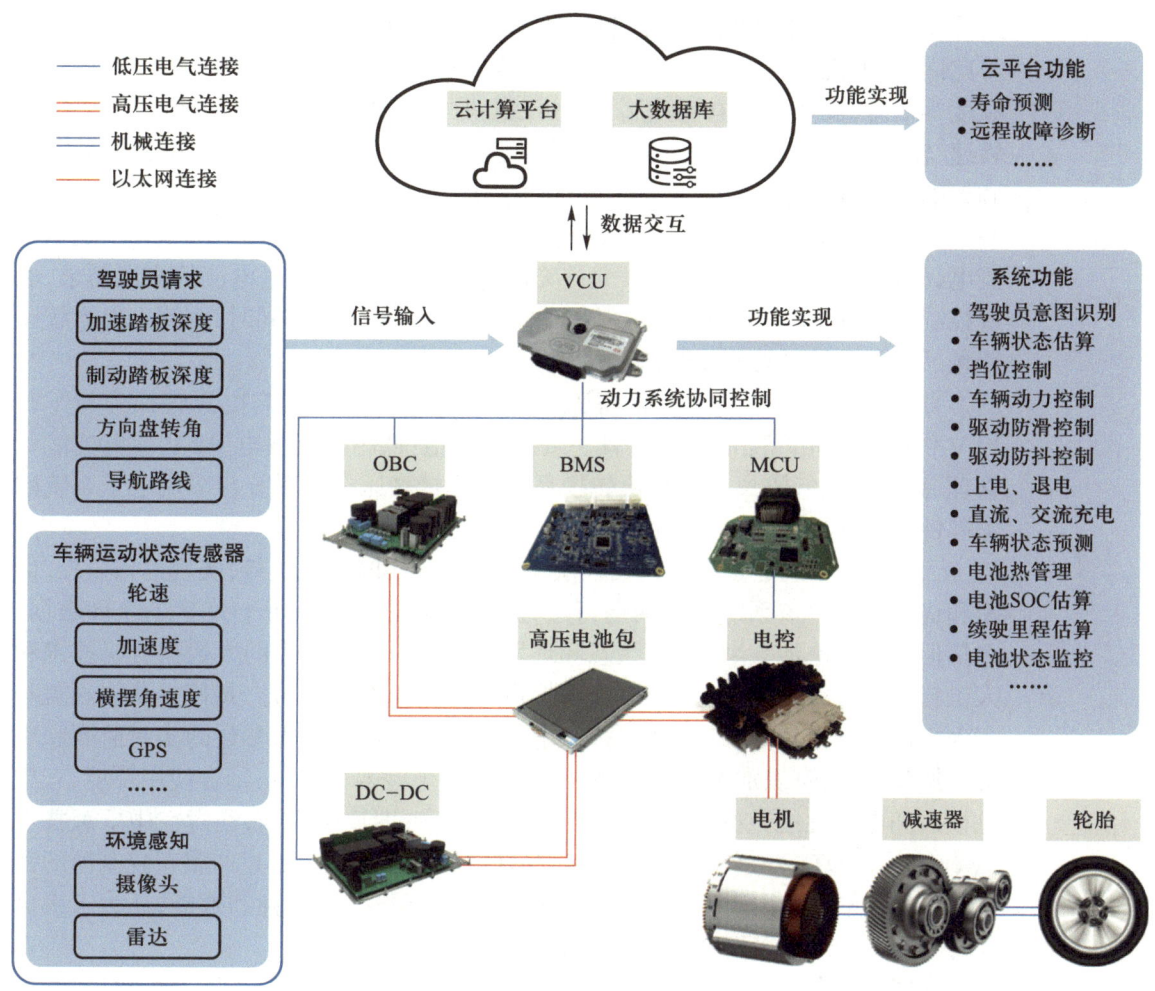

低压电气连接
高压电气连接
机械连接
以太网连接

云计算平台　大数据库

功能实现

云平台功能
• 寿命预测
• 远程故障诊断
• ......

数据交互

VCU

驾驶员请求
加速踏板深度
制动踏板深度
方向盘转角
导航路线

信号输入

功能实现

动力系统协同控制

系统功能
• 驾驶员意图识别
• 车辆状态估算
• 挡位控制
• 车辆动力控制
• 驱动防滑控制
• 驱动防抖控制
• 上电、退电
• 直流、交流充电
• 车辆状态预测
• 电池热管理
• 电池SOC估算
• 续驶里程估算
• 电池状态监控
• ......

OBC　BMS　MCU

车辆运动状态传感器
轮速
加速度
横摆角速度
GPS
......

高压电池包　电控

环境感知
摄像头
雷达

DC-DC

电机　减速器　轮胎

■ 图 8-20　纯电动汽车动力控制系统架构图

力控制。同时,整车控制器还会将继电器吸合、断开指令发送给电池管理系统,进而实现车辆上电退电功能,通过将低压 12 V 供电网络的功率需求发送给直流转换系统,进而保证车辆低压 12 V 供电网络正常工作。此外,整车控制器还负责整车休眠与唤醒、挡位控制、整车故障诊断等车辆运行保障功能。

高压电池系统主要由电池管理系统(battery management system,BMS)和高压电池包组成。电池管理系统通过电压、电流采样电路监控高压电池包中的电芯及其整包的系统状态,控制高压电池包的充放电功率的上下限值,实现了对于电压、电流、温度的监测、报警与保护功能,电池荷电状态估算、电芯均衡、一致性估算等电池能量管理功能,高压上下电管理、电池充放电等功能。

电驱动总成主要由电机控制器(motor control unit,MCU)、电机和减速器组成。电机控制器是控制动力电源与驱动电机之间能量传输的装置,是电动汽车三电核心部件之一,其主要通过逆变电路输出三相交流电,来控制电机的旋转,从而实现电能与机械能的相互转换。电机控制器在对电机电流、电压、转速、温度等信号进行采集处理的基础上,将来自整车控制器的电机扭矩请求转换为电控单元控制电路开通、关断的时间和时序等控制指令,进而实现对电机的扭矩、转速的精准控制。与此同时,电机控制器基于电机旋变、温度、电压、电流等传感器采集了电机转速、温度等信息,实现了对电机控制器温度、电机本体温度的热管理功能,以及对电机转速、输出扭矩和最大允许扭矩等电机状态估算的功能。减速器是电机驱动扭矩和轮端驱动扭矩之间的连接桥梁,起到了降低转速,增大扭矩的作用。

交流充电系统的作用是将外部电源的交流电转换为与高压电池包相匹配的直流电,根据电池管理系统的最大允许充电功率、最大允许充电电流等充电需求,通过控制整流电路的充电电流,实现了车辆的交流充电功能。同时,交流充电系统还兼顾了充电过程中的过载保护、短路保护、过热保护等功能。

直流转换系统的作用是将高压电池系统 300~800 V 的高电压转换为与车载 12 V 供电网络相匹配的低压。其主要功能包括:低压网络供电、12 V 蓄电池能量管理、高低压电气隔离等。直流转换系统是连接高压电池系统与车用电子系统的关键桥梁,确保了电动车的电气系统高效、安全地运行。

云端管理系统通过车载通信模块与车辆建立实时数据连接,实现远程监控、诊断和优化功能。该系统在车辆运行过程中持续接收并处理来自车辆的全面数据,包括但不限于电池参数、车辆状态和环境信息等。利用先进的大数据分析技术和人工智能算法,云平台对这些海量数据进行深度挖掘和分析。其核心功能涵盖基于大模型的电池故障诊断,即通过对电池电压、电流、温度等参数的实时监测和历史数据分析,及时识别潜在故障并提供预警;即电池寿命预测,结合使用环境、充放电模式和电池性能数据,准确估算电池剩余寿命;即算法更新,通过空中下载技术(over-the-air,OTA)实现车辆控制策略和软件的远程升级。通过与整车控制器的密切协作,云端管理系统不仅显著提高了车辆的可靠性、安全性和效能,还为未来自动驾驶和智能交通系统的发展奠定了坚实的技术基础。

新能源汽车动力控制系统在设计过程中,主要围绕以下要点展开。

(1) 系统效率的提升

动力控制系统效率的高低直接关系到新能源车续驶里程的长短,是设计开发过程的核心性能指标。通过优化整车控制策略,适时地进行能量回馈,优化电机的转速和扭矩工作点,可提升动力系统的工作效率;通过分析四驱车型前、后总成的效率分布,优化整车控制策略,适时、动态地调整前后电机扭矩分配系数,可提升驱动工况下的系统效率;针对高温、高寒工况,优化电池能量管理策略,适时地控制电池的升温、散热,放宽电池的充放电功率限制条件,有利于系统效率的提升。

(2) 系统集成度的提升

通过将电池管理系统、整车控制器、电驱动总成、交流充电系统和直流转换系统中的多个或者全部集成到同一个部件中,可提高系统集成度,显著地减少系统的质量,并降低零部件成本,从而助力整车轻量化的实现。

(3) 整车驱动性能的提升。在系统集成度提升的基础上,将各部件状态信息和控制策略进一步融合,优化控制算法,可提升整车驱动性能。例如,在多电机架构下,基于电机转速信号判断车轮的滑移状态控制动力输出,相比传统的基于轮速传感器的方法能够更快地识别车轮打滑,提高单轮的地面附着力利用率,进而提高车辆的动力性;基于车轮滑移状态的判断,优化前后轴驱动、回馈扭矩的分配系数,减少牵引力控制系统和防抱死制动系统的触发概率,进而提升车辆操纵的稳定性;通过优化电机防抖控制算法,可以减少驾驶工况切换的扭矩冲击,进而提升车辆的驾驶平顺性。

8.2.3　新能源汽车底盘控制系统

传统内燃机汽车的底盘控制主要依赖于复杂的机械连接和液压系统。这一控制方式在响应速度、控制精度以及系统灵活性方面存在不足。为解决这些问题,新能源汽车底盘采用线控技术,通过电信号实时操控底盘的电动执行器,实现精确的动作响应。如今,底盘架构要求满足线控转向、线控制动和线控悬架的快响应、高精度控制的特征,需分别对线控制动、线控转向和线控悬架系统的控制逻辑、零部件、系统架构进行研发适配。

在线控转向方面,目前,车辆的转向功能主要依赖传统转向机械结构实现。在转向过程中,系统将实时采集扭杆的变形量信息,通过控制器处理后,生成相应的电流信号。这些信号驱动执行电机,提供必要的助力输出,从而实现精准和高效的转向控制功能。从信息采集到执行输出,需经过转向管柱总成、中间轴总成、转向器总成等零部件,此过程中,各总成的机械件刚度会对转向的响应有一定影响;而线控转向取消了中间轴、节叉等机械零部件,信号通过网络直接传输至执行输出端,故而消除了过程中的机械间隙,从而提高了转向系统的响应性。

在线控制动方面,目前,国内基于线控制动一代产品完成了电子稳定控制系统功能的控制开发,形成了完整的电子稳定控制系统底层软件开发、应用层软件开发、软件测试、功能调试开发流程。此过程的关键在于开发快响应、高精度的电磁阀控制有限元仿真模型,通过动态特性仿真确定最佳控制参数,预测并验证该控制方案的可行性。

在线控悬架方面,目前,线控悬架依据控制频率带宽主要分为半主动悬架、慢主动、全主动悬架。其中,半主动悬架作为主流产品已普遍得到市场应用,而慢主动和全主动悬架由于其技术复杂性,仍处于不断发展的阶段。这些系统的液压部分所涉及的工作压力和流量分别取决于液压执行元件工作压力、回路上压力损失和液压执行元件所需流量、回路泄漏参数,确定以上具体参数的变化特性是线控悬架精确控制的关键。

由于底盘系统中各电子部件之间的相互影响与制约,对车辆整体性能的提升提出了更高要求,因此需要底盘各执行部件的协调运作。为此,目前底盘系统正在探索采用集成式控制架构,通过结合控制中心实现对线控子系统的精确控制,如图8-21所示。为了确保控制的准确性,控制中心实时接收并处理云数据、驾驶行为、车身姿态、路面情况、系统状态等信息,以及线控子系统反馈的信号。这种融合式的控制方式,提高了整车在多工况下的控制效率与准确性。

底盘控制系统其在设计过程中,主要围绕以下要点展开。

（1）满足安全需求

安全性与稳定性直接关系到驾乘人员的生命安全以及道路交通的整体安全,是新能源底盘控制系统设计时的重要考量因素。在底盘控制系统设计时,通过底盘多执行器协同控制技术,集成防抱死制动、牵引力控制、车辆动态控制等主动安全技

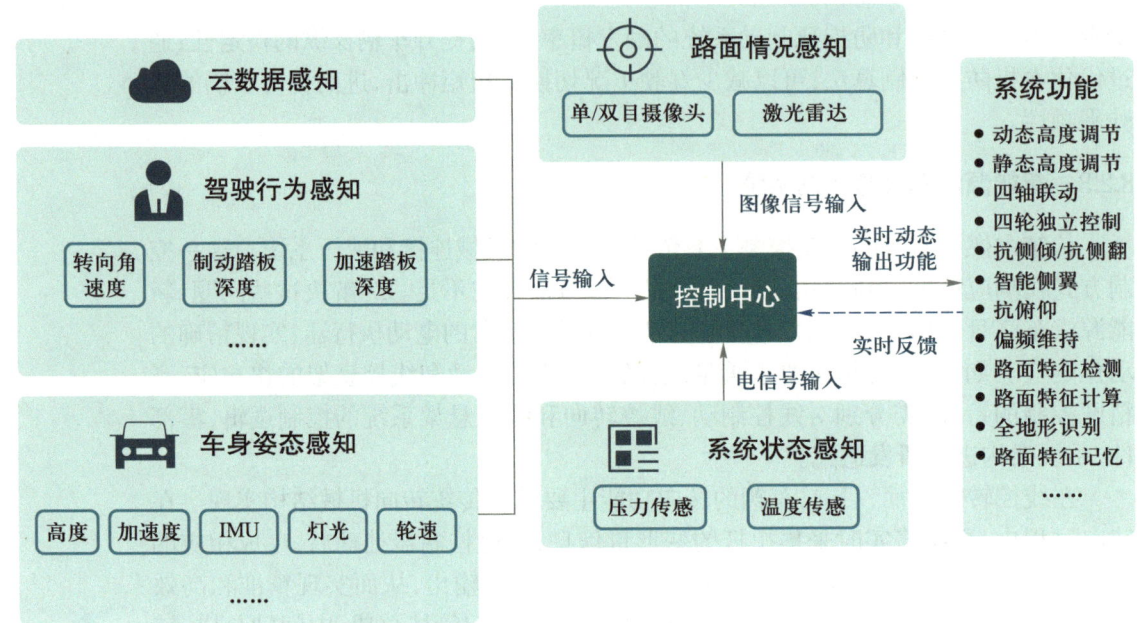

■ 图 8-21　新能源汽车底盘集成式控制架构

术,可以确保车辆在复杂工况、多变环境下依然能够保持车辆稳定,防止事故发生。

（2）提高能源效率

通过在底盘控制系统中集成能量回收系统、优化能源分配策略等措施,能够显著提高能源利用效率并减少环境污染,同时还延长了车辆的续驶里程。

8.2.4　新能源汽车车身控制系统

在汽车电子化进程的推动下,车身控制系统的重要性越发凸显。该系统通过传感器和执行器对车身电子设备进行统一管理和控制,监测和调节车辆的多项功能,提升了驱动能力和通信效率,减少了信号干扰和负载率,实现了多功能整车控制。还通过复杂的电源管理方案大幅降低了整车的静态功耗,延长了待机时间。通过集成化设计实现了电路共享,该系统能够监测传感器信号和系统状态,及时检测和诊断故障,并通过故障码或指示灯提示驾驶员。此外,车身控制系统与整车其他系统进行数据交互,实现更高级的功能,进一步提升了车辆的智能化和便捷化水平。

例如,灯光控制系统通过检测外部光照条件和驾驶环境,实现车灯的自动调节以确保最佳可见性及安全性;雨刮控制系统利用雨量传感器感知雨水强度,智能调整雨刮频率,从而提高驾驶的视野清晰度;门窗控制系统则通过集成的传感器和控制策略,提供安全的开闭方式及防夹功能,以提升用户的使用便利性与安全性;后视镜控制系统能够对外部环境及驾驶状态进行动态调整,实现后视镜的电动调节和防眩目功能,为驾驶员提供更加清晰和舒适的视觉体验;无钥匙进入与启动系统通过射频识别和加密通信技术,实现无钥匙的车辆进入和一键启动,增强安全性的同时,亦提升了操控的便捷性;座椅控制系统利用多轴电控和记忆功能,不仅提供个性化的座椅位置调节,还支持对加热、通风、按摩等附加功能的智能管理。这些功能的高度集成与深度优化,确保了系统资源的合理分配与高效运作,进一步提升了驾乘的便捷性和舒适性,还为将来的智能化、个性化和网络化预留了扩展空间。

此外新能源车因为零排放的优势,可以拓展出很多在室内停车场等较密闭环境开启运行的功能。例如,增加了智能充电功能,启动电池电量不足时由控制器控制新能源汽车的动力电池工作给启动电池充电,防止车辆亏电抛锚;还支持冬天开启预加热、夏天开启预制冷功能,设置定时开启座椅加热、方向盘加热、空调制热制冷、车载冰箱预制冷或下电后保持制冷等功能;拓展了涉及车辆安全的哨兵模式等车辆下电后长期持续运行的功能,极大地丰富了车主的用车体验。

总之,现代车身控制系统集成了多种关键功能模块(如图 8-22 所示),不仅提高了车辆的安全性和可靠性,还在很大程度上增强了驾驶的便捷性和乘坐的舒适性。随着汽车技术的不断发展,车身控制系统的功能也在不断扩展和升级,与整车各控制技术的深度融合,将为驾驶者提供更加便捷和舒适的体验。

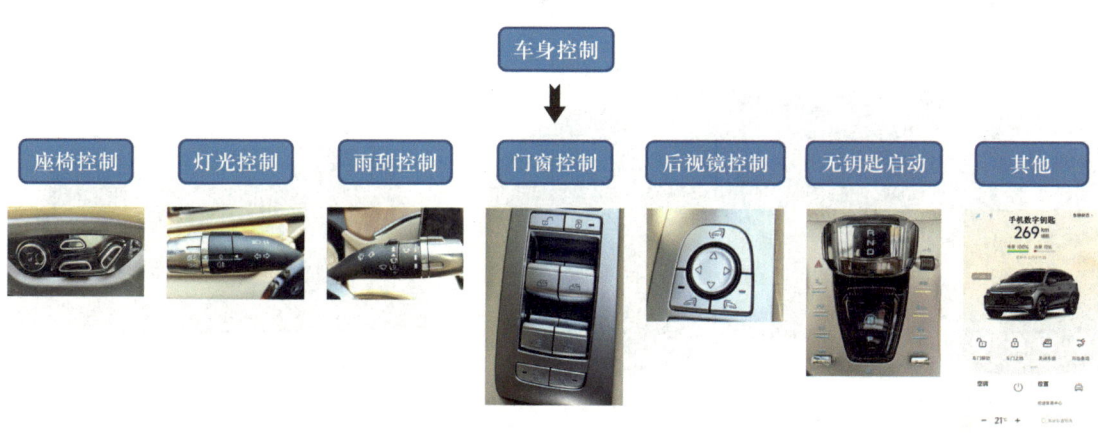

■ 图 8-22　车身控制系统的关键功能模块

8.3　智能座舱

8.3.1　智能座舱的定义

随着科技的进步和生活水平的提高,消费者对汽车的需求不再局限于基本的出行功能,而是逐渐转向追求更高质量的驾乘体验,希望汽车发展成为满足其出行、社交、娱乐等综合场景的终端。而智能座舱正是为了满足用户需求和应用场景,基于电气化迭代传统的车内仪表信息显示、外后视镜等系统,实现座舱具备人机交互、网联服务、场景拓展的人-机-环融合能力,为驾乘人员提供安全、智能、高效、愉悦等综合体验的移动空间。

不同于车身控制系统更偏向于传统汽车电子系统的自动化控制,保证汽车的基本操作和舒适性,智能座舱控制更加专注于提升驾驶舱的智能化水平和用户交互体验,是汽车智能化发展的重要体现。两者共同作用,为乘客提供一个既安全又舒适的驾驶环境。

8.3.2 智能座舱的发展历程

汽车座舱的演化分为三个阶段:第一阶段,具备基础控制功能的机械式座舱;第二阶段,满足简单娱乐功能的电子式座舱;第三阶段,智慧化和交互方式多样的智能座舱。

起初,座舱技术以驾驶和控制为中心,机械仪表技术(如图 8-23 所示)占据了主导地位。为了向驾驶员提供关于汽车状态的直观反馈,并辅助他们做出明智的驾驶选择,机械仪表成为驾驶室内的标配。在这一阶段,驾驶位上通常配备的是单一的机械指针仪表,它们负责展示速度、油量、水温等关键信息。同时,电子收音机、简单的音频播放设备以及物理操作按键也作为辅助设备(如图 8-24 所示),为驾驶过程增添了一些便利。尽管这些设备的整体功能相对单一,但它们在确保驾驶员对车辆状态有清晰了解,并据此做出正确决策方面,发挥了至关重要的作用。这些机械仪表不仅是技术的象征,更是确保驾驶安全和提高驾驶体验的重要工具。

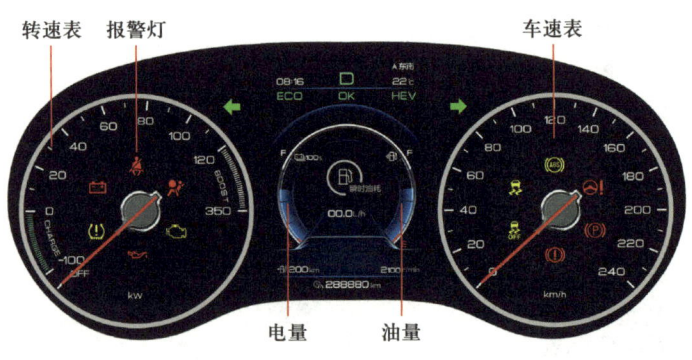

■ 图 8-23 传统汽车机械仪表

■ 图 8-24 传统汽车机械收音机

后来随着汽车电子技术的迅猛发展,座舱电气化程度提高。在这一阶段,传感器和数字仪表的广泛应用成为智能座舱发展的重要标志。座舱内的液晶显示器替代了传统的机械仪表,为驾驶员提供了更为准确直观的行车数据。导航功能的集成则彻底改变了人们的出行方式,使得驾驶员能够轻松规划最佳路径,显著提升出行效率。更为关键的是,电子系统的全面整合优化了驾驶环境,通过集成车辆影像,行车记录仪,整车设置控制,在线媒体,为驾驶员和乘客创造了更加智能化的舒适空间(如图 8-25 所示)。这些技术革新不仅彰显了汽车电子化和智能座舱的快速

■ 图 8-25 比亚迪 DiLink 一代智能座舱

发展趋势,也预示着汽车行业正朝着更加智能化和人性化的方向迈进。

随着汽车环境感知能力的显著增强,车辆能够捕捉到的信息日益丰富。同时,多模交互技术的革新也为驾驶者与车辆的互动带来了前所未有的便捷。车云结合技术的日益成熟,使得汽车与互联网的连接更为紧密,而芯片技术的突飞猛进则为智能座舱提供了强大的算力支持。此外,电子电气架构正逐步从分布式向域控制式架构转变,这一变革为智能座舱的高度集成化和高效能运作奠定了坚实基础。在多种先进技术的共同推动下(如图 8-26 所示),智能座舱正朝着更为智能化、网联化的方向大步迈进,这不仅将重塑人们的出行方式,还将对社会经济、交通环境乃至整个汽车产业产生深远影响。

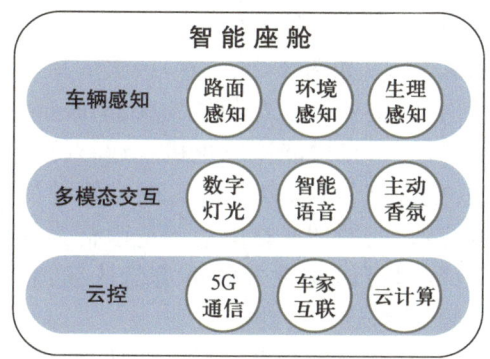
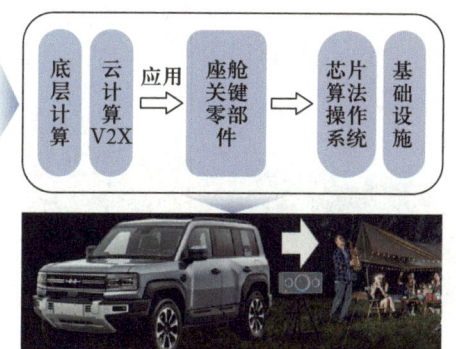

■ 图 8-26 汽车座舱智能化实现技术

最终,汽车座舱将迈进全面智能化的第三阶段,如图 8-27(a)(b)所示,这一变革不仅将显著提升驾驶体验,更预示着汽车行业的新篇章。在这一阶段,车辆互联能力扩展至卫星,解决了偏远地区无基站的通信问题,出行更加安全;基于云计算技术的发展,在云端实时训练用户需求模型,车辆本地语音在独立音区的连续对话

(a) 腾势汽车N7智能座舱

(b) 智己汽车L6智能座舱

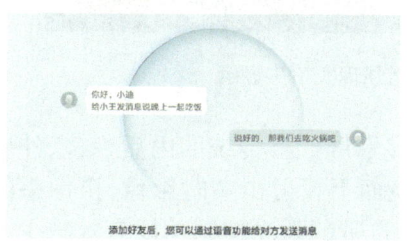

(c) 比亚迪仰望U8语音互联

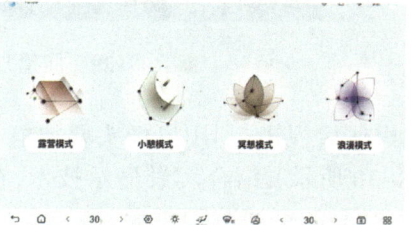

(d) 比亚迪仰望U8整车功能定制分享

■ 图 8-27 未来的智能座舱

中自动判断每个位置用户的需求,全车功能可见即可说,支持声纹识别、方言识别和多车畅联,如图 8-27(c)所示;车辆生态接口更加开放,支持第三方硬件与软件生态,如无人机、游戏 APP 等无缝接入,支持车辆功能组合-定制分享,如图 8-27(d)所示,车辆可玩性增加,为乘客打造个性化的社交属性服务。这些智能化趋势不仅彰显了技术的飞跃,更体现了对驾驶者和乘客需求的深刻理解与满足,预示着未来出行将更加智能、便捷和富有人性化。

8.3.3　智能座舱代表技术

介绍几个当前常见的智能座舱代表技术。

■ 图 8-28　腾势 N8 驾驶员监控系统

驾驶员监控系统(drive monitor system,DMS)通常将红外摄像头安装在驾驶员侧的 A 柱上(如图 8-28 所示)或集成在仪表屏内部,主要采集驾驶员的头部、眼部、面部等细节,在智能座舱主机上运行特定算法,配合仪表、扬声器等实现对驾驶员的疲劳驾驶、抽烟或打电话等危险行为的预警,同时可以实现驾驶员身份认证、血氧监测、手势识别等功能。

AR-HUD(增强现实抬头显示)是一种将虚拟信息叠加到实际驾驶环境中的技术,它可以将车辆速度、驾驶辅助等信息直接投影到驾驶员前方,并贴合道路环境实时渲染前进路径(如图 8-29 所示),从而减少驾驶员视线转动,可显著提高驾驶员的视野范围和信息获取能力,从而提升行车安全性和效率,同时借助其大尺寸成像优势,可以在驻车情况下实现视频投影,极大地提升了座舱的娱乐性。

■ 图 8-29　仰望 U8 增强现实抬头显示

流媒体后视镜,利用摄像头叠加电子显示屏代替传统的内后视镜、外后视镜(如图 8-30 所示),结合实景显示技术,在镜面上投射出实时影像,摄像头的拍摄角度广,带来的可视范围更大,摄像头芯片自带的强光抑制功能有效减少了后方灯光炫目,同时后视镜电子化之后规避了后风挡被遮挡、雨雾天气和低照环境下视野差的问题,有利于提高行车及泊车安全。

目前智能座舱车外感知主要体现在环视摄像头、夜视红外摄像头、行车记录仪摄像头等,舱内主要是 DMS 疲劳摄像头,OMS 车内监控系统,显示主要有仪表、中控、副驾、吸顶液晶等 LCD 和 OLED 显示屏,同时有 AR-HUD、光场屏等虚拟成像技术,多种传感器协同运作,实现车内多模主动交互,为驾乘者提供一个既安全又舒适的驾驶环境。

■ 图 8-30　腾势 Z9 流媒体外后视镜

此外,座舱大模型智能语音技术是一种基于大规模深度学习和自然语言处理的人工智能技术,旨在实现对人类语音的高效识别、理解和生成。通过在海量的语料数据上训练,智能语音大模型具备强大的语言理解和处理能力,能够理解复杂的语义关系和上下文,提供自然、精准的语音反馈。随着通用大模型底座技术的快速迭代,未来座舱大模型能力将进一步提升,以提供更好的智能座舱语音交互能力及用户体验。

8.4　智能驾驶

8.4.1　智能驾驶的定义

长久以来,汽车被视为一种传统的机械产品,驾驶员根据道路环境控制车辆的行驶。然而,随着城市化进程加速,全球机动车保有量迅速增加,沿用传统的"人驾驶车"模式将带来能源消耗加剧、环境污染、交通拥堵和安全隐患等一系列社会问题。同时智能驾驶提升了驾乘体验和通行效率,一定程度上解放了驾驶员的双手。因此,智能驾驶成为汽车技术发展的必然趋势。

当今的智能驾驶是指利用先进的传感器和复杂的算法,使汽车能够自主地综合分析环境信息,进行驾驶决策和执行操作。这样可以减少人为因素导致的驾驶错误,提高道路安全性和行驶效率。智能驾驶作为汽车智能化的一个重要发展方向,正在从辅助驾驶逐步演进到自动驾驶。根据 SAE(美国汽车工程师学会)的分类,当前的自动驾驶级别主要处于 L2 至 L3 之间。中国与 SAE 自动驾驶分级标准的对比如表 8-2 所示。

表 8-2　中国与 SAE 自动驾驶分级标准对比

等级	部门	名称	驾驶操作	周边监控	驾驶任务接管	场景
L0	工业和信息化部	应急辅助	驾驶员	驾驶员及系统	驾驶员	限制
	SAE	No Driving Automation		驾驶员		不适用
L1	工业和信息化部	部分驾驶辅助	驾驶员和系统	驾驶员及系统	驾驶员	限制
	SAE	Driver Assistance		驾驶员		

续表

等级	部门	名称	驾驶操作	周边监控	驾驶任务接管	场景
L2	工业和信息化部	组合驾驶辅助	系统	驾驶员及系统	驾驶员	
	SAE	Partial Driving Automation		驾驶员		
L3	工业和信息化部	有条件自动驾驶	系统	系统	动态驾驶任务后援用户（执行接管后成为驾驶员）	限制
	SAE	Conditional Driving Automation			驾驶员	
L4	工业和信息化部	高度自动驾驶	系统	系统	系统	
	SAE	High Driving Automation				
L5	工业和信息化部	完全自动驾驶	系统	系统	系统	无限制
	SAE	Full Driving Automation				

8.4.2　新能源与智能驾驶

中国汽车工程学会对智能网联汽车的定义是：智能网联汽车是指搭载先进的车载传感器、控制器、执行器等装置，并融合现代通信与网络技术，实现人、车、路、云端等智能信息交换、共享，具备复杂环境感知、智能决策、协同控制等功能，可实现"安全、高效、舒适、节能"行驶，并最终可实现替代人来操作的新一代汽车。如图 8-31 所示，智能网联汽车与新能源汽车的发展紧密相连，相较于传统内燃机汽车，新能源汽车在智能网联方面具有显著优势，主要体现在其先进的电子电气架构、电动驱动系统和智能底盘技术三个方面。

首先是电子电气架构方面。新能源汽车所采用的集中式电子电气架构为智能网联技术提供了坚实基础。这种架构主要包括高度集成的域控制器和基于以太网的通信网络，实现了多种系统功能的一体化。其优势在于：降低了系统启动成本和复杂度；便于实现标准化；大幅提升了信息交互能力和计算能力。这些特性满足了智能网联汽车对高性能计算和实时通信的要求。此外，新能源车普遍采用高压电气系统（如 400 V 或 800 V），配合先进的电力管理系统，能够更高效地分配和调节电能，以适应自动驾驶系统在不同工况下的动态功耗需求。

其次是电动驱动系统方面。新能源汽车的大容量动力电池和电动驱动系统为自动驾驶技术的实现提供了独特优势。大容量动力电池能为自动驾驶系统提供持续、稳定的高功率电力供应，满足复杂传感器、高性能计算平台和各种执行器的需求。这种充足的电力供应使车辆能长时间维持待机状态，支持远程监控、环境感

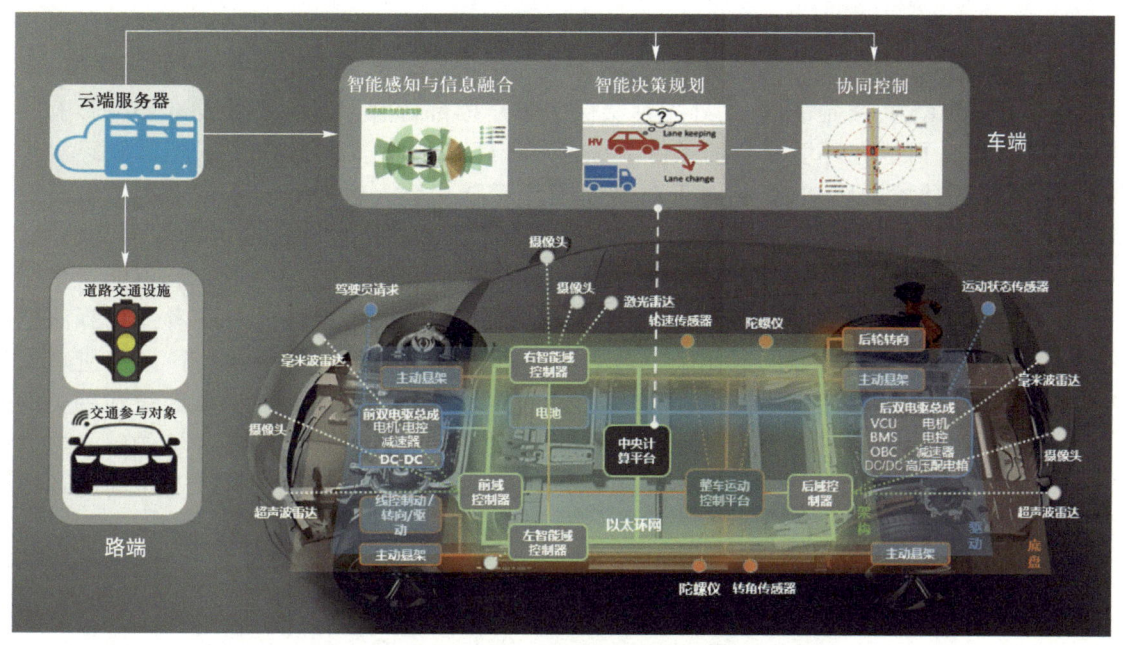

■ 图 8-31　新能源与智能驾驶

知等自动驾驶相关功能的持续运行,这对实现全天候自动驾驶准备状态至关重要。电动驱动系统不仅使新能源汽车具有低碳环保和低噪声的特性,更能与智能驾驶技术形成协同效应。通过智能驾驶系统的精准路线规划和能量管理策略,新能源汽车能更有效地减少不必要的能源消耗,进一步提高能源利用效率,延长续驶里程,同时降低对环境的影响。

图 8-31 高清大图

最后是智能底盘技术方面。现代新能源汽车广泛采用的线控底盘技术非常契合智能驾驶对精确控制的需求。相较于传统汽车的机械和液压传动方式,线控技术以电子元件替代部分机械连接,在提高传动效率的同时,显著提升了控制精度。线控底盘技术的主要优势包括:实时性,能够快速响应控制指令;高效性,减少了机械损耗,提高了能量传递效率;精确性,可实现对车辆动作的精细调控。这些特性使线控底盘成为智能驾驶领域的理想选择,能够更精确地执行自动驾驶系统的指令,实现对车辆转向、加速、制动等动作的精准控制,从而提高自动驾驶的安全性和舒适性。

8.4.3　智能驾驶控制

智能驾驶控制在车辆层面的实现,可以明确划分为三个核心过程:感知、决策与规划和控制。

1. 感知

在智能网联汽车的感知阶段,车辆依赖传感器或网络广泛收集外部环境信息,并将这些信息精细处理后映射为数字化的驾驶环境数据,以实现车辆对自身状态和周围环境的感知,例如车辆全局或者局部精确定位、周围物体识别和追踪,为后续决策过程提供关键输入。依据不同的感知方式,可以分为自主式环境感知和协同式环境感知。

自主式环境感知主要通过车辆自身的多传感器融合技术实现。可依赖内部传感器,如轮式编码器、惯性测量单元;也可依赖外部感知传感器,如摄像机、毫米波雷达、激光雷达、红外夜视摄像头等。内部传感器具备不受外部环境影响的优势,可以在环境复杂的条件下保证对车辆运动状态的稳定感知;但其缺乏对于外部环境的感知能力,对于车辆周围环境感知能力较弱。外部传感器可以有效获得环境纹理信息、结构信息,并通过人工智能算法提取出高级别的语义信息,从而提供更好的人机交互体验;但外部传感器易受环境变化的影响,可能产生错误的状态估计。搭配使用内部传感器和外部传感器,通过滤波或者优化算法框架,对多个传感器的原始信息或者后处理信息进行融合处理,能够"扬长避短",实现精度更高、鲁棒性更强、智能性更优的感知。随着车辆传感器数量和种类的增加,以及算法和算力的不断发展,车辆自身对车辆状态和周围环境的感知能力将不断加强。图8-32展示了车辆传感器的一种安装位置布置以及对周围环境的感知。

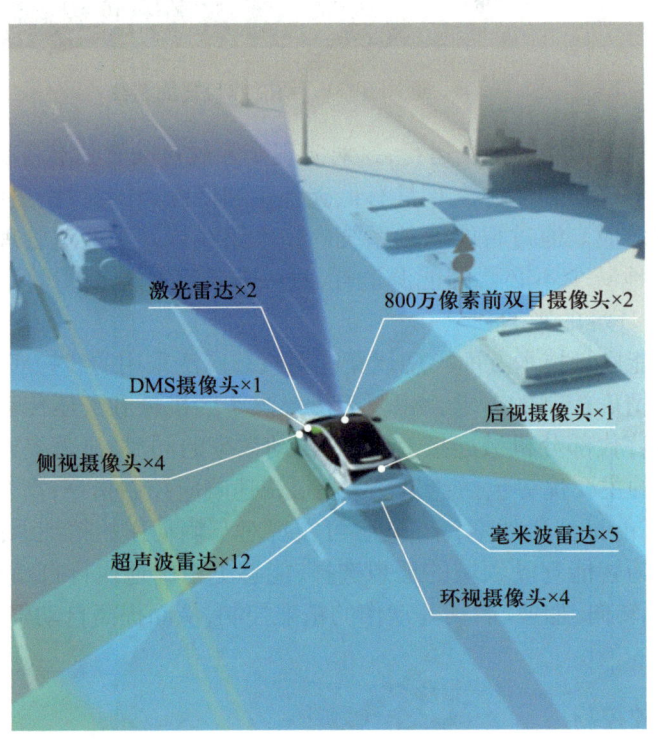

激光雷达×2
800万像素前双目摄像头×2
DMS摄像头×1
后视摄像头×1
侧视摄像头×4
毫米波雷达×5
超声波雷达×12
环视摄像头×4

■ 图8-32 自主式环境感知技术

协同式环境感知则通过"车-路-云"之间的通信系统,允许车辆与其他车辆、道路基础设施、行人设备、网络设备等模块进行通信,协同感知对车端环境信息和路侧环境信息进行异构数据融合,从而提取更多关于交通场景的多维态势信息,构建多维、多模态的交通语义模型,进而获取关于交通态势的立体认知,实现更广泛的时间和空间跨度上的信息融合,为车辆提供更全面、准确、智能的行车环境数据。

未来的感知系统将以多传感器信息融合为手段,大幅提升车辆的自主环境感知能力。同时,又辅以道路、车辆、行人设备等外部模块信息,以 AI 算法和智算中心的综合信息处理能力为核心,实现对人、车、路、云、系统的一体化协同感知,如图 8-33 所示。

智能驾驶
毫米波雷达　超声波雷达
高清摄像头　双目摄像头
激光雷达　……

智能座舱
DMS摄像头　ToF摄像头
温度传感器　湿度传感器
气体传感器　……

智能底盘
旋变传感器　轮速传感器
转向传感器　IMU
远红外传感器　……

智算中心

AI算法

人、车、路、云、系统
一体化协同感知

云数据感知
驾驶行为感知
车身姿态感知
路面感知
系统状态感知

■ 图 8-33　全方位协同式环境感知

当前,为了实现从外界广泛而高效地捕捉信息的目标,车辆通常配备了先进的环境感知系统。图 8-34 是某车型的传感器布局图,该系统通过将旋变传感器、轮速传感器、转向传感器等整车传感器,以及 3 个激光雷达、5 个毫米波雷达、12 个高清摄像头和 12 个超声波雷达等智能驾驶感知设备进行深度融合,实现车辆环境全方位感知。这些传感器能够精准捕捉车辆的行驶速度与姿态方位等关键数据,为智能网联汽车提供不可或缺的信息支持。表 8-3 是常见传感器的特性概览。

近红外摄像头　激光雷达　远红外摄像头
可见光摄像头
毫米波雷达
超声波雷达

■ 图 8-34　环境感知系统传感器的布局

表 8-3　常见的传感器性能比较

分类	工作原理	优势	劣势
摄像头	通过成像传感器接收可见光,生成图像	成本低,获取丰富的环境信息,如车道线和交通标志	对光照条件敏感,受天气影响较大,如雾霾、雨雪
毫米波雷达	发射毫米波,接收反射信号来测量距离和速度	能够穿透雾霾和雨雪,具有较高的距离测量精度	分辨率较低,难以识别细小或静止物体
激光雷达	发射激光脉冲,接收反射信号生成点云	高精度测距和 3D 环境构建,适合识别和定位	成本较高,受环境干扰,如强光和恶劣天气
4D 毫米波雷达	将传统的 3D 毫米波雷达进行级联,从而增加了通道数	更佳的探测能力、更高的分辨率和精度	成本较高,当存在多个雷达系统时,可能会出现干扰问题
超声波雷达	发射超声波,接收反射信号来测量距离	成本低,结构简单,探测距离比较近,一般用于泊车等低速场景	容易受到外界温度和车速的影响
远红外摄像头	基于红外热成像技术,将红外辐射内容转换成二维图像	不需补光灯,功耗低,结构简单;探测范围远;恶劣天气穿透能力强	图像分辨率较低;场景图像细节不能分辨;目标和环境温差小时,图像质量和识别准确率下降;打快门时图像卡顿
近红外摄像头	通过红外补光灯照射物体,摄像头接收反射的红外线成像	稳定的图像质量,图像清晰度较高,识别精度不受环境温度影响	功耗高,布置空间需求大;依赖补光灯成像,探测距离受限;穿透恶劣天气能力较弱;近距离横向移动目标存在拖影现象
事件相机	每个像素独立对亮度变化异步响应,输出事件信息	低延时,异步性(带宽降低 94%),高动态范围(>120 dB),低功耗(<36 μW)	事件稀疏,需要后处理,成本较高

2. 决策与规划

　　智能决策规划系统接收数字化驾驶环境数据后,需根据这些数据制定当前汽车行驶策略,为控制执行模块提供期望参考量,类似于驾驶员的大脑。智能决策与规划的难点在于处理交通的复杂性、动态性和随机性。决策与规划系统从算法选择角度上可以分为分解式和端到端式两类模式,如图 8-35 所示。

　　分解式决策基于感知结果和本车行驶状态,分模块逐步实施,最终输出行为决策结果和局部路径/轨迹至下游控制模块。首先,基于情景认知规则,确定当前

214

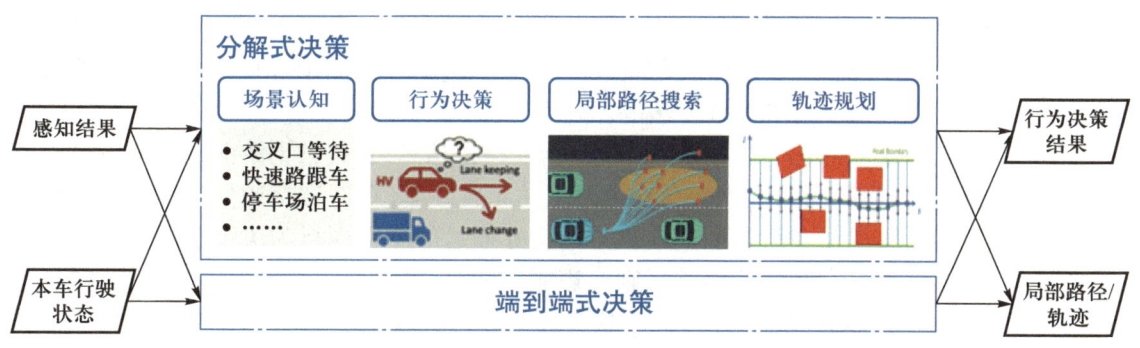

■ 图 8-35　决策与规划系统

本车所处的场景,场景划分时存在不同粒度,粗粒度的如泊车、快速路行驶、城市领航辅助等,细粒度的如立体停车场泊入、快速路上匝道汇入、城市基本路段行驶等。针对不同的场景,通常决策与规划规则也会有所差异。然后,基于场景认知结果,以及该场景下制定的规则,做策略层面的行为决策。比如,快速路行车时确定是否换道,自动泊车时确定泊车车位等。最后,规划局部路径或轨迹,输出至下游控制模块。分解式决策的优势在于模块职责明确、易于优化和调试,且便于集成不同的数据源与控制算法。但是,自然驾驶状态下车辆面临的场景众多,为每类场景分别制定规则通常会导致工程量巨大;此外,车辆也无法应对规则未覆盖的场景,陷入长尾效应带来的困境。

端到端式决策更加集成化,它指将感知结果和本车行驶状态,直接输入神经网络决策模型,输出车辆局部路径/轨迹。通过深度学习训练神经网络,车辆可以从大量的数据中学习到复杂的环境特征和驾驶策略,进而在动态环境中做出更为准确的判断,实时生成最优行驶路径。随着训练数据的不断丰富,这一决策方式还能具备自适应能力,能在一定范围内推广至从未遇到过的驾驶场景。然而,端到端式决策模型也面临一些挑战。首先,模型的可解释性较差,难以理解其决策过程,出现问题时难以排查。其次,训练数据的多样性和覆盖范围直接影响模型的性能,如何收集和标注高质量的数据,迭代升级训练策略模型,实现数据闭环,也是一个重要课题。

决策与规划系统最终实现的主要功能是路径规划,而路径规划主要由路由寻径(routing)、行为决策(behavioral decision)、运动规划(motion planning)三部分组成。路径规划部分承接上层感知预测结果,从时空尺度上又可分为全局路径规划和局部路径规划。

① 路由寻径。全局路径规划对应的是路由寻径部分,即在宏观层面上指导自动驾驶汽车软件系统的规划控制模块按照什么样的道路行驶。它根据起点和终点信息,采用路径搜索算法找出一条最优(时间最短、距离最短等)路径。这种规划可以是行驶前离线的一次性规划,也可以在行驶中不断重新规划。自动驾驶汽车在高精地图的 Road 级别寻径问题,可抽象成一个在带权有向图上的最短路径搜索问题。路由寻径模块首先会基于 Road 级别的高精度地图,在一定范围内所有可能经过的 Road 上进行分散“撒点”,称这些点为 Road Point。这些点代表了对自动驾驶汽车可能经过的 Road 上的位置的抽样。这些点与点之间,由有向带权的边进行连

接。Road Point 之间连接的权,代表了自动驾驶汽车从一个点行驶到另一个点的潜在代价(cost)。在这样的有向带权图的问题抽象下,路由寻径问题常用的算法主要包括 A* 算法、Dijkstra 算法等。

② 行为决策。路由寻径模块产生的路径信息,直接被下游的行为决策模块所使用。行为层面的决策包括在道路上的正常跟车、在遇到交通信号灯和行人时的等待避让,以及在路口和其他汽车的交互通过等。实现行为决策模块的方法相对较多,而且没有非常严格的规则要遵循,有时被设计成独立的逻辑模块,有时与下游的运动规划模块融合到了一起实现。行为决策模块的输出逻辑需要和下游的运动规划模块逻辑配合一致。行为决策层面利用了所有重要的环境信息,包括以下几点:所有的路由寻径结果、自动驾驶汽车的当前自身状态和历史信息、自动驾驶汽车周边的障碍物信息和交通标识信息及当地的交通规则。行为决策层需要解决的问题就是在知晓这些信息的基础上,决定自动驾驶汽车的行驶策略。MDP(markov decision process)和 POMDP(partially observable markov decision process)是在学术界最为流行的自动驾驶汽车行为决策建模方法,而基于规则的确定性(deterministic)行为决策系统则是目前行业内的主流。

③ 运动规划。局部路径规划对应的是运动规划模块,以汽车所在局部坐标系为准,将全局期望路径根据汽车定位信息转化到汽车坐标中表示,以此作为局部参考路径,为局部路径规划提供导向信息。局部期望路径可以理解为无人驾驶汽车未来行驶状态的集合,每个路径点的坐标和切向方向是汽车位置和航向,路径点的曲率半径就是汽车转弯半径。局部路径规划的作用是基于一定的环境地图寻找一条满足汽车运动学、动力学约束和舒适性指标的无碰撞路径。规划出来的局部路径必须具备对全局路径的跟踪能力与避障能力,如基于路径生成与路径选择的局部路径规划方法,路径生成中完成了对全局路径的跟踪,路径选择完成了障碍分析。运动规划问题常可转换为二维平面上的时空曲线优化问题。常用的路径规划算法可分为基于采样的路径规划算法以及基于地图的路径搜索算法两大类。比较常见的基于采样的搜索算法有概率路径图(probabilistic road map,PRM)算法和快速探索随机树(Rapidly-exploring Random Tree,RRT)算法。基于地图的搜索算法通常采用单元分解法或者道路图法建立环境模型,通过搜索环境信息的环境地图获得最终路径。在这类搜索方法中,比较有代表性的有深度优先搜索(depth-first search,DFS)算法、广度优先搜索(breadth-first search,BFS)算法、迭代加深搜索(iterative-deepening search,IDS)算法、等代价搜索(uniform cost search,UCS)算法和启发式搜索(heuristic search,HS)算法等。

未来,随着车-路-云一体化的推进,车辆的决策不只取决于车端,而是车端、路段和云端的结合。云端通过收集车端、路段的感知信息,基于更全域、超视距的感知数据和更强的算力,可实现云端决策与规划大模型的快速训练迭代。车端通过搭载高算力芯片,实现云端大模型的迁移部署,甚至可以直接接收云端的大模型决策结果。以比亚迪为例,其璇玑架构(如图 8-36 所示)基于中央大脑,联合车联网、5G 网、卫星网打通车端、云端通信链路,可实现云端、车端一体化决策。

3. 控制

自动驾驶控制模块是一个直接和自动驾驶汽车底层控制接口 CAN-BUS 对

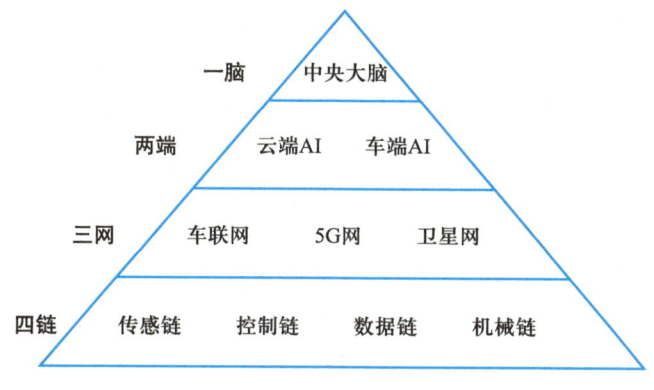

璇玑架构　比亚迪智能化架构

一脑　　中央大脑

两端　　云端AI　　车端AI

三网　　车联网　　5G网　　卫星网

四链　　传感链　　控制链　　数据链　　机械链

■ 图8-36　基于数据驱动的目标或物体检测技术

接的模块,其核心任务是处理上层运动规划模块的输出轨迹点,通过一系列结合车身属性和外界物理因素的动力学计算,转换成对汽车控制的油门、刹车,以及方向盘信号,从而尽可能地控制汽车去实际执行这些轨迹点。反馈控制模块主要涉及对汽车自身控制,以及和外界物理环境交互的建模。主要包括:横向控制——主要用于车辆方向盘的控制,纵向控制——主要用于车辆油门、刹车的控制,两者协同工作以使无人驾驶汽车按照预定的参考轨迹行驶。

汽车纵向控制中最常用的控制应用就是巡航控制,其主要功能是通过节气门或制动命令维持车辆速度。通常控制器可以分为两个级别:高级控制器和低级控制器。高级控制器根据车辆参考速度和实际速度之差,生成所需的加速度以减小速度差。其输入是速度差,输出是车辆的期望加速度;低级控制器通过增加或减小发动机产生的扭矩来产生期望的加速度。将期望的加速度转换为扭矩需求,然后将扭矩需求转换为节气门角度指令。纵向控制的常用控制器包括 PID 控制器、滑模控制(sliding mode control,SMC)器等。

汽车横向控制根据上层运动规划输出的路径、曲率等信息进行跟踪控制,在减少跟踪误差同时保证车辆行驶的稳定性和舒适性。无模型的横向控制即传统的 PID 控制算法,将车辆当前的路径跟踪偏差作为输入量对跟踪偏差进行比例(proportion)、积分(integration)和微分(differentiation)控制得到转向控制量。但该算法由于没有考虑车辆本身的特性,因此算法对外界干扰的鲁棒性较差,无法满足车辆在高速行驶过程中的有效控制。基于模型的方法又可分为:基于车辆运动学模型及基于车辆动力学模型的横向控制方法。常用方法包括基于车辆运动学模型的纯跟踪(pure pursuit)控制算法、后轮反馈(rear wheel feedback)控制算法、前轮反馈(front wheel feedback)控制算法、基于车辆动力学模型的线性二次型调节器(linear quadratic regulator,LQR)控制算法和模型预测控制(model predictive control,MPC)算法。

在许多应用中,通常前馈回路和反馈回路会结合使用,以提高控制器性能。主要原因是前馈控制器在产生参考输出以实现特定跟踪响应时会提供预测响应,尤其是在所需输入为非零时。反馈控制器会修正响应,从而消除由于干扰而引起的控制误差。

而为了实现对多样化信息的处理和智能决策功能,智能网联汽车依赖于一个高性能的计算平台(如图 8-37 所示),该平台在车辆行驶过程中,负责实时接收并处理由多种传感器采集的数据。这一车载计算平台具备多个显著特点。首先,采用高端系统级芯片和微控制单元作为核心,提供了在复杂交通环境中的快速响应和强大的计算能力。特别是,高端系统级芯片配备大量的图形处理器和神经网络处理器计算单元,以支持 AI 算法的高效运行,同时具有大量高速接口以接收传感器的数据,确保信息处理的及时与准确。其次,平台涵盖了一款专为自动驾驶量身定制的智能驾驶操作系统,提供实时操作和高效任务调度能力,使各类算法和应用在资源有限的车载环境中高效运行。为了提升可维护性和可扩展性,平台采用了异构高内聚低耦合的软硬件设计,通过模块化和独立性设计方法,使系统更加灵活,能够适应快速变化的技术环境。此外,系列化和模块化的设计思想提高了系统的复用性,缩短了开发周期,降低了开发成本,使得其便于在不同车型和配置中的推广和应用。

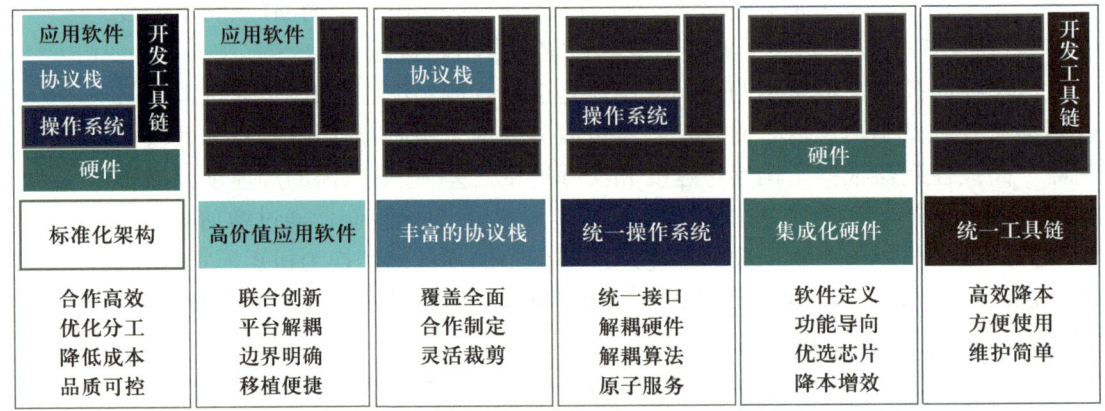

图 8-37　高性能计算平台

8.5　新能源汽车控制系统的发展现状与发展趋势

目前,汽车行业正经历从分布式电子电气架构向域控制式和中央集中式电子电气架构的转型。大多数传统主机厂仍采用分布式架构,而特斯拉、蔚来、小鹏和理想等新能源主机厂已经直接部署了域控制式或中央集中式架构。之后,汽车架构将迈入融合多个领域的新时代,即中央与区域计算相结合的汽车电子电气架构时代,如图 8-38 所示。

而整车架构除了朝着集中式方向发展以外,还正朝着以通用计算平台为基础、面向服务架构的方向发展。未来车辆差异化将更多体现在软件和先进电子技术赋能的用户交互界面和体验层面,软件将带动汽车技术革新,引领产品差异化。软件定义汽车是大势所趋。软件定义汽车指在模块化和通用化硬件平台支撑下,以软

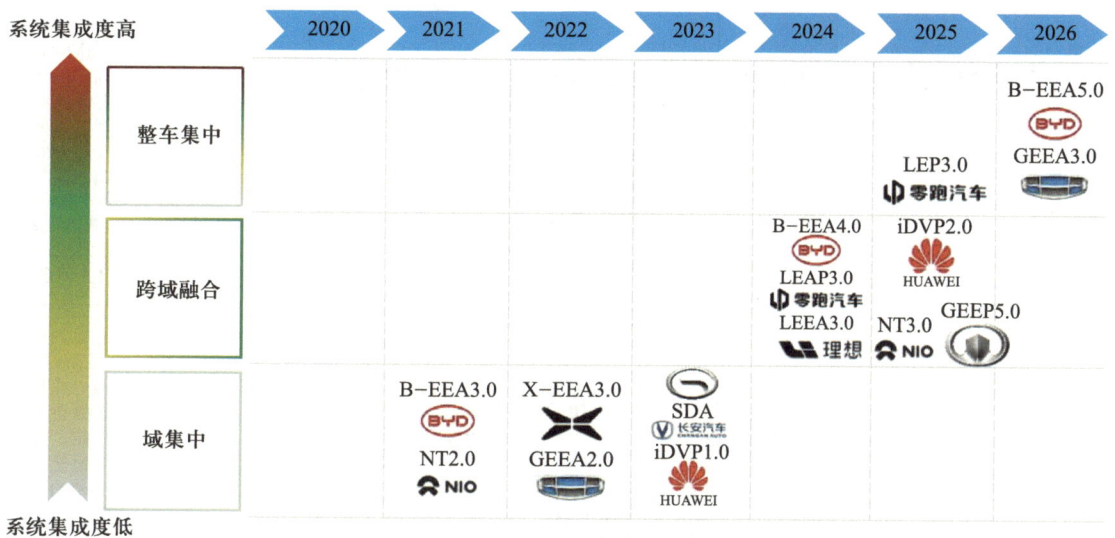

■ 图 8-38　汽车电子电气架构的发展趋势

件技术更新决定整车功能。软件定义汽车功能的增加与升级可通过软件的远程部署与更新来实现,汽车硬件将成为模块化、通用化的平台和资源池,以支撑整车软件多样化的开发与部署。

在这一背景下,新能源汽车的动力控制系统、底盘控制系统将呈现出高度融合的发展趋势。以蔚来为例,其推出的智能底盘域控制器将传统底盘的核心部件(包括悬架和减震器在内的 100 多个部件控制器)在感知和决策层面集中到一个域控制器中,通过软件算法进行智能调配控制。类似地,理想 L9 所配备的中央域控制器集成了增程动力系统、空调管理、底盘控制和座椅调节等功能。而比亚迪则通过分布式驱动技术,实现了动力域和底盘域的无缝融合控制,如图 8-39 所示。

四电机平台独立驱动架构

适用纯电及混动平台 ｜ 覆盖硬派越野/超跑等车型

■ 图 8-39　比亚迪"易四方"技术

智能驾驶系统的技术演进呈现出明显的集成化和系统化趋势:从最初的控制器分散化架构逐步向"行泊一体"高度集成化方案演变,功能实现模式也由早期在传感器控制器中直接处理,发展为由智驾域控制器统一完成计算和决策,使传感器专注于环境数据采集,从而实现了功能与硬件的有效解耦。如图 8-40 所示,从应

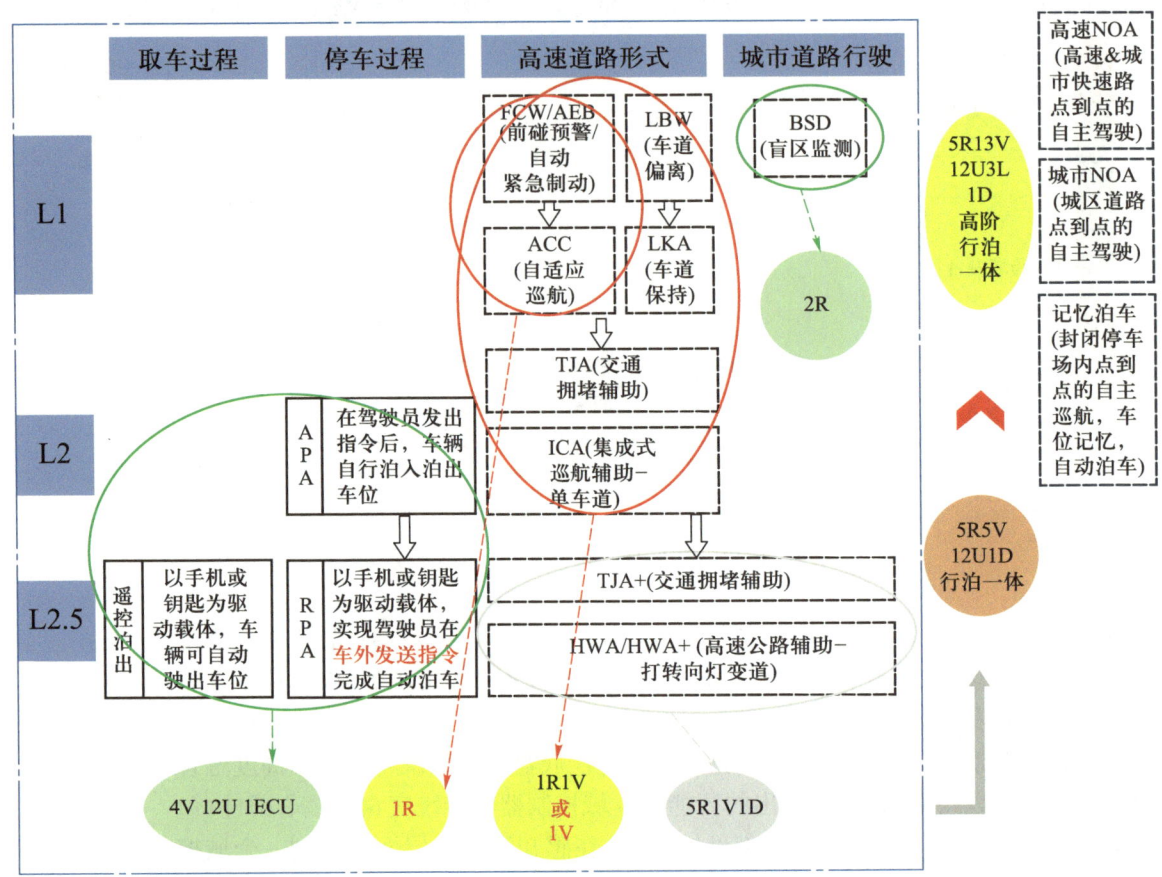

图 8-40　智能驾驶方案的演变过程

用场景维度来看,智能驾驶经历了从单一场景向多场景全覆盖的扩展过程:初始阶段包含多个基础的 L1 级别功能模块,如 FCW/AEB 主动安全功能、ACC 自适应巡航控制、LKA 车道保持辅助等;发展阶段通过 TJA 交通拥堵辅助、ICA 集成式巡航辅助等 L2 级功能的加入,逐步扩展至停车、高速、城区等多维度场景;在高级阶段则实现了包括智能取车、自动泊车、高速道路自动驾驶以及城市道路智能辅助在内的全场景智能化覆盖,最终达到"行泊一体"的高度集成方案。

随着智能驾驶技术的演变和车载计算平台算力的提升,智能驾驶控制功能也在不断优化。在智能化发展的初期,智能驾驶、智能座舱和智能底盘各系统之间感知范围有限且信息互不相通。为了实现性能的显著提升,有必要扩大车辆的感知范围,并增强系统对感知信息的理解能力。

通过多传感器数据融合技术(包括激光雷达、摄像头、超声波雷达等)以及高精度地图的实时更新,智能驾驶系统可以获取更为全面和精准的环境数据。同时,各系统(智能驾驶、智能座舱、智能底盘)之间必须实现高效的互联互通。建立统一的数据共享平台和高带宽车载网络架构,可以确保信息的高速传输和系统之间的全面协同,从而使智能驾驶系统能够有效整合智能座舱和智能底盘系统的感知数据。

在决策层面,智能驾驶系统需要摆脱传统的基于规则的决策模式,转向数据驱动的人工智能算法。通过大规模数据训练和深度学习算法,系统能够在不同场景下显著提升适应能力,进行更加智能和动态的驾驶决策。提升预测与预判能力也是重中之重,利用机器学习技术优化路径规划和应急处理机制,确保车辆在各种复杂环境中能够安全高效的运行。这些技术改进将推动智能驾驶系统朝着更高效、更安全和更加智能的方向不断发展,实现真正的智能决策。

第9章 新能源汽车补能系统

目前纯电动汽车、混合动力汽车和燃料电池汽车等新能源汽车种类繁多,不同类型的新能源汽车在储能和补能方式上也各有特点。对以电池为主要储能方式的纯电动汽车和混合动力汽车来说,充电和换电是其主要的补能方式。电动汽车充电主要是指将电网中的电能直接输送到车载动力电池中,包括交流充电和直流充电等方式,用时相对较长;换电则通过将车上电池更换为充满电的电池的方式来实现快速补能。而燃料电池汽车则主要以氢瓶等车载储氢系统进行储能,通过氢加注系统实现补能。

本章将详细探讨不同类型新能源汽车的补能系统,分别介绍电动汽车充电系统、电动汽车换电系统和燃料电池汽车车载氢系统的功用与装置、应用场景、相关标准和基础设施建设情况。通过本章内容,读者将全面了解新能源汽车补能技术的研究现状、发展趋势和应用前景。

9.1 电动汽车充电系统

9.1.1 电动汽车充电系统功用与装置

1. 电动汽车充电系统功用

电动汽车的核心部件之一是动力电池,车辆运行过程中不断消耗动力电池的电能以获得驱动力,因此车用动力电池需要定期补充电量,以维持车辆的正常运行。随着电动汽车的快速发展和普及,车辆对能量补给的需求也在逐步提升,建立高效完善的电动汽车充电系统至关重要。电动汽车充电系统的功用是将电动汽车连接到电网,把电网中交流电转换为直流电给电池进行充电,实现电动汽车补能,图9-1所示为某电动汽车充电站实景图。

电动汽车的充电系统涉及用户、电动车、电网等多方,各方对充电系统的诉求也不同,目前存在一定的技术挑战。从用户角度出发,对标传统燃油车分钟级的加油速度,用户对充电系统的需求主要在于全生命周期、全工况范围内方便、高效、快速充电。然而,更短的充电时间对应于更大的充电功率和充电电流,对于车辆和电网冲击较大。在冬季温度过低的情况下电池大功率充电能力会降低,夏季温度过高时会导致安全风险,以上情况都影响用户的充电体验。从车辆角度出发,车用锂离子电池充电电流越大,其容量衰减越快,可能影响车辆的续驶里程、功率性能与残值;过大的充电电流可能导致电池温升过快或者引发内部析锂副反应,导致电池

■ 图9-1 电动汽车充电站实景图

短路、热失控等安全风险。从电网角度出发,过大的充电电流对电网的冲击较大,部分老旧小区无法承受汽车充电的电流和功率。综上,用户、车辆和电网各方对充电系统具有一定的需求,难以同时满足,需要综合优化与协调。目前电动汽车有多种充电方式,下面分别介绍主流充电方式的系统构造和装置情况。

2. 电动汽车充电系统构造与装置

目前电动汽车充电主要分为交流充电(俗称"慢充")和直流充电(俗称"快充"),如图9-2所示,两种充电方式都是将电网的交流电转换为直流电来为动力电池补能。交流充电方式通过车载充电机将交流电转换为直流电,从而为电池补能,充电桩只提供交流电力输出,充电功率较小,通常为3 kW和7 kW,由于充电功率较低,通常需要6~8 h才能将电动汽车充满电。直流充电方式的充电桩可直接将交流电转换为直流电,目前常规直流充电桩的最大充电功率一般为60 kW和120 kW,同时直流充电技术也可以应用于更大功率的超级快充。此外,自动充电

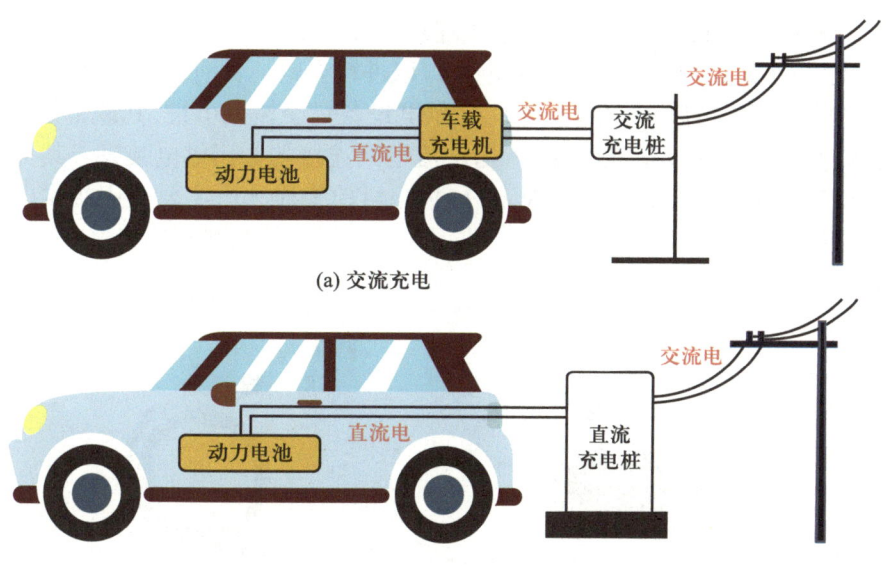

(a) 交流充电

(b) 直流充电

■ 图9-2 电动汽车充电方式示意图

也是电动汽车充电的一大发展趋势。后续将分别介绍以上各种充电方式的系统构造与装置。

（1）交流充电

电动汽车交流充电系统构造如图 9-3 所示,主要包括:供电装置、交流充电接口、车载充电机和动力电池包,后续将分别进行介绍。

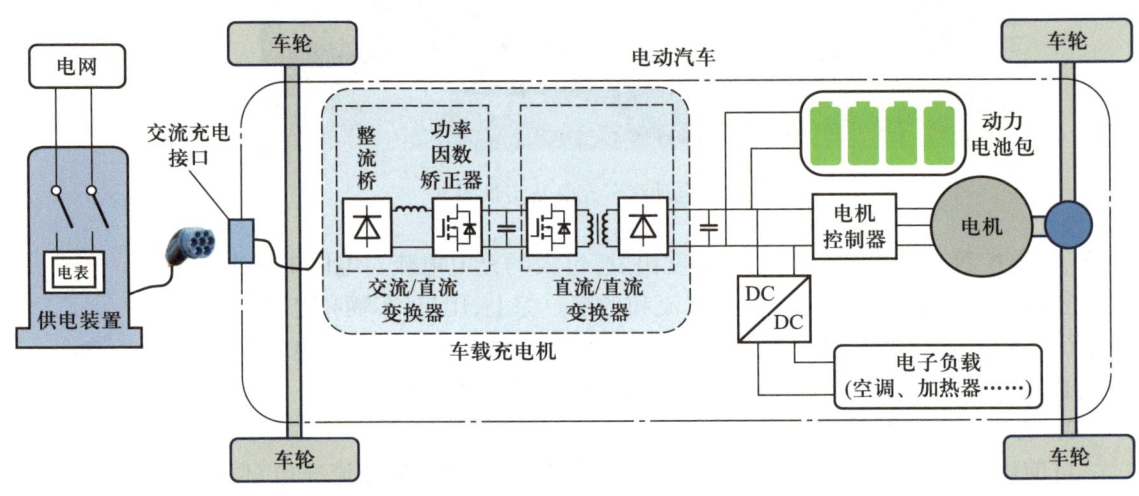

■ 图 9-3　交流充电系统构造示意图

交流充电系统的供电装置连接电网与电动汽车,将来自电网的交流电通过交流充电接口传输到车载充电机,交流供电装置主要分为两类:充电适配器和交流充电桩。充电适配器俗称随车充电枪,其设备如图 9-4(a)所示,由枪头、线缆、插头、保护盒组成,充电功率通常为 2~3.7 kW,按国标要求随车充电枪上必须配备保护装置。充电时用户将充电适配器的插头连接到标准 220 V 50 Hz 10 A 单相两极带地插座上,枪头连接电动汽车交流充电接口以进行充电。目前,在部分住宅区或者停车场配备了相应的充电插座。第二类供电设备是交流充电桩,其设备如图 9-4(b)所示,交流充电桩是固定在车外,与交流电网连接的专用供电装置。其充电电压为 220 V,充电功率通常为 3 kW 和 7 kW。目前交流充电主要使用的供电设备是交流充电桩。

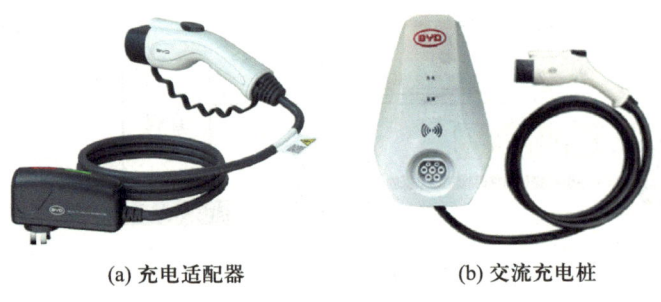

(a) 充电适配器　　　　　(b) 交流充电桩

■ 图 9-4　交流充电系统供电设备

交流充电桩按照分类标准,有不同的分类方式,主要有以下三种分类标准,分别为:安装地点、安装方式和充电接口数,如图9-5所示。按照安装地点可以分为公共桩、专用桩和私人桩。公共桩是为社会车辆提供充电服务的充电桩,一般建于公共停车场。专用桩只为特定车辆(例如公交车、出租车等)提供充电服务,不对公众开放。私人桩安装于车主的私人车位,仅供车主独自使用。按照安装方式,交流充电桩分为壁挂式和落地式。按照充电接口数,交流充电桩分为一桩多充式和一桩一充式。

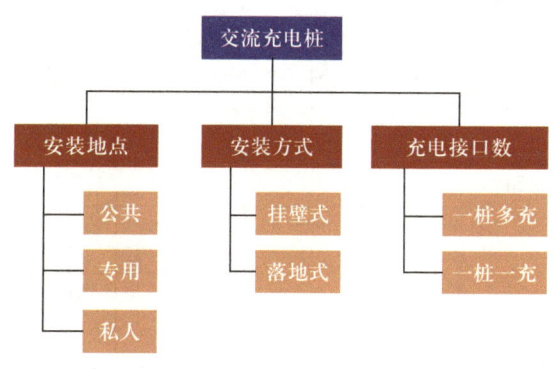

■ 图9-5 交流充电桩分类

交流充电桩的构造如图9-6所示,主要包括控制单元和人机交互单元。控制单元与其他部件双向交互,控制充电过程启动、运行、监控和关闭等。人机交互单元负责用户与交流充电桩直接交互,硬件上主要包括显示器、指示灯、触控屏与按键等部分,用户通过人机交互单元进行充电操作、缴纳费用等。此外,交流充电桩还需要对充电电压、电流、充电桩接口连接状态、车用电池状态等进行实时监测,出现异常时立即切断充电电路,避免发生充电安全事故。

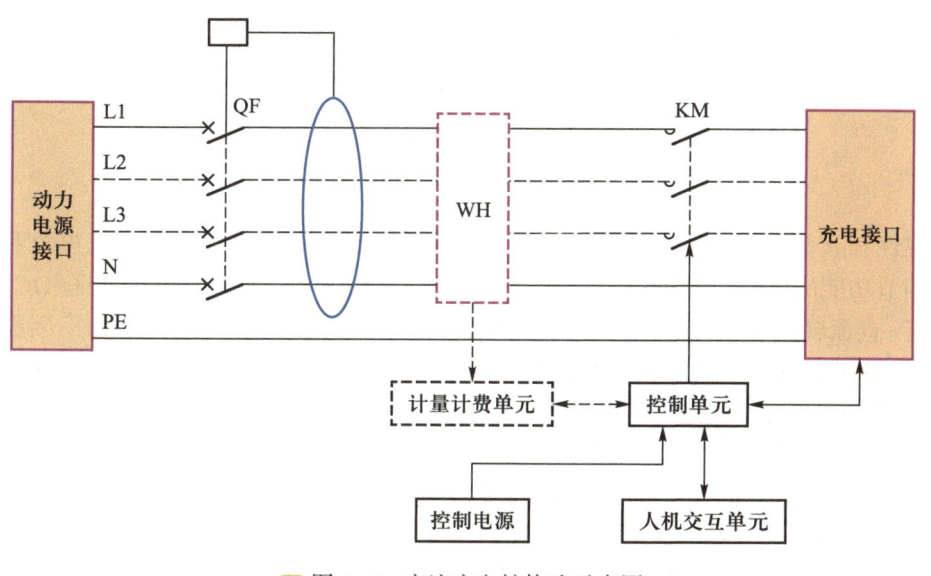

■ 图9-6 交流充电桩构造示意图

交流充电系统中供电设备与充电接口之后的设备是车载充电机,其将来自交流充电桩或充电适配器的交流电转换成直流电,并经电压调节以满足为动力电池充电的需求。车载充电机的整体构造示意图如图9-7(a)所示,包括功率电路、驱动电路和控制电路。

功率电路主要负责按BMS的控制要求,将交流电进行滤波、逆变、整流等转换为动力电池所需的直流电。其中,浪涌防护和电磁干扰(electromagnetic interference, EMI)滤波功能用于过滤交流电源中的高频干扰、噪声及电磁干扰,确保输入信号的

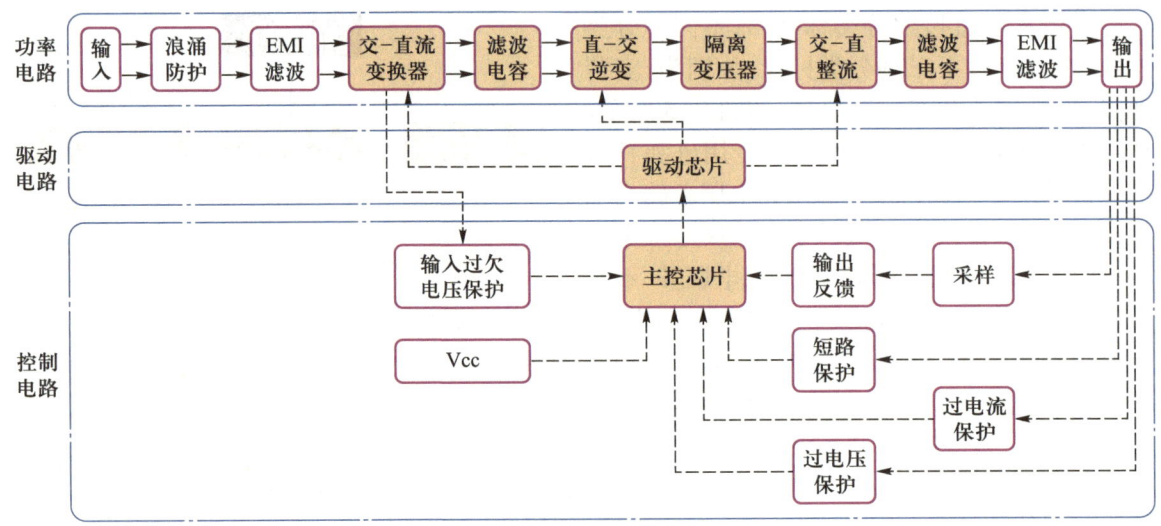

(a) 整体构造示意图

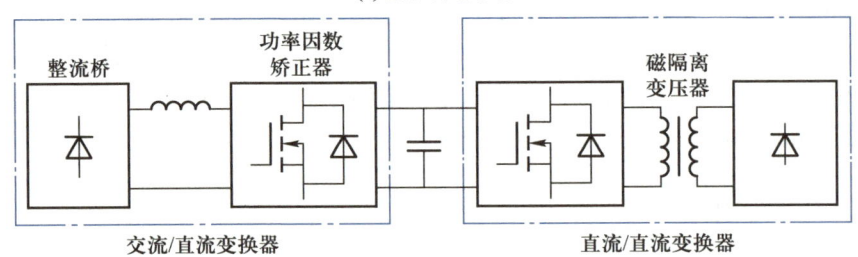

交流/直流变换器　　　　　　　　　　直流/直流变换器

(b) 功率电路部分拓扑图

■ 图 9-7　车载充电机构造

稳定性和质量。后续进行交流-直流转换和根据电动汽车需求进行充电电流和电压调节功能的电路拓扑图如图 9-7(b)所示,主要由交流-直流转换器(AC/DC)和直流-直流转换器(DC/DC)两部分组成。其中 AC/DC 包含整流桥和功率因数矫正器,整流桥通过二极管等器件进行交流电到直流电的转换。随后功率因数矫正器通过晶体管等改善电路的功率因数,使其接近 1,以提高充电电流和电压的利用率。随后通过滤波电容对整流后的直流电流进行初步平滑。经过 AC/DC 整流后的直流输出电压较高,需要进一步降低电压,后续通过 DC/DC 实现安全高效的降压功能。DC/DC 首先进行直流-交流逆变,为了避免输出端电流泄露导致对输入端交流电网等装置的破坏,需要采用磁隔离变压器,经过变压器降压后,再通过交流-直流整流模块将交流电转换为直流电,随后由 EMI 滤波并从车载充电机中输出。

　　控制电路主要负责对功率部分进行监测、控制、保护以及与 BMS 的通信。其中,主控芯片通过将输出信息反馈到驱动电路,管理整个充电机的运行,包括充电模式选择、功率调节和安全保护等功能。输入过欠电压保护模块保护电路在输入电压超过或低于设定值时不会被损坏。短路保护模块保护电路在短路情况下免受过载。过电压和过电流保护电路在输出电压和输出电流超过设定值时不会被损坏。Vcc 模块为控制电路提供低压供电。输出反馈用于监测输出电压和电流,并将这些信息反馈给主控芯片,以便调整充电参数。

226

驱动电路主要负责按控制电路的信息协调和控制充电机运行,其中驱动芯片是核心部件,用来对控制电路的信号进行放大,负责协调和控制各个模块的工作,包括脉宽调制(PWM)信号的生成和输出。

基于以上交流充电系统装置,交流充电的具体工作流程如下。

① 交流充电接口连接阶段:将供电设备的充电枪头连接到车辆的交流充电接口,充电接口通过检测电压变化判断接口是否连接成功。若连接无误,充电枪头自动锁止,保证后续充电过程的有效连接。

② 充电系统自检阶段:供电设备向车辆的控制电路供电,控制电路通过电压进一步检测车辆是否连接,若连接正常,则车辆装置向供电设备发送通信信号。随后进行交流充电线路的绝缘检测,防止出现短路造成的安全风险。

③ 充电阶段:车辆BMS向车载充电机实时发送充电指令,车载充电机根据需求的参数将交流电转换为对应电压和电流的直流电,输入到车用动力电池。

④ 充电停止阶段:车辆BMS检测到充电完成后,向车载充电机发送停止充电指令,车载充电机停止工作,充电结束。

交流充电方式的主要劣势是充电功率较低,难以进一步提高,主要原因是交流充电系统中需要车载充电机进行交直流转换,当充电功率提升时,需要更大更复杂的交直流转换模块,体积、重量与散热需求较高,难以在电动汽车上安装。为了实现大功率、快速的充电需求,需要采用直流充电方式,后续将介绍直流充电。

(2) 直流充电

直流充电,俗称"快充",是先在车辆之外将电网中的交流电转化为直流电,再通过充电接口给车用动力电池充电的充电方式。与交流充电相比,直流充电可以达到的充电功率更高,大幅度缩短充电时间,充满电时间为20~90 min。电动汽车直流充电系统的构造如图9-8所示,主要装置包括直流充电桩、直流充电接口以及动力电池包。与交流充电系统相比,直流充电系统中没有车载充电机,由直流充电桩直接实现交流电转换为直流电的功能。

直流充电系统中负责供电的重要装置为直流充电桩,其实物如图9-9(a)所

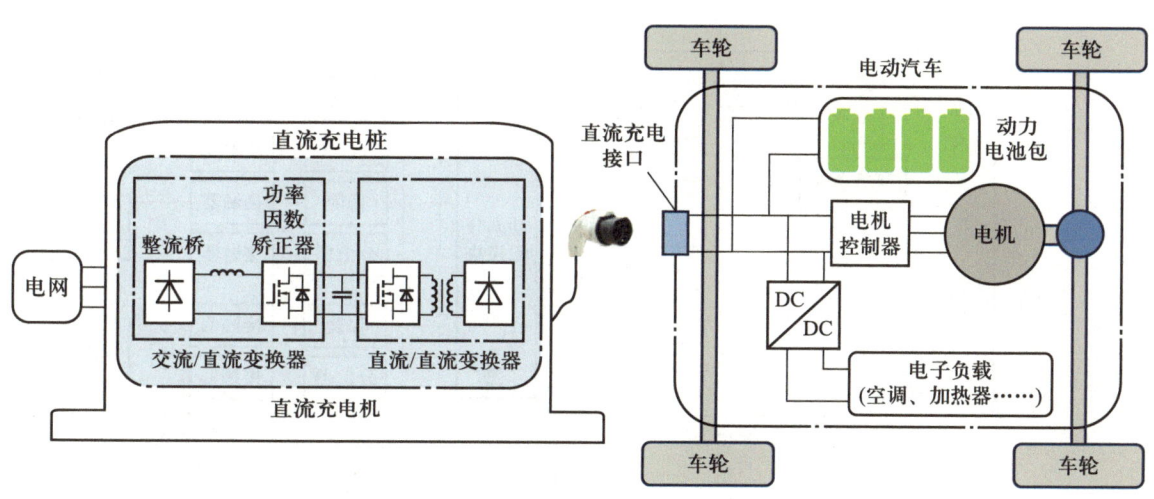

图9-8 电动汽车直流充电系统构造示意图

示,直流充电桩输入电压为 380 V,常用的充电功率为 60 kW 和 120 kW,一般由功率模块、控制模块、计费模块、安全保护模块等构成。功率模块将来自电网的交流电经过整流转换为直流电。控制模块负责按照车辆 BMS 发送的指令控制电压和电流动态输出,确保充电安全。计费模块负责电量监测,用于计费、通信、人机交互等功能。安全保护模块包括熔断器、继电器等设备,保护充电系统的安全。直流充电桩按照结构形式分为一体式充电桩和分体式充电桩。一体式直流充电桩内部结构如图 9-9(b)所示,各模块整体分布在充电桩内部。分体式直流充电桩内部结构

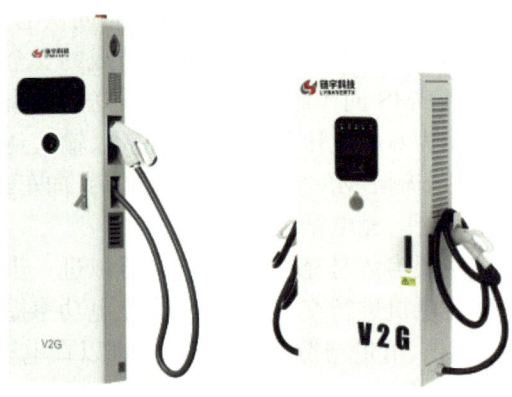

(a) 实物图(链宇科技)

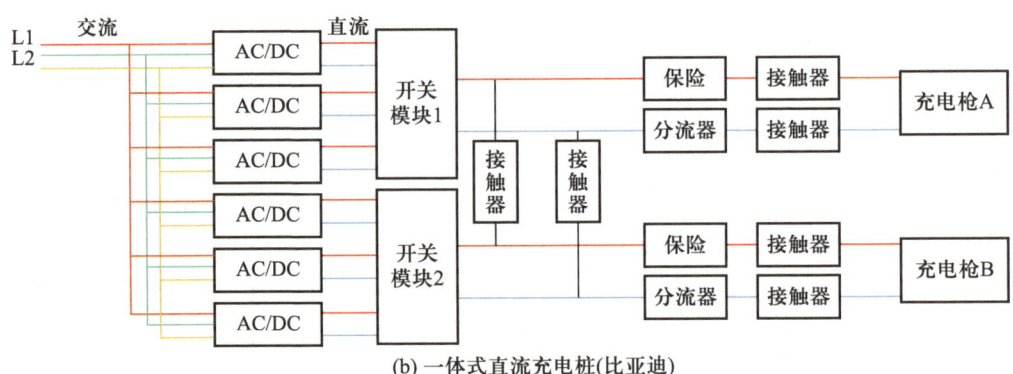

(b) 一体式直流充电桩(比亚迪)

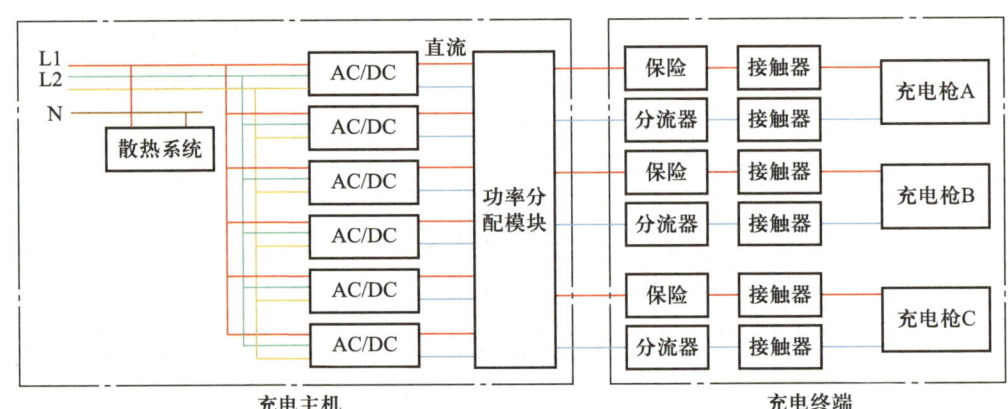

(c) 分体式直流充电桩(比亚迪)

■ 图 9-9　直流充电桩实物图与系统构造图

如图9-9(c)所示,分为充电主机和充电终端,其中充电主机可将交流电转变为直流电并传输至充电终端,一个充电主机可与多个充电终端配对,并可进一步与储能系统搭配使用。充电主机中的AC/DC模块负责将交流电整流转换为直流电。功率分配模块用于连接不同的充电终端与功率模块为电动汽车传输需要的电能。充电终端接收充电主机传输的直流电,为电动汽车补充电能。

基于上述直流充电系统架构,目前常见的直流充电系统的工作过程如下。

① 直流充电接口连接阶段:将直流充电桩的充电枪头连接到车辆的直流充电接口,充电接口通过检测电压变化判断接口是否连接成功。若连接无误,充电枪头自动锁止,保证后续充电过程的有效连接。

② 充电系统自检阶段:直流充电桩向车辆的控制电路供电,控制电路通过电压进一步检测车辆是否连接,若连接正常,则车辆装置向供电设备发送通信信号。随后进行充电线路的绝缘检测,防止出现短路造成的安全风险。

③ 充电阶段:车辆BMS向直流充电桩实时发送充电指令,充电桩根据指令的参数将交流电转换为对应电压和电流的直流电,输入到车用动力电池。

④ 充电停止阶段:车辆BMS检测到充电完成后,向充电桩发送停止充电指令,充电结束。

(3) 超级快充

如前所述,目前直流快充的功率为60 kW和120 kW,可实现小时级补电。然而随着电动汽车的快速发展,需要更快速的充电技术,即超级快充。超级快充技术正在经历从早期示范到大规模推广的过程。2019年,保时捷推出的Taycan率先应用了350 kW超级快充,中国的超级快充技术仍在高速发展,目前适配350 kW超级快充的800 V车载电气平台和满足最高4 C大倍率充电的动力电池技术已经可以实现充电5分钟补电200千米的加油式体验。随着具备超级快充功能的车型逐渐增加,相应的大充电功率的充电基础设施也需要进一步改进,技术层面上的改进重点包括以下几点。

① 直流充电机。为了适应超级快充的需求,超级快充需要优化直流充电机的结构功能,主要体现在以下几方面。首先为保障大功率充电工况下充电系统的可靠性,需要对直流充电机进行功率模块化设计。例如,采用多模块并联的方式,灵活组合多个功率模块以满足不同充电功率需求。此外,为了提高大功率充电工况下的能量转换效率,减少热量产生,需要使用更高效率的电力电子器件,如碳化硅(SiC)器件。同时开发高效整流技术,在直流充电机将交流电高效转换为直流电的过程中减少能量损耗。超级快充的直流充电机还需要集成先进的智能控制系统,实时监控和调节充电参数,确保大功率充电全过程的安全性和高效率。

② 快充电池系统。面向超级快充的发展,车用动力电池系统本身也需要进行升级改造。在硬件方面,需要设计开发支持超级快充的高比能量电池,从电池材料、电芯结构、系统组成等多层次进行优化,如正负极材料设计、电解液优化、极片梯度涂布设计、电池多极耳设计、高效热管理系统优化等。在软件方面,主要开展电池充电策略优化,传统基于查表的充电策略不完全适用于超级快充,可能损害电池,造成衰减与安全风险。针对此类问题,需要根据电池特性开发快充策略,基于脉冲充电技术和多级恒流充电技术等实现电池的无损安全快充。

③ 电池加热系统。在低温条件下,车用动力电池性能将受到显著影响,内部电化学反应速率降低,导致无法实现高效的大功率充电。目前,常规的解决方案是利用车辆内置的热管理系统,通过外部加热方式(通常采用导热元件)将热量传递至电池单元,对电池进行预热。然而,这种热传导加热方法存在加热速率慢、加热效率低和加热不均匀等问题,极大地限制了低温环境下电动汽车的充电效率。为了克服冬季低温对电动汽车超级快充的影响,需要开发高效的快速加热系统。如脉冲加热,脉冲加热是在极端低温环境中,通过高频充放电脉冲从内部对电池进行高效加热的技术,可以将电池温度迅速提升至适宜充电的温度范围,同时利用传感器实时监控电池温度,智能调节加热过程,避免电池过热或过冷,从而可降低低温导致的电池极化,使电池内部离子分布更加均匀,能量传递效率提高,大幅提升新能源车辆在寒冷气候中的充电速度和稳定性。

④ 热管理系统。为解决超级快充的散热问题,降低噪声,以及提升充电基础设施的安全性,超级快充需要具备先进的热管理系统,如图9-10所示,需要从充电桩冷却、车-站综合热管理等方面进行优化设计。

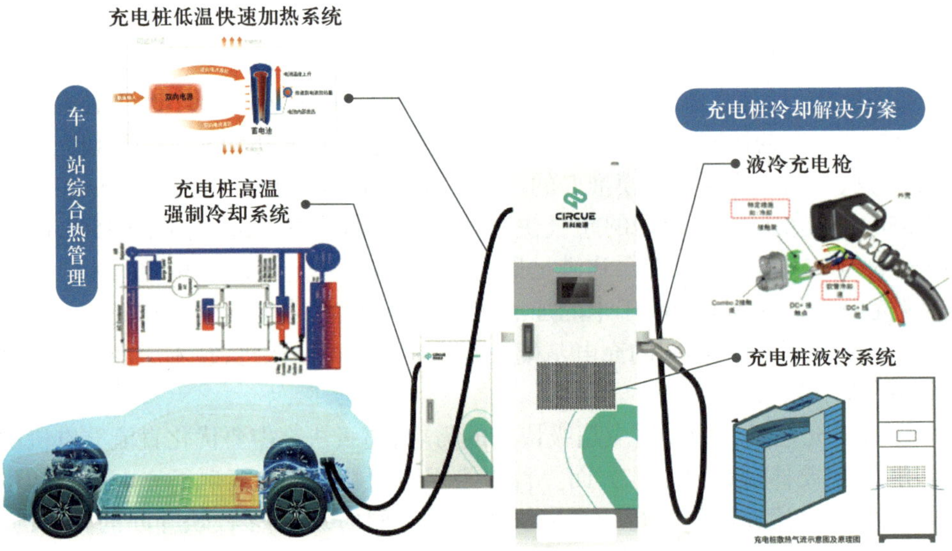

■ 图9-10　超级快充热管理系统

在充电桩冷却方面,早期市场上,由于受到体积、成本、可靠性等因素的影响,充电桩大多采用强制风冷模式,其运行过程容易产生尘埃堆积和气体腐蚀。近年来,液冷充电桩和液冷线缆技术得到初步发展。液冷方案在充电桩系统中增加了液冷回路,冷却单元与模块风道分离,有助于降低烟雾、灰尘、棉絮等环境因素对电源模块寿命的影响,同时可以减少人工定期检修和除尘的频次,降低维护成本。此外,液冷系统的散热效率更高,液冷充电桩相较于传统充电桩承载的电流更高,更适用于大功率充电桩。

在车-站综合热管理方面,需要开发综合考虑电动汽车、动力电池与充电站的一体化热管理系统,例如电池包辅助冷却增强高温环境的散热能力、脉冲电流激励实现电池包低温快速加热等,以实现电动汽车全气候大功率充电。以上技术需要充电设备具有高精度的充电功率调节能力、智能化的充电管理系统、车-站系统通信的标准接口,同时还需要充电桩与充电管理系统之间具备高精度的智能化通信系统,以实现运行监控和智能决策。

⑤ 储能系统。超级快充的另一大发展趋势是在超级快充充电站中引入大容量电池储能装置,它可以在电网负荷较低时存储电能,在高峰时段释放电能,平滑电网负荷,保障充电稳定性。此外,可以进一步开发双向充电功能,新型的超级快充系统能配备 V2G(vehicle to grid)模块,实现了电动汽车与电网之间的双向能量传输,解决了场站配电容量不足和电能质量不稳定等问题。

(4)自动充电

传统的充电方式存在操作烦琐等问题,用户体验较差,基于这样的背景,自动充电技术应运而生。自动充电可以消除手动操作的麻烦,使得充电过程更加方便快捷,从而显著提升用户体验。这对于高频使用电动汽车的用户以及商用车领域尤为重要。此外,通过自动充电技术,可以优化充电过程中的时间管理和资源分配,提高整体充电效率,同时自动充电还可以减少人为操作中的失误和安全隐患,尤其是在恶劣天气条件下(如雨天或极端温度环境)不需要人介入,从而保证充电过程的安全性。目前自动充电的方式主要包括有线自动充电和无线自动充电。

① 有线自动充电。有线自动充电利用机器人或自动化设备来连接和断开充电线缆,提高了用户体验和充电效率。按照固定方式,自动有线充电分为固定式充电机器人、移动式充电机器人和导轨式充电装置等。固定式充电机器人如图9-11(a)所示,自身不带电源,通过连接其他充电装置传输电能,本身不具有通信交互的功能;通过对汽车充电口进行识别,将充电枪插入车辆插座内。移动式充电机器人如图9-11(b)所示,能够自由移动,有路径规划与识别功能,能够主动避障并到达充电车辆所在位置;本身携带储能电池,可以识别车辆插座并给车辆充电。导轨式充电装置如图9-11(c)所示,无法像机械手一样灵活多变,只能通过导轨调节自身的位置进行充电,大多运用在一些大型货车充电的场景。目前有线自动充电仍存在技术挑战,主要是目前定位精度还不够高,充电枪自动对位难。

(a) 固定式充电机器人

(b) 移动式充电机器人

(c) 导轨式充电装置

■ 图9-11　有线自动充电方式

② 无线自动充电。电动汽车无线自动充电是指电源与电动汽车之间通过一定的空间介质(如磁场、电场、微波等),以非接触式实现电能补给,如图9-12所示,由地面端线圈和车载端线圈两部分构成。车用无线充电方式主要包括磁共振式和电磁感应式。磁共振式的补能原理为地面端发送的频率与车载端接收频

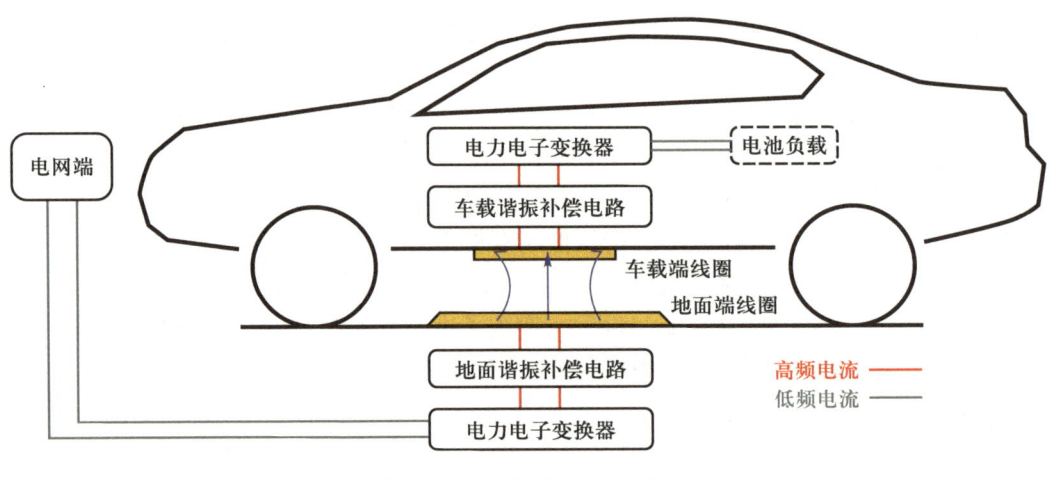

■ 图 9-12　无线自动充电示意图

率相同,通过共振效应传输能量,其传输距离较长,为数厘米~数米,但充电效率相对较低。电磁感应式的补能原理为地面端电流通过线圈产生磁场,对车载端线圈产生感应电动势,进而产生电流,其传输距离较近,为数毫米~数厘米,充电效率较高。目前无线充电由于充电功率较低、成本高、基建难,技术标准和商业模式尚不成熟,实际应用还没有完全普及。

9.1.2　电动汽车充电策略与应用场景

以上从构造与装置的角度介绍了电动汽车的各种充电方式,各方式的共同点是将交流电转换为直流电为车用动力电池进行充电。目前市场上对电池进行直流充电的过程也分为多种充电策略,充电策略会影响车用锂离子电池的充电速度、安全性与耐久性。下面介绍应用于车用锂离子电池的充电策略,主要包括恒流充电、恒压充电、恒流恒压充电、多级恒流充电、脉冲充电及智能充电等。

恒流充电以恒定电流对电池进行充电,直到电池电压达到设定的上限值,即截止电压。其优点是方法简单,易于控制,可以高效地进行充电。缺点是充电效率较低,且充电电流大小较难选择,若充电电流较大,容易出现过充,对电池造成损害,缩短电池寿命,若充电电流较小,则会增加电池的充电时间。

恒压充电法采用恒定不变的电压值给电池充电,直到充电电流减小到设定值,即截止电流。恒压充电的优点是控制简单、成本低。缺点是在充电初期,电池的电压较低,充电电流较大,容易对电池造成损伤,影响电池寿命。在充电中后期,充电电流会逐渐减小,导致充电时间较长。

恒流恒压充电先对电池进行恒流充电,达到截止电压时,继续进行恒压充电,直到达到截止电流。该方法结合恒流充电和恒压充电的优点,是目前电动汽车常用的充电策略。

多级恒流充电将充电过程划分为多个恒流充电阶段,每个阶段逐级递减电流。其优点是比单一电流的恒流充电具有更精准的控制能力,且避免长时间高电流对电池造成的损伤,减缓电池寿命衰减并提高充电过程的安全性。缺点是控制复杂,成本较高。

脉冲充电采用脉冲形式的电流对电池进行充电,脉冲段通过大电流恒流充电,使电池电量迅速上升,然后停止充电,目的是消除电池的极化现象。再接着不断重复前面的操作,直至电池充满电。通过调整脉冲电流幅值和脉冲占空比来控制电池的充入电量和间歇时间,优点是充电速度快、温升较低、减缓电池寿命衰减。

智能充电通过实时监测电池的电压、电流和温度,结合智能算法对充电过程进行优化控制和管理,是目前发展超级快充所需要的充电策略。其重点是对电池内部参数的实时监测,较为主流的方法是内置传感器,通过参比电极、温度传感器、压力传感器等设备对电池的正负极电位、温度和压力等参数进行精准检测,抑制充电过程的析锂副反应、温升等情况,从而在安全、不影响电池寿命的情况下最大限度地提升充电速度,缩短充电时间。

不同的电动汽车和充电方式有不同的应用场景,按照车辆用途,电动汽车可以分为三类:私人车辆(以私家为主)、营运车辆(以出租车、公交车、重卡、轻卡为主)和公用车辆(以公务车、物流车、环卫车为主)。不同类型电动汽车的充电方式和充电桩类型与其使用特性和应用场景密切相关。第一,私人车辆日均出行里程较短(一般为 40~50 km),目的地相对固定,因此单车日均充电电量和充电次数较低。据《2022 中国电动汽车用户充电行为白皮书》统计,私家车更多使用慢充桩,充电高峰集中在 12:00~17:00 和 1:00~6:00,多数在单位和社区停车场充电,少数在无慢充桩或紧急补电情况下前往公共快充站充电。私家车的充电模式已形成"以停车位慢充为主,公共充电站快充为辅"的格局。第二,营运车辆单日出行里程较长(一般超过 150 km),充电频次高,能量补给时间短。根据充电行为统计,出租车的充电高峰集中在 15:00~17:00,网约车在 12:00~16:00,商用车在 12:00~14:00。多数营运车辆使用公共充电站的直流快充桩进行快速补电,逐渐形成"快充为主、随时补电"的格局。特别是电动重卡对补能时间和充电功率要求更为严格,因此更适合换电模式,后续 9.2 小节将进行介绍。第三,公用车辆的使用时间和运行路线较为固定,一般匹配专用充电桩进行补电。

电动汽车选择的充电方式也与出行目的地有关,如图 9-13 所示。基于出行目的地分类,电动汽车主要包括目的地充电和充电站充电两种方式。其中目的地

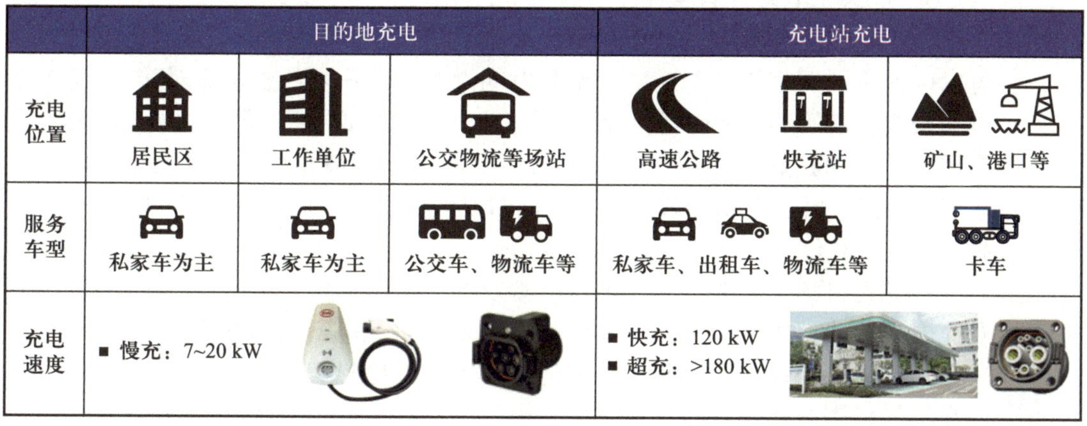

	目的地充电			充电站充电		
充电位置	居民区	工作单位	公交物流等场站	高速公路	快充站	矿山、港口等
服务车型	私家车为主	私家车为主	公交车、物流车等	私家车、出租车、物流车等		卡车
充电速度	■ 慢充:7~20 kW			■ 快充:120 kW ■ 超充:>180 kW		

■ 图 9-13　基于出行目的地的充电方式

充电的位置主要有居民区、工作单位和公交物流场站等。居民区和工作单位主要由私家车使用,一般安装有小功率慢充桩。公交物流场站主要由公交车、物流车使用,配有多功率等级的专用充电桩进行充电。充电站充电的位置主要有高速公路、矿山、港口等。其中,高速公路和快充站服务的车型主要有私家车、出租车和物流车等,大部分已安装 120 kW 快充桩,目前正在推广 180 kW 以上的超级快充桩;矿山和港口服务的车型主要为运输卡车,一般匹配快充桩,并且正在试点超级充电。

9.1.3 电动汽车充电标准与设施建设

1. 充电系统标准化

一个行业的发展离不开标准化作为基础铺垫。对于电动汽车,在其发展初期,各国对未来的发展没有统一的认识,且各国配电网络的电压频率等电气特性存在较大差异,故各国充电相关标准存在区别。标准的差异造成了世界各国充电接口不统一、通信协议不兼容等问题。电动汽车需要进行充电系统标准化,原因如下。

(1) 提升充电系统安全性

电动汽车充电系统的安全性至关重要,标准化在其中起到了关键作用。通过充电系统标准化可以确保充电设备和电动汽车之间的电气连接与通信的一致性,为充电过程中的故障诊断奠定了基础。标准化的充电接口和通信协议可以实时监测充电过程中出现的异常情况,如电压过高、电流过大或温度异常等。当系统检测到这些异常情况时,标准化充电系统可以迅速、安全地中断充电过程,降低充电过程中的安全隐患,提升整体的安全性。

(2) 确保充电系统的可靠性

充电系统的可靠性是电动汽车推广应用的基础,通过统一的标准,充电系统的设计、制造和使用过程都可以遵循同一套规范,从而提高产品质量和可靠性。此外,标准化还可以促进充电技术的进步和完善,例如,快充技术的发展和普及就受益于充电标准的统一,在提高充电功率的基础上确保充电系统的可靠性,使得电动汽车用户能够在更短时间内完成充电,提高了车辆的使用效率和便利性。

(3) 确保充电系统的兼容性

充电系统的兼容性对于电动汽车车主和生产厂家来说是至关重要的。标准化可以确保不同厂家生产的充电设备和电动汽车之间依然能够可靠对接,避免了车桩不兼容带来的不便和困扰。此外,对于生产厂家来说,标准化可以减少研发和生产成本,统一的标准使得生产厂家不需要为每个市场或每种车型开发不同的充电系统,简化生产流程,从而降低成本。同时,标准化也有助于设备的批量化生产,提高生产效率和经济效益。

一套完整的新能源汽车充电标准涉及车、桩两端,由充电接口、充电系统控制及充电通信协议等部分组成。其中相当重要的是充电接口标准化,因为充电接口决定了电动车与供电设备是否能够连接以及对充电过程监测的有效性。然而,目前在世界范围内还没有建立统一的充电标准,各个国家及地区分别建立各自的充电标准。主流的交流充电接口如表 9-1 所示,分别为基于 GB/T 20234 的中国标准、

IEC 62196 的欧洲标准、J1772 的美国标准与日本标准。

表 9-1　交流充电标准化接口

国家及地区	接口类型	标准	充电接口插座	充电接口插头
中国	交流	GB/T 20234		
欧洲	交流	IEC 62196		
美国	交流	J1772		
日本				

目前主流的直流充电接口如表 9-2 所示,分别为基于 GB/T 20234 的中国标准、IEC 62196 的欧洲标准、J1772 的美国标准和 CHAdeMO 的日本标准。

表 9-2　直流充电标准化接口

国家及地区	接口类型	标准	充电接口插座	充电接口插头
中国	直流	GB/T 20234		
欧洲	直流	IEC 62196		
美国	直流	J1772		
日本	直流	CHAdeMO		

可见,不同标准下的充电接口物理结构有较大的不同,相应地,不同国家的充电电压、电流以及动力电池与供电设备之间的通信协议也有所不同。

2. 充电基础设施建设现状

在新能源汽车行业高速发展的背景下,充电基础设施在国家和地方政策的扶持下也处于快速发展阶段。2023 年 4 月 28 日,中共中央政治局会议提出:要巩固和扩大新能源汽车发展优势,加快推进充电桩、储能等设施建设和配套电网改造。2023 年 5 月 15 日,国务院常务会议审议通过了加快推进充电基础设施建设、更好支持新能源汽车下乡和乡村振兴的实施意见。2023 年 6 月 2 日国务院常务会议提出要构建"车能路云"融合发展的产业生态。2023 年 6 月,国务院发布《关于进一步构建高质量充电基础设施体系的指导意见》,提出了充电基础设施体系构建的总体要求和 2030 发展目标,设计了优化完善的充电基础设施网络布局,规划了充电基础设施重点区域建设方案,制订了提升充电运营服务水平的政策规范,布局了加强科技创新引领的战略行动,出台了加大支持保障力度的具体措施。在国家和地方政策的大力扶持和激励下,目前国内充电基础设施的建设现状如下。

① 在公共充电站数量方面,根据《中国电动汽车充电基础设施发展战略与路线图研究(2021—2035)》报告所述,目前我国限购城市(包含主要一线城市和部分新一线城市)的油电比(公共充电站数量/加油站数量)已经达到了 2.8,公共充电站的城区覆盖密度已经超越加油站。在新一线城市和二线城市的油电比也分别达到了 1.0 和 0.7,公共充电站覆盖密度已经与加油站相当。然而三线及以下城市的油电比分别为 0.3 和 0.1,说明低线城市的充电站数量仍相对较少。

② 在充电站地域分布方面,根据中国电动汽车充电基础设施促进联盟(简称"中国充电联盟")发布的数据,目前公共充电基础设施建设区域较为集中,截至 2024 年 4 月,我国各省级行政区域充电站主要集中在广东省、江苏省、浙江省、山东省、上海市和北京市等地,排名前十地区建设的公共充电桩占比达到了 70.12%。

③ 在车桩比(电动汽车与充电桩数量比)方面(如图 9-14 所示),依据中国充电联盟发布的数据,截至 2022 年底,我国累计国内车桩比为 2.5∶1。2022 年全年充电基础设施增量为 259.3 万台,而同期新能源汽车销量约为 688.7 万辆,车桩增量比为 2.7∶1。

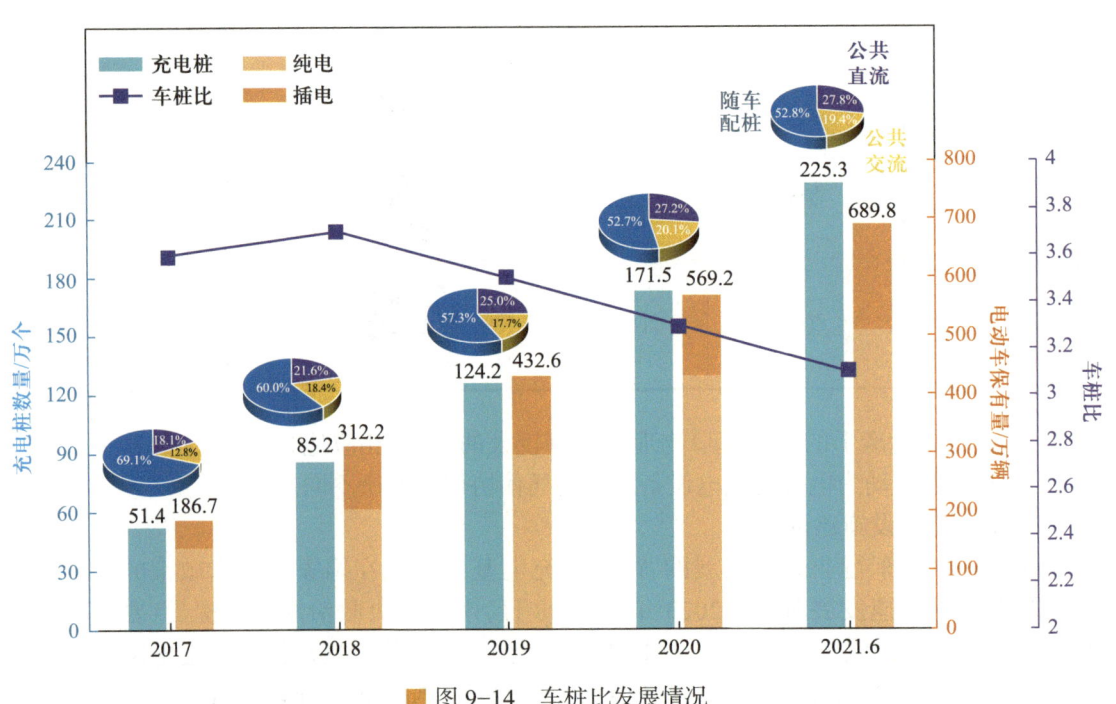

图 9-14　车桩比发展情况

综上,我国的充电基础设施建设还应关注如下关键问题。一是充电基础设施发展尚不充分。随着新能源汽车超预期的快速普及,充电基础设施成为发展瓶颈,总体看我国充电基础设施总量增长与电动汽车保有量增长不太匹配。截至2022年底,累计国内车桩比为2.5∶1,对比工业和信息化部"2025年实现车桩比2∶1"的目标,达标还需努力。此外,目前新能源汽车增速超出国家规划目标,据初步估算,2030年我国电动汽车保有量预计将达到1亿辆以上。按照工业和信息化部"2030年实现车桩比1∶1"的计划,必须加快发展充电基础设施。二是充电服务供给结构还不太合理。长途出行临时补电速度太慢,排队时间长,具体表现为快充和超级快充等大功率快速充换电装备不足。同时空间上发展还不平衡,三线及以下其他城市的油电比指标分别仅有0.3和0.1,显示出当前我国低线城市的公共充电站布局仍十分薄弱。三是充电设施智能化程度低,基础设施保障体系的系统性、整体性和协同性仍有待加强。未来大量电动汽车无序充电将带来城市供电负荷峰值增高的问题,并且多数新建小区仅预留电力通道或仅有部分车位实现了电力的直接供应,电力链路存在断层或覆盖面有限,多数用户仍不具备直接装表接电条件。充电标准、规划与政策体系还不太完善,具体表现为各级政府对充电基础设施的统一规划、统一布局和统一协调力度还不够。

9.2　电动汽车换电系统

9.2.1　电动汽车换电系统功用与装置

1. 电动汽车换电系统功用

如前所述,目前电动汽车充电速度相对较慢,超级快充尚面临诸多挑战,充电安全性、基础设施建设等问题还没有完全解决。基于这样的背景,换电是一种值得关注和具有前景的补能技术,其是在换电站中使用满电的电池替换放电后的电池。图9-15为典型的换电站示意图,汽车司机将车辆开到换电站,停在专用区域,自动或人工完成电池更换,付款后开车返回。

■ 图9-15　换电站示意图

换电模式的优势如图9-16所示，主要有以下几点：一是换电的补能速度快，补能时间为2~3 min，可达到传统燃油汽车的补能速度，有效地解决了里程焦虑，尤其对于电池容量相对较大，同时又注重作业效率的重卡来讲，换电模式更是抓住了重卡车主的核心诉求；二是商业运营模式可持续，换电站可催生"车电分离"的商业模式，从出租车到私家车，实现梯度利用，充分利用动力电池全生命周期的价值；三是换电的安全性更高，换电模式采用集中可控、恒温恒湿、恒定小功率慢充补能方式，合理调控充电环境，充分保障充电过程的安全性。通过对电池进行集中管理，利用大数据，通过互联网对动力电池的数据进行即时收集、分析，对可能出现问题的电池及时进行监测和更换，提高电池寿命。而且通过与能源、电网和交通联合，换电站可以通过错峰慢充、就近充电（减少电力长距离运输损耗）等方式降低电网负荷，提升资源利用率，如果有电池银行（大量电池的集中管理）的介入，还能实现能源的梯次利用、分布储能和电网调节等功能。

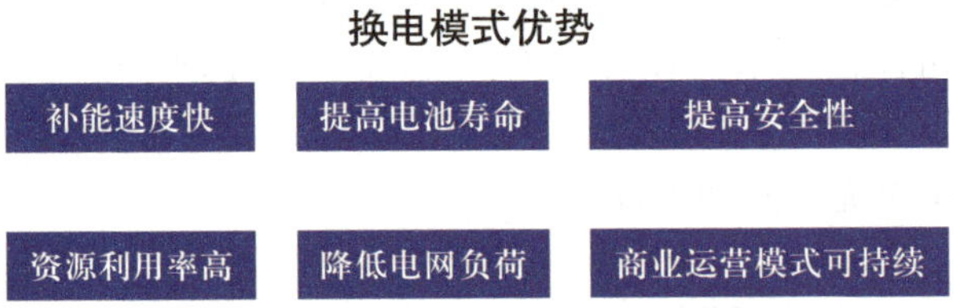

换电模式优势

补能速度快	提高电池寿命	提高安全性
资源利用率高	降低电网负荷	商业运营模式可持续

■ 图9-16 换电模式的优势

国内换电模式发展可分为以下三个阶段。

2006~2011年，换电技术储备与商业模式探索阶段。国家电网在2006年开始组织电动汽车充换电设施研发工作。2011年，国家电网确定"换电为主，插充为辅，集中充电，统一配送"的智能充换电运营模式。

2012~2018年为充电模式初步发展阶段。国务院于2012年颁布了《节能与新能源汽车产业发展规划（2012—2020年）》，明确了以充电为主的发展方向。在此期间，各个车企并未停止换电技术的研发，其中蔚来推出了可车电分离购买的换电版ES8车型。

2019年至今为换电模式快速发展阶段。2020年，换电首次被写入《2020年国务院政府工作报告》。2024年2月交通运输部发布的《关于国家电力投资集团有限公司开展重卡换电站建设组网与运营示范等交通强国建设试点工作的指导意见》提出2026年建成百万米级重卡换电走廊和干线换电网络，累计在全国范围内推广换电重卡不少于20 000辆的目标。

区别于乘用车换电车型，换电模式更加契合纯电重卡电池容量大、使用频次高的特性，从2022年开始，换电重卡销量占比已超过新能源重卡销量的40%。因此本章节主要介绍应用于电动重卡的换电方式。

2. 电动汽车换电系统构造与装置

换电系统的构造如图9-17所示，主要包括换电机器人、智能引导系统、车辆定位系统、监控系统、消防系统、热管理系统、储充系统和车载换电系统。换电机器人的功能是通过机械臂实现快速精准换电。智能引导系统和车辆定位系统确保车辆准确停靠在换电系统的工作区域。监控系统的功能是对换电站进行监控，确保

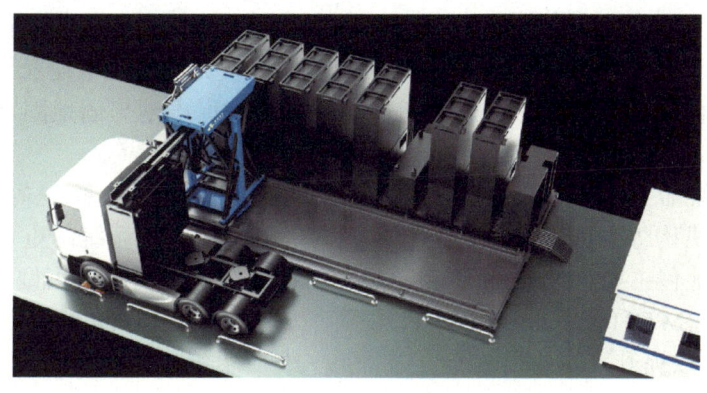

■ 图9-17　换电系统构造示意图

车辆换电的安全运行。消防系统具备预警和应急处置能力,保障换电站安全。热
管理系统维持换电设备和电池温度。储充系统功能是进行电池充电和能量存储。
车载换电系统则包括电池包和锁止平台。

　　基于以上的系统架构,换电系统工作流程如图9-18所示。一是车辆驶入定位,
电动重卡驶入换电站,通过智能引导系统进行定位,确保车辆准确停在换电区域
内;二是电池识别与抓取,换电机器人利用视觉识别或激光传感器等设备自动寻找

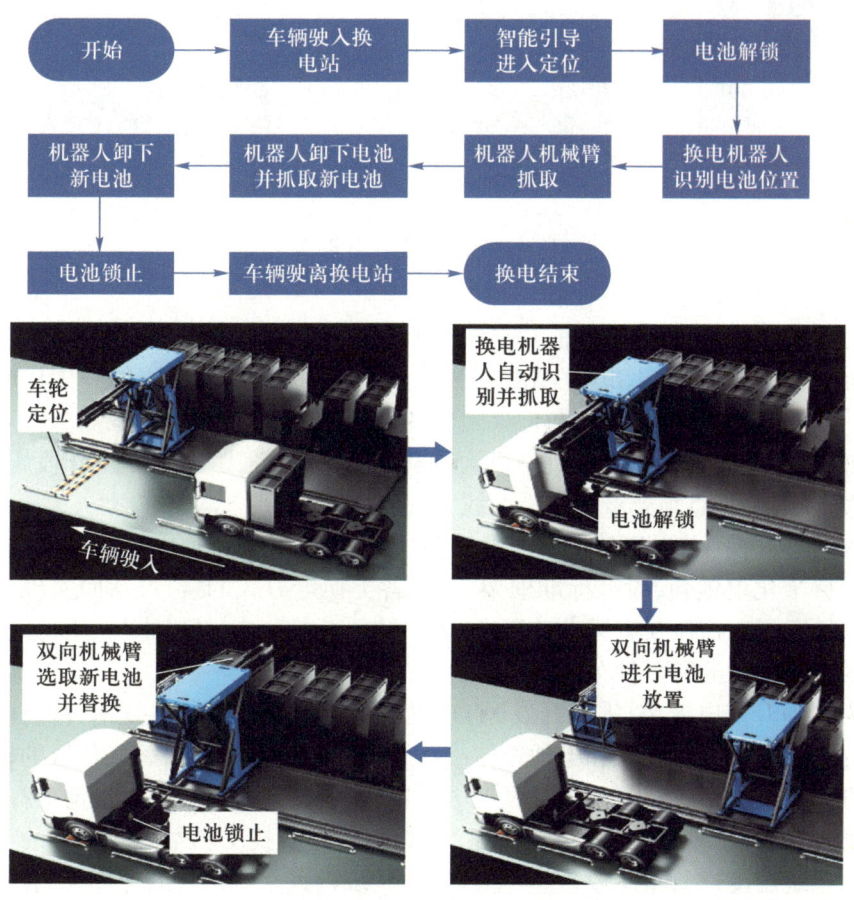

■ 图9-18　换电系统工作流程

并识别电池位置,然后使用双向机械臂抓取电池;三是电池更换,机器人将车辆上的电池卸下并放置于储存电池区,然后从中抓取一块充满电的电池安装到车辆上;四是电池锁止,在电池安装到位后,通过锁紧装置确保电池牢固地固定在车辆上;五是换电完成,车辆完成换电后,驶出换电站并重新上路。

　　换电系统需要保证更换电池时的稳定性、安全性和工作效率,这需要从换电电池包和换电机构等方面进行优化设计。换电电池包是换电系统的重要组成部分,针对换电电池包主要从换电系统的机械可靠性与链接安全性、多车型/多电量车载系统兼容性、MTB(module to bracket,模块集成底盘)电池系统集成与轻量化等方面进行改进,以提升系统的换电能力,如图9-19所示。

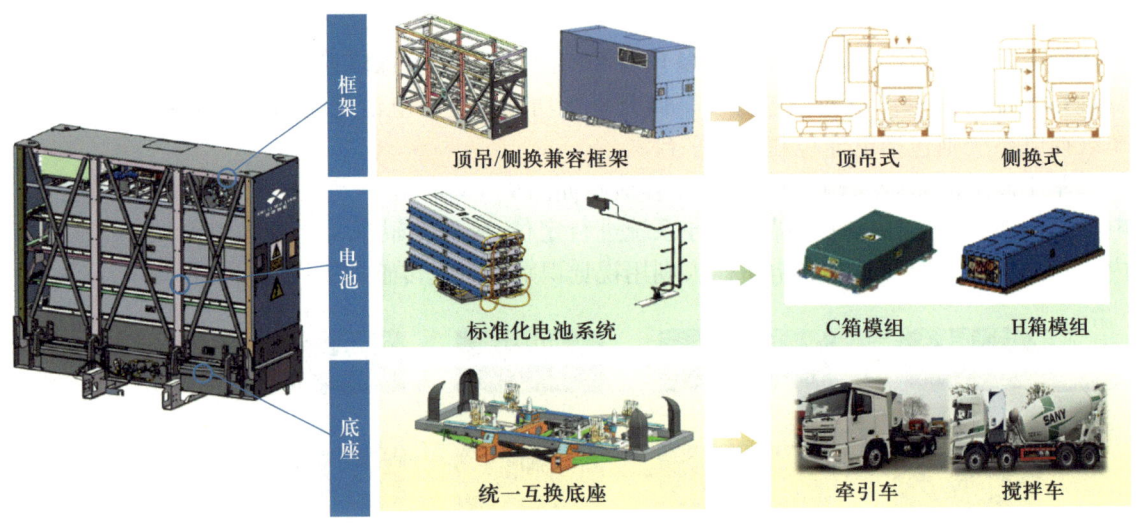

■　图9-19　高效换电电池包设计策略

　　为了提升换电的稳定性和可靠性,需要保证换电系统机械可靠与链接安全,电池包需要提升箱体结构和电芯壳体的刚度,研发趋势为超大模组的一体化电池包设计。此外,需要减小电池包与框架之间的作用力,降低框架的加固需求。对于电池包锁紧机构,需要设计连杆机械机构,例如设计空程压力小、预紧工作段压力大、行程大、锁紧工作点为死点的特性曲线,提高锁紧可靠性。

　　为了提升换电的兼容性,需要设计多车型、多电量车载换电系统兼容方案,通过采用标准化电池包,设计标准框架,兼容各类换电方式的接口,从而实现对多型换电站的匹配。通过换电标准的制定,采用统一互换底座、统一电气、水冷接口,从而实现对多种电池和多种车型的兼容。

　　为了提升换电效率,需要开发 MTB 电池系统集成与轻量化技术,目前市场上先进的方案是将电池框架和电池箱体一体化,开发全新电池包,替代传统的标准箱电池方案。采用铝等材料制备高强度电池箱体,通过包间直连减少电池支撑框架,实现电池重量降低。采用箱体液冷系统、外部液冷机技术和站内热管理的方式预调电池系统温度进行蓄冷或蓄热,降低电池系统内置水冷机组的冷却和制热负荷,甚至取消水冷机组,进一步提升电池包的轻量化程度。

在换电机构方面,为了达到更高精度、更快速度的电池更换,需要实现广域高精度快速位置检测、电池快速抓取与更换,具体实施策略如图9-20所示。广域高精度快速位置检测通过采用高精度激光雷达传感器和视觉传感器精确测量电池系统的6自由度位置和姿态,通过换电机器人自动适应车辆停靠位置和姿态误差,降低取放位置偏差、降低机械导向斜度,从而降低导向冲击,提高平顺性和取放速度。电池快速抓取与更换的主要策略是缩短换电的传力路径,减小传力机构,从而提高换电机构刚度、缩短电池包搬运路径,从而缩短换电时间。此外,还可以采用抗偏载举升机构和抗弯伸缩臂结构,降低机器人在偏载条件下的挠度,提高机器人本体刚度、精度和动力性。

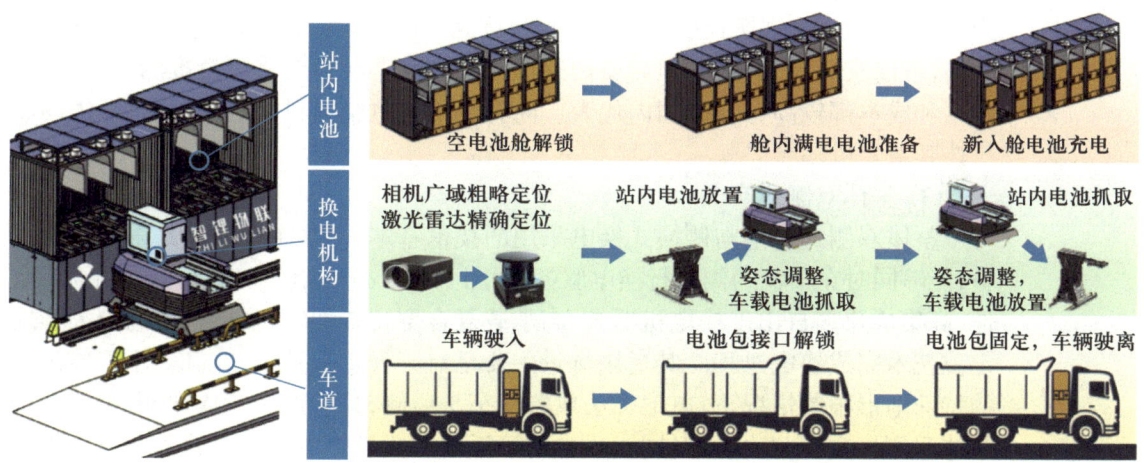

■ 图9-20　高效换电机构设计策略

9.2.2　电动汽车换电方式与应用场景

根据换电系统的电池抓取方式,换电系统可以分为顶吊式、侧换式(包括侧抓侧换和顶抓侧换)、整体双侧式和底盘式换电这四种方式。其中,底盘式换电适用于多数乘用车以及底盘式布局重卡,不适用于重卡侧挂及后背电池的结构。目前电动重卡的电池包一般置于车头与车厢之间或车身两侧,因此电动重卡主要采用的是顶吊式换电、侧换式换电和整体双侧式换电这三种换电技术路线。下面分别介绍各种电池抓取类型的换电方式。

（1）顶吊式换电

如图9-21(a)所示,顶吊式换电主要采用钢索吊装电池包,从上方抓取重卡上的待换电池箱,并将待换电池箱吊装放入电池存放区域,实现待换电车辆的电池箱更换。根据电池仓位距离远近的不同可实现3~5分钟完成换电。顶吊式换电采用柔性悬吊加大范围机械导向结构,通过V形槽对车辆前轮进行定位,其车载换电机构通过柔性垫块消除电池系统底部与换电底座结合面之间的平面度误差引起的间隙,不需要吊装机器人精准定位车辆的停放姿态和位置,因此控制难度小,成本低。但也存在电池位置控制精度较低、电池搬运速度偏慢、电池运动过程中摇摆严重、机械导向过程中冲击严重等问题。此外,顶吊式换电的抓具在车的上方,因此换电站总高度比较高,在一些城市建设项目的时候会遇到临时建筑审批的问题。顶吊式换电是最早期的商业化方案,也是目前市场上应用最广泛的重卡换电解决方案,代表厂商为上海玖行能源科技有限公司。

(2) 侧换式换电

侧换式换电主要分为侧抓侧换式和顶抓侧换式,如图9-21(b)和图9-21(c)所示。通过激光雷达识别系统,精准定位车辆及车载电池系统的位置,采用多自由度换电机器人和智能伸缩机械臂从车载电池系统的侧面或者顶部进行抓取和搬运,从而完成换电任务,具有刚度较高和锁紧机构动作可靠性高、寿命长等优势,可适应城市中的渣土车、牵引车、水泥搅拌车等多类车型,且对司机换电停车的要求相对较低。此外,侧换式换电的优势还有换电站高度与车辆相当,在城市建设时较为方便。总体上,侧换式换电搬运动作精度高、加减速度大、运动速度快,智能化程度高,可以实现无人值守,但需要传感器对车辆和电池位置进行精准测量,系统复杂度和成本都较高。目前国内代表厂商有金茂智慧交通科技有限公司、智锂物联科技有限公司。

(3) 整体双侧式换电

整体双侧式换电与侧换式换电采用的技术基本一致,主要区别是采用两套设备,能够同时在车辆两侧进行换电服务,如图9-21(d)所示。双侧换电采用高冗余性、高集成化多自由度换电机器人、高承载复合型智能伸缩机械臂,并配合高精度定位技术完成换电过程。其适用场景主要是对于大重量重卡,在其轴距不能加长的特殊地形限制情况下,电池无法放置在车头后侧,只能放于车体两侧,需要采用整体双侧换电的解决方案,同时成本也接近侧换式换电的两倍。目前整体双侧式换电技术主要应用在矿卡上,代表厂商为国网电动汽车服务有限公司。

(a) 顶吊式换电(玖行能源)

(b) 侧抓侧换式换电(智锂物联)

(c) 顶抓侧换式换电(智锂物联)

(d) 整体双侧式换电(国网电动)

(e) 底盘式换电(深向)

■ 图9-21　电动重卡不同换电方式实景图

（4）底盘式换电

底盘式换电是另一种重要的电动重卡换电技术路线,适用于电池布置在底盘上的电动重卡,如图 9-21(e)所示。重卡底盘式换电的锁止连接和换电技术实现难度和可靠性要求均大于顶吊式换电,因此发展滞后于顶吊式换电。目前已有多家厂商正在进行底盘式换电重卡研究,向市场推出产品的有宇通重卡和深向公司等。重卡底盘式换电站一般采用单侧换电和双侧换电两种布局,单侧换电具有成本低、占地面积小等优点,双侧换电具有换电效率高、换电体验感较佳等优点。

9.2.3 电动汽车换电标准与设施建设

1. 换电系统标准化

电动汽车换电技术和产业的发展离不开标准化的基础铺垫。为保障换电行业的健康高效发展,需要一套全面完善的标准体系,根据全国汽车标准化委员会发布的换电标准内容,如图 9-22 所示,主要包含以下三点。一是保障安全性,电动汽车以及电池充电等方面均有相应的标准,这些都是基于车辆不换电池的安全标准,对于需要更换电池的电动汽车,其与不换电池汽车的安全特性有较大的不同,在电池更换中、更换后等过程都需要通过特定的安全标准检测以保障换电安全性。二是提高换电系统的互换性,电动汽车换电系统标准化能够确保不同品牌和型号的电动汽车在换电时都能达到同样的性能和效果。这不仅便于用户在不同地点进行换电操作,也有利于生产厂家在生产过程中减少成本。通过标准化,可以对换电设备和电池进行统一的设计和制造,确保其在各种环境下都能稳定运行,并且提高生产效率,降低生产成本。同时,标准化的换电系统还可以减少由于不同厂商设备之间不兼容而导致的故障。对于用户来说,标准化带来的兼容性意味着他们可以在任何一个标准化换电站进行快速换电,而不必担心因为设备不兼容而无法进行换电操作。三是提高换电设备的使用性,按照统一的标准,换电厂商可以高效率地进行设备优化设计与生产、产品质量提升、可靠性提升,以此提升换电的质量和效率。

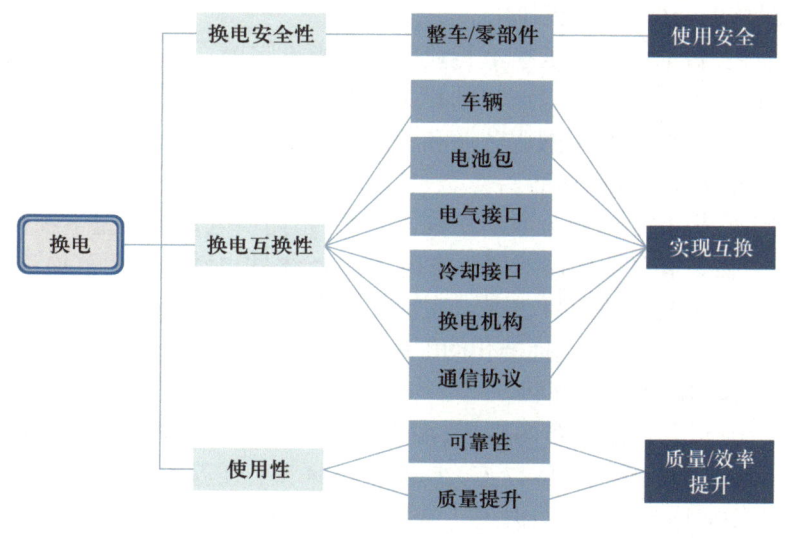

图 9-22　换电标准内容分类

然而,目前换电式电动重卡的产业标准相对较少,受制于制定标准时的需求所限,已发布的国家推荐性换电标准大多针对乘用车,主要有以下部分:由中国电力企业联合会制定的 GB/T 29772—2013《电动汽车电池更换站通用技术要求》、GB/T 32879—2016《电动汽车更换用电池箱连接器通用技术要求》、GB/T 32895—2016《电动汽车快换电池箱通信协议》、GB/T 33341—2016《电动汽车快换电池箱架通用技术要求》。由全国汽车标准化委员会制定的 GB/T 40032—2021《电动汽车换电安全要求》,其适用范围也明确为"可进行换电的 M1 类纯电动汽车",即乘客座位不超过 8 个的载客车辆。虽然这些标准主要面向乘用车市场,但是其中的通用技术要求和安全要求也适用于电动重卡换电站。换电站需要具备相应的安全防护措施,例如应使用高强度的电池箱连接器,同时需要采用适当的通信协议,以确保换电过程的安全性和可靠性。同时,由于电动重卡的体积和重量较大,换电站的设备和技术也需要进行相应的升级和调整,以满足重卡更换电池的需求。因此,对于电动重卡换电站建设和标准制定,需要根据重卡特有的需求和特点,制定符合重卡市场的标准和技术要求。

全国汽车标准化委员会于 2021 年 11 月发布了《中国电动汽车标准化工作路线图(第三版)》,路线图立足于我国新能源汽车产业发展需求,系统梳理了新能源汽车标准体系架构,分领域介绍了国内外现有标准和标准缺项。电动汽车换电标准被列入了短期、中期两个阶段任务。中国电力企业联合会发布的换电标准主要包括动力电池箱、换电系统与设备、充电设备、换电接口及通信、换电检测等 5 个方面。全国汽车标准化委员会电动车辆分技术委员会于 2021 年 1 月 27 日发布《关于筹备成立"电动汽车换电标准工作组"的通知》,经过多次行业会议讨论,拟订"电动汽车换电标准路线图",按照乘用车、商用车两大类规划行业标准的立项计划。其中,《纯电动商用车车载换电系统互换性系列标准》(共 5 项:换电电气接口、换电冷却接口、换电机构、换电电池包、车辆与电池包的通信)已于 2023 年 12 月 20 日正式颁布实施,其技术路线是针对重卡换电,兼顾客车、轻型和中型卡车;《纯电动商用车换电通用平台系列标准》(共 4 项:车辆、电池包、车辆与设施的通信、电池包与设施的通信)正在预研中。

综上所述,目前电动重卡换电行业的标准尚不完善。换电标准的建立仍面临较多挑战,由于电动重卡换电产业的相关利益方众多,涉及设备制造商、换电站运营商、电网、技术供应商、金融服务商和用户等多方面,目前缺乏权威主导,难以寻求能平衡各方利益的行业标准。

通过国家部门主导,地方政府协同,扶持一系列换电式电动重卡项目、示范城市,发挥行业协会和联盟团体的领头作用,加强换电式电动重卡示范项目及换电站基础设施建设,依托示范项目达到示范效应并进行运营数据分析,在特定车型率先实现标准化是推动换电行业标准化的解决之道。

2. 换电基础设施建设现状

依据中国充电联盟发布的数据,截至 2024 年 4 月,我国换电站总数共 3 715 座,排名前十省市为浙江省(447 座)、广东省(434 座)、江苏省(375 座)、北京市(327 座)、上海市(204 座)、山东省(191 座)、吉林省(163 座)、重庆市(151 座)、安徽省(143 座)、湖北省(133 座)。从地域分布来看,东部沿海省份(浙江省、广东省、江苏省、上海市)换电站数量较多,显示出经济发达地区在新能源汽车基础设施建设上的领先地位。北京市作为首都,换电站数量也位居前列;对于中西部省份,虽然在换电站数量上不及东部沿海地区,但重庆市和安徽省分别拥有151座和143座换电站,显示出这些地区在加快基础设施建设,逐步缩小与东部地区的差距。目前我国换电站的建设总体呈现出东部沿海地区领先、中西部地区追赶的局面。经济发达地区和大城市由于新能源汽车保有量高、政策支持力度大,换电站建设进度快,数量多。而中西部地区虽然起步较晚,但也在加快建设步伐,以满足新能源汽车快速增长的需求。总体而言,换电站的布局正在逐步完善,为新能源汽车的普及提供了坚实的基础设施保障。

9.3 燃料电池车载氢系统

9.3.1 燃料电池车载氢系统功用与装置

1. 燃料电池车载储氢系统功用

车载氢系统是燃料电池汽车的核心组成部分之一,如图9-23所示的"储氢系统",包括从氢气加注口至燃料电池进口,与氢气加注、储存、输送、供给和控制有关的装置。

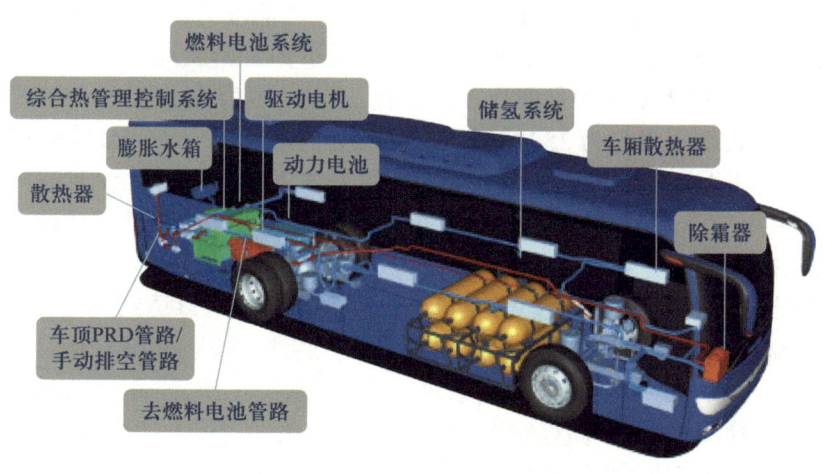

■ 图9-23 车载氢系统布置示意图(北汽福田)

车载氢系统的主要功能包括安全地储存来自加氢站的氢气、向燃料电池系统提供洁净且适用压力的氢气,并完成与加氢站的加注对接。此外,还有一个重要功能是安全保护;由于氢气具有易燃易爆的特性,且燃料电池汽车在道路条件下面临更严峻的挑战,车载氢系统的安全性设计至关重要;安全防护贯穿车载氢系统的从设计、制造、运行、维修、储存到报废的全过程,涉及范围从材料、零部件、氢系统到整车的法律法规及标准要求,以确保在任何异常情况下都能及时采取措施,保障车辆和乘客的安全。

2. 燃料电池车载氢系统构造与装置

燃料电池汽车车载氢系统构造如图 9-24 所示,通常包含以下四个模块,分别是储氢模块、供氢模块、加氢模块和控制模块。储氢模块包括高压氢气瓶、瓶口组合阀、压力释放装置及连接管道等部分,其主要功能是在高压氢气瓶内储存氢气。供氢模块包含电磁阀、减压器、安全阀、过滤器以及相关的连接管道。其主要目的是为燃料电池系统提供适当条件的氢气,并进行供气过程的安全防护。加氢模块由加注口、单向阀、压力表及连接管道构成,主要功能是与加氢站进行对接,安全地将氢气注入车载高压氢气瓶中。控制模块负责监控和控制车载氢系统的运行状态,以确保系统的安全性和可靠性。

高效安全储氢技术一直是氢燃料电池汽车行业的研究热点,正在被积极探索和推广应用。目前,燃料电池汽车的主要储氢方式(如图 9-25 所示),可概括为物理储氢和基于材料的储氢两大类。氢气不依赖其他物质而以纯氢状态储存称为物理储氢方式,主要包括气态高压储氢、深冷高压储氢和液态储氢。其他的称为基于材料的储氢方式,如配位氢化物储氢、有机液态储氢等。

在上述物理储氢方式中,目前最常用的方式是气态高压储氢,对应的装置是车用储氢瓶,如图 9-26 所示。目前车用气瓶分为 5 种类型:全金属气瓶(Ⅰ型)、金属内胆纤维环向缠绕气瓶(Ⅱ型)、金属内胆纤维全缠绕气瓶(Ⅲ型)、非金属内胆纤维全缠绕气瓶(Ⅳ型)和无内胆纤维全缠绕气瓶(Ⅴ型)。

储氢瓶对燃料电池汽车的能量密度有很大的影响。Ⅰ型和Ⅱ型气瓶因为储氢密度不足,较少在实车上应用;Ⅲ型和Ⅳ型气瓶将内胆改为铝合金或塑料,一方面避免氢脆问题,也有利于减轻瓶重,使得单位质量储氢密度提高到 30~40 g/L,因而车载储氢瓶目前大多采用Ⅲ型与Ⅳ型气瓶。其中,因为成本原因,中国目前主要采用Ⅲ型瓶,装载压力多为 35 MPa,整车储氢量一般不大于 50 kg,续驶里程可达 600 km,匀速工况下最大里程可达 800 km,可基本满足商用车长续航的要求。国际上主要采用 70 MPa Ⅳ型瓶。国内多个厂家也有产品完成Ⅳ型瓶认证并完成试装,但尚未批量应用。Ⅴ型瓶尚在研制阶段。

物理储氢方式中,液氢的密度远高于气态氢,理论上可以达到 70 g/L。由于液氢的相变温度很低,约为 -252 ℃,需要经过加压、膨胀、节流、多级冷却及循环等复杂工艺流程,且需要采用昂贵氦气(或液氢)作为换热工质,因此液氢制备技术难度高,液化能耗大,液氢的储存容器的绝热与真空条件也极大地增加了材料成本。2020 年北汽福田成功开发了我国首台 32 T 燃料电池电动液氢重卡,携氢量 60 kg,液氢瓶储氢密度达到 9%。

深冷高压储氢是把 -240~-40 ℃ 的深冷气态氢以 10~35 MPa 高压储存,从而实现接近甚至高于液氢能量密度的储氢方式,具有高密度、低损耗、加注灵活等优势。制备过程包括 4 个阶段:①液氢过冷,密度下降,少量液氢气化;②氢气继续被压缩,进入临界状态,压力持续上升;③压缩到 35 MPa 时,密度达到 80 g/L(高于液氢的 70 g/L);④向氢气瓶注氢过程中,压缩热量使得氢气密度略有下降,降至约 69 g/L。车载储氢瓶为双层瓶。内胆为 35 MPa 钢瓶,外层为真空及绝热材料。瓶内安装有加热装置实现氢气排出,瓶身安装有热交换器及控制系统。该储氢系统虽然储氢能量密度高,但制造成本高,充装系统复杂,尚在技术探索阶段。

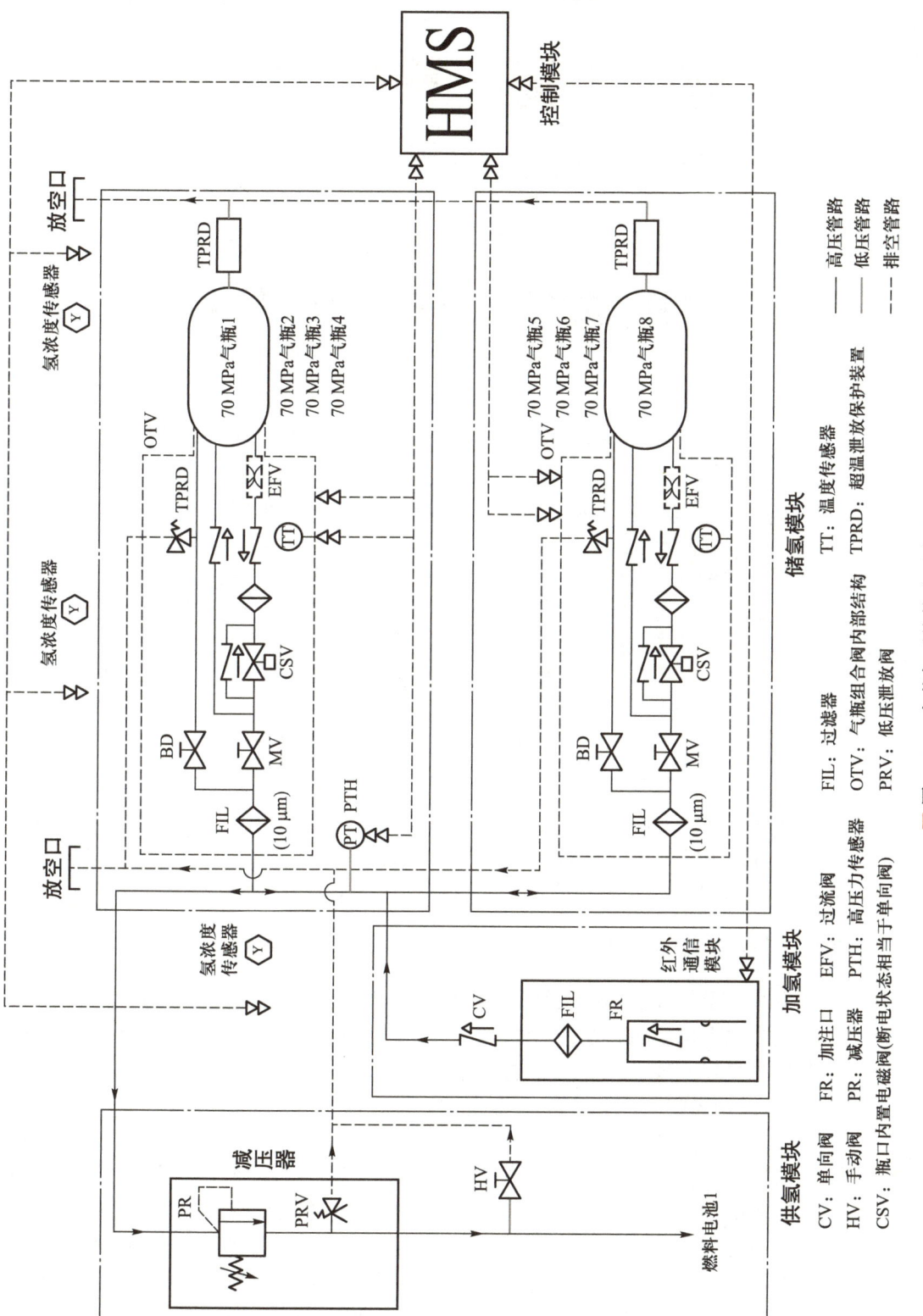

■ 图 9-24 车载氢系统构造示意图

CV：单向阀　　　FR：加注口　　　FIL：过滤器　　　TT：温度传感器
HV：手动阀　　　PR：减压器　　　OTV：气瓶组合阀内部结构　　　TPRD：超温泄放保护装置
CSV：瓶口内置电磁阀(断电状态相当于单向阀)　　　EFV：过流阀　　　PTH：高压力传感器　　　PRV：低压泄放阀

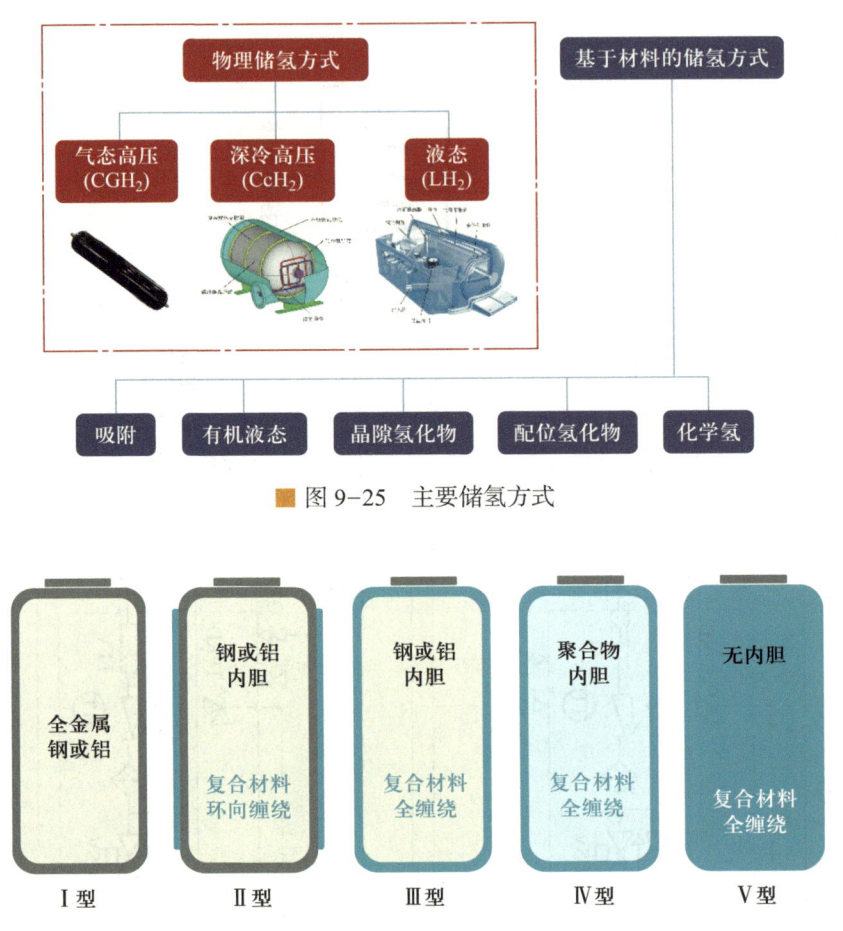

图 9-25　主要储氢方式

Ⅰ型　Ⅱ型　Ⅲ型　Ⅳ型　Ⅴ型

图 9-26　不同类型储氢瓶结构示意图

在材料储氢方面,储氢方式很多。用作车载储氢时,大多需要增加加热装置或裂解装置以帮助脱氢,加热温度从几十到几百摄氏度。因此,从成本和系统复杂度角度考虑,基于材料的储氢方式不是目前车用储氢的主要方式。

9.3.2　氢加注与储氢安全

氢气由于其分子小易泄漏、燃爆范围宽(4%~75%)、点火能量低(0.02 mJ),长期被归类为危险化学品。在最新的安全管理体系中,虽然氢气不再被归类为危化品,但其易燃易爆的安全风险仍不能忽视。在氢能产业中,氢安全贯穿制氢、储氢、运氢、加氢及用氢整个产业链条;在新能源汽车行业,氢加注与储氢安全是关注重点。

1. 氢加注安全策略

氢燃料电池汽车加氢是补能过程的重要步骤。然而,车载氢系统在高压氢气加注过程中,车载储氢瓶内的氢气容易快速升温,存在安全隐患,近年来加氢站曾出现多起爆炸或火灾事故。为应对加氢过程的安全风险,各国纷纷颁布氢气加注相关标准规范和法律法规。如图 9-27 所示,中国节能协会发布的 T/CECA-G 0018—2018《氢燃料电池车辆用加注规范 第一部分:通用要求》对 35 MPa 和 70 MPa 氢气瓶的加注边界条件进行了约束。由于氢气加注过程中高速气流会引起气瓶温度快速升高,为防止因温度升高而导致加注不足(以压力计量),或超温超压(以质量计量),一般需要对氢气进行预冷。以 70 MPa 加注为例,需要通过冷冻机组将站内 70 MPa 氢气预冷至-40℃,以保证加注安全和快速加注。如果仅靠自然冷却,加注时间会非常长。为了平衡加注速度和气瓶温度,同时进一步提升加注安全性,加氢机会控制加注流量,通过调节氢气加注流量和气瓶压力变化速度来对温度进行精确控制。上述加注过程,通过加氢机与被加注车辆的无线通信系统(红外通信)及通信协议进行车-站数据交换,以保证加注过程安全、可控。

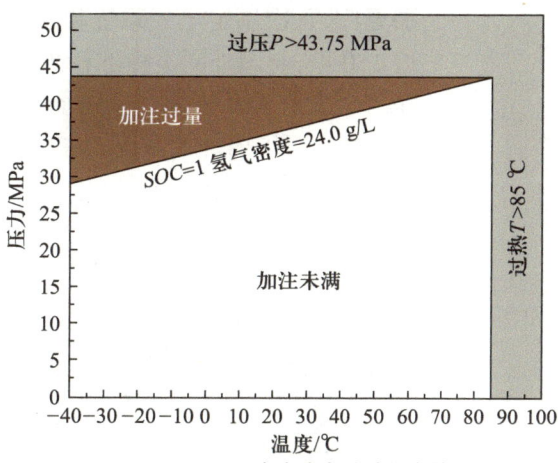

(a) 35 MPa氢气瓶加注边界条件

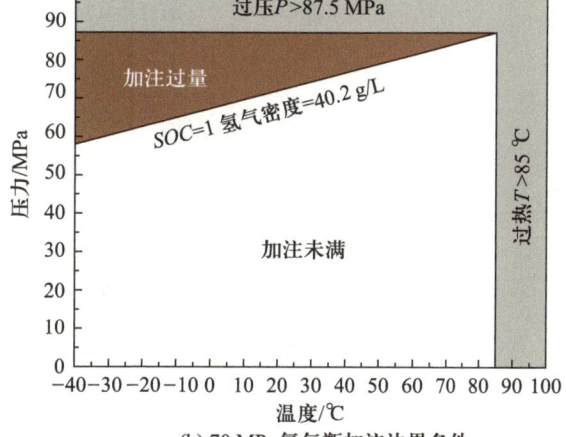

(b) 70 MPa氢气瓶加注边界条件

■ 图 9-27　常规 35 MPa 和 70 MPa 氢气瓶加注边界条件

2. 储氢安全策略

车载氢系统的安全保护主要从三个方面开展:事前安全,主要从设计角度出发,从材料、结构设计到制造检验出厂环节,实现系统的本质安全;事中安全,制定安全操作运营程序,加装氢泄漏监测系统,实现主动安全;事后安全,在重点危险区域安装灭火系统,在氢系统中安装压力释放装置、安全阀等,在安全事故中快速启动从而确保车辆和乘员安全。

为了保证车载氢系统的储氢部分符合安全要求,燃料电池整车设计主要从材料选择、氢泄露监测、静电防护、防爆、阻燃等方面进行预防和控制。氢系统中需要安装实时监控系统对储氢设备以及周边(如储氢瓶、乘客舱、燃料电池发动机系统以及尾气排放处)的氢气泄漏、压力、温度、电气元件等进行实时数据采集和监控。一旦检测到异常,车载氢系统通过氢系统控制器启动相应的安全处理程序,以保障车辆、乘客以及周边环境的安全。

9.3.3　氢系统标准化与设施建设

氢能产业的规模化和商业化发展离不开全面、完善的法律法规和标准规范。在车载氢系统方向,为应对氢安全风险的挑战,氢系统标准和设施发展比较完善。

1. 氢系统标准化

目前中国氢能产业已经进入规模化和商业化发展的新阶段,相应的氢能技术标准化工作也在全球保持领先地位。中国在 2008 年成立了全国氢能标准化技术委员会(SAC/TC309)和全国燃料电池及液流电池标准化技术委员会(SAC/TC342),主要承担氢能的标准化工作。GB/T 29729—2013 是我国首部氢系统安全标准,适用于氢气的制备、储存和运输。与 ISO/TR 15916 相比,GB/T 29729—2013 适用范围更广,首次制定了氢系统和固态氢系统的安全要求。目前我国氢能相关标准接近 150 项,与国外同类标准相比,我的的氢能安全标准数量更多,覆盖面更广,基本涵盖了所有涉及氢能安全的场景,包括加氢站安全、燃料电池发电系统安全等,表 9-3 列出了国内外氢系统的主要标准清单。

表 9-3　国内外氢系统主要标准

标准分类	标准号	标准名称
国际标准	UN GTR No.13	燃料电池电动汽车安全全球技术法规
国家标准	GB 4962—2008	氢气使用安全技术规程
国家标准	GB/T 29729—2022	氢系统安全的基本要求
国家标准	GB/T 26990—2023	燃料电池电动汽车车载氢系统技术条件
国家标准	GB/T 29126—2012	燃料电池电动汽车车载氢系统试验方法
国家标准	GB/T 24549—2020	燃料电池电动汽车安全要求
国家标准	GB/T 35544—2017	车用压缩氢气铝内胆碳纤维全缠绕气瓶
国家标准	GB/T 42612—2023	车用压缩氢气塑料内胆碳纤维全缠绕气瓶
国家标准	GB/T 42610—2023	高压氢气瓶塑料内胆和氢气相容性试验方法
国家标准	GB/T 42626—2023	车用压缩氢气纤维全缠绕气瓶定期检验与评定
国家标准	GB/T 42536—2023	车用高压储氢气瓶组合阀门
国家标准	GB/T 26779—2021	燃料电池电动汽车加氢口
国家标准	GB/T 43674—2024	加氢站通用要求
团体标准	T-GERS 0005—2021	燃料电池电动汽车车载供氢系统安装技术规范
团体标准	T/CAAMTB 21—2020	燃料电池电动汽车车载供氢系统振动试验技术要求
团体标准	T-GERS 0006—2021	燃料电池电动汽车车载供氢系统气密性检测和置换技术要求
美国行业标准	SAE J2579	氢能汽车燃料系统

　　车用储氢气瓶是车载氢系统的重要组成部分,国内对储氢瓶也进行了标准的制定,GB/T 35544—2017《车用压缩氢气铝内胆碳纤维全缠绕气瓶》和 GB/T 42612—2023《车用压缩氢气塑料内胆碳纤维全缠绕气瓶》分别对车用Ⅲ型与Ⅳ型气瓶的制造、检验检测进行了详细规定,GB/T 42626—2023《车用压缩氢气纤维全缠绕气瓶定期检验与评定》对车用氢气瓶的使用维护检验进行了详细规定。

　　2. 氢系统基础设施建设

　　为车载氢系统提供氢气补给的加氢站如图 9-28 所示。根据北京国氢中联氢能科技研究院发布的数据,截至 2023 年 12 月 25 日,全国已建成并运营的加氢站

■ 图 9-28　北京冬奥会氢燃料电池汽车加氢站加氢场景

数量达到了 428 座,与 2022 年底的 358 座相比,这一数字增加了 70。此外,这些加氢站已经覆盖了全国 30 个省区市,前十名分别是:广东省(62 座)、江苏省(60 座)、浙江省(54 座)、山东省(52 座)、上海市(37 座)、北京市(36 座)、河北省(33 座)、四川省(22 座)、福建省(18 座)、河南省(14 座)。在已建成的加氢站中,有 274 座处于运营状态,占比 64.0%,累计供给能力达到每天 20.8 万千克。在运营的加氢站中,固定站的数量为 173 座,占比 63.1%。从压力等级来看,数量最多的是 35 MPa 加氢站,共 237 座,占比达到了 86.5%。此外,参与加氢站建设和运营的企业较多,说明市场对氢能产业高度关注并积极参与。总的来说,中国加氢站的建设正在快速发展,主要集中在经济发达地区和大城市,形成了较为完善的加氢基础设施网络。随着技术的进步和政策的支持,加氢站的数量和供氢能力将继续增长,为氢能产业的发展提供坚实的基础保障。

第10章 新能源汽车车网互动智慧能源系统

10.1 车网互动概念

10.1.1 车网互动需求

1. 出行与充电行为

电动汽车的出行和充电行为展示出了明显规律。与燃油车类似,私家车多在早晚高峰时段出行通勤。不同于加油站燃料加注的方式,电动汽车的电池系统需要通过充电桩充电进行电量补给。电动汽车充电分为快速充电(简称"快充")和慢速充电(简称"慢充")两种模式。快充通常发生在需要迅速补充电量的场景,乘用车充电功率一般是数十或上百千瓦,保证车辆在数十分钟甚至几分钟内补充到足够的电量。慢充则多见于目的地充电,车辆停放时间较长,充电功率一般只有数千瓦。在电动汽车的充电场所方面,居民区、工作区和商业区多以慢充为主。车主通常在晨间驾驶汽车去单位,下午下班后驾车回到居民区停放,其出发时间与到达时间的概率分布如图 10-1(a)所示。因此工作区的充电时段多集中在日间上班时间,居民区的充电时段多在夜间,而商业区的充电时段常均匀分布在日间区段。此外,高速公路服务区主要建设快充站,以满足电动汽车长途旅行时的快速补电需求,因此站内充电桩充电功率较高且变化较大,因此快充站会以较高的功率接入电网。不同场景下的电动汽车充电负荷如图 10-1(b)所示。

由于电动汽车有规律的出行和充电行为,电力系统(即用于产生、输送和分配电能的整个系统)会在特定的时间段内承受较高的功率负荷。例如晚间下班后,许多人会同时使用家用充电设施,这会给居民区电网带来较大的负荷压力。电动汽车的电池电量(SOC)和充电时间反映了电动汽车的能量状态和充电需求。充电时电池电量的变化情况与充电基础设施类型、车主出行需求等因素有关。例如对于私家车,慢充开始时通常剩余电量较多,而快充时起始剩余电量通常较少。此外,慢充一般符合"一天一充"的特征,日充电量与日出行里程相关;且充电结束时,私家电动汽车通常会达到 100% 的电量状态。未来,随着充电基础设施的进一步完善和智能充电技术的发展,电动汽车的充电行为将更加多样化。随着电动汽车数量的不断增加,智能充电技术的应用能够更好地分配电力负荷,避免高峰时段的电网压力,因此非出行时段的充电将变得更为分散与普遍。同时,灵活的充电策略可以降低充电成本,提高电力系统的稳定性。这种变化也将对当地电网的负荷、能源

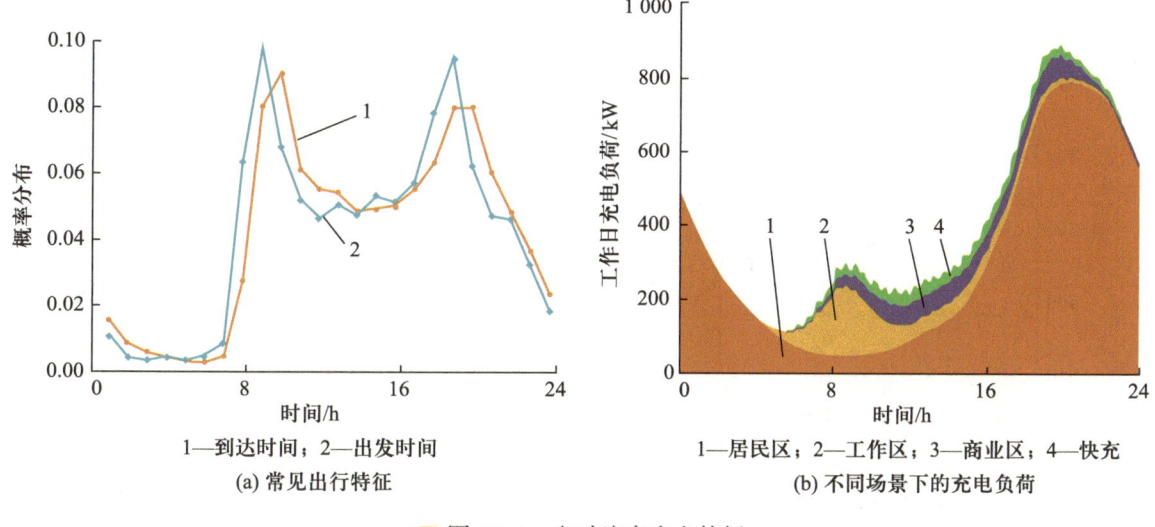

1—到达时间；2—出发时间
(a) 常见出行特征

1—居民区；2—工作区；3—商业区；4—快充
(b) 不同场景下的充电负荷

■ 图 10-1　电动汽车充电特征

结构及电动汽车的普及产生重要影响。

2. 配电网负荷情况

配电网是一个电力传输系统，它从变电站接收高压电力，并通过变压器将电力降低到安全的电压，然后分配到家庭、企业和其他用电设施。在城市和农村地区，根据不同的电力需求和用途，配电网的设计和配置会有很大不同。变压器和配电柜是配电网中关键的组件，它们确保电力从源头安全有效地传输到最终用户。变压器用于调节电压，以适应不同的用电需求，而配电柜则用于分配和控制电力流向。

从每天电力消耗角度来看，工业园区、新居民小区、老旧居民小区以及郊区农村的用电负荷特征各不相同。工业园区受生产作业影响，通常在工作时间内有较高的电力需求（包括充电需求与建筑负荷需求），而夜间负荷相对较低，如图 10-2(a) 所示。对于住宅区，新居民小区的电力设施较为先进、电力容量充裕度高，其变压器和配电柜通常能够较好地应对日常负荷及高峰时段的负荷增长，具备处理电力需求波动的能力。老旧居民小区的电力基础设施相对落后，配电系统中的变压器和配电柜在高峰时段可能达到其负荷极限，尤其在夏季空调负荷上升时存在较高的电力负荷压力与较大的负荷波动，如图 10-2(b) 所示。该区域亟须开展配电基础设施的升级改造，但也面临着空间和预算的挑战。郊区农村的变压器和配电柜通常基于较低的日常需求设计，随着农村电气化水平的升高，面临着较高的运行压力。同时，农村的用电需求受到农业生产影响，例如在种植或收获期间可能产生季节性用电高峰。

对于城市中的变压器负荷，电动汽车大多在业主下班回家后开始充电，充电高峰通常发生在傍晚至凌晨，这与居民的晚间用电高峰重叠，导致"峰上加峰"的现象。这就需要在电动汽车主要停放和充电的小区，如住宅区和商业区，合理配置变压器和配电柜，以确保电力供应的稳定性和效率。在这种背景下，无序充电可能导致电力需求大幅增加，安装新的充电桩时主要面临的问题包括电网容量不足、电力

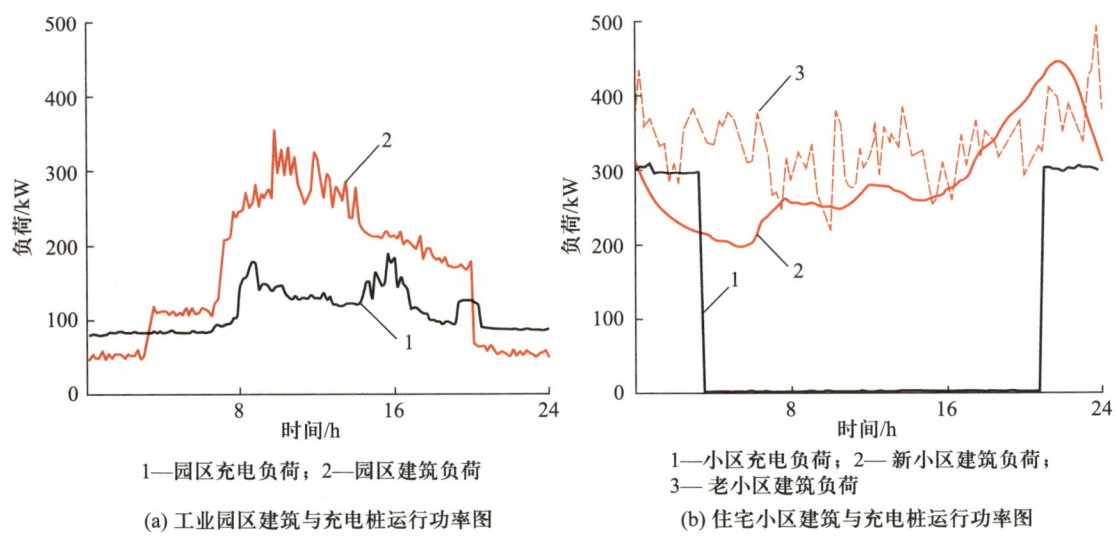

1—园区充电负荷；2—园区建筑负荷

(a) 工业园区建筑与充电桩运行功率图

1—小区充电负荷；2— 新小区建筑负荷；
3— 老小区建筑负荷

(b) 住宅小区建筑与充电桩运行功率图

■ 图 10-2　不同场景建筑与充电典型负荷

负荷不均和基础设施老化。此外，城市核心区与郊区在电力资源分布上的不均衡也对充电桩的有效布局构成了挑战。

3. 无序充电的挑战

基于电动汽车出行与充电特征，无序充电将成为电动汽车规模化推广和快速充电普及过程的新挑战。无序充电(V0G)意味着电动汽车用户在任意时间或地点，自由决定充电时间和功率。这种充电方式会导致电力需求急剧增加、电力负荷不确定性上升，对电网产生重大影响。

电动汽车较高的充电功率和不连续的电力需求是其接入配电网的主要挑战。据英国低碳和燃料电池竞争力中心(CENEX)预测：如果每户家庭都使用电动汽车，并且都采用无序充电，电力系统需要增加一倍的供电能力才能应对电动汽车的充电需求。每户家庭的电力需求在一天中会有明显的高峰和低谷，通常是傍晚的生活用电功率较大。由于充电桩的功率通常高于家用电器，傍晚时段充电将造成电力负荷的突然增大。对于小区而言，当多数家庭选择同一时间段给电动汽车充电时，电力负荷的增加将造成变压器和配电装置的过载风险。此外，电动汽车的无序充电增加了电网负荷的复杂性和峰谷差，对可再生能源的接入与消纳产生了不良影响。例如，电动汽车晚间回家充电与光伏白天发电的时间不匹配，导致了光伏发电的使用效率降低，甚至可能需要弃用部分电能，造成可再生能源的浪费。

随着新能源汽车的普及，提供充电服务的居住区和商业楼宇需要增加配电变压器的容量，满足新增的电力需求。目前，配电网的扩容主要是被动式的响应需求，并且要求城市输配电网升级。电网扩容面临高昂的投资成本和有限的城市用地空间，容易导致全社会电价上涨。为解决这些问题，较为直接的方法是考虑实施日间目的地充电和中途补电等策略。日间目的地充电利用峰值互补原则，鼓励电动汽车在光伏发电峰值期间充电，以提高可再生能源的利用率。中途补电则是当电动汽车电量不足时在行驶路途中充电，以支持电动汽车在旅途中的充电需求。此外在农村地区，分布式光伏在中午时分达到发电峰值，可以通过鼓励电动汽车在光伏发电高峰充电,缓解新能源并入配电网带来的电网改造需求,有效解决当前面临的挑战。

10.1.2 车网互动概念

1. 智能有序充电与车网互动

如图 10-3 所示,智能有序充电是一种"聪明"的充电方式,它在考虑电动汽车的充电需求、电网的现有电力供应和充电设备的状态之后,使用价格激励(如分时电价)或者智能技术来调整电动汽车的充电时间和充电功率。例如,引导居民区多数电动汽车在电力需求较低的时候(如深夜)进行充电,避免了大家都在用电高峰期(如傍晚回家后)同时充电,实现将充电需求转移到电网负载较低的时段,从而减轻了电动汽车充电对电网运行增加的峰值负荷。智能有序充电的推广需要结合智能化自动控制技术,避免"夜间插枪充电"等行为降低用户使用体验。但是,智能有序充电不能完全解决在电力使用高峰期的电网负荷问题,难以应对多类型终端电气化(如电采暖等)水平不断提升造成的电网运行压力。

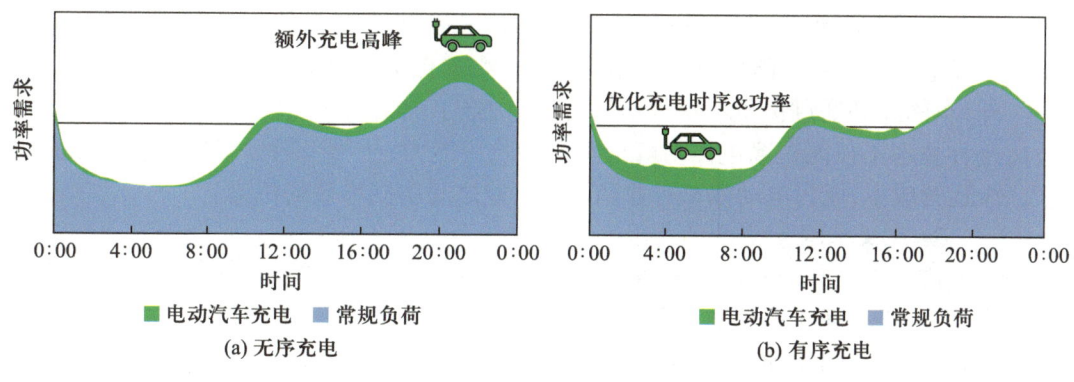

图 10-3　电动汽车无序与有序充电的功率对比

在此基础上,双向充放电是一种更高级的技术,它不仅允许电动汽车从外部取电,还可以让电动汽车把电能返还回外部。车网互动(vehicle to grid, V2G)是电动汽车双向充放电技术与电网集成的主要技术形式。这种互动形式利用电动车的电池作为临时储能设备,让电动汽车作为"充电宝"以平衡电网的需求和供给。车网互动可以平衡电网在不同时间的电力需求,增强了电网的灵活性和稳定性,同时更好地消纳可再生能源,如图 10-4 所示。

实现车网互动功能需要对充电设备进行升级并建立集中管理(聚合调度)系统,来统一控制大量的充电站、电动汽车和储能等能量终端,以确保电动汽车充电与电网需求之间的最佳匹配。在车网互动过程中,电动汽车可以根据电网的需要,释放部分或全部存储的电能到电网。具体放电能量和功率取决于电网的需求以及电动汽车的电池容量。为确保车主的出行不受影响,车网互动系统还需要在电动汽车出行前自动充入不足的电量,满足预定的行程需求。这样的双向充电能力使电动汽车具备了参与调节和稳定区域电网的功能,特别是在应对可再生能源如光伏和风能产生的间歇性波动时尤为重要。

255

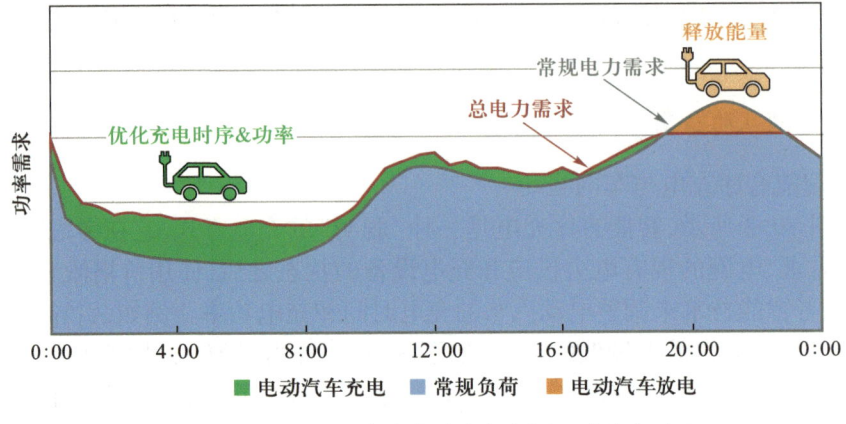

■ 图 10-4 电动汽车有序功率与车网互动功率对比

车网互动技术的实施不仅标志着智能电力系统的进步，还突显了其在现代能源管理中的核心作用。电动汽车作为分布式储能单元，在解决可再生能源如太阳能和风能的时空不匹配问题上起着至关重要的作用。这些能源依赖于天气条件，具有高度间歇性，而电动汽车可以在这些能源发电高峰时储存能量，并在需求高峰或发电低谷时释放能量，从而帮助平衡电网，确保电力供应的连续性和稳定性。此外，车网互动通过提供灵活性解决方案，增强了电动汽车与电力系统的协同作用，这种技术不仅能提高电网对峰值负荷的响应能力，还可以通过市场竞争的方式减少运营成本，成为电动汽车行业和电力行业之间协同增效的桥梁。

2. 广义车网互动

广义车网互动被称为 V2X（vehicle to everything），"X"代表任何与能源相关的实体，表明车网互动在电力系统的用户侧市场中具有多种应用模式。如图 10-5 所示，广义的车网互动技术包括电动汽车单向有序充电（V1G）、电动汽车与电网双向充放电（V2G）、电动汽车与电动汽车充放电（V2V）、向楼宇供电（V2B）、向负载供电（V2L）等多种形式。例如，一辆电动车的电池如果还剩余大量电量，而另一辆车电量不足，通过 V2V 技术，第一辆车可以将部分电能传输给第二辆车，优化车队的能量使用，提高能源的整体效率。车辆与楼宇互动使电动汽车能够将储存的电能反向输送到建筑中。电动汽车可以作为临时电源，帮助减轻电网压力，实现能源成本的节约，对高峰电价时段或电网供电不足时尤为重要。而车与微网（V2mG）互动一般涉及电动汽车与整个园区微网的互动。在这种模式下，车辆不仅能从园区微网中取电，还能在需求高峰时将电能反馈给微网，或在用电需求较低时储存能量，从而帮助平衡园区的能源需求和供应。这些互动模式的核心在于利用电动汽车的电池作为一个移动储能单元，通过智能充电和放电策略，优化能源使用，减少对电网的依赖，并提高能源系统的整体可靠性和经济性。

3. 电动汽车接入电网

车网互动技术需要解决电动汽车向电网反向放电的问题。与传统电网的单向电能传输不同，车网互动要求用电终端具备反向放电的能力。车网互动反向送电的规范可以参考分布式光伏接入电网的具体要求，包括系统接入电压等级、电能质量要求、孤岛运行、保护与安全、调度自动化、通信、计量以及涉网性能等方面。例

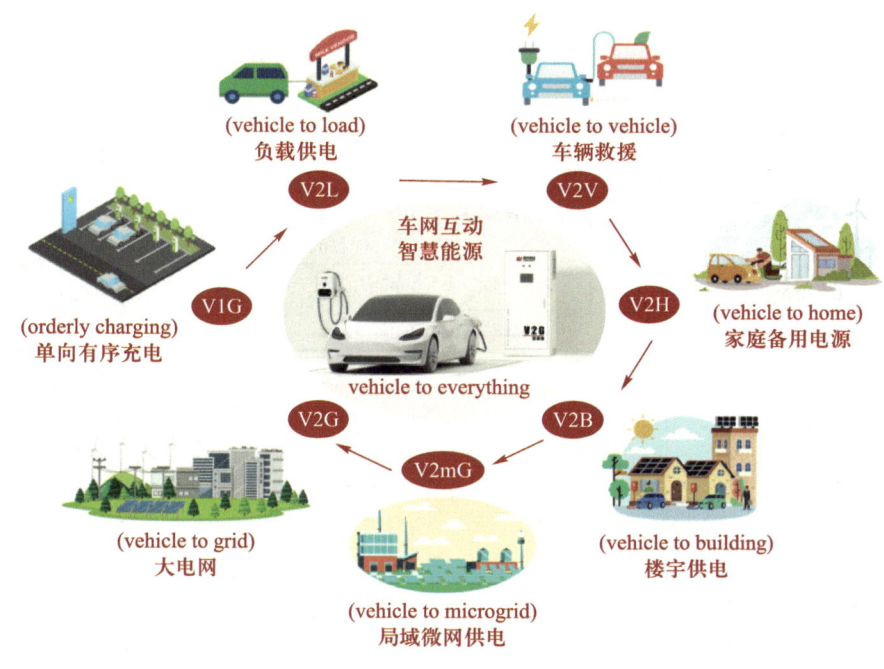

■ 图 10-5 广义的车网互动技术

如,光伏系统通常接入 220 V/380 V 低压电网,220 V 单相公共连接点电压偏差不得超过标称电压的 +7% 和 −10%。这些规定确保了分布式光伏系统对电网的影响在可接受范围内,保证了电网的安全稳定。分布式光伏发电系统有全额上网、自发自用和余电上网等多种运行模式。类似地,电网与电动汽车的互动也可以采用多种模式,如直接与负荷/微电网互动,或与大电网进行互动。这些模式的选择和应用需遵循相关的技术规范和标准,以确保电网的稳定运行和能源的高效利用。电动汽车与电网之间的互动需建立在详尽的规范和健全的基础设施之上,这些规范不仅确保了电动汽车和小型可再生能源设施通过较低电压级(通常为 10 kV 及以下)接入电网的电能质量和系统安全,还有助于电网管理峰谷负载。

如图 10-6 所示,电动汽车与电网在不同电压等级下均有丰富的集成形式,在低压配电网下,车网互动技术可应用于农村家庭分布式光伏协同系统、城市楼宇和智慧停车场互动系统、含有小型火电机组和可再生能源单元的微网互动系统;在农村家庭场景下,V2H 形式主要利用电动汽车电池与家庭光伏系统协同工作,实现能源的储存和调度,提供备用电力,确保家庭用电的稳定。城市楼宇和智慧停车场中,V2B 系统通过电动汽车与建筑物供电线路连接,在电力需求高峰时段提供额外电力,优化电力使用,减少电网压力。微网系统中的 V2mG 形式则将电动汽车与独立微电网系统集成,提供可靠的电力供应,增强系统的稳定性。在中压配网下,电网互动技术主要应用于快充站和换电站,通过降低充换电站接入电网的功率,满足大量电动汽车的充电需求。电动汽车与电力系统中在不同场景的集成应用,不仅提供备用储能容量,还支持电网的峰谷调节和频率调节,增强整个电力系统的灵活性和稳定性。

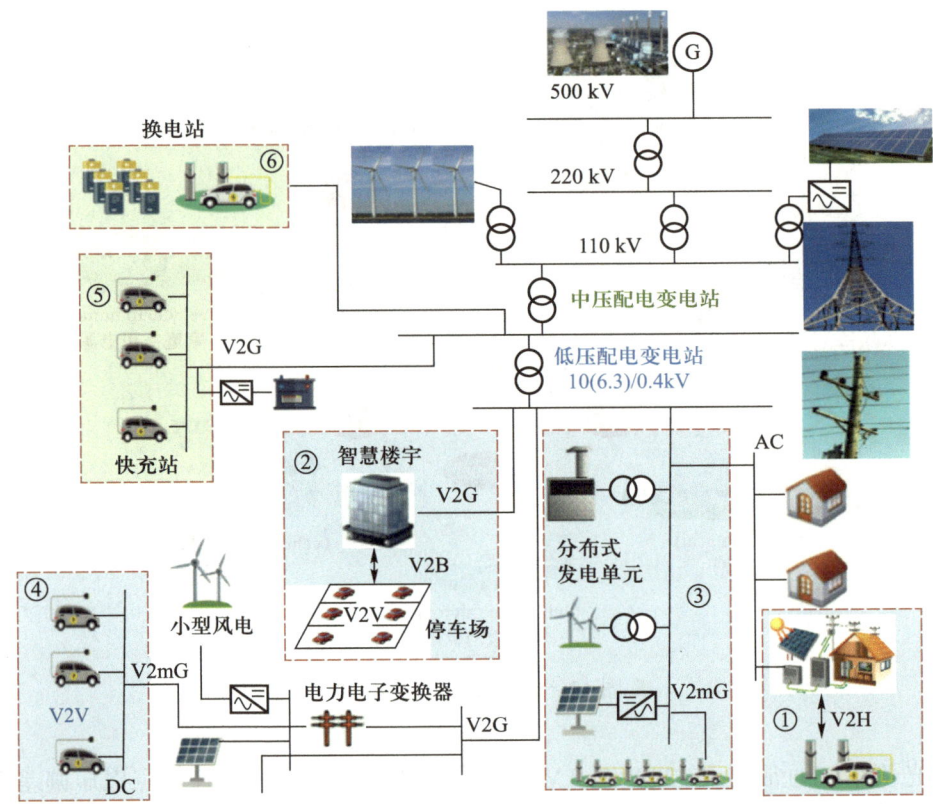

■ 图 10-6　不同电压等级下的车网互动应用场景

10.1.3　车网互动潜力

1. 单车与电网互动

电动汽车与电网互动的过程实质上是一个储能过程,涉及几个重要属性:储能时长、储能能量和储能功率。储能时长是指电动汽车能够存储能量的持续时间,这与电动汽车的剩余电量和充电桩的功率有关,受到车辆连接电网时间的影响。因此,鼓励电动汽车在停车后立即连接充电桩,对于提高储能时长至关重要。储能能量是指电动汽车在储能过程中所能存储的总电量,受到电动汽车的电池容量和行程需求等因素影响。此外,还应考虑电池的健康状况和衰减情况,确保电池在充放电过程中不会产生过度损耗。储能功率则与充电桩功率直接相关,即电动汽车能够在固定时间内充入或释放的电能。合理优化这些参数可以提高储能效率,确保电动汽车在电网负荷管理中发挥最大效益。

私家乘用车包括纯电动和插电混动车型等,纯电动车型可以通过充电和换电两种方式进行车网互动。充电模式下,车辆通过连接充电桩直接与电网互动,这种方式较灵活,但要求车辆长时间接入电网。换电模式则通过更换电池来实现快速能量补给,减少了补能时间,但需要建立更多换电站。插电混动车型结合了内燃机和电动机,能从电网充电并提供电力,但由于其电池容量相对较小,提供的储能容量有限,参与车网互动的潜力不足。出租车和网约车由于需要频繁使用,一般通过大功率快充进行能量补给,可用于反向放电的储能能量和时长较短,但可通过充电过程的需求响应参与电网调度;或者通过价格引导在电网负荷低谷时充电,以缓解电网压力。公交车和物流车日常出行规律性强,通常有固定的充电桩和规律的充电时段,形成较为固定的储能时长和储能能量。因而,公交场站或物流中心是车网互动技术早期推广的理想场景,便于开展技术验证和示范工作。电动卡车等营运车辆存在充电和换电两种模式,换电模式可以在换电站进行电池更换,站内电池具有较高的储能容量。然而,卡车电动化进程相对较慢,且通常在远离电网负荷中心的市郊公路运行,电网接受反向送电的容量不足,实现车网互动需要基于交通流和电网情况优化换电站基础设施布局。不同类型电动汽车与电网互动的潜力对比见表 10-1。

表 10-1   不同类型电动汽车与电网互动的潜力对比

车辆类型	优势	劣势
纯电动乘用车(充电模式)	方式灵活,站点较多	接入电网时间较长
纯电动乘用车(换电模式)	不影响车主使用	换电站建设成本较高
插电式混合动力乘用车	与电网交互后无续驶里程焦虑	电池容量与调度潜能较小
纯电动出租车、网约车	易受价格激励,更易调度	充电时间短,反向放电潜能较小
电动公交车和物流车	出行规律性强	—
电动卡车	储能容量较高	电动化程度低,出行地区偏远

2. 车辆集群与电网互动

尽管单车与电网互动具有丰富的模式,但单辆电动汽车的电池容量有限,难以对电网提供有效调节。当几十或上百辆电动汽车集群聚合后,其总能量可达到储能电站的规模,增强了对电网的支撑能力。电动汽车集群与电网互动的能力受到电动汽车渗透率、空间分布以及支撑技术的影响。高渗透率意味着某一地区拥有较多的电动汽车,能够聚合成为大规模储能系统,更有效地支持电网调度,应对电网的调节需求。此外,车辆的空间分布决定了充电基础设施的建设和优化策略,密集区域一般建有更多快速充电和换电设施,充换电行为对电网的整体能效和稳定性影响更大。根据电动汽车集群的空间分布,车网互动存在电动汽车换电站集群、充电站集群、居民小区充电桩集群等不同形式,不同电动车集群与电网互动的潜力对比见表 10-2。

表 10-2   不同电动汽车集群与电网互动的潜力对比

集群类型	优势	劣势
换电站集群	调度灵活,管理高效	换电站初期投资建设成本较高
充电站集群	充电功率高	高峰期充电需求集中,难以调度
居民小区充电桩集群	受电动化渗透率影响,储能容量潜力大	充电速度较慢,对小区配电网与充电用地要求较高

换电站集群调度基于对电池集群的高效管理,协调电池的充放电行为,既满足了用户的换电需求,又实现了灵活的电网调度。具体而言,换电站集群调度需要确

保在高换电需求时段,满电电池供应充足,用户换电等待时间短,换电服务质量高;在低换电需求时段,利用电网的低谷电价进行充电、峰值电价进行放电,降低运营成本。此外,通过优化调度策略,可以在不同换电站之间实现电池的合理流动,提高电池利用率,减少用户等待时间。换电站集群调度还可以参与需求响应等辅助服务市场,为电网提供灵活的调节能力,进一步促进电网的安全稳定运行。

充电站集群能通过集中管理和优化充电策略提高充电效率,降低充电成本。随着电动化渗透率的不断提高,充电场站的集群效果越发明显。在公交场站,公交车聚合后能够获得可观的储能能量和储能功率。在工作地点附近的乘用车场站,日间充电行为明显,电动汽车集群能够有效消纳电网的可再生能源,平衡电网负荷。机场等交通枢纽的充电场站由于车辆停留时间较长,在这种场景下实施集群充放电,能够与场站的发电和负荷资源形成源荷储互动的微电网系统,并在必要时参与电网调节。在不同充电站之间,电动汽车作为一种移动储能单元,可以实现跨区域的能量调节,且在极端天气导致的电力供应中断情况下能够实现应急供电,提升电网的韧性。

针对居民小区充电桩集群,为改善电动化渗透率不高的问题,小区充电桩建设需要与小区能源系统结合,并与小区的负荷特征做匹配。通过集中管理和优化充电策略,避免充电桩的闲置和过度建设,提高充电桩的利用效率。在功率方面,单个充电桩的功率通常为几千瓦,当电动汽车的渗透率达到一定程度,其接入小区电网就能产生可观的功率支撑效果。此外,还应通过优化充电桩的布局和容量,引入智能充电调度系统等措施,更好地满足居民的充电需求,同时减轻对电网的冲击,促进电动汽车的普及和发展。

3. 车网互动与固定式储能对比

车网互动与固定式储能技术都提供了电力储存的解决方案,特别是在用户侧的工商业储能和台区储能等场景中。工商业储能主要服务于商业建筑或工业用途,通过储存电能来优化能源使用,减少电费支出。台区储能则是主要面向同一配电网区域内,如一个园区或几栋建筑内,部署储能系统,目的是平衡当地电网的负荷,提高电力供应的稳定性和效率。由于车网互动与固定式储能技术都能参与配电网调节,两种技术存在竞争。在选择合适的技术路线时,需要综合两种技术在成本、安全、容量、所需空间及实施时间等方面的差异,结合电力系统的具体需求,开展系统规划与配置。

车网互动储能与传统固定式储能电站在实际运用中存在显著差异。图 10-7深入分析了这两种技术在可用容量、交互时间、空间、固定成本和安全风险 5 个核心特性方面的对比结果。就可用容量而言,V2G 技术长期具有较大优势。基于《节能与新能源汽车技术路线图 2.0》预测,到 2030 年中国的电动汽车保有量将接近 1亿辆,以单车平均电量 60 kW·h 假设,车载储能容量预计将接近 $6×10^9$ kW·h,远超固定式电化学储能容量规划。在交互时间维度,固定式储能电站能够提供持续且确定的容量供给,支持电力系统在指定时段内的能量交互需求。相比之下,电动汽车的储能容量表现为较高的随机性,其参与电网互动的车辆数量和储存能量在任意时段都可能有所波动。从空间占用和投入成本来看,固定储能电站通常需要大面积土地和附加设施,导致其建设和运维成本较高。与此相对,车网互动技术具有

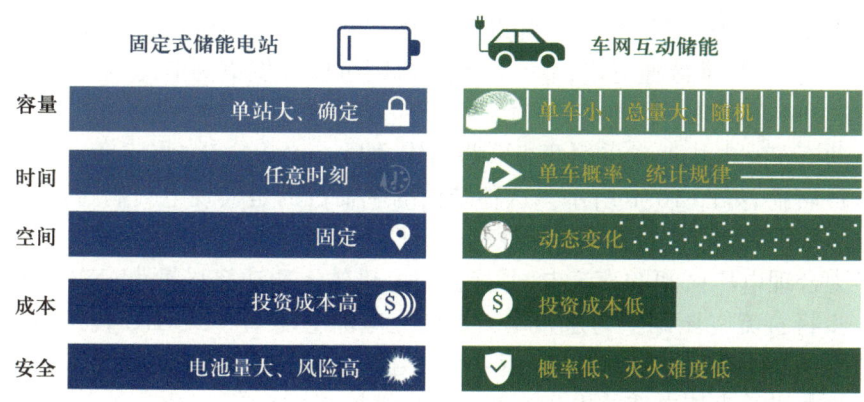

■ 图 10-7　固定式储能电站与车网互动储能特征对比

更高的空间灵活性,电动车在停车位灵活参与到电网互动中,无须额外土地资源。在安全风险上,固定储能电站的电池寿命和循环次数一般比电动汽车更长,但由于单体数量和容量较高,单体热失效后能够在系统中蔓延,存在较高的系统安全风险。相比之下,电动车的灵活性使其在互动成本和操作灵活度上具有优势,单车热失效概率较低且风险可控。总体而言,车网互动储能与固定式储能电站各有优劣,选择适合的储能方式需考虑具体应用场景及成本效益。

10.2　车网互动构成

10.2.1　硬件系统

1. 双向充放电机

双向充放电机是车网互动技术的硬件基础之一。电动汽车的充电机主要包括车载充电机和非车载充电机两种。车载充电机(on-board charger)是安装在电动汽车内部的充电设备,主要功能是将充电接口的交流电(AC)转换为直流电(DC),同时根据电池管理系统的指令调整充电电流和电压,以控制电动汽车充电速度并保护动力电池。非车载充电机是指安装在固定地点(如充电站、停车场、住宅充电桩等)的充电设备,这类充电机为各类电动汽车提供充电服务,不随车辆出行而移动。

充电机的核心功能是将电网的交流电转换成适合电动汽车电池充电的直流电,实现交直流间的转换。直流电压值要匹配电动汽车的电池系统参数与电压状态,并根据充电电流需求进行调整。合理的充电电流可以最大化电池效率,延长电池使用寿命,同时确保充电过程的安全性。充电机需要电力电子及控制系统,精确控制电流和电压,需要在保证快速充电的同时,避免过度充电或过快充电损害电池。其次,充电机还要实现电气隔离和绝缘检测功能。电气隔离是通过隔离变压器等以物理方式切断电网与动力电池之间的电连接,避免人员与动力电池电气系统发生意外接触时受到电击。绝缘检测则是检测充电系统回路的绝缘性能,确保所有电气元件和电路在高压环境下都没有漏电或短路的风险,对于防止电气故障、提升电气安全至关重要。车载充电机由于体积和成本的限制,通常适配较小的充电功率,适合于日常低速充电;非车载充电机则可以提供更高的充电功率,以满足用户快速补电的需求。

电动汽车充电机通常采用两级电路结构,即 AC/DC(交流–直流)和 DC/DC(直流–直流)转换,如图 10-8 所示。这种结构的主要目的是实现电气隔离,并匹配较宽的电压范围,确保充电机的安全性和适应性。AC/DC 整流器首先将电网的交流电转换为合理电压区间的直流电,并保证充电机的无功功率尽量小。DC/DC 变压器进一步将直流电压调整为适合动力电池充电的电压值。DC/DC 转换器通常包括一个隔离变压器,避免电网的交流电直接连接到电动汽车的直流电路,确保人员安全。充电机的直流电流或电压一般采用反馈控制,即使电网电压波动,充电机也能为电池提供稳定和适宜的充电电压。

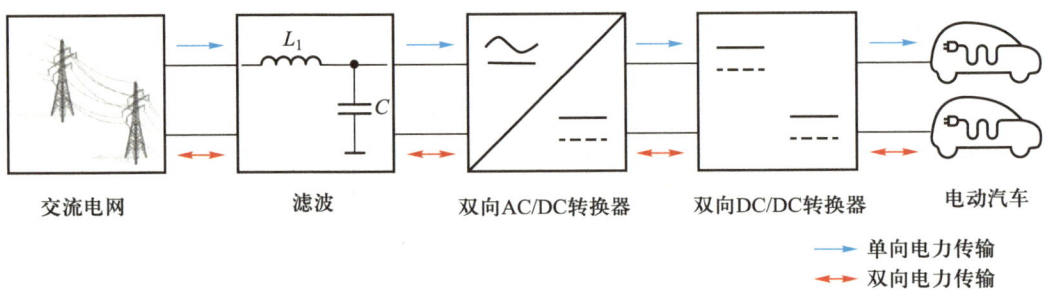

交流电网　　　　　　滤波　　　　双向AC/DC转换器　双向DC/DC转换器　　电动汽车

→ 单向电力传输
⟷ 双向电力传输

■ 图 10-8　电动汽车单向充电与双向充放的电力传输

车网互动采用的双向充电机与传统单向充电机存在硬件和软件的显著差异。在硬件上,双向充电机采用可控开关替代了单向充电机中的不可控开关,这使得功率传输的方向可以控制,实现电能的双向流动。在软件层面,双向充电机增加了交流侧的相位同步控制,保证了在并网运行时能够与电网相位同步。在实现功率传输方向的切换时,双向充电机存在不同的控制方式。第一种方式是先停止正向电流,然后开启负向电流。该切换过程便于在电流为零的时段进行电路绝缘检测,确保系统的安全性。第二种方式是从正向直接切换至负向电流。该切换过程没有电流为零的阶段,具有更快的响应速度。

随着技术的发展,充电机新型电路拓扑结构也被逐步提出,其中包括两级分离式充电机和与多系统融合式充电机等典型结构。两级分离式充电机主要应用于超充站,通过将 AC/DC 和 DC/DC 两个转换模块分开布置,使连接前后级的直流母线可以接入储能电池系统或光伏发电系统,降低超充站对电网的功率冲击,提高系统的效率;同时前后级模块可进行灵活配置,增强了系统兼容性和扩展性。多系统融合式充电机将充电机拓扑电路与车辆的其他系统(如电机、逆变器)融合,实现模块间的复用和功能拓展,形成了高度集成的充电解决方案,从而提高了车载充电机的充电功率,降低了系统成本。

2. 配电与并网系统

在车网互动过程中,配电与并网系统的关键作用是确保电动汽车与电网之间的稳定连接和交互。配电与并网系统需要面向的两个主体是连接大电网的交流配电网和服务充电桩的充电站微电网,如图 10-9 所示。面向交流配电网,并网系统必须精确控制电网的频率、电压和相位。例如,国内交流电网的标准频率为 50 Hz,电压则根据不同的应用场景有不同的标准,如家庭用电通常为 220 V,工业用电为 380 V 到数千伏。相位同步也是并网控制的关键,以减少电动汽车充放电过程对电网的扰动。面向充电站微电网,配电系统主要关注电压的稳定性,虽然充电站微电网的电压要求不如配电网严格,但仍需确保电压在合适的范围内,以保护连接的充电设备和维持系统的正常运行。配电和并网控制需具备快速响应和精确调整的能力,以确保电动汽车与电网互动过程的系统稳定性。

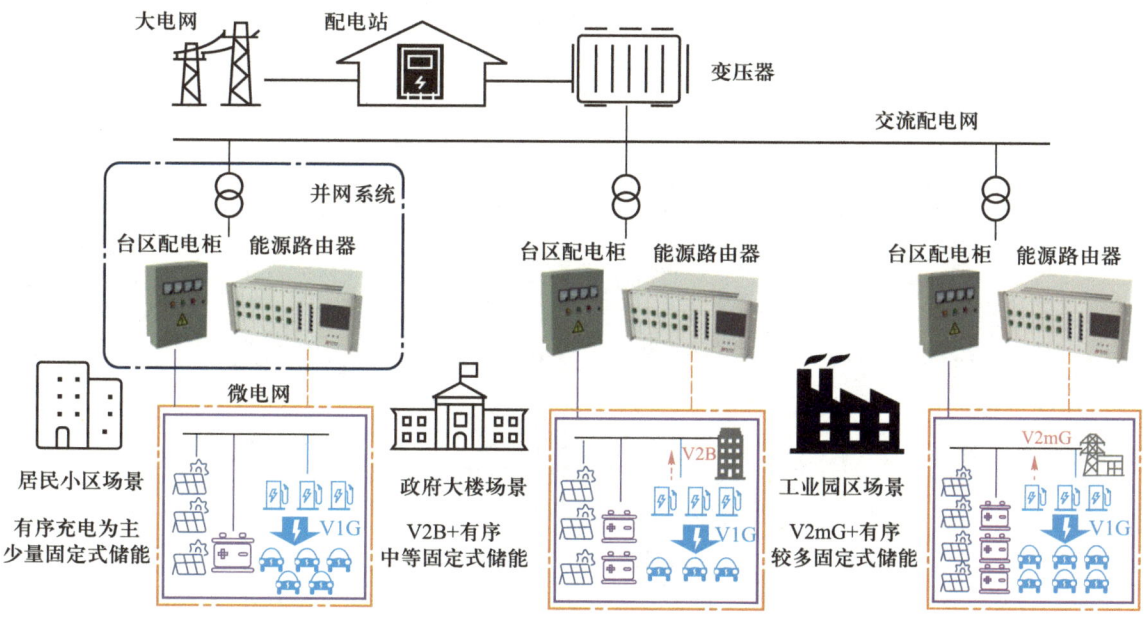

■ 图 10-9 电动汽车通过并网设备接入配电网

随着可再生能源在电网中的比例升高,风能和太阳能的输出具有波动性和不确定性,给电网的稳定运行带来了挑战,充电站也需要承担更多的电网调节任务。配电与并网系统不仅要管理电动汽车的充电需求,还要参与电网的辅助服务,如调频、调压等。电网调频是指通过调整发电机的输出功率来维持电网的频率稳定,防止频率偏差造成的影响。调频分为一次调频和二次调频。一次调频是快速响应电网频率变化的过程,通常由发电机组自动完成,以维持电网的瞬时平衡。二次调频是对一次调频的补充,它通过调整发电机、集中式或分布式储能等资源的输出功率来校正电网的频率偏差,通常由电网调度中心控制。车网互动技术中的双向能量流动特点使得电动汽车成为电网用户侧调频的重要工具。电动汽车即时的电能吞吐,可以快速响应电网的频率变化,从而帮助电网实现调频目标。在此过程中,充电站并网系统需要具备快速响应的能力,并且配备精确的时钟以控制响应时间,确保能够及时准确地执行电网调度中心的调频指令。

3. 信息交互系统

车网互动过程需要通过信息交互系统实现充电桩与电动汽车之间的双向信息

交互,如图 10-10 所示。典型的信息交互过程包括:在开始阶段,电动汽车向充电桩注册表明自身具备双向充放电能力,并完成身份认证;充电桩接收信息后,向平台确认电动汽车的 V2G 功能状态,并请求平台下发充放电策略指令;平台根据电动汽车的 V2G 功能状态、电网调节功率需求和电动汽车电池状态,制定并下发充放电策略指令;充电桩接收充放电策略指令后,调用功率模块控制电能的流动方向和大小,进行充放电操作。在上述过程中,信息交互设备还要对电动汽车运行状态和通信协议进行检查,避免车网互动的安全和兼容问题。车网互动结束后,信息交互设备需要确认充放电记录,支撑电动汽车与电网之间的交易结算。

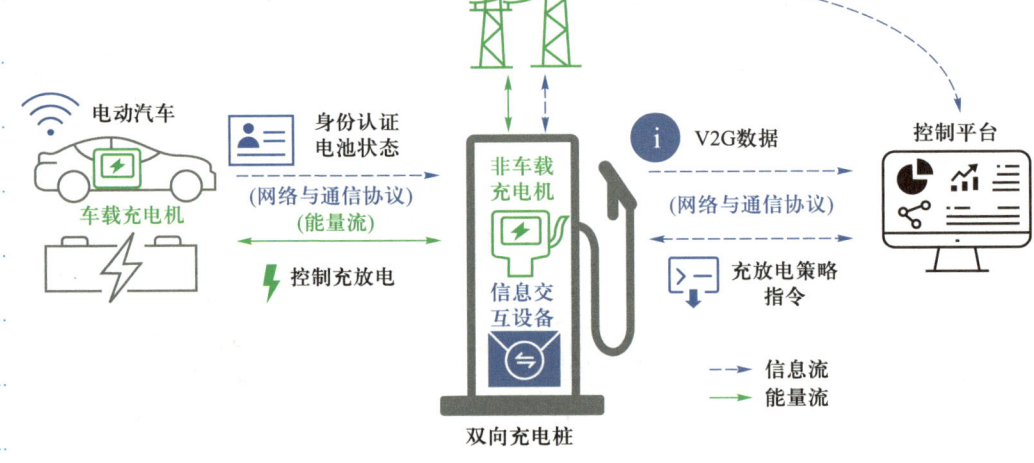

■ 图 10-10　车网互动的通信与信息交互过程

非车载充电机与车载充电机在信息交互方面存在差异。车载充电机作为电动汽车的重要组成部分,其与电动汽车的交互更加便捷,能够全面获取电池状态信息,并进行充放电控制。车载充电机通过与车载电池管理系统进行通信,能够实现电池状态的监控和管理。然而,车载充电机与电网的信息交互范围有限,需要研究可行方案并形成规范标准。相比之下,非车载充电机通常配备更强大的通信模块和数据处理能力,更容易实现与电网的实时数据交互,根据电网需求进行充放电控制。非车载充电机更容易与其他站内非车载充电机进行信息交互,实现充电桩的协同控制和组网优化。

随着充电桩纳入"新基建"范畴,充电桩数量将呈现爆发式增长,同时也更加联通化、数字化、智能化。提升充电桩的响应速度与精度以及确保通信协议的开放性与安全性至关重要。充放电兼容性的提升和信息隔离的破局将构建一个更加紧密的车–桩–网耦合互动体系,实现信息流和能量流的高效共享。同时也应加强系统的信息安全性,避免隐私数据的泄露,确保信息可靠、安全地在车–桩–网系统中流转。这一发展路径引领着智能充电设施的技术进步,也为智能电网与车网互动的未来发展奠定了坚实的基础。

10.2.2 软件系统

车网互动软件系统利用电动汽车的充电与出行数据、电网发电与负荷数据,开展数据挖掘和分析,实现需求预测、聚合调度、市场交易和安全管控,支撑不同需求场景下的电动汽车与能源系统互动。图 10-11 给出了车网互动平台系统的典型架构。该架构包括信息平台层、通信和网关层以及能量和设备层。信息平台层整合能量管理与安全监控、负荷聚合与虚拟电厂构建、车辆和电网需求预测以及电能市场交易服务等核心算法。通信和网关层主要负责对微网控制器和边缘网关等通信设备的管理和控制。能量和设备层则对光伏、风电、储能、电动汽车和建筑等多样化能源终端的运行功率进行控制。

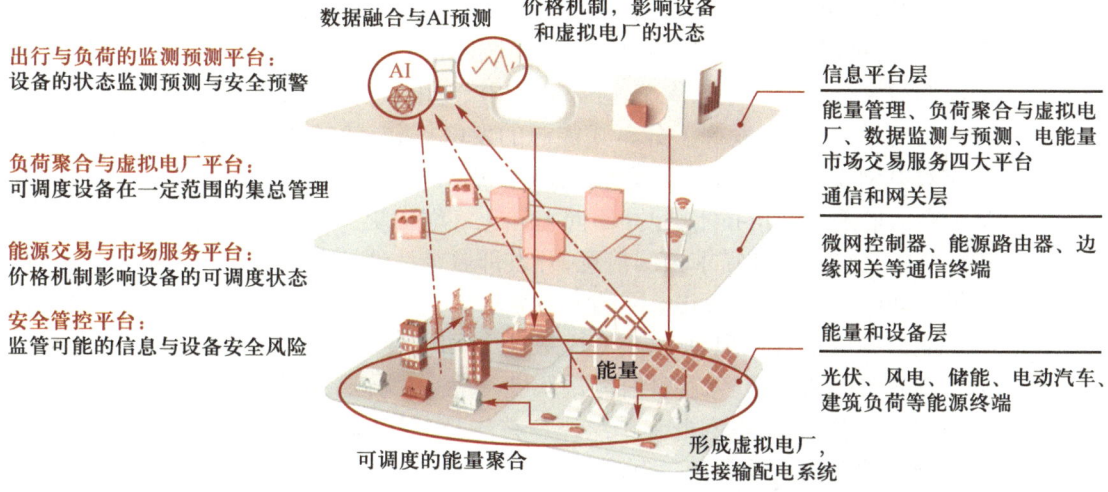

出行与负荷的监测预测平台:设备的状态监测预测与安全预警

负荷聚合与虚拟电厂平台:可调度设备在一定范围的集总管理

能源交易与市场服务平台:价格机制影响设备的可调度状态

安全管控平台:监管可能的信息与设备安全风险

数据融合与AI预测

价格机制,影响设备和虚拟电厂的状态

信息平台层
能量管理、负荷聚合与虚拟电厂、数据监测与预测、电能量市场交易服务四大平台

通信和网关层
微网控制器、能源路由器、边缘网关等通信终端

能量和设备层
光伏、风电、储能、电动汽车、建筑负荷等能源终端

能量

可调度的能量聚合

形成虚拟电厂,连接输配电系统

■ 图 10-11 车网互动平台系统的分层架构和功能模块

(1)需求预测

需求预测包括车辆出行与充电行为预测、用电负荷与发电预测等。出行与充电行为是规划充电基础设施选址与容量,提高电动汽车使用便利性,制定车网互动与能源政策的重要前提。出行行为预测关注用户的日常出行规律,即通过历史出行数据、用户偏好和社会活动等因素来预测未来何时、何地出行及行驶距离。出行行为影响电动汽车电池能量的时空变化,从而决定动力电池电量的可调度潜力。充电行为侧重于电动汽车接入充电桩的规律,包括充电地点与方式、充电时长和频率等,受到电池能量状态、充电设施可用性、电价激励措施和用户行程安排的影响。充电行为影响了电动汽车接入电网的功率和能量,决定了车辆充放电的用电负荷边界。用电负荷预测是对未来电力系统用户侧电力需求进行估计的过程,包含电动汽车、居民小区、工业园区等不同场景。电网基于负荷需求进行电力调度,实现安全、可靠和经济运行。发电预测主要基于天气条件、地理位置和历史发电数据预测风能、光伏等发电功率,解决可再生能源发电的不确定性和波动性问题。

随着人工智能和机器学习技术的发展,需求预测技术正在向海量、多源数据融合方向发展,为城市交通和能源管理提供强有力的决策支持。例如:出行与充电行为预测平台结合车载传感器、交通监控设备、气象站和能源供应网络提供的车辆运行轨迹、充电服务订单以及道路与天气状况数据,构建高精度区域特征图谱和综合数据库,精准预测不同用户使用车辆(如私家车、营运车辆或公共汽车)的交通行为和补能需求。预测结果进一步用于能量管理和交通决策,指导电动汽车出行避开拥堵区域,充电时段避免电网高峰时段,以实现高效、可持续的城市交通−能源系统。

(2) 聚合调度

面向分布式电动汽车和电源发电的随机性、分布广、规模大的特征,聚合调度系统利用规模化电动汽车运行特征叠加形成的确定性规律,解决发电和用电负荷在时间、空间上不匹配的问题。聚合调度平台的工作过程包括:通过传感器和互联网获取特定区域电动汽车、光伏发电、建筑负荷的各种信息,利用数据处理中心的先进计算模型和算法分析数据,预测能源供需趋势,制定能源聚合和能量调度方案,平台通过通信网络向分布式资源发送调度指令,实现能量的实时调配与优化。

能源聚合平台将电动汽车、分布式发电、用电负荷整合成虚拟的、可调度的、具有一定规模的资源,发挥了分布式能源的发电、储能和灵活用电方面的潜力,形成了应对电网供需波动的灵活能源,促进了可再生能源的消纳。能源聚合平台需要基于高效监测与通信技术,建立面向差异化终端的统一标准和通信协议,收集分布式能源的运行状态和需求预测信息,开发部署灵活性调节和调用的能源聚合平台,满足电动汽车、用电负荷和电网的多方需求。

能量调度平台实现对电动汽车、发电与用电设备的管理与控制。由于电动汽车具有分布广和数量多的特性,能量调度一般采用分层方式,典型的分层包括分布式终端、微电网和微电网群三个层级。首先,实现电动汽车与分布式终端的管理,确保能量的双向流动和高效利用;其次,进行面向车网互动的微电网系统管理,优化微电网的安全性、稳定性和运行效率;最后,执行考虑时空分布的微网群能量均衡管理,确保在不同时间和地点之间能量平衡与供需一致。通过分层能量管理平台,电动汽车首先响应本地能量调度指令,在终端和微电网内部解决发电和用电的不均衡问题,减少微网之间进行能量频繁调度,提高系统效率和稳定性。微电网聚合了本地分布式可调节资源,提高了接受调度的能力,更容易支撑起电网的能量调度需求。

(3) 市场交易

电力市场可根据交易的时间范围和服务类型分为中长期市场、现货市场和辅助服务市场。中长期市场主要涉及未来几天、几周及更长时间的电力交易,目的是通过提前确定合约价格来规避价格波动。现货市场则满足实时的电力需求和处理供需的不匹配问题,电价根据实时的市场供需关系设定,由发电运营商根据市场信息进行实时调整。辅助服务市场面向电力系统的稳定性和安全运行,提供如频率调节、电压支撑等服务,应对电网的突发情况,确保电网运行的稳定性。上述市场的有效协同是电力系统平稳运行的关键,市场参与者优化各自的运营策略并提高经济效益。

市场交易系统通过实时能源监测、交易匹配及交易结算,将分布式发电和消费需求与电网运营高效对接。由于电动汽车储能具有中短时长的特性,因而车网互动主要参与现货市场和辅助服务市场的交易。参与电力市场交易的主体一般是进行分布式能源聚合调度的运营商,例如工业园区或居民小区的物业管理部门。运营商将管辖的各类场站(如快充站、换电站、园区微网等)的用电需求和资源聚合潜力上报给电网公司,提出购电需求或提供电力辅助服务或参与现货交易。车网互动参与电力市场交易需要更加灵活的电力市场机制,分时电价或套餐电价,以充分激发运营商的市场活力。

(4)安全管控

安全管控主要解决电动汽车与电网互动过程可能存在的信息与设备安全风险。设备安全风险主要是指参与车网互动的设备失效造成的安全问题。例如:电动汽车充电接口故障,可能导致动力电池充放电超出安全边界;充电设备运行功率控制不良,可能导致配电网运行超出安全稳定边界等。信息安全风险是指信息资产的保密性、完整性和可用性遭到损害。例如:中央管理平台的网络系统可能遭受黑客攻击,导致整个电网系统的控制权被篡夺;用户数据的泄露,可能导致数据安全和隐私泄露的风险等。

安全管控平台需实时监控系统运行状况,预测潜在的安全威胁,保护用户的数据隐私,确保系统的物理和网络安全。相关功能涵盖了系统健康状态的持续监测、异常行为的自动检测与警报、数据加密和访问控制等,以及针对潜在风险时的迅速响应和问题处置。面向电网,收集实时数据并识别可能的风险,自动调整系统设置或通知操作人员采取行动,维护电网的稳定和安全。面向用户,采用数据加密或区块链技术等方式解决能量交易的身份认证和隐私泄露问题,进行去中心化、数据可追溯、透明的市场交易过程,保护信息资产免受威胁和侵害。面向充放电设备和电动汽车,构建运行故障数据库和大数据诊断算法,实现设备安全问题的早期预警和事故的及时处置,降低因安全事故造成的财产损失等。

10.3 车网互动技术原理

10.3.1 技术分类

在车网互动过程中,车辆、充电场站与电网三者之间的信息传递和能量流动是交互过程的核心。此过程涉及的参与主体主要包括电动汽车和车主、充电桩场站、配电网或用电主体,如图 10-12 所示。电动汽车作为核心参与者,其需求不仅包括高效充电和保持电池健康,还包括通过参与电网的调度和市场交易来获得经济收益。车主希望通过电动汽车双向充放电参与电网的峰谷调节、辅助服务市场等,获取额外的经济收益。充电场站作为电动汽车与电网之间的桥梁,一方面需要根据电动汽车的需求提供高效、安全的充电服务,另一方面需要根据电网的调度指令调整各个车辆充放电策略。电网作为车网互动的支撑系统,需要实时了解电动汽车和充电站的运行状态,并根据自身的稳定性和经济收益下发指令,实现系统的优化运行。

车网互动的实现涉及多层次的科学问题和工程问题。图 10-13 展示了从不同主体的角度出发,车网互动在不同时间尺度上应攻关的重点技术,需要围绕车网互

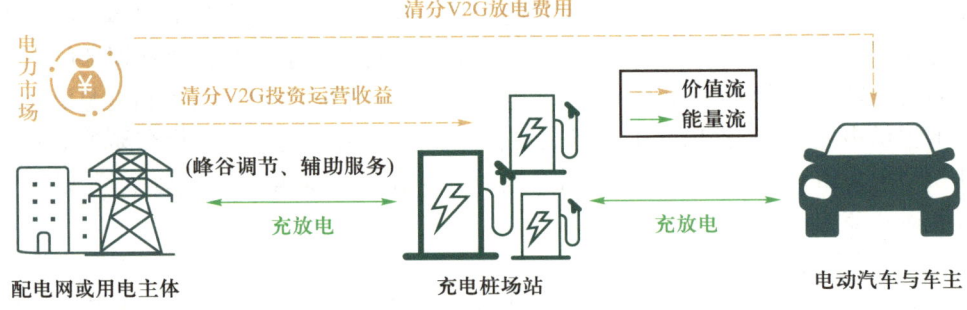

图 10-12　车网互动的多方主体能量交互与经济收益

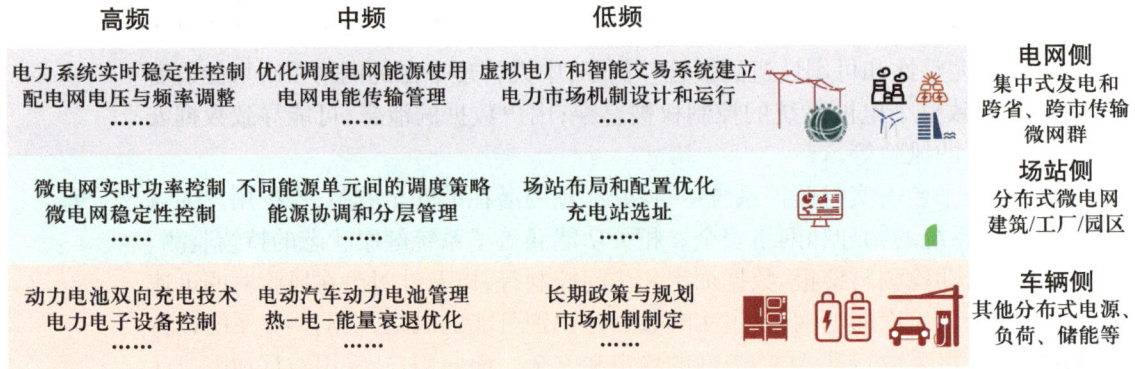

图 10-13　车网互动技术分类

动不同功能侧解决不同响应频次的关键问题。

在电网侧,高频技术重点关注电力网络的实时稳定性控制,包括对电网的瞬时功率和频率调节,以确保快速响应突发的大规模负荷变化。此外,高频技术也涉及配电网电压的调整,以应对局部电网内大量的分布式发电和电动汽车充电对供电质量的影响。中频技术则集中于电网电能传输的管理,调度和优化配电网络内的能源使用方式。低频技术涉及电力市场机制的设计和运行,包括定价策略、市场规则的设定等,以及虚拟电厂和智能交易系统的建立,促进分布式能源如光伏、风电和电动汽车在更广泛的市场中进行能量交易。

在场站侧,高频技术主要涉及微电网的实时功率控制,使其能够快速响应外部电网变化和内部负荷调整,从而实现充电站微网的稳定运行。中频技术负责处理场站内不同能源单元之间的调度策略,例如通过考虑峰谷电价协调家庭、商业单元和储能设备的能源消费。低频技术则关注场站布局和参数配置,保证充电站的高利用率和经济效益。

车辆侧主要包括电动汽车和其他分布式能源实体,其高频技术包括动力电池参与的车网双向互动的充电技术,以及电力电子设备的精确控制等。中频技术聚焦于电动汽车的电池管理,包括电池健康监控、状态评估和寿命延长策略,以及热管理的优化,以确保全气候条件下车用电池车网互动的可行性。低频技术主要涉及长期策略和规划,如电动汽车在市场中的运营策略等,从而获取经济收益以激励车网互动的推广。

在电动汽车与电网互动的技术体系中,各个方面(如电网侧、场站侧以及车辆侧)均涵盖了不同时间尺度的规划、管理与控制,确保了整个系统的高效、稳定运行。这些技术的集成和优化不仅提升了电网的能源管理效率,也增强了电动汽车作为能源参与者的能力。通过实现跨领域的技术融合,V2G 技术有望为实现更加可持续和经济的电力系统提供强有力的支持,同时也为电动汽车作为广泛应用的能源终端提供可能。

10.3.2　车:充电管理

1. 充电能量管理

在电动汽车车网互动的能量管理中,充放电能量边界至关重要。充电能量边界决定了电动汽车在停车接入充电桩时期内充放电的最大电量,直接影响到车辆的可出行里程和可调度容量。电动汽车的充电能量边界与多个因素相关,包括充放电功率、电池荷电状态(SOC)及出行时刻的 SOC 需求。充放电功率决定了电能补充的速率,大功率充电桩可以提供高充电功率但需要考虑电池的充放电能力;电池 SOC 指示了当前电量水平,是调整充放电策略的重要依据;出行时刻的 SOC 需求则关系到规划充电策略的终值。这些因素的综合考量,决定了电动汽车接入充电桩期间的充放电调度区间。

当电动汽车停靠在可进行双向互动的站场内时,为进行充电能量管理,需要对场站内电动汽车实时状态进行分析。可以通过电动汽车在调度时刻的能量状态、驶离时刻能量需求以及剩余停车时长等确切信息确定电动汽车可调度状态,如图 10-14 所示。图中,t_j^k 表示车辆 j 处于调度时刻 k;e_j^k 表示车辆 j 在 k 时刻的能量状态;t_j^d 和 e_j^{need} 分别表示车辆驶离时刻及驶离时刻的能量需求;t 表示车辆充电到目标能量的最短需求时间,可由车辆当前能量状态、充电功率和期望能量需求计算获得;T 表示剩余停车时长。

在车网互动过程中,当电动汽车充电或放电需求时间大于或等于剩余停车时长时,电动汽车停车过程中必须充电或必须放电,如图 10-14(a)(b)所示,此时车辆能量只能沿着由充电功率决定的直线斜率单调上升或下降。当电动汽车充电或放电需求时间小于剩余停车时长时,车辆在当前决策时刻可接受灵活的充放电调度。在有序充电模式(系统不具备放电功能)下,车辆可在调度指令下选择充电或静置,图 10-14(c)展示了的可调度范围和可能的充电路径。路径 1 划定了可调度的能量的上边界,路径 2 划定了可调度能量的下边界,车辆在满足充电功率约束的情况下可以在路径 1 和路径 2 围成的区域内运行,从而满足车主的充电需求(如路径 3)。在车网互动模式下,由于电动汽车具备了放电功能,因此其能量边界得到了扩充,如图 10-14(d)所示。车辆由"先充再放"(路径 1)与"先放再充"(路径 2)两条路径划定其能量边界,两条路径中的区域即为满足车主能量需求的可行区间(假定该区间的最高能量值低于车辆电池系统的最高能量值,最低能量值高于车辆电池系统的最低能量值)。在能量边界内,根据实时电网需求和车辆状态,可以自由决策充放电和静置时长,例如采用路径 3 所示的放电-充电-放电-搁置的能量路径。车辆的能量状态越接近区域中心,决策自由度越大;反之,靠近边界则意味着电动汽车必须立即充电或放电以满足需求,这时决策自由度受限。同时,整个决

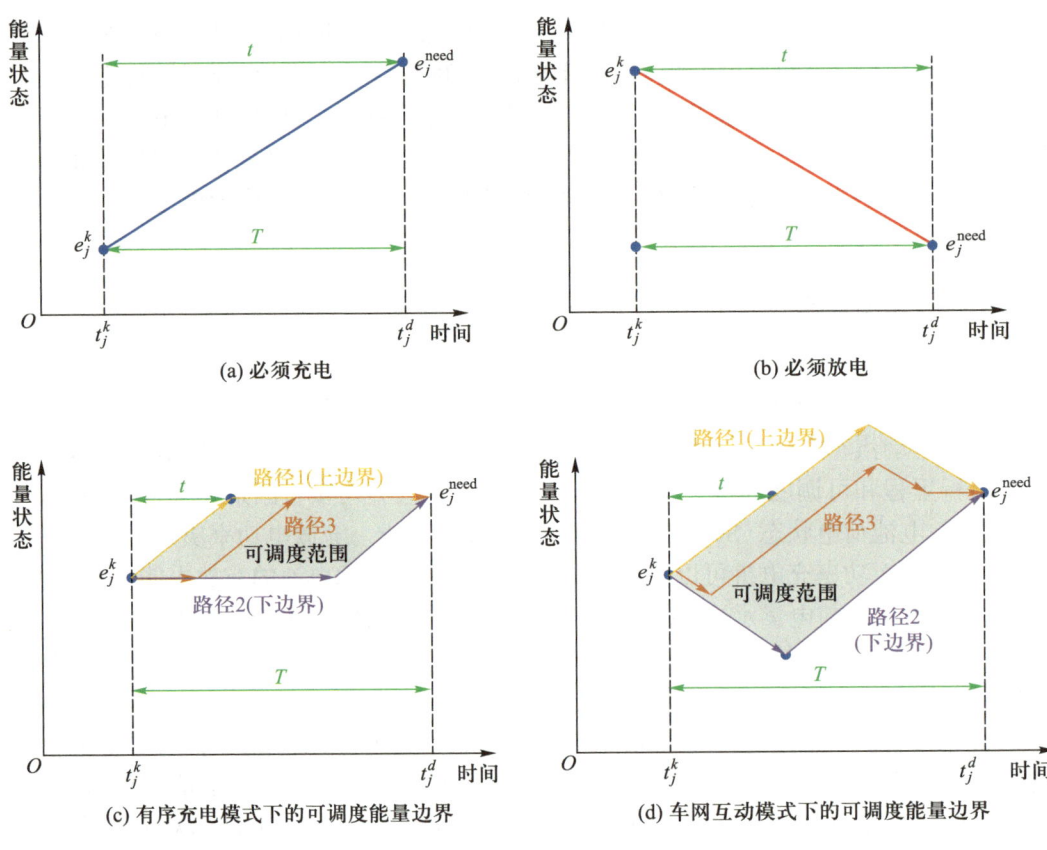

(a) 必须充电 　　　　　　　　　　　(b) 必须放电

(c) 有序充电模式下的可调度能量边界 　　(d) 车网互动模式下的可调度能量边界

图 10-14　车网互动的能量边界分析

策过程受到充放电功率的限制,这决定了能量变化路径的斜率。充放电能量可调度范围内电动汽车具有参与有序充电或车网互动时的灵活性,通过精确控制充放电速率和时间,优化电池的充放电功率可满足车辆的能量需求,同时支持电网的稳定运行。

2. 电池耐久管理

在电池耐久性方面,车网互动带来的经济效益与电池衰减之间的权衡至关重要。频繁的充放电操作虽带来即时收益,但也可能加速电池的老化过程,这不仅影响车辆的日常使用体验,还可能降低二手车的残值。在许多车网互动参与者看来,电动汽车参与 V2G 活动可能加速电池的衰减。电池衰减包含循环衰减和日历衰减。循环衰减主要由于频繁的充放电活动造成,而日历衰减则是随着时间推移,即电池未经历充放电,但在搁置过程中自然发生的衰减。电池的加速衰减不仅缩短了电池的使用寿命,还增加了用户在电池更换和维护上的经济负担,影响车网互动的经济性和用户参与的积极性。如果电池老化造成的经济损失接近或超过车网互动的服务收益时,用户将不再参与车网互动,如图 10-15 所示。

为了使车网互动在支持电网的过程中延长电动汽车的电池寿命,需要开发和应用高效的电池耐久性管理方法。车网互动过程的电池寿命受到许多因素的影响,包括:充放电的深度(DOD)、SOC、环境温度、充放电倍率、充放电能量吞吐量等。延长日历寿命可以通过调整电池的 SOC 区间来实现。例如,将电池的高电量搁置

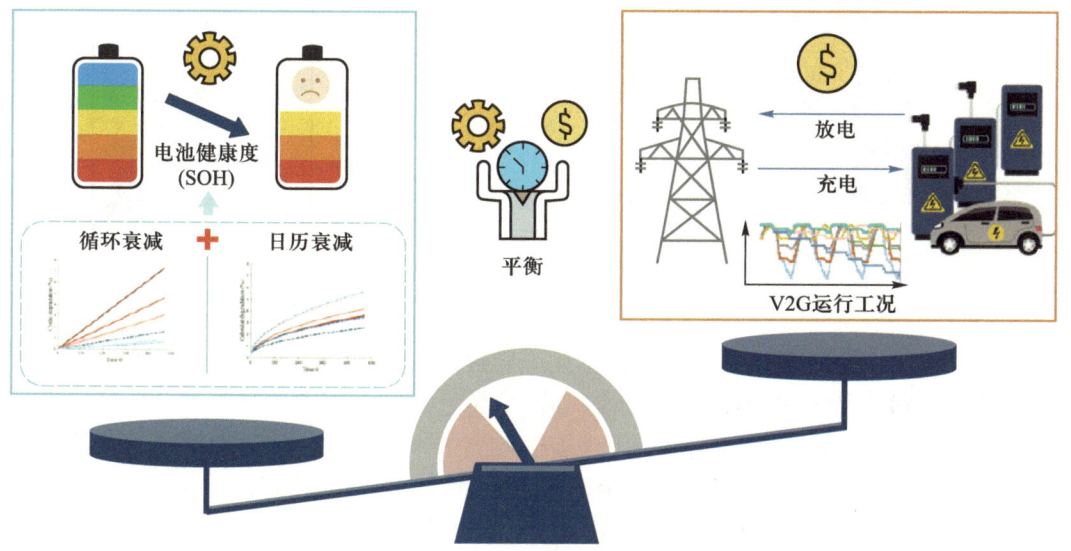

■ 图 10-15　电池衰减和电网服务收益对比

替换为低电量搁置,可以减缓由于内部化学反应导致的性能衰退。调整充放电策略,采用浅充浅放避免循环至过高或过低的 SOC,可以有效减轻电池材料机械疲劳导致的性能衰退,从而延长电池的使用寿命。此外,合理设计新型充电方法,如双向脉冲充电,也能有效抑制电池内部活性材料与电解液界面的衰减反应,实现电池"延寿"的效果。总体来看,考虑电池内部衰退机理合理设计电池的充放电路径,不仅可以响应电网的需求,还能确保电池的健康状态和长期的经济效益。

　　长期来看,电动汽车车网互动将促进长寿命、高性能电池的开发与应用。例如,长寿命电池结合电池智能充放电管理系统得到应用,显著提升了电池的循环寿命,从而获取更加丰厚的经济收益。此外,人工智能的应用在车网互动中也将发挥重要作用,其通过大数据分析来预测电网需求和电动汽车的使用模式,合理分配不同电动汽车的充放电调度指令,优化电池的充放电策略,提升电池性能并减少电池衰减,促使电动汽车在现代能源体系中的广泛、高效应用。

　　3. 系统安全管控

　　在车网互动过程中,电动汽车电池的安全性尤为关键,其可能涉及过充、过放和电气失效等多种风险。充电过程中发生的安全事故比例较高,主要由于充电反应导致电池内部材料热稳定性下降、体积膨胀,产生了潜在的安全风险。此外,电池和电气系统长期运行可能引发性能退化和安全隐患。这些安全隐患可能因电池管理系统(BMS)的不当策略或监控不足而使电池出现冒烟、起火甚至爆炸等严重后果。因此,对电池系统实施严格的安全测试标准,以及对充电设施进行定期维护,是确保电动汽车安全充电运行的关键措施,如图 10-16 所示。

　　在车网互动系统安全管控中,电气系统和电池系统的安全监控尤为重要。电气系统中的绝缘检测和电弧检测是关键环节,这些安全措施能有效预防因绝缘不良或电弧产生导致的火灾和设备损坏。绝缘检测通过测量电池回路间的电阻值,确保其在安全范围内;而电弧检测则侧重于监控电路中可能出现的高能放电。电

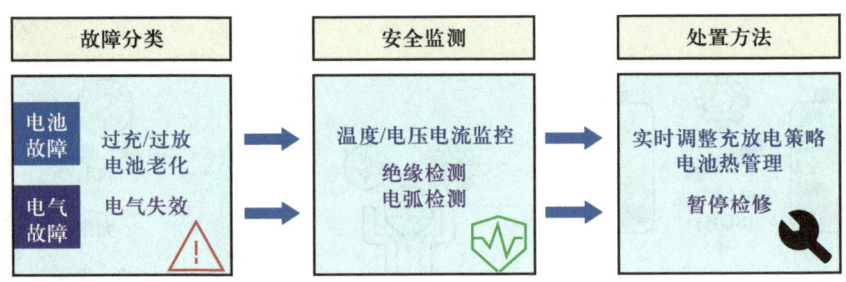

■ 图 10-16　车网互动的系统安全管控

池系统的安全问题主要是内部化学反应导致的温度急剧上升。电池系统需要通过改善材料热稳定性、监测早期安全风险、应急处置灾害事故等技术提升自身的安全性。车网互动工况的可调性为电池安全监测带来了新的机遇。通过实时调整电池的充放电行为，电池管理系统能更灵活主动地控制电池的状态，包括电压、温度和荷电状态等。同时，车网互动允许电动汽车的电池系统与数据平台进行数据交换，存储和读取电池的历史运行数据。上述交互和控制过程有助于早期识别电池可能出现的问题，如过热、短路和电池容量衰减等，提高电池安全预警的准确度和提前量。

基于电动汽车动力电池安全风险的诊断结果，车网互动技术还能进行综合判断和处置。例如，如果监测到电池温度异常上升，系统可以自动降低充电功率或暂停充电，以防止电池过热引起安全事故。如果电池电压出现异常波动，系统可以进行诊断以确定是电池老化还是电路问题，并据此调整充电策略或进行必要的维修。此外，环境因素也是电池安全的重要考量。例如，高温环境下的充电需要特别注意控制充电速率和电池冷却，以避免电池过热。低温环境中，电池的化学反应速率下降，可以通过车网互动产生脉冲电流，激励电池自产热从而升温至适宜的温度，保证充电效率和电池性能。

系统安全管控需要整合监测和控制功能到车网交互中，而不干扰车辆的正常使用和驾驶体验。随着电动汽车技术的发展，系统安全管控将更加依赖于先进的监测技术和智能算法。通过实时数据分析和预测维护，可以大幅提升电动汽车的安全性和可靠性，推动车网互动模式的可持续发展。

10.3.3　站：光储充智慧微网

1. 光储充微电网

在居民小区安装电动汽车充电桩的挑战是配电网容量有限。然而，与配电网相连的居民建筑和公共建筑的用电同时性系数较低，具有未被充分利用的电力容量。因此，利用这些建筑的剩余功率容量，可以大规模安装充电桩。结合建筑屋顶安装的分布式光伏发电系统，直接用于电动汽车的充电，进一步减缓了配电网的扩容压力。为了进一步优化能源利用，可以将建筑内的灵活性负荷和广义储能资源结合起来，形成一个以房车互动为纽带的光储充系统，如图 10-17 所示。这种系统能够根据电网的需求和可再生能源的供应情况，灵活地调整电动汽车的充电和放电功率。在实际应用中，电动汽车可以在光伏发电的高峰时段充电，而在夜间用电高峰时段放电，从而解决了光伏发电的消纳问题。此外，通过在城郊充电，然后在

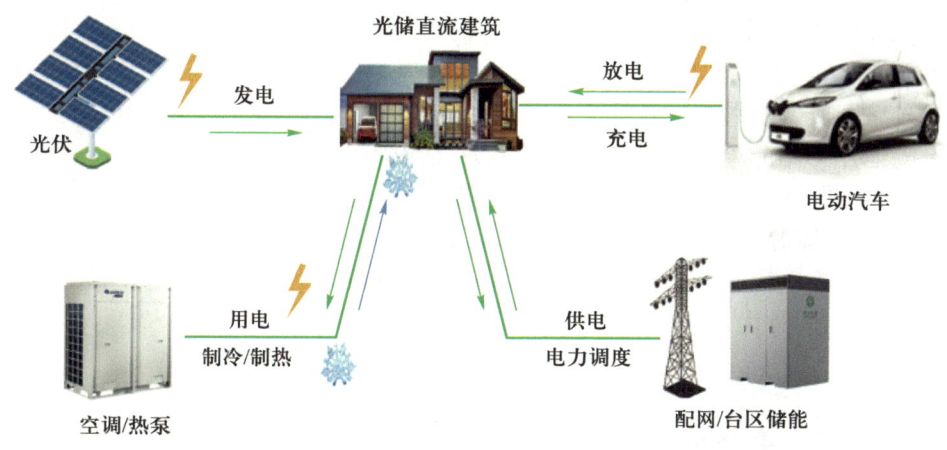

光储直流建筑

发电

放电

充电

光伏

电动汽车

用电

供电

制冷/制热

电力调度

空调/热泵

配网/台区储能

■ 图 10-17　房车双向互动的光储充系统示意图

中心城区放电,实现远郊分布式光伏发电的有效消纳,解决光伏发电与用电负荷空间不匹配的问题。

以房车互动为基础的光储充微电网提升了系统的灵活性,增强了配电网接受电网调度的能力。建筑社区的储能资源主要包括电化学储能系统和虚拟热储能系统。建筑楼宇的工商业储能系统和变压器的台区储能系统广泛建设,确保了配电系统运行的稳定性和经济性。然而,固定式储能系统受到安装空间、安全法规和投资成本的限制,其储能时长有所不足。在建筑楼宇或配网变压器周边建设具有双向充放电功能的充电站,有效缓解了固定式储能的建设压力。通过协调电动汽车与固定式电化学储能系统的充放电过程,利用电动汽车电池包扩展固定式储能系统的有效容量,大幅提升其参与电网调度的能力。此外,建筑内部的热泵空调设备用电量占据了建筑总用能的较高比例。考虑到建筑的保温性能和热惯性,可以通过灵活调节热泵空调的运行功率曲线,增强建筑负荷对电力需求的响应能力,从而提升建筑社区参与电网调度的潜力。

光储充微电网系统的光伏、电动汽车和电化学储能均为直流设备,采用直流微电网集成能够显著提高能源利用效率。直流配电不仅能有效避免相位和频率控制,还有助于提升系统的稳定性和可靠性。一般而言,居民建筑场景可以根据不同功率场景选择 380 V 或 48 V 直流电压,并允许电压在一定范围内波动,以适应不同的电力需求。目前的实际应用中,北京市某办公楼宇和珠海某住宅分别采用了 375 V/48 V 和 400 V/48 V 直流微电网集成方案,整合了光伏发电、电动汽车充电设施以及直流照明和空调系统,实现了电动汽车和建筑用电负荷作为灵活性资源与光伏发电的互动。然而,由于建筑用电设备和继电保护以交流电为主,行业对于直流化建筑仍有质疑。交直流混合的光储充系统与建筑融合,能够更好兼顾设备兼容性和能效,是值得推广的可行路径。

2. 充换电耦合微电网

随着电动汽车保有量的不断增加,电动汽车在快速充电过程中会对电网造成较大冲击,电力容量不足逐渐成为充电场站面临的核心问题。在高峰时段,充电场站的大量电动汽车同时充电会导致电力需求激增,可能超出现有电网的供电容量。

此外,基础设施较为落后地区的电力容量不足,电网无法提供足够的功率支持快速充电需求。

光储充换微电网架构集成了光伏发电、电池储能与电动汽车充换电功能,利用换电电池作为储能单元为充电桩提供电力,能够有效解决充电场站电力容量不足的问题,如图 10-18 所示。站内的换电电池包不仅可以存储太阳能发电产生的电能,实现绿色能源的高效消纳,而且可以灵活地利用储存的电能来支撑电动汽车的快速充电与换电需求。此架构可以在不同需求时段内平衡电网负荷,增加能源使用的灵活性,同时优化整个系统的能源效率和运行成本。

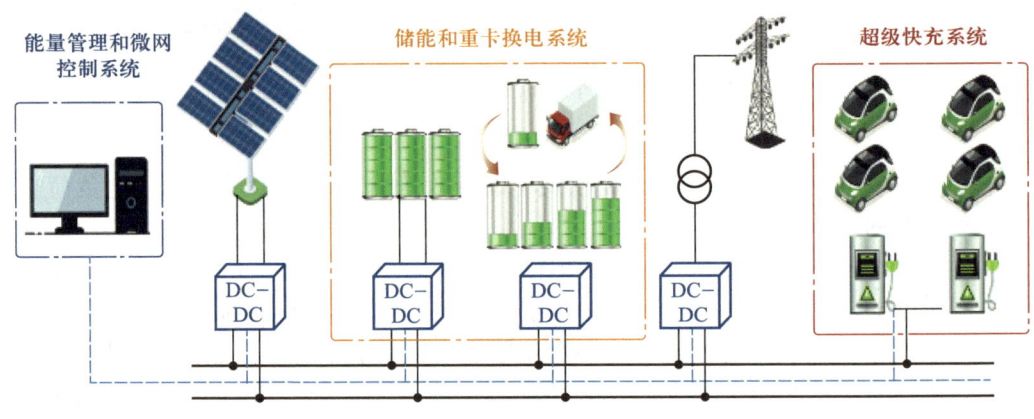

■ 图 10-18　充换电耦合的补能站系统示意图

高速公路和城际公路沿线是光储充换微电网架构的主要应用场景。电动汽车远途出行场景需要充换电站提供快速充电和换电服务,充电与换电的需求点位重合。利用微电网中的换电电池解决补能站的电力供应问题,进一步集成光伏发电和储能系统,可以降低运营成本,提高能源的自给自足率,并减少对外部电网的依赖。光储充换微电网架构结合智能控制技术,不仅能有效应对电动汽车充电对电网带来的挑战,还能提升能源使用的灵活性和效率,是未来充换电基础设施发展的重要方向。

3. 零碳氢能微电网

工业园区建设零碳能源系统的挑战是如何采用储能系统平滑可再生能源输出,提升微电网运行的可靠性。可再生能源的日内波动性能够由电池储能、电动汽车储能解决,而日间和跨季节的不确定性则需要具有长周期储能技术解决。氢储能由于具有能量密度高、储存时间长、应用灵活和环境友好的特性,是未来较为理想的储能方式。氢储能系统由制氢设备、储氢设备和氢发电设备组成。将氢储能系统与光伏、电化学储能、充电基础设施集成,形成零碳氢能微电网,如图 10-19 所示。其中,制氢设备生产的氢气不仅能够用于发电以调节可再生能源的不确定性,还能作为园区内工业生产的化工原料,降低碳排放。此外,氢气还能供给至加氢站,加注至氢能重卡和氢能公交。基于氢燃料的新能源汽车能够实现更长的续驶里程,为工业园区的原材料和货物远途运输提供了可选方案。氢能系统与车网互动系统共同解决了可再生能源波动性和不确定性,实现近零碳或零碳的工业园区。

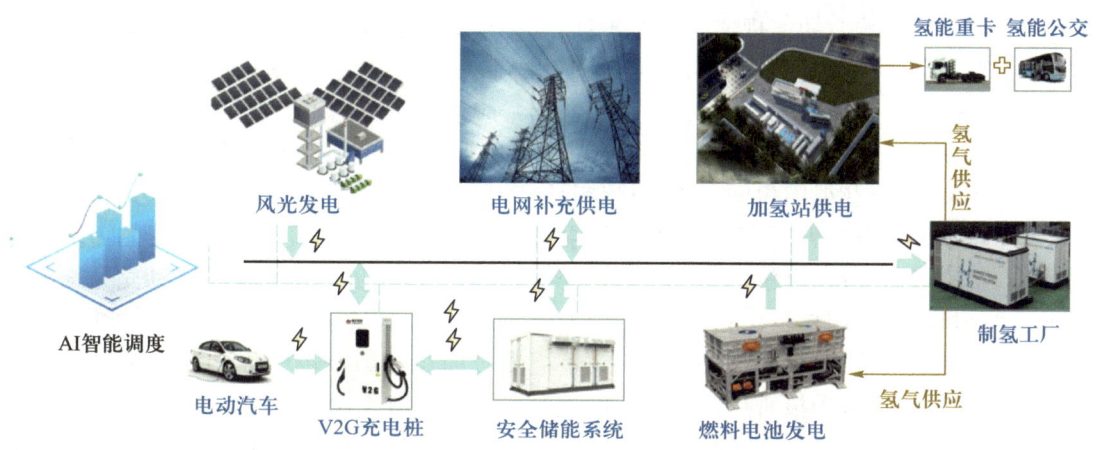

■ 图 10-19 车网互动与氢储能结合的零碳氢能微电网系统

10.3.4 网：虚拟电厂

1. 需求响应

需求响应是指电力系统在电网高峰时段，通过一定的措施，鼓励用户减少或调整电力消费，从而降低电网峰值负荷的一种电力需求管理方法，如图 10-20 所示。需求响应的意义主要体现在降低电网峰值负荷、提高运行可靠性、提升经济效益等方面。需求响应可减少用户在高峰时段的电力消费，缓解电网运行压力和降低过载等风险，避免电力供应不足和潜在的停电事故，提高了电网的可靠性和稳定性。需求响应通过增加用电负荷需求的灵活性，更好地整合了风能、太阳能等不可调度的可再生能源，提高了电网对这些波动性资源的接纳能力。与此同时，需求响应减少了对高成本发电资源（如峰值发电厂、备用发电设施）的需求，降低了整体的能源成本。此外，需求响应项目鼓励用户关注和参与能源消费管理，提高能源效率和节能意识，对环境保护产生了积极影响。

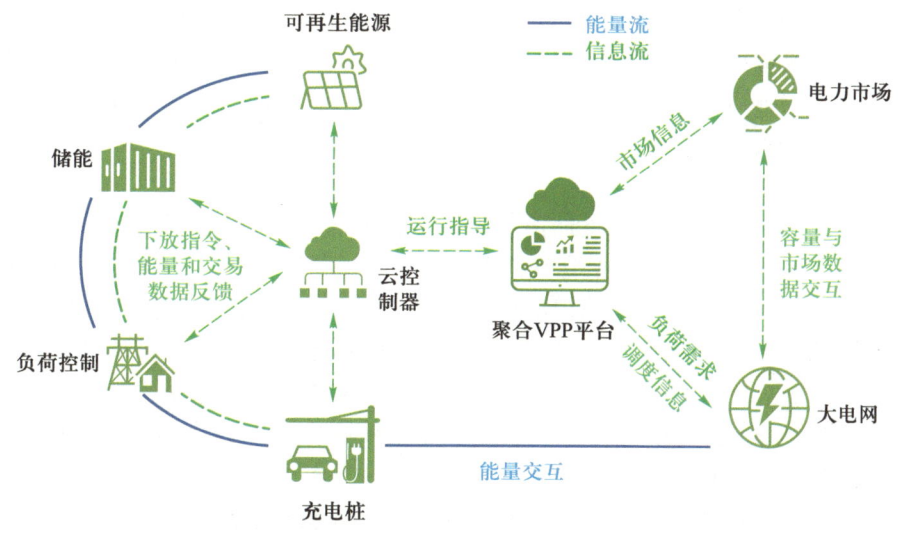

■ 图 10-20 分布式资源参与电网需求响应示意图

需求响应的实现方法主要包括：直接负荷控制、价格信号激励、需求侧竞价等。直接负荷控制是指电力公司直接控制某些设备的开关，在电网高峰时段自动减少负荷，减轻电网压力。直接负荷控制通常应用于对时间不敏感的负荷，如加热或直冷设备。该方法具有响应速度快、可靠性高、操作简单等优势，但容易降低用户舒适度，需要获得用户同意。价格信号激励通过调整电价影响用户的电力消费行为，鼓励用户将电力需求高峰时段的用电需求转移至低谷时段。基于价格的需求响应策略包括：阶梯电价、分时电价、尖峰电价、实时电价等。价格信号激励充分发挥市场机制引导用户行为，有助于提升电力市场效率，但需要确保电价合理性并安装智能电表。需求侧竞价需要用户或负荷聚合商在电力市场中提交减少用电负荷的报价，市场接受报价后用户将在特定时段减少用电。用户减少电力消费，相当于为电网提供了"虚拟"发电资源，电网需要向用户支付相应的报酬。需求侧竞价通常适用于大型工商业用户和负荷聚合商，其有效性主要取决于电力市场规则和激励机制。

需求侧资源如分布式发电资源、负荷资源、储能资源等都可以参与需求响应。电动汽车作为重要的负荷和储能资源，能够在需求响应过程中取得显著收益。例如，上海市 2019 年度的《需求侧响应年度交易单边竞价规则》将需求侧竞价实现的需求响应分为削峰和填谷两个类型，进行独立申报。其中，交易补偿价格的基准值采用削峰响应和填谷响应，分别为 30 元/kW、12 元/kW。在此基础上，根据通知时间提前量、响应比例、响应时长等计算补贴系数，与基准值相乘给出需求响应的补贴价格。通知时间提前量为 2~8 h，响应速度对应的补贴系数为 1；提前量越短，补贴系数越高。响应功率达到申报功率的 80%~120%，响应比例对应的补贴系数为 1，否则补贴系数需要降低。单次响应时长为 10 h，对应的补贴系数为 1，其他响应时长下的补贴系数按照比例折算。在需求响应过程中，电动汽车私人充电桩、办公场地专用充电桩和换电站分别参与了电力需求响应的试点。其中，159 个私人充电桩在夜间参与了响应时长为 3 h 的填谷需求响应，平均充电负荷达到日常负荷的 7.8 倍，需求响应的收益在 0.36~0.72 元/kW。110 个专用充电桩在日间参与了时长 2 h 的削峰需求响应，需求响应收益在 6~12 元/kW。相较而言，换电站具有高日均充电负荷，削峰需求响应的响应率较高。9 座换电站在日间参与了时长 1 h 的削峰需求响应，在通知时间提前量仅为 0.5 h 的情况下，实现了充电负荷降低 81%，获得了较好的需求响应收益。

2. 虚拟电厂

虚拟电厂通过先进的信息通信技术和软件系统，实现分布式发电、可控负荷、储能系统和等分式资源的聚合和协调，从而参与电力市场和电网运行，形成模拟传统电厂功能的特殊电厂。虚拟电厂的核心是通信和聚合，实时监控和协调各种能源资源的产出与需求。虚拟电厂的意义在于它能够有效地整合和管理分散的能源资源，将散布在不同地点的可控负荷、光伏发电、储能设备等小型电力源整合成一个功能强大的整体。这种整合不仅能够响应电网需求，促进可再生能源的利用，提高能源供应的可靠性和经济性，并提升电力系统的运行效率；同时还能优化电力资源配置，为市场参与者提供新的商业机会，推动能源行业的可持续发展。

虚拟电厂包含广泛的形式。按照内部聚合资源的类型,包括整合光伏、风电等分布式发电的发电型虚拟电厂,整合电池、小型抽水蓄能等储能资源的储能型虚拟电厂,整合工业、商业、居民等可调度负荷的负荷型虚拟电厂,整合分布式发电、储能和可控负荷资源的混合型虚拟电厂。电动汽车不仅能作为电网负荷吸收能量,还能作为储能资源进行双向能量交互,是虚拟电厂的重要组成部分。电动汽车通过协调管理系统调度实现本地能量供给与消费的匹配,优化了虚拟电厂内能源的使用效率,提高了电网运行的稳定性和韧性。

为实现大规模、分布式电动汽车调度,需要形成如图10-21所示的分时段、分层级的调度流程:在日前计划的制定上,底层场站需先将电动汽车或储能系统的各状态监测或安全预警等信息上报给区域级虚拟电厂,虚拟电厂根据区域电动汽车充电功率与能量需求边界完成区域级的日前调度规划。最后,市级控制中心会基于减小次日负荷波动、降低用电成本、降低电池衰减等多项指标综合制定日前能量调度和交易定价计划,最大程度提升虚拟电厂的经济和能源效益。在实时调度过程中,市级控制中心通过分析本市和外部地区的发电/负荷预测和影响数据,结合市场交易服务平台给出不同层级的调度指令和价格激励,并将区域调度信号拆分给区域级虚拟电厂。区域级虚拟电厂在收到调控指导曲线后,通过整合区域内的电动汽车充电需求,下达具体的功率指令和激励价格,并给出可供参考的站场充放电策略和预期收益等指标。各场站级控制单元在收到来自区域级的虚拟电厂调度指令后,将具体指导电动汽车或储能系统等执行充放电行为,实现能量的实时分配和管理。此外,在实现过程中,需要考虑如何精确控制和调度这些分布式资源以适

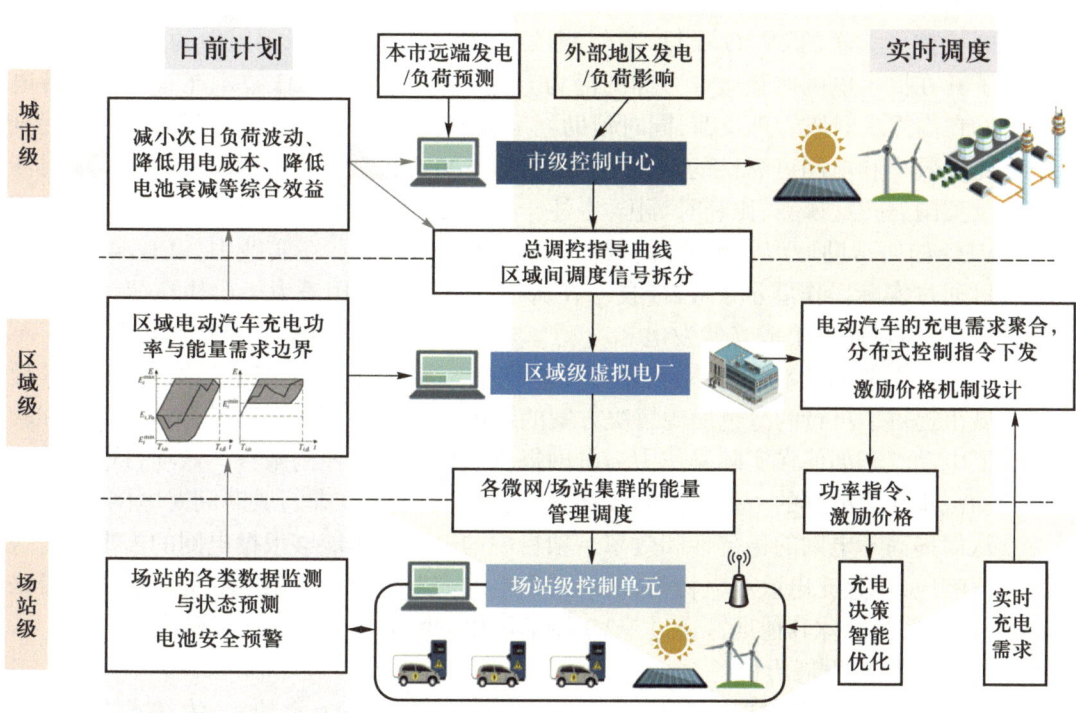

■ 图10-21 基于车网互动聚合的虚拟电厂运行调度示意图

应电网的实时需求,包括开发精确的预测工具、增强的通信协议和实时数据处理能力等,以确保各个分布式资源能够协同工作,响应电网的频率调节、需求响应和紧急备用等。此外,虚拟电厂的实施还应建立相应的市场机制和政策支持,以确保资源整合不仅符合技术要求,还能在经济和推广上具有可行性。

10.4　车网互动发展展望

10.4.1　发展历程

1. 国外发展历程

车网互动(V2G)技术日益成为全球绿色技术领域的竞争重心。2022 年,美国和欧盟的贸易与技术委员会发布了关于气候与清洁技术的联合声明,强调了 V2G 技术的重要性。声明中提出通过全球贸易挑战工作组加强绿色公共采购,优化计算产品碳足迹的策略,并增强电动汽车与智能电网的兼容性。此外,声明还提到构建公共和私人的充电基础设施对于提升电动汽车的普及和支持 V2G 技术在美国和欧盟市场的稳定发展至关重要,相关专家也在积极制定详尽的 V2G 实施计划。此外,在国际能源署(IEA)的 *Global EV Outlook 2022* 报告中,详细阐述了智能充电与车网互动(V2G)技术的全球发展情况。报告指出,随着电动汽车的普及,V2G 技术正在成为关键工具,用以增强电网的灵活性并提升可再生能源的利用率。

同时,欧美国家在积极推动智能充电和 V2G 技术的研究与示范项目,并制定相关政策法规,以探索相关技术如何协助电网管理和推广可再生能源的使用。美国特拉华大学的 eV2G 项目,不仅测试了 V2G 技术在实际应用中的效果,还评估了其在提供电网调频服务方面的潜力。这一项目表明,V2G 技术能有效地支持电网在高需求时段管理负荷,同时帮助稳定电力供应,展示了其在实际操作中对提升能源效率和电网可靠性的贡献。欧盟投资 500 万欧元资助的 SEEV4-City 项目涉及英国、荷兰、挪威、比利时等国,专注于 V2G 技术的实施及其对电网的整合,示范 V2G 如何帮助城市实现能源自给自足和降低碳排放。在实践中,SEEV4-City 项目通过实际操作展示了 V2G 技术在城市环境中的应用潜力。比如在荷兰阿姆斯特丹,项目通过集成光伏发电和电动车充电站,使用电动车作为移动储能单元,不仅提升了能源的利用效率,还增强了电网的可靠性,优化了能源消费模式,为其他城市提供了可行的绿色能源解决方案的示范。丹麦的 Parker 项目专注于探索和验证电动汽车如何在实际操作中为电网提供频率和电压控制服务。该项目通过将电动汽车作为电网的一个灵活组成部分,实现了电动车在非行驶时间对电网的调节,从而提高了电网的稳定性和效率。项目中的电动汽车能够根据电网的需求进行快速响应,调整充电或放电行为,从而帮助电网应对风能和太阳能等可再生能源带来的波动,为全球其他地区通过 V2G 技术优化电网运营提供了参考模式。

2. 国内发展历程

在"十二五"和"十三五"期间,我国也加强了车网互动研究,为技术进步奠定了坚实基础。在"十二五"期间,国家强调了构建由慢充和快充设施组成的智能供电网络的重要性,并着重推进了先进的车网融合技术(V2X,包括 V2G、V2H、V2V等)的研发。在电控技术领域,重点研发了电动汽车与电网的一体化集成技术,如V2G 和 V2H。这一时期,比亚迪公司推出了"秦 EV",该车型具备将车辆电量转换为可给外部用电设备供电的移动电站功能。"十三五"期间,《国家重点研发计划重点专项项目实施方案(新能源汽车重点专项)》提出进一步推动电动汽车与能源供给系统、智能交通系统、可再生能源系统以及各种网络通信系统的深度融合,包括 V2G、V2H、V2V 和 V2X 等技术,构建一个完整、高效、安全、节能、环保的智能交通系统。随着这些技术的发展,充电设施网络也在经历从分体式到一体式、从单一控制到集群控制、从固定模块到灵活组合的动态适配,以及从孤立到移动物联网信息感知智能化应用的演变。

2020 年起,我国陆续实施了多项涉及 V2G 的汽车产业政策,极大地拓展了市场潜力。2020 年 11 月,国务院推出了《新能源汽车产业发展规划(2021—2035)》,鼓励各地开展 V2G 的示范应用,并整合新能源汽车的充放电与电力调度需求。2021 年 5 月,国家发改委和国家能源局发布《进一步提升充换电基础设施服务保障能力的实施意见(征求意见稿)》,提倡 V2G 的协同创新和试点示范,鼓励电网企业与车企合作开发新能源汽车与智慧能源融合的创新平台,推动 V2G 的试验、测试和标准化体系建设。2022 年 2 月,相关部门发布了关于完善能源绿色低碳转型机制和政策措施的指导意见,明确提出支持用户侧储能、电动汽车充电设施等参与电力市场交易和系统运行调节的政策。同年 1 月,《"十四五"现代能源体系规划》发布,鼓励用户侧储能设施参与电网调峰调频。2022 年,国家能源局还发布了能源工作指导意见,推动用户侧储能的多元化发展,引导电力用户参与虚拟电厂和需求响应等活动。

与此同时,中国各省市已经开始探索分布式资源聚合参与电网互动的商业模式,进行相关的车网互动示范。2020 年 4 月,国家电网有限公司华北分部将车网互动(V2G)充电桩资源正式纳入华北电力调峰辅助服务市场并进行结算。这一举措标志着电动汽车与电网之间可实现双向互动。此举不仅提高了电网的运行效率,也为电动汽车车主带来了潜在的经济效益。据报道,2020 年京津唐电网供区内约有 40 万辆电动汽车,若通过 V2G 方式实现有序车网互动,可提供 180 万千瓦可移动的优质调节资源。在参与电网实时调控和调峰辅助服务后,电动汽车日平均调峰收益约占其充电费用的 60%,可大幅度降低充电成本。考虑到中国的新能源装机容量和新能源汽车保有量均居全球首位,国内 V2G 技术拥有极大的市场发展空间。随着相关政策的逐步实施和商业模式的持续优化,V2G 技术将在中国未来的能源生产和消费变革中扮演关键角色。

10.4.2 发展趋势

1. 发展难点

为了推进我国车网互动模式的快速发展,需在车–站–网三个层级克服一系列挑战。在车辆层级,电动汽车的 V2G 技术发展需要面对技术复杂性和电池耐久性挑战。为了支持电动汽车的双向充放电功能,不仅需要对现有充放电标准进行修改,也对充放电机相关的硬件设施提出了更高要求。同时,电池寿命是实施车网互动技术的关注重点,电动汽车电池由于需要频繁充放电以响应电网需求,可能引起车主对电池寿命和残值的担忧。为了缓解这些影响,应优化电池管理系统(BMS)以实施智能充电策略,更精确地控制电池充放电的深度,通过结合电池衰减机理研发调节电池衰减的算法,保持电池运行在最佳工作状态。

在站场层级,新能源汽车的迅速增长暴露出充电基础设施的不足,并且存在快速充电设施较少和公共充电站布局不均等充电服务供给问题。此外,充电设施的智能化水平有待提升,基础设施保障体系仍需加强。为应对这些挑战,需解决充电管理机制不协调和充电企业商业模式不明确的问题,鼓励基层管理机构责任落实,推动充电运营企业开展居民区充电设施统一建设,建立与服务质量挂钩的运营补贴标准。此外,应加快集中式大功率快速充换电服务的发展,改造高速公路服务区充电基础设施,并在加油(气)站配建公共快充或换电设施,以满足电动汽车长途出行的补电需求。这些措施将促进充电基础设施的快速发展,为电动汽车用户提供便利,同时也有助于电网的稳定运行。

在电网侧,分布式资源参与电力市场交易的政策制定上面临着诸多挑战,需要制定合理的峰谷电价和辅助服务政策。峰谷电价政策通过价格激励机制鼓励用户在电力需求较低的时段使用电力,平衡电网的总体负荷并减轻高峰时段的电网压力。要有效实施这一政策,电网不仅需要准确预测电力负荷的变化,还必须能够实时调整电价策略以适应市场和技术的快速发展。辅助服务包括频率调节和电压支撑等,是保证电网稳定运行的关键。随着更多的可再生能源和分布式能源资源(含电动汽车)接入电网,电网的运营变得更加复杂和不可预测。因此,电网必须开发更高效的管理策略和市场机制,通过实施差异化电价政策以确保这些资源能够有效地提供所需的辅助服务。这些改革和调整是现代电网管理中不可或缺的部分,对于维护电网的长期可持续发展至关重要。

2. 应用场景

车网互动技术可以在多种不同的"点、线、面"场景中应用,其中包括工业园区、道路交通、城郊农村和中心城区。这些场景代表了电动汽车在不同区域和功能环境中的能源互动方式。

在以工业园区为代表的"点场景"中,电动汽车 V2G 技术通常结合光伏发电系统和固定式储能设施。园区可以通过安装光伏系统产生电能,利用电动汽车电池作为临时储能单元。在电网需求高峰时,电动汽车可以将储存的电能返回给电网或直接供应园区使用,实现削峰填谷。同时,在电价较低的时段,电动汽车可以充电,利用电价差进行套利,这样不仅降低了运营成本,还帮助园区管理者通过电力市场响应激励机制赚取收益。以天津北辰某工业园区 V2G 项目为例,通过建设光储充放一体化解决方案,协调了 430 kW·h 储能和 8 个 V2G 终端的运行,有效支撑了 261 kW 光伏发电的安全稳定消纳。同时借助光储充放一体化协调控制与智能源荷预测,实现园区无功补偿,降低增容费用。通过平台控制,完成园区能耗精细化管理,助力电力系统安全稳定运行。

在以道路交通为代表的"线场景"中,V2G 应用主要集中在充电站和换电站。通过建立带储能的快充和换电站,可以有效管理电动汽车的充电需求和电网的供电压力。这种结构通过充电站内部的大容量存储电池,调节充电功率和时段,减少对电网的负荷压力。此外,快充和换电一体化电站能够提供更灵活的服务,支持快速充电需求的同时,通过内部的储能系统,实现电能的即时补充和释放,优化了电能使用效率,减少了对电网的冲击。特别是在电网容量有限或电力需求激增的地区,例如北京冬奥会期间张家口的充换电站建设了光伏发电、重卡换电、乘用车超充一体的智能微电网系统,换电备用电池作为站内的储能单元,不仅降低了超充过程对电网的冲击,而且实现了对乘用车的大功率脉冲电流加热。

"面场景"是指以中心城区和郊区农村为代表的区域。在中心城区,有序充电策略的实施至关重要,需要有效管理电动汽车充电时段以避免对电网造成额外负担。例如,通过智能充电系统引导电动汽车在夜间或电网负荷低谷时充电,可以利用电价较低的时段充电,减少电费支出。同时,这种策略还可以减轻电网在高峰时段的负荷,通过 V2G 技术,在电网需要时将车辆储存的电能释放回电网,实现能量的最优配置。例如,深圳市建设了区域级虚拟电厂,通过聚合和优化控制分散的电力资源,如充电桩、空调、分布式光伏等,以提高电网的运行效率和稳定性。截至2024 年 3 月,深圳虚拟电厂已接入 45 家运营商,涵盖楼宇空调、新能源汽车、5G基站等 9 类分布式资源,总接入规模超过 265 万千瓦,调节能力相当于两台中型火电机组。通过这个平台,可以实现对分散资源的实时监控和优化控制,以保障电网的安全稳定运行。城郊农村地区也是未来 V2G 发展的重要场景,农村住宅的屋顶光伏发电不仅可以满足当地居民的基本用电需求,还可以将多余的电力存储在电动汽车的电池中。这些车辆在停车时可以作为移动储能单元,既可以为家庭供电,也可以在需要时将电能售回电网。

3. 发展趋势

根据当前的技术趋势和市场需求,建筑、汽车、能源、基础设施以及大数据的集成发展将成为一种全面、协同的低碳绿色转型模式。这种转型不仅关乎单一行业的进步,同时在实现更广泛的城市和区域级的可持续发展目标中起到核心作用。

"房-车-能-路-云"是一个全面的集成系统,旨在通过智能技术整合优化电动汽车、能源供应、交通基础设施以及云计算资源。从"房"的角度,建筑领域的发展重点在于提高能效和消纳可再生能源。随着智能建筑技术的发展,建筑将成为能源的高效管理者,同时可通过其自身的太阳能板发电,成为能源供应者。这种技术的进步直接促进了 V2G 技术的实用性,使建筑能够在需要时从电动车中回收能量,或在用电低谷时段向电动车供电。从"车"的角度,电动汽车技术快速发展,特别是电池技术的进步和成本的降低,汽车逐渐从单纯的交通工具转变为移动电源,电动汽车电池与电网双向充放电的车网互动式储能提供了成本低、安全性高的电化学分布式储能新途径。预计我国 2040 年将有 3 亿辆电动汽车保有量规模,包括电动汽车在内的每一个消费点都可以转变为潜在的能源生成点,构成多种终端存储设备。这种分布式能源系统的实施为 V2G 技术提供了基础,进而提升整个能源系统的灵活性和效率。从"能"的角度,能源产业正在从中央集中式生产向分布式生产转变,在新的能源格局中,太阳能和风能等可再生资源在地理上广泛分布的优势被充分利用,更大规模的电力在接近消费点的位置生产。这种模式不仅减少了能源传输过程中的损失,也提高了系统对局部负载变化的响应能力。可再生能源发电显著提升了能源的自给自足率,并通过减少对大电网的依赖,增加了整个能源系统的鲁棒性和灵活性。从"路"的角度,充电站建设和道路基础设施的智能化升级是推动能源和交通融合的关键。智能交通系统通过引导电动汽车驾驶者到最近的可用充电站,减少寻找充电桩的时间,有效缓解充电焦虑。通过使用先进的信息和通信技术来监控和管理交通流,促使电动汽车与充放电基础设施紧密结合,利用电动汽车作为移动储能单元动态支撑电网的运行,提升可再生能源的利用效率。从"云"的角度,车网互动需要用户、企业、地方政府共同参与构建能源互联网"云"平台,大数据和高级数据分析技术是实现高效管理的关键。通过收集和分析来自建筑、汽车、能源生产和消费的数据,可以实时优化能源使用,预测能源需求,实现更精确的能源供需匹配。车网互动云平台也为电池主动安全与智能调控、电池保养与耐久运行提供了新载体。

我国正致力于构建一个高质量的充电与车网互动系统,该系统遵循科学布局、适度超前、创新融合以及安全便捷的基本原则。"房-车-能-路-云"集成发展将成为推动充电设施智能化升级的战略方向,推动我国车网互动技术和产业的跨越式发展。车网互动技术将带动形成一个广泛覆盖、结构合理、功能完善的充电基础设施网络,更好地满足国民对购买和使用新能源汽车的需求。这将有效促进我国新能源汽车产业的高质量发展,推动交通运输向绿色低碳方向转型,为现代化基础设施体系的建设提供强大动力,并对充电设施与电动汽车智慧能源领域的前沿科技创新产生深远影响。

参 考 文 献

郑重声明

高等教育出版社依法对本书享有专有出版权。任何未经许可的复制、销售行为均违反《中华人民共和国著作权法》,其行为人将承担相应的民事责任和行政责任;构成犯罪的,将被依法追究刑事责任。为了维护市场秩序,保护读者的合法权益,避免读者误用盗版书造成不良后果,我社将配合行政执法部门和司法机关对违法犯罪的单位和个人进行严厉打击。社会各界人士如发现上述侵权行为,希望及时举报,我社将奖励举报有功人员。

反盗版举报电话　(010)58581999　58582371

反盗版举报邮箱　dd@hep.com.cn

通信地址　北京市西城区德外大街 4 号
　　　　　高等教育出版社知识产权与法律事务部

邮政编码　100120

读者意见反馈

为收集对教材的意见建议,进一步完善教材编写并做好服务工作,读者可将对本教材的意见建议通过如下渠道反馈至我社。

咨询电话　400-810-0598

反馈邮箱　gjdzfwb@pub.hep.cn

通信地址　北京市朝阳区惠新东街 4 号富盛大厦 1 座
　　　　　高等教育出版社总编辑办公室

邮政编码　100029

防伪查询说明

用户购书后刮开封底防伪涂层,使用手机微信等软件扫描二维码,会跳转至防伪查询网页,获得所购图书详细信息。

防伪客服电话　(010)58582300